경제추격론의
재창조

기업·산업·국가 차원의 이론과 실증

이 근

Recreating Economics
of Catch-up

圖書出版 오래

추격이란 말의 기원은 아브라모비츠(Abramovitz, 1986)의 논문에서 추격, 추월, 추락(catching up, forging ahead and falling behind)이란 말을 쓰면서부터이다. 슘페터는 경제성장의 원천을 혁신이라는 공급측에서 본다는 면에서, 자본주의의 핵심 문제를 총수요관리라고 하는 수요측에서 보는 케인즈와 대비를 이룬다. 슘페터를 이어받은 신슘페터학파의 공헌은, 혁신이 단순히 설명될 수 없는 외생적인 것이 아니라 일정한 규칙성을 가지고 있어 내생적으로 설명될 수 있다는 점을 구명한 것이다. 반면에 신고전학파 경제학에서는, 혁신은 설명될 수 없는 나머지 것(잔차, residual)이란 생각이 지배적이다. 즉, 혁신을 설명될 수 없는 외생적인 것으로 보는 것인가 아니면 설명될 수 있는 것으로 보는가가 신고전학파와 신슘페터학파와의 중요한 차이이다. 혁신의 내생성을 설명하는 핵심 개념은 '혁신체제'다. 즉, 국가적 차원, 산업차원, 기업차원의 혁신에는 일정한 규칙성이 있으며 그런 규칙성을 표현하는 개념이 혁신체제이다. 본서는 혁신이 경제성장의 주요 동인이라는 점을 받아들이되 후발국의 추격형 성장에 있어서도 혁신이 중요하며 후발국의 추격형 성장에도 일정한 법칙이 있다는 점에서 출발한다. 추격의 법칙성의 예를 들면, 추격이 쉬운 산업분야가 있고, 더 어려운 분야가 있다는 것이다. 즉, 그 분야의 기술/지식체계의 사이클이 짧을수록 추격이 일어날 가능성이 높고, 그 분야 지식의 암묵성이 높을수록 어렵다는 것 등이다.

여기서 추격이란, 성과가 떨어지는 국가나 기업이 성과가 좋은 선발자와의 격차를 줄이는 것을 말한다. 비슷한 개념인 수렴(convergence)이란 선발자, 후발자를 구분하지 않고 세계경제 차원에서 각국의 경제적 격차 또는 소득수준상의 격차가 줄어드는 현상을 말한다. 후발국의 추격이 없으면 전 세계 차원에서의 수렴은 있을 수 없다는 점에서 두 개념은 관련이 있다.

영어로 추격(catch up)이란 말의 사전적 의미는 격차를 줄인다는 의미가 들어가 있지만 대개 선발자를 외형면에서 모방하거나 흉내내어서 비슷하게 된다는 의미가 있다. 본서에서 추격은, 특히 추월은 후발자가 선발자와 비슷해지거나 모방한다는 측면에 강조점을 두지 않고 국민소득이나 시장점유율 같은 각종 추격지표상에서의 격차의 축소에 일차적 의미를 둔다. 질적인 모방이나 유사성보다는 양적인 지표 차원에서의 격차축소에 추격이란 말을 일차적으로 쓰는 이유는 성공적인 추격경험 또는 추월현상을 보면, 후발자가 선발자의 전략 또는 행태를 그대로 따라가거나 모방하는 것만으로서는 성공적 추격 성과가 나오지 않고, 후발자가 선발자와는 다른 어떤 새로운 전략이나 행태를 취할 때만이 발생하기 때문이다.

이 발견은 본서의 핵심 주장으로서 역설적으로 표현하면, '단순히 선발자를 추격하는 것만으로서는 추격에 성공할 수 없다'이다. 이 역설에서 앞에 나오는 추격은 모방한다는 의미의 추격이고, 뒤에서의 추격은 경제지표상의 격차축소를 말한다. 즉, 풀어쓰면 단순히 모방하는 것만으로서는 선발자를 영원히 넘어설 수 없다는 명제이다. 장기적으로 성공적인 추격 및 추월의 경험은 초기 단계에는 선발자를 모방하고 선발자로부터 배우는 것으로부터 시작되지만 결국 어떤 단계에서 비약적 추격 성과를 내기 위해서는 선발자와는 다른 경로(path)를 개척하거나 창출하지 않고서는 불가능하다는 것이다. 이런 경로 개척은 쉽지 않은 일이고 실패의 위험이 따르기에 성공적 추격 사례가 흔치 않은 것이다. 즉, 추격의 첫째 역설은 '같아지기 위해서는 달라져야 한다'는 역설이다.

추격의 둘째 역설은 성공적인 추격은 종종 우회전략이 필요하다는 것이다. 즉, 빨리 가려고 하는 자가 늦게 된다는 역설이다. 이는, 선진국들이 대부분 기술수명이 긴 산업들에 특화하고 있다고 해서, 추격자도 바로 그렇게 되기를 흉내낼 것이 아니라, 추격 단계에서는 오히려 그 반대인 기술수명이 짧아서 선진국의 지배력이 약한 부문을 선택하고 집중하여서 일정한 성공을 한 후에, 최종 단계에서 선진국형인 긴 수명기술 분야로 진입하여야 한다는 것이다. 추격의 셋째 역설은, 기술패러다임의 변화와 같은 '기회의 창'은 후발자의 비약적 추격으로 이어질 수도 있으나, 그런 비약전략에는 위험이 따르기에 오히려 실패의 창이 될 수도 있고, 반면에 초기 기술수준이 낮은 후발자는 기존에 배운 것이 쓸모 없게 되고 이제 새로운 기술을 다시 배워야 한다는 점에서 추격을 어렵게 하는 추가적 장애요인이 될 수 있다는 이중성의 역설이다. 결론적으로 이런 역설적·변칙적 전략이 필요한 이유는, 성공적 추격 자체가 예외적이고 어렵기에 통상적 전략으로는 안 되기 때문이라는 것을 필자도 뒤늦게 깨달았다.

이 책은 필자의 몇 개의 저서와 연구를 통합하는 것에서 출발하였지만, 위에서 말한 추격의 역설은 여기서 처음 개념화하고 묶어서 제기하는 것이다. 즉, 본서는 기본적으로 네 권의 책, 즉 슘페터 상을 받은 *Schumpeterian Analysis of Economic Catch-up: Knowledge, Path-creation and the Middle income trap*(캠브리지대 출판사, 2013)을 비롯하여,『산업의 추격, 추월, 추락: 산업주도권과 추격사이클』(21세기 북스, 2014),『국가의 추격, 추월, 추락: 아시아와 국제비교』(서울대출판원, 2013) 및 『기업간 추격의 경제학』(21세기 북스, 2008) 등 일련의 연구를 통합하는 데서 출발한다. 앞의 세 권의 책이 각각 기업, 산업, 국가라는 세 차원을 다루었는데, 본서는 이를 통합적으로 한 권에 집약하여 서술하였다. 그리고 앞의 영문 저서는 세 차원을 다루되 특허통계를 이용한 계량적 분석인데, 그 책의 주요 내용도 본서에 녹아 들어가 있고, 이를 기반으로 추격이론을 재창조(re-creating)하는 것이고, 이 과정에서 세 가지 추격의 역설에 도달하게 되었다. 즉 국가, 산업, 기업이라는 세 차원에 대하여 본서의 2, 3, 4부 모두에서, 영문저서에서 수행된 계량적 분석과 세 권의 한글 연구서에서 수행된 질적인 분석내용이 서로 어우러지면서 상승작용이 발생하여, 세 가지 추격의 역설이 탄생하게 된 것이다.

본서의 일부 장은 필자가 수행한 기존 연구의 일부에 크게 의존하고 있다. 가령, 3장 신슘페터학파 경제학의 기본개념은, 새로 서술할 수 있는 성격의 것이 아니어서, 『동아시아와 기술추격의 경제학』(이근, 2007)의 한 장을 거의 그대로 다시 실었다. 8장의 디지털 TV 사례도 같은 책의 한 장인데(원래 임채성 · 송위진 박사와 공저한 영문논문의 요약본), 여기서 다시 한 번 좀더 수정을 거쳐서 실었다. 13장은, 필자가 교신저자로서 정무섭 박사와 공저한 영문논문을 대폭 줄여서 쉽게 요약하는 식으로 재탄생하였다. 그 외 필자의 다른 연구에 많이 의존한 부분은 해당 부분에서 각주로 이를 명시하여, 기존 연구와의 관련성을 알 수 있도록 하였다.

본서는 기존의 연구, 특히 세 차원의 추격 연구를 통합하는 측면이 있으나 단순히 합친다는 의미에서의 통합이 아니고, 그로부터 한 걸음 더 나아간다는 점에서 재창조이다. 즉, 본서는 기존의 외국의 추격 연구에서 간과한 몇 가지 새 명제와 역설들을 드러내었다. 결론 장에서 기술하였듯이, 본서에서 재창조하였다는 추격론의 핵심은, 첫째, 추격의 시작은 후발자로서 기존 세계경제 및 국제분업 체계로 늦게 진입하였는데 어디로 진입할 것인가 하는 진입구(entry point)를 찾는 어려움에서 시작한다는 것이고, 둘째, 실패하느냐 성공하느냐 하는 추격 성과는, 외생적인 기회의 창과 이에 대한 후발자와 선발자의 다른 대응방식의 상호작용으로 설명가능하며 여기에는 일정의 규칙성이 존재한다는 것이고, 셋째, 규칙성의 파악의 결과 드러나는 효과적인 추격전략은 세 가지 역설로 정리할 수 있다는 것이다.

필자가 몇 권의 연구서를 낸 지 시간이 얼마 지나지 않았음에도 필자 자신의 추격에 대한 생각도 계속 변화 · 진화하고 있다. 그런 의미에서 추격론은 계속 재창조되고 있는 것이다. 사실, 필자는 작년에 영문저서를 탈고하는 무렵에야, 추격현상에 우회(detour)나 새 경로창출(path-creation) 등의 역설적 측면이 존재한다는 점을 인식하게 되었고, 본서는 이를 수면 밖으로 공론화하였다는 의의가 있다. 그러나 이를 본격적으로 파고 든 연구는 필자의 다음 영문저서 제목으로 남겨두기로 하고, 본서는 부족하나마 여기에서 세상에 내놓기로 하였다. 이는 이 분야 학자들과 독자들의 비판과 관련 연구로 이어질 수 있기를 기대하기 때문이다. 사실, 후발자의 선발자 추격이라는 현상은 세계사적으로 중요한 의미가 있는 현상인데, 한국산업과 기업이 독보적 성과를 이룬 분야라는 점에서, 한국인 학자가 비교우위가 있어서 우리가 경제학이란 학문에 공헌할 수 있는 몇 개 안 되는 주제라고 생각한다. 본서가 이런 면에서 후속 연구에 공헌할 수 있다면 더 말할 나위 없는 기쁨이겠다.

이 책이 가지는 통합적 성격에 연유하여, 이 책의 기반이 되는 기존 연구에 참여한 연구자 및 제자들까지 포함하면 많은 분들이 이 책에 직·간접적으로 공헌하였다. 무엇보다도 우선, 위 세 권의 추격에 관련된 책에 참여한 총 37분께 감사를 드린다. 또한 경제추격연구소를 기반으로 매월 개최하는 세미나와 공동연구가 필자가 추격 연구를 지속하는 데 큰 힘이 되고 있다. 단적으로 말해, 필자를 멈추게 하지 않고 계속 밀고 가는 것은 제자 그룹들의 연구 열정과 수고 때문이다. 일일이 이름을 다 거명할 수는 없고, 그동안 필자와 같이 한 30명의 박사와 52명의 석사 제자들에게 이 자리를 빌어 깊이 감사한다. 특히, 영문저서에서 핵심 주장인 기술의 수명주기가 짧은 산업이 후발자에게 유리하다는 생각은 박규호 박사와의 공저 논문에서 처음으로 세상에 나왔고, 그 아이디어가 기업차원 및 남미와의 비교차원으로 연장되어 영문저서에 나왔고 본서에도 소개되고 있다. 그리고 이를 보다 최신 자료로, 기술융합이라는 개념과 같이 분석한 6장의 통계 처리에는 이종호·박진혁 군이 수고하였다. 국가 및 산업차원의 추격, 추월, 추락 연구와 관련 책 발간 및 원고정리 등에서 기지훈·임부루 군이 큰 수고를 하였다.

마지막으로 본서를 출판하는 작업을 맡아, 짧은 기간에 효율적으로 일을 완성하여 주신 도서출판 오래의 황인욱 사장과 편집에 수고하신 편집부 직원 여러분께 심심한 감사를 표한다.

2014년 11월

저자 이 근

제4부 기업차원의 분석

제5부 본서의 결론

제1부
문제의식과
분석틀

제 1 장

후발국의 경제성장을 보는 제 시각[1]

1. 1950년대 고전적 개발론부터 워싱턴 컨센서스의 종언까지

경제발전론이라는 분야는 전후에 서구의 식민지였던 제3세계의 국가들이 독립하면서 그들의 경제성장 문제에 대한 논의로부터 시작되었다고 볼 수 있다. 즉, 50년대 이후 '개발론'이란 분야가 시작된 것이다. 이 시기 등장한 후발국의 경제성장 또는 발전에 대한 주류경제학적 관점은 기본적으로 선진국과 후진국의 차이가 자본스톡(양: stock)의 차이에서 기인한다고 보고 후진국의 경제성장을 위해서는 고정자산에 대한 투자가 가장 중요하다는 것이었다. 이런 생각은 전후에 세계은행이나 IMF가 후발국 경제성장을 위해 지원하는 자금을 통해서 SOC 등 고정자본 건설이 증가되면 후발국들도 경제성장률을 높여서 선진국을 따라갈 수 있을 것으로 기대하게 하였다. 이런 생각이 50~60년대의 경제발전에 대한 주요 접근이었으나 후발국의 경제성장은 기대된 만큼의 성과를 거두지 못하였다. 그래서 후발국들의 성과 부진은 단지 투자 문제가 아닌 뭔가 구조적 문제가 있다는 생각, 즉 남미학자들이 중심이 된 구조주의적 견해가 출현하게 되었고 그 연장선상에서 70~80년대의 종속이론이 탄생하였다. 종속이론은 후발국이 성장하지 못한 이유는 후발국의 잉여가 선진국으로 넘어갔기 때문이라고 보는 것으로, 이 이론이 남미를 중심으로 풍미했었다. 그런데 이 이론의 주장과는 달리 동아시아에서는 소위 동아시아 4룡처럼 일부 성공적인 국가가 나오게 되었다. 결국 종속이론에 대한 하나의 반례가 제시됨에 따라 종속이론이 퇴장하게 되고 동아시아에서의 성장의 원천이 무엇인가로 이론의 관심이 넘어갔다.

이때의 쟁점 중의 하나는 동아시아국의 성장과정에서 정부와 시장의 역할, 즉 산업정책의 타당성에 관한 것이었고(Amsden, 1989; Chang, 1994; World Bank,

---

1 이 절의 내용은 이근(2013), 이근(2010), 이근(2009)의 4장 등에 일부 소개된 내용을 다시 통합정리한 것이다.

▌표 1-1 ▌ 워싱턴 컨센서스의 10가지 요소

A1. 거시안정화
1. 재정안정화
2. 의료, 교육, 인프라에 대한 공공지출
3. 조세개혁: 세원확대
4. 단일환율제
5. 사적재산권 보호
A2. 민형화, 탈규제, 자유화
6. 탈규제화
7. 무역자유화
8. 민영화
9. 외국인투자에 대한 장벽 철폐
10. 금융자유화

자료: Williamson, 1990.

1993), 대외지향적 수출 공업화론과 대내지향적 수입대체 공업화론의 대비도 쟁점 중의 하나였다. 60~70년대 이후 동아시아의 급성장과 대비되는 남미의 상대적인 정체는 바로 동아시아의 대외지향적인 수출주도 공업화가 올바른 경제정책 방향이라는 생각으로 연결되었다. 그리하여 80년대 이후 남미도 대외지향적인 경제발전전략을 택하게 되고, 이는 단순히 수출진흥뿐만 아니라 시장개방, 민영화, 금융자유화 등 전반적인 경제개방 정책으로 연결되었다. 즉, 주류적 개발론의 입장은 동아시아에서도 시장이 중요하였다는 것이고, 특히 대외적 시장개방이 중요하다는 대외지향적 공업화론을 중심으로 한 '정책중시론'이 강조된 것이다. 이러한 담론의 최종적 귀결이 **표 1-1**에서 제시된 바로 '워싱턴 컨센서스'(Williamson, 1990)이다.

그래서 1980년대와 1990년대는 전 세계적으로, 동아시아 및 남미와 아프리카를 포함한 국가들에서 전반적인 탈규제와 개방정책이 채택되었다. 그러나 2000년대에 들어와서는 최근 세계은행 보고서에서도 나타났듯이 이런 워싱턴 컨센서스를 가장 적극적으로 채택한 남미 여러 나라들의 경제성과가 기대에 못 미칠 뿐만 아니라, 오히려 그 이전 시대에 비해서도 떨어지는 결과를 낳은 것으로 평가받고 있다(World Bank, 2005). 그래서 최종적으로 Rodrik(2006)은 워싱턴 컨센서스는 "사망했으며, 이제 새로운 대안을 모색할 때이다"라고 선언하였다.

2. 제도중시론과 그 비판

워싱턴 컨센서스의 사실상의 퇴각 이후, 다시 한 번 이런 후발국의 경제성과 부진에 대한 원인 모색이 진행되었으며 그 결과 워싱턴 컨센서스의 구세주로서 등장한 것이 바로 제도중시론이다. 간단히 요약하면 제도중시론은, 후발국에 바른 경제정책, 즉 워싱턴 컨센서스를 처방하였으나 그 처방이 약효를 발휘하지 못한 이유는 처방이 잘못되어서가 아니라 그것을 받아들인 나라의 토양, 즉 제도가 좋지 못했기 때문이라는 주장이다.

여기서 제도가 좋지 못했다는 것은 남미나 아프리카에 특히 만연한 부정부패, 독재, 사적재산권의 미비, 투자자에 대한 미흡한 보호와 같은 요소들을 지칭한다. 이런 제도중시론의 이론적 · 실질적 근거는 *AER* 등 경제학 유명 저널에 발표된 여러 논문들에서 찾아볼 수 있다(Acemoglu et al., 2001 · 2002; Rodrik et al., 2004). 그 논문들은 역사적 접근법을 취하고 있는데, 가령 16세기 이후 미국, 호주 등 소위 신대륙 경제들이 중국이나 또는 다른 과거의 강국에 비해서 성공적으로 선진국에 들어간 이유가 바로 사적재산권 보호와 민주주의라는 서구식 제도를 빨리 정착시켰기 때문이라고 분석하였다. 구체적인 실증 방법론으로서는 나라의 성장이 높았기 때문에 좋은 제도를 채택했느냐 아니면 좋은 제도 때문에 성장이 되었느냐는 양 방향의 인과성 문제를 설명하기 위해서, 제도를 설명하는 도구변수를 사용하고 있다. 각 나라에 정착한 외지인의 성공적 정착률을 도구변수로 써서 제도변수의 내생성을 통제한 이후에도 제도변수가 경제성장에 통계적으로 유의함을 보였다.

이런 연구결과는 결과적으로 서구열강에 의한 후발국의 식민지화를 정당화하는 부수적 효과도 지닌다. 다시 말해서, 서구적 제도를 성공적으로 정착하느냐의 여부가 경제성장의 관건이라는 시사점으로 연결되는 것이다. 바로 이런 제도중시론을 다룬 논문이 드는 사례 중의 하나가, 예전에 앞섰던 북한지역이 남한지역에

뒤떨어지게 된 이유는 바로 남한지역에 사적재산권을 기반으로 한 자본주의 제도가 정착되었기 때문이라는 주장이다. 제도중시론은 이러한 남북한의 대비를 하나의 예로서 들고 있는 것이다.

그러나 이런 제도중시론에 대해서 Glaeser et al.(2004) 등이 수행한 실증분석적 비판 논문에서는, 남한에서 경제성장이 이루어진 것은 제도 때문이라고 보기는 어렵고 오히려 한국은 경제성장 이후에야 민주주의로 이행했다고 보았다. 즉한국의 개발독재 모델은 먼저 경제성장을 성취한 뒤에 민주주의로 이행한 것이지 민주주의가 먼저 정착했기 때문에 경제성장이 이루어졌다고 보기에는 어렵다고 주장하고 있는 것이다. 그래서 이 논문은 제도 이외에 성장의 주요 원인변수로서 인적자본을 들고 있다. 한국을 비롯한 여러 나라에서 전후에 급성장이 이루어진 것은 서구식 민주주의나 사적재산권과 같은 제도에 기인한다기보다는 근본적으로 인적자본에 대한 투자가 이루어졌기 때문이라는 주장이다. 실제로 이들 논문은 인적자본 변수와 제도 변수를 모두 포함하여 한국을 분석한 결과 제도변수의 유의성이 떨어지고 인적자본 변수가 가장 강건한 변수임을 증명하였다.

제도중시론의 극치는, 에이스모글루와 로빈슨(Acemoglu and Robinson, 2012)이 펴낸 책『국가는 왜 실패하는가?』(Why nations fail?)이다. 이 책에서는 제도를 착취적인 제도와 포용적인 제도로 나눈 후 포용적인 제도가 마련되어야만 성장이 잘된다는 것을 제도중시론의 핵심명제로 제기했다. 여기에 대해 빌 게이츠가 아주 비판적인 서평을 쓴 바 있다. 즉, 그는 이 책이 어떻게 하면 포용적 제도로 갈 수 있는지에 대한 어떠한 얘기도 없다고 비판하였다. 제도중시론에 대한 필자의 입장을 말하자면, 제도는 굉장히 중요한 요소인 것은 맞지만, 제도라는 말은 워낙 광범위하고 포괄적이라, 많은 제도 중 구체적으로 어떤 제도인가 하는 식으로 어떻게 정의하느냐에 따라 다르다는 것이다. 특히 상대적으로 저소득 국가나 전근대적 사회에서 제도, 특히 정치적 제도 요인이 좀더 결정적인 것은 사실이지만 중진국 이상의 단계에서는 정치적 제도만으로 성장할 수 없다는 것이다. 실제로 에이스모글루의 책에서 다루는 나라들의 사례는 대부분 옛날의 전근대 사회나 저소득 국가들이다. 필자의 생각은 세계화된 경제환경에서 작동하고 있는 중진국들의 경우에는 정치적 제도의 차이보다는 혁신 역량의 차이가 더 결정적인 것으로 보인다.

실제로 주요 중진국들의 정치제도발달 지수를 보면, 1980~2000년대에 걸쳐 동아시아나 남미 모두 최고점인 7점 또는 6점에 달한다(Lee and Kim, 2009의 표). 그럼에도 불구하고 아시아와 남미 간에 성과가 매우 달랐다는 것은 (물론 이 제도 지표가 정치적 제도만 포함한다는 한계가 있긴 하지만) 제도만 가지고는 성장이 안 된다는 하나의 증거가 되겠다. 실제로 이근과 김병연 교수의 위 논문(Lee and Kim, 2009)의 실증분석에 의하면, 정치적 제도는 저소득 국가의 성장에는 유의한 변수이고 중요하지만 중진국 이상의 국가의 경제성장에서는 유의하지 않고, 기술혁신 역량 및 고등교육이 유의하다는 결과가 나왔다. 즉, 위에서 언급한 10가지로 구성되는 워싱턴 컨센서스 정책 중에 기술혁신에 대한 투자 및 고등교육에 대한 투자가 성장의 관건이라는 슘페터학파적 주장이 다시 확인된 셈이다.

제도중시론에 대한 이와 같은 비판의 등장과 더불어 최근의 상황은 제도중시론도 여러 비판에 직면하고 있는 상황이다. 사실상 제도중시론은 워싱턴 컨센서스를 확장한 포스트 워싱턴 컨센서스의 주요 구성요소이다. 확장된 포스트 워싱턴 컨센서스를 보면 제도, 부정부패, 빈곤, 노동시장 유연성 등을 추가하는데, 이것에 대해서도 로드릭은 아무리 확장된 개념이라도 성장에 필요한 정책을 나열하는 쇼핑 리스트적 접근에 불과하다면서 무언가 항상 빠져있기 때문에 항상 불충분할 수밖에 없다고 비판한다.

그래서 로드릭(Rodrik)은 각 나라의 경제성장을 가로막고 있는 가장 중요한 제약요인(binding constraint)을 식별하고 이 제약요인을 해소하기 위한 적절한 정책설계 혹은 제도개혁을 해야 한다고 주장했다(Rodrik, 2006). 여기서 성장의 제약요인이라는 개념은 만약 그것이 해소된다면 경제성장에 가장 크게 기여하게 될 때 그것을 제약요인이라고 한다(Hausmann et al., 2008, p. 331). 그러나 이러한 접근법의 문제점은 개발도상국, 특히 저소득 아프리카 국가들의 현실에서 해결되어야 할 제약요인이 너무나 많다는 것이다. 이러한 제약요인 문제가 무엇인가를 보여주기 위해 나온 소위 투자환경에 대한 세계은행의 보고서들은 많은 분야에서 많은 문제점들, 예를 들면 통신, 교통, 전력, 부패, 개방, 금융 등을 나열하고 있다. 또한 이런 학자들은 이러한 많은 문제들에 대해 논리적 우선순위를 정하는 방안을 제시하고 있기는 하지만, Lin(2012a)의 신구조주의 경제학에서 비판하듯이, 어떤 제약요인을 단지 제거하기만 하면 자연히 성장이 달성된다는 생각은 다소 순진하다고 여겨진다.

한 예를 들자면, 아시아개발은행이 2012년 10월에 서울에서 개최한 카자흐스탄에 대한 경제개발계획자문회의에서 카자흐스탄의 재경부차관은 세계은행 등이 강조한 각종 투자 및 기업환경(Doing business indicators) 지표들을 과거 10년 간 개선하려고 주력하여 많은 지표가 대폭 상승하였음에도 불구하고 가시적 경 제성장의 모멘텀은 창출되지 못하였다고 실토하였다. 그래서 이제는 한국의 과거 처럼 직접 특정 산업을 육성하는 방향으로 전환을 모색하고 있고 그래서 산업정 책을 한 한국경험을 중시하고 있다고 하였다. 사실 국내 토착 기업의 활동이 약한 상황에서 투자환경을 개선한다면 그것은 결국 외국기업을 위한 것이고, 그들만의 이익을 더 좋게 하기 쉽다. 또 다른 예로 Moyo(2009)가 *The Dead Aid*에서 언급한 모기장 공급의 사례를 보면, 모기장을 공급하는 공공원조(ODA) 프로그램으로 인 해서 모기장을 만드는 민간기업들이 붕괴되었던 예는 민간부문의 역량 형성에 초 점을 맞추지 않은 ODA가 오히려 문제해결을 어렵게 하는 경우를 보여준다. 그러 나 Moyo의 책도 민간부문의 중요성을 강조하고는 있지만 투자 및 기업 경영환경 의 개선이나 크게 보아 경제성장의 제약요인의 해소만 강조하고 있지, 구체적으 로 어떻게 민간기업의 역량을 형성해야 하는지를 제시하고 있지 않다는 점에서 한계를 지니고 있다.

필자의 생각은 후발개도국의 경우, 투자환경을 개선하는 데에 우선순위를 둘 것이 아니라 민간에 직접적으로 노하우를 이전하고, 교육 및 인센티브, 자원 등을 제공함으로써 민간부문의 역량을 개발하는 것에 우선순위를 두어야 한다. 이후 민간부문이 성장하게 되면 어떤 투자환경이 우선적으로 개선되어야 하는지를 민 간부문이 자체적으로 판단하고 그 개선을 요구할 것이라는 것이다.

3. 신구조주의와 신산업정책론의 한계

세계은행 중심의 워싱턴 컨센서스나 투자환경 중시론에 대한 비판에서 출발하 고 있는 보다 최근의 접근으로는 중국출신으로서 세계은행의 부총재를 역임한 북 경대학의 저스틴 린 교수의 신구조경제학과 스티글리츠의 산업정책 부활론이 있 다(Stiglitz and Lin, 2013). 이들의 문제제기와 주장은 그동안 터부시되었던 산업정 책을 부활시키는 역할을 하였고, 린 교수는 자신의 이론을 신구조주의 경제학이라고 이름을 붙였다. 린 교수의 생각의 핵심은 과거 구조주의와 이론적 발상은 같지만 방법론적으로 신고전파 방법론을 수용한 것이다. 스티글리츠는 시장실패가 많이 발생하기 때문에 거기에 근거하여 산업정책이 정당화된다는 식의 주장들을 최근에 피면서 산업정책이 최근에 경제학의 전면에 다시 복귀하는 것에 크게 일조했다. 한국에서는 산업정책에 대해 아직도 쉬쉬하는데, 유럽 등 선진국 및 다른 나라에서는 적극적으로 들고 나오고 있는 상황이다.

저스틴 린 교수의 생각은(Lin, 2012) 소위 '성장의 인식과 촉진정책론(Growth Identification and Facilitation)'이라 해서 각 나라가 잠재적 비교우위를 가진 산업을 선정 육성하는 것이 성장에 이롭다는 생각이다. 이에 과거 동아시아 사례를 들면서 자기 나라보다 국민소득이 두 배 정도 되는 나라를 선정한 후 그런 나라에서 잘 되었던 산업이 무엇인지 파악하여 같은 산업을 후발자가 산업정책으로 육성하면 된다는 생각이다. 어찌 보면 신고전파의 비교우위론의 연장선상에 있는 것인데, 이 이론에서 문제는 후발자가 항상 선진국의 낙후된 산업을 물려받기만 하느냐는 점이고 그것으로 충분하냐는 것이다. 즉, 이 처방으로 중진국까지는 갈 수 있을지 몰라도, '중진국 함정'을 넘어서는 추격형 성장을 할 수 있겠느냐는 비판이 가능하며, 장하준 교수 역시도 비교우위론을 넘어서야 한다고 린 교수에 대해 비판한 적이 있다. 필자도 후발국이 선진국의 산업을 물려받기만 해서는 안 되고, 더 나아가서 신성장산업에 과감하게 진출하는 등 leapfrogging(비약전략)을 해야 한다고 생각한다. 이러한 생각이 부재한 것이 린 교수의 이론의 한계라고 할 수 있다.

한편, 스티글리츠는 지식이 공공재이기에 시장실패가 발생하고, 이에 따라 R&D에 대한 투입이 최적보다 작은, 즉 과소 투입되는 상황이 발생하기 때문에, R&D에 대한 보조금을 주자는 입장이다(아래 **표 1-2** 참조). 그런데 이런 생각은 기본적으로 신고전파 이론틀의 연장선에서 나온 것이고, 선진국이나 후진국이나 모두에게 해당되는 일발적인 이야기이다. 분명 후진국과 선진국의 차이점들이 있는데, 그것이 무엇인가 하는 문제를 고려한 이론이 아니다. 즉, 후진국의 기술역량 부족 문제를 단지 돈으로 해결할 수 있다고 보고 있지 않은가 하는 생각이 든다. 어떻게 하면 기술역량을 높일 수 있는가에 대한 구체적 전략에 대한 논의가 없다.

이런 논의의 한 축에 유럽의 슘페터학파의 핵심 개념인, 시스템실패(system failure)가 있다. 슘페터학파의 경제학은 혁신체제라는 개념을 중시하여, 이를 국가, 산업, 기업, 지역 등 여러 차원에서 정의하고 분석의 도구로 사용하였다. 특히,

┃표 1-2┃ 세 가지 종류의 실패

	시장실패 (Market failure)	시스템실패 (System failure)	역량실패 (Capability failure)
주장,학파: 초점	신고전파: 시장제도	슘페터학파: 경제주체 간의 상호작용	개발론자(저자 포함): 기 업의 역량
실패원인	지식의 공공재적 성격	지식의 암묵성에 따른 인지실패	역량 형성 기회의 부재 (경로의존성)
실패의 귀결/증상	과소한 양의 R&D	R&D 효율성 저하	R&D를 할 줄 모름
해결책	R&D에 대한 보조금/ 세제 혜택	인지 격차 줄이기 위한 소통, 상호작용 강화	외부지식에 대한 접근과 학습기회의 제공
학교 상황과의 유추	수업료 보조할 테니 수 업 더 들어라	학교에 가서 친구 많이 사귀라	학교설립 및 양질의 수 업 제공
적절성/특수성	선진국 · 개도국 모두에 해당	선진국 · 개도국 모두에 해당	개도국에 좀더 특수한 문제임

자료: Lee, 2013b.

국가혁신체제(National Innovation System)의 개념을 중시하여, Lundvall, Nelson 등은 국가혁신체제의 차이가 각 국가의 혁신성과의 차이를 낳고, 그것이 그 나라의 경제성장을 결정짓는다고 주장한 바 있다. Lundvall(1992)에서는 국가혁신체제를 "지식의 생산, 확산, 사용에 관련되는 여러 주체와 그들 간의 관계"라고 정의한 바 있다. 결국 국가혁신체제란 지식의 습득, 창조, 확산, 사용에서의 효율성에 관한 개념이다. 그렇다면 시스템실패란 지식이 가지는 암묵성(tacitness), 즉 상당한 종류의 지식을 글이나 말로 표시할 수 없기에 전달과 상호교류에 장애가 있고 이것이 연구개발과 혁신의 효율성을 저해한다고 보는 것이다. 그 결과 혁신과 관련되는 여러 주체 간의 상호작용이 원활하지 않아서 R&D의 효과가 적으니 주체 간의 상호교류를 촉진하자는 입장이다. R&D의 효율성을 높이는 것은 매우 중요하지만 필자가 보기에는 개도국에서는 R&D효율성 이전에 R&D 자체를 할 줄 모른다는 역량실패의 관점이 빠져 있다는 비판을 제기할 수 있다.

즉, 스티글리츠나 슘페터학파, 두 이론 모두 선진국에 기반하고 있다 보니 모두 개도국의 특수한 상황인 '역량의 실패', 즉 역량이 부재하다는 것을 간과하고 있다. 시장실패론의 주장처럼 R&D를 할 수 있는 데 적정수준보다 작게 하는 것이 문제가 아니라, 어떻게 연구개발 활동을 해야 할지를 몰라, 혁신의 근간인 R&D활동 자체를 아예 못한다는 것이 문제란 뜻이다. 이를 **표 1-2**에서처럼, 학교와 비유하여 말하면 스티글리츠의 생각은 학교에 가서 수업을 더 많이 들을 수 있도록 수업료를 주자는 것이고, 반면 유럽 슘페터학파는 학교에 가서 좋은 친구를 많이 만들고 사귀라는 주장이다. 필자의 입장은 애초에 학교도 적고, 설령 있어도 커리큘럼에도 교사의 질에도 문제가 있다는 것이다. 즉, 개도국은 제대로 배울 기회가 없었다는 것이다. 학교와 교육의 내용 자체를 문제 삼는 것이 개도국에 더 적절한 생각인데, 스티글리츠와 유럽 슘페터학파의 생각에는 이러한 관점이 빠져 있다. 즉, 필자의 생각은 혁신을 중시하는 슘페터학파의 생각을 이어 받되 이를 후발 개도국의 특수성을 고려하여, 역량형성을 중시하는 제대로 된 슘페터적 개발론이 필요하다는 것이다.

4. 역량형성을 중심으로 한 새 발전론: BeST Consensus

앞절에서 살펴본 바와 같이, 후발국의 경제성장에 대한 이론적 흐름은 다양하게 전개되었으나 아직도 이 문제는 해결을 못보고 있다. 또한 정부개입의 필요성에 대한 생각, 즉 산업정책에 대한 신고전파 경제학이나 슘페터학파 경제학 양쪽 모두 한계가 분명하다. 즉, 아직도 후발국의 경제성장을 어떻게 하면 촉발할 수 있는가에 관해 설득력 있는 새로운 패러다임이 나오고 있지 않다는 것이다. 이런 상황에서 새로운 경제발전론을 모색하는 것은 기존 주류 및 비주류 패러다임에 동시에 존재하는 이분법적 논리를 극복함으로써 가능하다고 본다. 예를 들면, 개방을 해야만 성장이 된다든지 또는 개방을 하면 성장이 안 된다든지 하는 이분법적 논리를 극복해야 한다. 사후적으로 보면 개방이 성장을 항상 가져오지는 못했다는 면에서 개방이 성장에 충분조건은 아니지만 현재 성공적으로 성장한 나라들은 경제개방을 거쳤다는 면에서 종국적으로 개방은 성공적 경제성장에 필요조건으로 보인다.

또한 개방의 구체적인 요소로서 외국자본, 다국적 기업에 대한 역할에 대해서도 이분법적 사고의 극복이 필요하다. 과거 제국주의론이나 종속이론에서 다국적 기업은 후발국에 대한 착취의 수단으로만 간주되나 다국적 기업은 역시 개방과 마찬가지로 후발국 경제성장에 도움이 될 수도 있고 안 될 수도 있다. 실제로 많은 나라에서 외국인 투자를 유치하여 그것이 어느 정도 성장에 도움이 된 측면이 있지만 그것이 지속적인 성장으로 이어지지 못하는 사례도 많다. 한국은 다국적 기업의 진입을 제한하고 그 대안으로서 외자를 차관형태로만 도입하고 공업화 자체는 국내기업 위주로 진행하여 성공한 사례이다. 반면 이와는 다르게 중국은 처음부터 외자를 적극적으로 유치해서 경제성장을 이끌어 내고 이를 다시 내국자본 육성의 수단으로서 이용하려는 방향으로 가고 있는 또 다른 성공적 사례로 볼 수 있다.

이런 다양한 사례는 외자를 단순히 유치한다고 해서 성공이 되는 것이 아니라 외자를 하나의 초기 고용창출 및 후기 학습의 기회로서 삼는 전략적인 마인드와 의지의 존재가 중요함을 시사한다. 그렇지만 최종적으로는 내국자본 위주의 기업들이 보다 활발하게 탄생해야만 좀더 지속적인 경제성장이 이루어질 수 있음을 한국, 대만이나 중국의 사례가 시사한다(본서 4장 참조). 실제로 아일랜드와 같은 경우 외자의 적극적 유치에 의해서 단기간에 급성장을 하였지만 최근에 외자의 급속한 유출로 경제가 다시 위기상황을 맞았다. 이러한 사례를 보면 궁극적으로 토착 국내자본의 중요성을 인식할 수 있다.

위에서 논한 이분법적 논리 및 서구중심성을 극복하면서 모색해야 할 새로운 발전론은, 어떻게 하면 후발국 경제 및 기업에서 역량(capability)을 육성·형성할 수 있는가를 연구하는 것을 핵심으로 삼아야 한다고 본다. 즉 개방이냐 아니냐, 또는 외자를 도입하느냐 마느냐, 특화하느냐 다각화하느냐 자체가 중요한 것이 아니라 이런 다양한 요소들이 후발국의 능력 형성에 도움이 되느냐 안 되느냐 또는 어떻게 하면 도움이 되는 방향으로 이런 요소를 이용할 것인가가 후발국 경제성장에 가장 핵심적인 관건이다. 즉 로드릭 교수는 포스트 워싱턴 컨센서스에 대한 비판에서 쇼핑 리스트보다는 가장 중요한 제약요인(binding constraint)을 찾아야 한다고 하였지만 그는 그 제약요인이 무엇인지에 대해서는 그것이 각 나라마다 다르기 때문에 일반적으로 말하기 어렵다고 하였다. 그러나 본 필자가 보기에 나라별로 그런 제약요인을 찾는 것과는 별도로 경제성장 단계별로 다른 제약요인을 찾는 것은 가능하다고 본다.

가령, 미국 대비 1인당 소득이 30% 내외의 소득수준에 도달한 이후에 성장이 정체되어 선진국으로 도약하지 못하고 중진국에 계속 머무르는, 소위 중진국 함정(middle income trap)에 빠진 후발국들의 지속적 경제성장을 막는 가장 중요한 제약요인은 후발국 스스로 경쟁력 있는 제품을 국내외 시장에 낼 수 있고 지속적으로 개발하고 생산할 수 있는 능력, 좁게 말하면 혁신능력이며 새로운 발전론은 이런 혁신능력을 어떻게 형성할 것인가에 대해서 초점을 맞추어야 한다고 생각한다. Lee and Kim(2009) 논문에서는 회귀분석을 통해서 국가가 중등소득 단계에서 고소득 단계로 이행하기 위해서는 기술혁신 능력과 고등교육이 중요한 원인변수임을 증명하였다. 장기성장에서 기술혁신이 중요하다는 것은 어쩌면 당연한 생각이지만 장기적 경제성장 결정요인에 대한 기존의 많은 실증분석 문헌에서는 이상하게도 기술혁신 변수를 검토하고 있지 않다. 이는 기술혁신을 외생적으로 취급해 온 주류경제학의 편향성에 기인한 것으로 보인다.

한편 기존의 경제성장론 문헌에서는 교육이나 개방정책, 제도 등을 다루어 왔지만 이들은 각 나라 간 발전단계의 차이에도 불구하고 어떤 단일한 변수가 모든 나라에게 중요한 성장변수로 작용한다는 논리에 집착해 왔다. 그러나 경제성장 단계별로 각기 다른 변수가 성장의 결정요인이라는 논리가 가능하고, 이 논문은 기존 문헌에서 강조해 온 제도와 초·중등교육은 저소득 국가에서 중등소득 국가로 이행하는 단계에서만 유의하고, 중등소득에서 고소득, 즉 선진국으로 가기 위해서는 고등교육에 대한 투자, 연구개발과 기술혁신에 대한 투자가 필요함을 입증한 바 있다. 이는 매우 중요한 연구결과로서 실제로 많은 개발도상국들이 2000년 미국 달러 기준으로 3,000불 내외 혹은 미국 대비 1인당 소득이 30% 내외의 소득수준에 도달한 이후에 성장이 정체되어 선진국으로 도약하지 못하고 중진국에 계속 머무르는 중진국 함정에 빠지는 상황이 많은데, 이런 경우에서의 제약요건이 바로 고등교육과 혁신능력임을 이 논문은 논증하고 있다.

위의 논의가 시사하는 것은 개방을 무조건 반대할 것이 아니라 개방 또는 외자도입을 통해서 어떻게 하면 그것을 토착기업의 능력형성을 위한 학습의 도구로 삼을 것인가가 중요하다는 것이다. 또한 대기업이냐 중소기업이냐라는 논란의 해결도, 후발국의 지속적인 경제성장을 위해서 필요한 혁신능력의 향상이 더 쉽고 가능한 길이 소수의 대기업 육성인지 혹은 많은 중소기업의 육성인지의 시각에서 검토되어야 한다.

┃ 표 1-3 ┃ BeST컨센서스

A. 두 주체	
1. 민간기업	2. 개발정책 담당 정부기구
B. 역량형성의 과정(민간+정부)	
3. 외부지식에 대한 접근 확보	
4. 수출주도의 개방전략(규율과 학습효과)	
5. 핵심기술과 산업의 수입대체	
6. 동적 비교우위를 위한 단계적 업그레이딩	
C. 역량형성을 위한 외부환경 정비(정부)	
7. 인적자본 육성	
8. 추격 친화적 금융시스템	
9. 거시안정성	
10. 비시장적 개입의 단계적 축소	

자료: Lee and Mathews, 2010.

Lee and Mathews(2010)에서, 워싱턴 컨센서스에 대한 대안으로 제기한 북경-서울-동경(Beijing-Seoul-Tokyo: BeST), 즉 베스트 컨센서스는 바로 혁신역량 향상을 중심으로 이에 필요한 경제정책들의 묶음을 제시한 것이다(표 1-3 참조). 이 대안적인 컨센서스에서 가장 핵심적인 두 가지 주체는 민간기업과 그들의 능력형성을 도와줄 정부, 즉 과거 경제기획원과 같은 공공적인 기구이다. 민간기업의 능력형성이 관건이지만 정부부문이 도와주어야 할 이유는 후발자로서 국가에 의한 일정한 보호와 초기 지원 없이는 성공적으로 선진국기업과 경쟁해 나갈 수 없기 때문이다.

그래서 위 두 가지 경제주체를 전제로 하고 능력형성에 필요한 과정으로서 다음의 네 가지를 들고 있다. 첫째는 외부의 지식을 흡수하고 학습할 수 있는 여러 학습채널을 확보하는 정책이다. 외자유치뿐만 아니라 라이선싱, 사내 R&D센터, 해외 R&D센터 설립, 국제 M&A, 해외인력유치, 전략적 제휴 등 다양한 채널을 이용하여야 한다. 둘째로는 수출중심정책으로 이를 통해 세계경제에 참여하여 세계시장으로부터의 일정한 규율을 받아야 할 필요가 있다. 셋째로는 외국산 제품이나 기술을 대체할 수 있는 기술이나 분야를 선별하여 이를 국산화함으로써 지대를 확보하는 정책이다. 넷째로는 동적인 비교우위를 추구하면서 계속적으로 고부가가치 신산업으로 업그레이드해 나가는 정책이다. 여기서 업그레이드라는 것은 기존 산업분야 내에서 좀더 고부가가치 부문으로 업그레이드하는 것뿐만 아니라 새로운 고부가가치 산업이 등장할 때마다 계속적으로 거기에 올라타는 것을 뜻한다. 즉 주류경제학의 특화 논리에 따라서 후발국이 현재 비교우위가 있는 섬유산업과 같은 노동집약적인 산업에 마냥 특화하고만 있어서는 전혀 선진국으로 갈 수 없음을 한국의 경험이 알려주고 있다. 새로 등장하는 산업에 좀더 빨리 진입할수록 그것이 보다 효과적인 경제정책이다. 일견 문어발식 확장이라고 비판받는 다각화는 사실은 계속 등장하는 새로운 성장산업으로 진입하는 과정으로 보아야 한다.

　다음으로 이런 후발국의 능력형성을 위한 외부환경적 정책으로 네 가지를 들 수 있다. 첫째는 일반적인 인적자본 육성 정책이다. 여기서 중요한 것은 과거 세계은행 등이 주장하였듯이 초·중등 교육만을 중시하는 데서 벗어나 고등교육도 중시하여 육성해야만 중진국을 넘어서는 경제도약이 가능하다는 점이다. 둘째 요소로서는 추격을 용이하게 하는 금융시스템을 갖추어야 한다. 여기서 핵심적인 것은 금융시장을 시장에 맡겨서 이자율이 저축과 투자가 일치되는 균형에서 형성되도록 놓을 것이 아니라, 이자율을 시장이자율보다 낮게 유지하여 투자를 자극하되 초기에는 부족한 투자재원을 외자를 통해서 조달하고 나중에는 국내소득의 증가를 통해서 확보하는 전략이 필요하다. 이자율을 인위적으로 낮추면 국내저축이 떨어진다는 논리는 역시 선진국적인 논리이다. 계속 성장하는 후발국 경제에서는 이자율을 높이기보다는 우선 소득을 향상시키는 것이 저축을 높이는 데 장기적으로 더 효과적이기 때문에 이자율을 성장단계에서 인위적으로 낮춘다고 하여 그것이 큰 문제가 되지는 않는다. 실제로 스티글리츠 등이 서구중심적인 금융압박(financial repression) 논리에 대한 대안으로서 제시한 금융제약(restraint)론의 핵심은 바로 실질이자율이 음이 되도록 많이 떨어지지 않는 한 저이자율 정책이 경제성장에 도움이 된다는 것이다. 셋째는 거시적 안정성이다. 거시 안정성은 워싱턴 컨센서스에서와 같이 그 자체가 중요한 목표라기보다는 역량형성과정을 위해서 필요한 대내외 안정성 확보차원에서 필요한 것으로 보아야 한다. 거시적 안정성이 없으면 국내 투자자들은 장기적인 투자를 주저할 것이며 이는 장기적인 역량형성을 저해하기 때문이다. 거시안정성에서 가장 중요한 요소는 각종 경제위기의 발생을 억제하는 것이다. 마지막 요소로서 이러한 위의 과정을 통해서 후발국 역량형성이 잘 진행되면 비시장적인 각종 개입정책 수단들은 점진적으로 퇴출시키는 것이 필요하다.

제 2 장

본서의 핵심 주장과 분석틀

1. 들어가며

앞장에서 살펴보았듯이, 전후 경제발전론은 시장이냐 정부이냐의 이분법적 논쟁에 이어, 정책이냐 제도이냐 하는 또 하나의 이분법으로 전개되었다. 그러나 바로 앞 절에서 주장하였듯이, 이런 이분법적 시각은 후발국의 경제성장에 대한 본질적 파악에 장애가 되는 접근이고, 경제발전론은 후발국의 역량형성을 분석에 초점에 두어야 한다고 보는 것이 본서의 입장이다. 이런 역량형성에서 중진국 단계에서 특히 중요한 것은 혁신역량이며, 바로 이 점이 슘페터학파의 혁신론과 개발론을 연결시켜 주는 핵심적 고리이다.

사실, 동아시아의 경제성장에 대한 분석에서도, 시장 대 정부라는 이분법적 접근 외에, 기술발전을 중시하는 흐름도 일정하게 존재하여 왔었다(OECD, 1992; Hobday, 1995; Kim, 1997; Dahlman, Westphal, and Kim, 1985). 그런데 보다 이른 시기에 전개된 이들 기술발전론은 동아시아의 후발국들이 중진국 단계에 도달하는 단계, 즉, 세계은행이 작성한 보고서, 소위 '동아시아의 기적'(World Bank, 1996) 단계까지에 주로 분석을 해 온 나머지, 그 이후에 전개된 보다 최근의 상황, 즉 1980년대 말 및 1990년대 들어, 한국과 대만 등 소수의 중진국은 고소득국으로 진입하는 반면, 대부분의 중진국들은 성장이 정체되는 중진국 함정에 빠지는 새 현상에 대해 별 설명을 제시하지 못하였다.

중진국 함정이란, 미국의 1인당 소득 대비 20~30% 수준인 중간소득 단계에 몇십년 동안 머무르면서 이 상태를 벗어나지 못하는 것을 말한다(World Bank, 2012). 물론, 일부국가는 오히려 떨어져서 더 빈곤해지거나, 저소득국에 오래 머무르는 빈곤의 함정 현상도 있긴 하지만 세계은행 등의 최근 연구는 이런 빈곤함정보다 훨씬 많은 수의 국가가 중진국 함정에 빠져 있다는 것이다. 글로벌 차원의 빈곤

문제를 보면, 세계 전체 빈곤인구의 70% 이상이 저소득 국가가 아닌 중진국 국가에 있다는 점에서도 이는 매우 중요한 이슈이다. 이 중진국 함정 문제는 후발국들이 모두 비슷한 저급의 재화를 세계시장에 내놓고 경쟁을 하다 보니, 결국 그 재화에 대한 가격이 떨어져서 결국 성장이 저해되고 있다는 상호경합(Adding-up: Spence, 2011) 문제와 연결되어 있다.

이미 앞장에서 논의하였듯이, 이런 중진국 함정과 상호경합 문제 해결의 시작은 후발 중진국들이 기술혁신 역량을 갖추어, 보다 고부가가치의 차별적 상품을 개발·수출할 수 있어야 한다는 것이다. 즉, 중진국 함정은 남미의 사례처럼 혁신에 제대로 투자를 안 해서 발생한 것이었고, 반대로 1980년대 중반 이후 혁신에 많은 투자를 한 한국과 대만은 선진국과의 격차를 줄였다는 것이다. 실제로 여러 자료를 보면 중진국 단계에서 GDP 대비 R&D 비중이 정체되어 있는 것을 알 수 있다. 이런 생각은 결국 혁신시스템을 가장 중심적인 분석대상으로 채용하여 국가 간의 혁신시스템의 차이, 즉 혁신역량의 차이가 국가 간의 장기적 경제성과를 결정한다고 보는 슘페터학파의 생각과 일치하는 것이다.

이에 본서는 슘페터학파의 이론적 개념들과 후발국 상황에 착안한 경제발전론적 문제의식을 통합하자는 것이다. 그래야만, 중진국 경제 및 기업들이 어떻게 하면 선진국 경제와 기업들과의 격차를 줄이는 추격형 성장을 할 수 있는지에 대한 바른 처방을 낼 수 있다는 것이다.

2. 경제추격이란 무엇인가

추격이란 말의 기원은 아브라모비츠(Abramovitz, 1986)의 논문에서 추격, 추월, 추락(catching-up, forging ahead and falling behind)이란 말을 쓰면서부터 유명해졌다. 물론 그전에 거센크론(Gerschenkron, 1962)의 저서에서와 같이 후발국의 경제발전을 독일과 같은 후발자가 영국이란 선발자를 어떻게 추격할 수 있는가를 다룬 연구서가 있다. 이런 문제의식을 본격적으로 받아들여서 많은 실증분석을 하게 된 것은 슘페터학파 경제학자들의 공헌이라고 할 수 있다.

슘페터학파는 경제성장과 변화의 원천을 혁신이라는 공급측에 두고 있다는 면에서, 자본주의 경제의 핵심적 문제를 총수요 관리라고 하는 수요측에 두고 있는 케인즈학파와 대비를 이룬다. 그렇다면 슘페터의 전통을 이은 신슘페터학파의 공헌은 무엇인가? 슘페터가 혁신이 경제성장의 원천이라고 하는 점을 주장하였으나 그는 혁신의 원천에 대해서 그 법칙성을 완전히 해결하지 못하고 죽었다. 신슘페터학파는 슘페터의 통찰력을 이어받되 혁신이 단순히 설명될 수 없는 외생적인 것이 아니라 일정한 규칙성을 가지고 있어 내생적으로 설명될 수 있다는 점을 구명하였다. 반면에 신고전학파 경제학에서는 혁신은 외생적인 것이거나 설명될 수 없는 나머지 것(잔차, residual)이란 생각이 지배적이다. 즉, 혁신을 설명될 수 없는 외생적인 것으로 보는 것인가 아니면 설명될 수 있는 내생적인 것으로 보는가가 신고전학파와 신슘페터학파와의 중요한 차이이다. 혁신의 내생성에 대한 논쟁에서 핵심적인 개념은 혁신체제라는 개념이다. 즉, 국가차원, 산업차원, 기업차원의 혁신에는 일정한 규칙성이 있으며 그런 규칙성을 표현하는 개념이 혁신시스템이다. 본서는 혁신이 경제성장의 주요 동인이라는 점을 받아들이되 후발국의 추격형 성장에 있어서도 혁신이 중요하며 후발국의 추격형 성장에도 일정한 법칙이 있다는 점에 착안한다.

아브라모비츠의 논문은 2차 대전 이후의 유럽국가들의 경제성장의 상대적 차이를 논하고 있다. 여기서 추격이라는 개념의 정의는 상대적으로 성과가 떨어진 국가, 또는 후발국이 성과가 좋은 국가 또는 선발국가와의 격차를 줄이는 것을 말한다. 비슷한 개념인 수렴(convergence)이란 선발자, 후발자를 구분하지 않고 세계경제 차원에서 각국의 경제적 격차 또는 소득수준상의 격차가 줄어드는 현상을 말한다(Fagerberg and Godinho, 2005). 이 두 개념은 약간의 차이가 있긴 하지만 후발국의 추격이 없으면 전 세계 차원에서의 수렴현상은 발생하기 어렵다는 점에서 상호관련이 있다. 또한 중진국들이 추격을 제대로 하여 중진국 함정을 넘어서는 것이 없다면 전 세계 차원의 수렴은 어렵다고 말할 수 있다.

어떤 국가가 추격을 잘하고 있다는 것은 그 반대편에 있는 어떤 국가가 추락하고 있다는 것이기 때문에 추격과 추락은 동전의 양면과 같은 현상이다. 본서에서 추격은 후발자가 선발자와의 격차를 줄여나가는 그 과정을 언급하는 데 주로 쓰이고, 추월은 후발자가 선발자를 아예 넘어서는 현상을 칭하기로 한다. 그리고 당연히 추락은 기존의 선발자가 기존의 우위를 지키지 못하고 상대적 소득수준이나 성과가 급속히 하락하는 현상을 칭한다.

이상의 논의에서 알 수 있듯이 추격이나 추락현상에서 측정하고자 하는 변수는 국가차원에서는 1인당 소득수준, 그 나라의 상대적 경제적 규모가 주가 되겠고 기업차원이라면 해당 기업의 시장점유율, 생산성, 기업가치 등 각종 지표가 사용될 수 있겠다. 다만, 제4부 기업차원의 분석에서 논의되듯이 후발국 기업의 주요 목적함수는, 특히 추격단계에서는 이윤율보다는 기업의 성장과 그에 따른 시장점유율이기에 기업차원의 추격 분석에서는 매출액의 성장 및 그에 따른 시장점유율을 추격의 주요한 변수로 본다.

영어로 추격(catch-up)이란 말의 사전적 의미에는 격차를 줄인다는 양적인 의미가 들어가 있지만 대개 선발자를 외형면에서 모방하거나 흉내 내어서 비슷하게 된다는 질적인 차원을 의미하는 경향이 있다. 본서에서의 추격은, 특히 추월은 후발자가 선발자와 비슷해지거나 모방한다는 질적 측면보다는 국민소득이나 시장점유율과 같은 각종 지표상에서의 격차의 축소 또는 추월이라는 양적인 측면에서의 변화를 표시하는 데 일차적으로 사용한다. 질적인 모방이나 유사성보다는 양적인 지표차원에서의 격차 축소에 추격이란 말의 의미를 두는 이유는 성공적인 추격경험 또는 추월현상을 보면, 후발자가 선발자의 전략 또는 행태를 그대로 따라가거나 모방하는 것만으로서는 성공적 추격성과가 나오지 않고, 후발자가 선발자와는 다른 어떤 새로운 전략이나 행태를 취할 때만이 발생한다는 것을 발견했기 때문이다.

이 발견은 본서를 관통하는 핵심적 주장으로서 역설적으로 표현하면 "단순히 선발자를 추격하는 것만으로서는 추격에 성공할 수 없다"라고 쓸 수 있다. 이 역설에서 앞에 나오는 추격은 모방한다는 의미의 질적 측면이고 뒤에서의 추격은 소득수준이나 시장점유율과 같은 계량적 지표의 차이 해소를 말한다. 즉, 풀어쓰면 단순히 모방하는 것만으로서는 선발자를 영원히 넘어설 수 없다는 명제이다. 즉, 장기적으로 성공적인 추격 및 추월의 경험은 초기 단계에는 선발자를 모방하고 선발자로부터 배우는 것으로부터 추격이 시작되지만 결국 어떤 단계에서 비약적 추격성과를 내기 위해서는 선발자와는 다른 경로(path)를 개척하거나 창출하지 않고서는 불가능하다는 것이다. 이런 경로개척은 쉽지 않은 일이고 실패의 위험이 따르기에 성공적 추격사례가 흔치 않은 것이다.

3. 본서의 핵심 주장: 경로창출과 추격의 역설

이어지는 각 장들에서 상술하겠지만, 본서에서 제기하고자 하는 큰 주장은 다음 몇 가지로 요약될 수 있다.

첫째, 후발국의 경제성장은 초기 단계나 중진국 단계까지는 선발국의 사양산업을 이전받고 비교우위를 가진 자원(요소) 집약적 산업에서 선발국 기업을 모방하거나 저급·저가 제품으로 성장을 유지할 수는 있으나, 중진국을 넘어 고소득 국가가 되기 위해서는 기술혁신 능력의 배양으로 보다 고부가가치 제품이나 신흥산업분야서 차별적 제품을 만들어 내어, 선발국의 경로와도 다른 자기만의 '경로를 창출'할 수 있어야 한다는 점이다. 새로운 경로창출이란 개념은 전통적 기술발전론들에서는 없던 개념들이다. 즉, 기존의 대부분의 기술지향적 발전론들은 이른바 제품수명주기론에서 말하는 것과 같이 개도국들이 어떻게 선진국들의 노후화된 기술들을 흡수하고 새롭게 변화시켜 기술능력의 향상을 달성했는지에 초점을 맞추어 왔다(Vernon, 1966; Utterback and Abernathy, 1975; Kim, 1980; Lee, Bae et. al., 1988). 그런데 이러한 관점에서는 추격은 정해져 있는 트랙을 따라가는 경주에서의 상대적 속도 문제로 간주되고 기술은 누적적이며 단선적인 과정으로 이해된다(Perez and Soete, 1988). 하지만 Lee and Lim(2001) 논문 이후 보다 최근의 견해는 추격과정에서는 후발자가 단순히 선진국의 기술발전 경로를 답습하는 것만은 아니라는 것이 지적되고 있다. 후발자들은 종종 몇 단계를 건너뛰기도 하고 선발자들과는 다른 독자적인 경로를 만들어 내기도 한다. 물론 후발자가 혁신에 기초하여 선발자와 다른 새로운 경로를 개척하는 것은 쉽지 않은 일이다. 바로 그렇기에 많은 개도국들이 중진국 함정에 빠지게 되는 것이다. 그러나 새로운 경로를 창출하거나, 선발국과는 다른 비약(leapfrogging)을 하는 것은 고소득국으로 가는 '좁은 문'이지만 이를 시도하는 위험을 감수하지 않고서는 선진국으로의 진입은 요원하다.

둘째, 중진국 함정을 넘어 선진국으로 진입하기 위해서는, 기술경제 패러다임의 변화나 기술의 세대교체 등을 '기회의 창(window of opportunity)'으로 이용하여, 후발국이 이 새로운 패러다임에 선진국보다 먼저 올라타서 새로운 경로창출이나 비약(leapfrogging)을 달성하는 것이 유효한 전략일 수 있다. 이런 명제는 한국이나 대만 및 최근의 중국 등 소수의 성공적 추격사례에 대한 연구에서 나온 결론이고, 본서의 여러 장에서 설명될 것이나, 이에 대해서는 일찍이 슘페터학파 학자들이 이론적 논리를 제공한 바 있다. 가령, Perez and Soete(1988)는 새롭게 등장하는 기술경제 패러다임 시기에서는 모든 나라들이 초심자이어서 후발자의 불리함이 크지 않은 반면, 선발자는 오히려 기존 기술을 쉽게 버리지 못하는 선발자의 함정에 빠지기 쉽기에, 후발국들이 낡거나 성숙된 기술들에 대한 대규모 투자를 절약하는 대신 신기술에 대한 투자에 집중함으로써, 선진국들을 추격 내지 추월할 수 있다는 것이다. 대표적으로 한국의 가전산업이 일본을 넘어서는 데에는 아날로그기술에서 디지털기술로의 세대교체가 결정적 기회의 창이었으며, 일본이 아날로그기술에 오래 머무르는 선발자 함정에 빠진 사이 한국기업들은 잽싸게 디지털기술에 올라 탄 것이라는 설명이 가능하다(본서의 8장; Lee et al., 2005).

본서는, 후발자의 입장에서 볼 때 추격과 역전의 기회가 어디서부터 열리는가 하는 개념인 기회의 창을 중시한다. 그러나 기존의 슘페터학파 문헌에서 일찍부터 다룬 새로운 기술의 출현이라는 기회의 창 외에도, 경기 사이클이나 시장 수요의 변화(Mathews, 2005) 및 정부의 개입이나 규제의 변화(Guennif and Ramani, 2012)도 후발자의 새로운 기회를 열어줄 수 있다는 점을 강조하고 이를 분석에 도입한다. 특히, 3부의 산업 추격사이클 이론 부분에서 이를 분석에 적용하였다. 특히, 경기순환 중 불황기가 기회의 창인 이유는, 바로 불황기에 인적 · 물적 자원의 값이 싸지고, 금융비용도 저렴해지고, 일부 선발자가 몰락하기 때문이다. 반면에 평상시나 호황기는 선발자의 시기여서 선발자가 더 팽창하기에 후발자가 선발자를 따라잡거나 넘어서는 것은 어렵다. 본서의 2부에서 다루는 국가의 흥망도 이런 틀에서 설명이 가능하다. 즉, 새로운 기술경제 패러다임의 출현, 급격하고 거대한 시장수요 및 지리적 변화, 국가의 일관적 · 체계적 정책 개입이라는 세 가지 요소에 의해 새로운 기회의 창이 열리고, 이런 변화의 시기와 기회를 잘 이용한 국가들이 장기적으로 흥하는 길로 들어서고 이런 기회를 놓치거나 선점당하면 장기적 쇠퇴의 길로 들어선다는 것이다.

셋째, 전통적 비교우위 분야에의 특화로 중진국에 도달한 이후, 이제 고소득국으로 가고자 하는 상위 중진국의 경우, 기술수명주기가 짧은, 즉 사이클이 짧은 소위 단명기술 분야에 특화하는 것이, 사이클이 긴 장수기술 분야보다, 추격성과

면에서 더 유리하고 적절한 선택이 될 수 있다. 바로 앞에서 경로창출과 비약을 논하였지만, 세계시장에서 분업체계가 이미 완결된 이후, 좀더 고부가가치 분야로 진입하고자 하는 후발국가 및 기업의 경우, 경쟁력을 보장해 줄 틈새분야 찾기가 쉽지 않다 즉, 어떤 분야에서 새로운 경로를 찾고 비약을 할 것인가의 문제가 남아 있는 것이다. 이에 본서의 답은 그 선택기준은 기술의 수명, 즉 사이클의 장단이라는 것이다.

기술수명이 짧을수록 선진국이 장악하고 있는 기존 기술이 금방 낡은 기술이 되기에, 선발국의 기술 우위성이 빨리 소멸되고 후발국은 선발국 기술에 의존할 필요가 적다는 것이며, 또한 기술수명이 짧다는 것은 새로운 기술이 자주 빨리 탄생한다는 점에서 성장 잠재력이 좋은 분야이다. 달리 말하면, 과거에 쌓인 많은 기술들을 배우려고 할 필요성이 적은 만큼 후발자에게 더 불리하다는 뜻이다. 이러한 측면에서 후발자의 불리함이 가장 적으면서 성장 가능성이 높은 분야가 바로 기술수명이 짧은 분야라는 것이다. 한국이 왜 IT분야에서 잘하는지에 대한 이론적 설명이 없는데, 그 이유는 이 분야의 기술수명이 짧고 빨리 변하기 때문이다. 그래서 이러한 분야에 집중한 것이 한국과 대만의 성장의 비밀이었다는 것이 Lee(2013a) 책의 핵심 주장이고 Park and Lee(2006)에서도 그런 입장의 실증분석이 수행된 바 있다. 구체적으로 기술수명주기는 여러 나라가 출원한 미국특허 자료를 가지고 측정한다. 어느 나라이든지 미국에 특허를 출원할 때 어떤 기존 특허를 인용하고 있는지를 적시해야 하는데, 어떤 기술분야에서는 아주 오래된 특허도 계속 인용하고 중요한 반면, 어떤 분야는 최근 특허만 인용하면 된다. 가령, 기술수명주기가 10년이라는 것은 해당 분야에서는 평균 10년된 특허를 인용한다는 것이다. 한국과 대만은 80년대 중반부터 기술수명이 점점 짧은 분야로 특화해 갔고 그것이 성공적 추격의 비밀이라는 것이다. IT같은 분야가 이런 단명기술 분야의 대표이고, 반대로 제약, 의약, 소재기술 등이 시아클이 긴 '장수기술' 분야의 대표이다.

이런 관점에서 보면, 저소득 단계에서 중진국 단계까지는 기존의 경제이론대로 비교우위 분야에 특화하여 무역을 한다는, 즉 선진국의 산업을 물려받는 제품수명주기설이 타당할 수 있다고 생각된다. 그러나 이것만으로는 선진국까지 도달하지 못하기에, 중진국 단계에서 선진국으로 가기 위해서는 기술에 근거한 특화가 이루어져야 하는데, 현재까지 어떤 문헌에서도 어떤 기술분야를 선택할지에 대한 기준이 제시된 바 없다. 저자는 Lee(2013a)에 이어 본서에서 바로 분야별로 다른 평균 기술수명을 그 기준으로 제시하는 것이다. 즉, 짧은 수명의 기술에 특화해 나감으로써, 후발자는 단순히 선진국의 기술을 물려받는 것이 아니고 선진국을 넘어서는 비약을 할 수 있게 되는 기반을 마련한다는 것이다. 이와 같은 주장을 본서는 국가 · 산업 · 기업 차원의 실증분석을 근거로 해서 주장하고자 한다.

한편 하우스만(Hausmann at el., 2007) 같은 학자들은 다각화가 성장에 중요하다고 주장한다. 그러나 다각화는 성장의 결과이지 추격형 성장으로 이행하는 수단이 되기 어렵다. 특히 그의 논문에서는 어떤 분야부터 다각화해야 하는지 그 기준이 없다. 즉 하우스만은 소위 '생산물공간(product space)'이라는 유명해진 개념을 사용하여, 개도국은 현재 특화하고 있는 분야의 인접분야로 이행해 가는 것이 적절하다고 주장했다. 그러나 공간상에서의 인접분야는 동서남북 방향에 다 존재하는데 어느 방향으로 가는 것이 좋은지에 대한 답이 없다. 즉, 거리(distance)가 가까운 곳으로 이행한다고만 했지 어느 방향(direction)으로 가야 하는지에 대한 지침은 없다. 다각화를 하려면 처음에 어떤 분야로 진입해야 하는 것을 전제하는데, 어느 분야부터 진입할지에 대한 기준을 그는 제시하지 못하고 있다. 선진국이 다각화되어 있다는 결과적인 사실만 가지고 후발자도 그래야 한다는 논리이다. 한국의 경험을 보면, 다각화는 보다 기술수명이 짧은 새로운 산업분야들에 계속적으로 진입해 온 결과이다. 즉, 한국이 걸어간 경로를 기술수명주기를 기준으로 그려보면, 한국은 60년대에는 의류 등 저부가가치형 긴 사이클 분야에 특화하였다가, 70년대 중반 이후, 자동차 · 조선 등 중간 정도의 사이클 분야로 진입하고, 80년대 중반부터 통신교환기(TDX), 반도체, 이동전화, 디지털TV 등 점점 짧은 수명주기의 분야로 특화하여 추격에 성공했다. 그러다가 이제 2000년대 이후 탈추격기 혹은 성숙기에 들어감에 따라, 아주 최근에는 아직 성공적이지는 않지만 기초과학, 바이오테크, 의료, 제약 등 선진국이 하고 있는 장수기술 분야까지 진입하려고 노력하고 있다.

이상의 내용은 한국의 추격형 성장이 두 번의 기술적 전환점(turning point)을 통과했다고 해석될 수 있다. 첫 번째 전환점은 80년대 중반에 시작된 사이클이 짧은 분야로의 전환, 즉 단명기술 분야로 특화한 추격형 전환점이고, 두 번째 전환점은 2000년대 들어서 선진국형 장수기술 분야로 진입하는 단계, 즉 탈추격 단계로의 전환점이다. 중국도 90년대 말에 첫 번째 기술적 전환점을 통과하여, 짧은 기술수명의 분야로 나아가고 있다(Lee, 2013a, 8장). 반면에 남미는 그런 전환점이 없었기에 결국 추격형 성장을 구현하지 못하고 중진국 함정에 빠져 있다.

이런 면에서 성공적 추격전략의 핵심은 우회(detour)전략이라고 할 수 있다. 즉, 처음부터 선진국과 똑같이 되려고 하지 않고(즉, 바이오, 제약 등 장수기술 분야로 가지 않고), 추격단계에는 선진국과는 반대 분야로 갔다가, 나중에 실력을 충분히 키운 다음에야 선진국형 분야로 들어가는 것이다. 반면에 위에서 언급한 하우스만 등의 학자들은 이런 우회의 필요성을 간과하고, 후발국이 하루 빨리 선진국과 비슷한 산업을 해야 한다고 말하는 측면이 있다. 한편, 한국의 경우는 장기적으로 선진국형 장수기술 분야에 안착하는 것이 남은 과제라고 하겠다. 왜냐하면, 단명기술 분야는 추격도 쉽지만 (중국 등 차세대 후발국으로부터) 추격당하기도 쉬운 분야이기 때문이다. 그야말로 '장수'할 수 없는 '단명기술'이기 때문이다. 한편 하우스만 등도 현재 개도국들이 주로 생산을 담당하고 있는 '주변적 상품군'과 선진국이 담당하고 있는 '핵심적 상품군' 사이에는 거리상 큰 간격이 존재하기에, 개도국은 경우에 따라서는 큰 점프를 해야 한다고 하였으나, 어떻게 하면 이런 점프, 즉 비약을 이룰 수 있는지에 대한 설명은 없다. 반면, 본서는 이런 비약을 어떻게 이룰 것인가에 대한 설명이 사실상 핵심적 부분이다.

넷째, 위에서 제시한 세 가지 이론적 명제로부터 나올 수 있는 추격형 경제발전에 대한 정책 시사는, 추격형 성장의 성공을 위해서는 '우회(detour)'와 비약(leapfrogging)이 필요하다는 것이다. 이는 일종의 추격의 역설(paradox of catch-up)이라고 할 수 있는데, 처음부터 선진국처럼 되려고 할 것이 아니라 필요에 따라서는 그 반대로 하거나 우회경로를 택해서 가는 것이 결국은 선진국이 되는 지름길이라는 생각이다. 바로 위에서 언급하였듯이 처음부터 선진국형 장수기술 분야에 무리하게 도전할 것이 아니라 그 반대인 단명기술 분야로 가서 일차적 추격을 달성한 다음에야 장수기술로 가야 한다는 것이다. 사실 우회전략의 사례가 존재한다. 가령 시장개방에 대해서도, 선진국이 다 개방된 경제라고 해서, 후발국도 바로 개방할 것이 아니라, 처음에 오히려 문을 닫아서 토착기업의 역량을 키운 후에 열어야 한다. 한국은 가장 보호되고 폐쇄된 시장이었지만, 결국에는 가장 먼저 미국, 유럽과 FTA를 체결하였다. 이것이 바로, 열기 위해서는 우선은 닫아야 한다는 추격의 역설이다.

지재권 보호 정책에서도, 높은 지재권 보호를 제공하면 혁신이 늘어난다고 하는 것은, 선진국에서만 타당하다. 또는 이미 해당 국가가 혁신능력을 가지고 있다는 가정이 숨어 있다. 그렇지 않은 개도국의 경우, 지재권 보호를 강화해도 아무일도 일어나지 않는다. 국내기업의 혁신능력이 없기에 그런 인센티브가 작동할 전제조건이 없는 상황이다. 이는 바로 앞에서 제기한 혁신역량이 중요하다는 주장과 일치하는데, 능력배양 후에 인센티브가 제공되어야 하는데, 신고전파 경제학은 그 선진국 편향성 때문에 이미 능력을 다 갖추고 있다는 가정에서 출발하고 있다. 즉 역량실패는 간과하고 시장실패만 논하고 있다. 그래서 이 지재권에 내해서도, 우회전략이란, 우선 지재권 보호 수준을 낮추어서, 모방과 확산을 장려하여 토착기업의 혁신역량을 키운 후에, 지재권 보호를 강화하여야 한다는 것이다. 이런 논리의 타당성은 이미 Kim et al.(2012) 논문에서 실증된 바 있다. 즉, 지재권 보호 수준을 높일 수 있기 위해서는 일단은 낮추어야 한다는 역설이다.

기존의 개발론이 한계에 도달한 현 단계에서, 대안적 경제발전론이 후발국에게 내려야 할 바른 처방은, 선진국을 처음부터 모방 혹은 그대로 따라 가라고 할 것이 아니라 각종 우회전략을 제시하고 허용하는 것이다. 목적지로 바로 가는 직선도로가 있다면, 누구나가 이 길로 가려고 쏠리기에, 즉 상호경합(adding-up) 문제가 발생하여, 교통정체가 생겨서 오히려 주행 속도는 느려진다. 반면 우회전략은 거리상으로는 먼 길인 것 같지만 그곳으로 몰리는 사람이 적어 오히려 빨리 갈 수 있다. 그런데 이런 우회로는 종종 험한 산길이기에 고급 운전기술이 필요하고, 바로 이 운전기술이 혁신능력이다. 이런 우회경로(detour)를 후발국에게 제시해야 한다는 것이 필자의 생각인 반면, 후발국에게 처음부터 선진국과 똑같아지라고, 즉 개방을 강요한 것이 워싱턴 컨센서스이다. 본서의 입장에서 보면, 이 워싱턴 컨센서스의 치명적 단점은, 결과와 과정을 구분하지 못하고 결과를 이행정책수단이라고 제시한 것이다. 즉, 개방은 선진국이 되었기 때문에 할 수 있는 결과인데, 무조건 개방을 하면 선진국이 된다는 식으로 이를 정책 처방으로 제시한 것이다. 다각화도 결과인데 이를 정책수단으로 제시하고 있는 것이 작금의 현실이요 하우스만 등의 학자의 처방이다. 본서의 분석에 따르면, 기술수명이 짧은 신생 분야들로 계속 들어가는 것이 유효한 정책선택이었고, 그 결과로 산업이 다각화된 것이다.

이상의 네 가지 관점에서의 핵심 주장을 요약한 것이 다음의 **표 2-1**이다. 이 표는 후발국의 경제발전을 위한 정책 처방과 그 이론적 근거를 저소득국에서 중진국에 이르기까지의 단계와 중진국 이후 선진국까지의 단계로 나누어서 요약·제

┃표 2-1┃ 무역에 기반한 특화에서 기술에 기반한 특화

단계	최빈국 및 하위 중진국	상위 중진국에서 고소득국으로 이행단계
특화 유형	무역에 기반한 특화	기술에 기반한 특화
특화의 원천	부존자원에 기반한 비교우위	학습 및 R&D를 통한 기술역량
중심 산업	노동집약적/자원집약적 산업 및 성숙된 장치 산업	단명기술 /신흥기술 중심의 산업
최종 목적	경쟁력 있는 수출산업 육성	지식창출의 토착화 및 확산을 통한 고부가가치 산업
경쟁의 원천	(임금 또는 자원의) 저비용 및 성숙된 기술의 저렴한 도입	제품 차별화/선점의 이득/기존 기술에 대한 낮은 의존성
리스크	임금 경쟁에 의한 중진국 함정/ 초기이점 상실로 인한 성장둔화	혁신역량 획득 및 적절한 기술표준의 선택의 어려움
정책적 수단	산업정책(관세, 평가절하, 시장진입 제한)	기술정책(민·관 R&D 협력, 연구개발 보조금, 배타적 기술표준)
이론적 배경	제품수명주기론(성숙산업의 상속)	추격사이클론(비약)
성장의 궤적	교통 혼잡과 지체	우회 도로이지만 결과적으로 지름길
장기 과제	고부가가치로의 업그레이딩 및 기술에 기반한 특화	장수기술 및 독창적 기술분야로의 진입

자료: Lee, 2013a, 표 6-2.

시하고 있다. 핵심적인 이론적 차이는 중진국까지는 버논(Vernon)의 제품수명주기론에 따라 전통적 비교우위에 근거한 특화를 하고, 중진국 이후에서는 추격사이클론에 따라, 기술수명과 사이클이 짧은 기술분야에 특화하여야 한다는 논지를 담고 있다.

4. 본서의 분석틀과 개요: 슘페터학파적 추격성장론

바로 앞절에서 제기된 본서의 핵심적 주장의 서술에서 사용된 주요 개념들은 경로창출과 비약, 기회의 창, 틈새, 기술수명 등이다. 이런 개념들을 사용하여, 여기서는 후발국과 기업의 추격형 성장을 설명하는 기본 분석틀을 요약 · 제시하여 보자.

앞절의 논의를 기초로, 본서에서 하고자 하는 주장을 요약하면, 후발국의 추격형 성장은 초기에는 자원부존에 따른 저급 비교우위를 따라 진행되지만, 추격을 지속하여 선진국으로 도약하기 위해서는 새로운 특화기준(기술수명)에 기초하여 틈새를 확보하는 기술에 기반한 특화전략이 필요하며, 이를 통한 도약과 비약의 순간이 발생하여야 한다는 것이다. 그러면 어떻게 도약과 비약을 이룰 수 있는가?

이에 대한 우리의 생각은 "여러 외생적 요인에 의해 다양한 기회의 창이 열리면, 그전 시기에 일정수준의 역량을 준비 · 구축한 후발자는 이런 기회들에 대해 적절한 전략적 선택을 할 수 있고 그것이 성공할 경우, 선발자보다 빠른 급속한 경제성장(도약)을 달성하거나, 선발자와는 다른 새로운 경로(path-creating)를 타고 비약할 수 있다는 것이다. 즉, '기회의 창'과 이에 대한 전략적 선택을 통한 경로창출인데, 여기서 핵심적 개념인 기회의 창과 추격전략의 선택에 대해 더 서술해 보자.

'기회의 창(windows of opportunity)'의 개념은 Perez and Soete(1988)에서 새로운 기술경제 패러다임의 출현이 후발자에게 기회의 창이 될 수 있음을 간파한데서 기원한 것인데, 몇 가지 기회의 창으로 구분할 수 있다.

첫째, 기술경제 패러다임의 변화이다(Perez and Soete, 1988). 새로운 패러다임 하에서는 선발자와 후발자에 상관없이 모두가 동등한 출발선에 선다는 점에서 후발자의 불리함이 덜하다. 대표적인 예로, 1990년대 후반 디지털기술의 출현시기에 한국과 같은 후발자는 기존의 패러다임(아날로그)을 건너뛰어 일본과 같은 선발자를 추격 및 추월할 수 있다. 즉, TV 산업에서 디지털 패러다임에 빨리 적응했던 한국이, 선발자로서 아날로그기술에 너무 오래 집착하는 함정에 빠진 일본을 추월할 수 있었다(본서의 8장; Lee, Lim and Song, 2005). 최근 석유 고갈의 위기 속에 대체에너지가 점차 등장하고 있는 상황이나 나노기술 등의 출현으로 퓨전형 혁신혁명이 가능해지는 것은 향후 다가올 기술경제 패러다임의 변화라고 볼 수 있다. 이에 먼저 적응하는 자가 21세기의 승자가 될 가능성이 크다.

패러다임의 변화는 후발자의 비약을 가능하게 한다. 후발자는 기존 패러다임에 속하는 고가의 자본재나 기반시설에 많이 투자할 이유가 없는 반면, 선발자는 기존의 패러다임에 집착하여 지금까지의 투자에서 최대한 이득을 뽑고자 하는데, 이것이 바로 선발자의 함정이다. 이와 같이 선발자가 함정에 빠져 지체하는 사이에 후발자가 먼저 새로운 기술 패러다임에 진입하게 된다.

둘째, 불황기와 수요조건의 변화이다. 불황기는 퇴출과 진입의 시간이다. 선발자는 수익감소, 사업축소 등의 어려움을 겪지만 자원에 대한 경쟁이 완화되고 각종 요소가격이 저렴해지는 상황은 후발자에게 진입의 기회를 제공한다. 기술이전과 외부지식에 대한 접근이 용이해지고 저렴해지기 때문이다. 실제로 LCD 산업에서 일본, 한국과 대만의 기업들은 산업의 불황기에 진입하였다(Mathews, 2005). 이와 같이 신속한 추격자(fast follower)는 불황기를 기회로 삼아 공급체인을 형성하고 시장에서의 영향력을 확대한다. 글로벌 금융위기와 같이 선발자들이 어려움을 겪을 때 한국기업들이 시장점유율을 확대하는 것도 이러한 예이다. 불황기에 후발자가 접근 가능한 자원과 지식을 활용하여 시장에 진입을 하는 것은 좋은 전략이다. 그러나 기회의 창이 반드시 불황기일 필요는 없다. 선발자의 위기는 바로 후발자의 기회의 창이 될 수 있다. 한국의 대우자동차, 쌍용자동차의 위기를 중국의 자동차 산업이 기회로 삼은 것, GM과 도요타의 위기를 한국의 현대자동차가 기회로 삼은 것이 이러한 좋은 예다. 또한 수요조건 및 고객의 선호 변화, 또는 고객 변동과 새로운 시장과 고객의 출현 등도 후발자에게 기회가 된다.

셋째, 정부규제, 법령, 산업정책의 변화이다. 인도의 제약산업에서 자국 기업들은 정부규제의 변화 속에 추격의 기반을 다질 수 있었고(Guennif and Ramani, 2012), 중국, 인도, 브라질, 한국의 통신장비 산업에서도 정부의 산업정책의 차이에 따라 자국의 기업이 추격에 성공하거나 실패하는 모습을 보였다(Lee, Mani and Mu, 2012).

위에서 서술한 다양한 기회의 창에 대해서, 선발자나 후발자는 다양한 반응과 선택을 한다. 본서의 기본 생각은 이런 선택의 차이가, 다음 시기의 선발자와 후발자의 운명을 갈라 놓는다는 것이다. 후발자는 시장에 늦게 진입한 자로서, 시장과 물량확보 및 적정규모 생산량 달성이 어려운 비용열위 때문에 진입장벽에 부딪쳐야 하는 '태생적 열위'가 존재한다. 반면, 선발자와 달리 몇 개의 우위 요인도 존재하는데, 대개 저렴한 노동력이나 자원의 부존 등이 그것이고, 더 중요하게는 이미 개발·성숙화된 기존 기술을 연구개발 비용의 부담 없이 싼 비용으로 채택할 수 있는 후발자의 이득이 존재한다(Gerschenkron, 1962). 대개, 철강이나 자동차, 조선 등 자본집약적 산업에 대해, 후발자가 성숙된 기술을 가지고, 고부가가치가 아닌 저부가가치 제품이나 저급재(low end) 분야에 진입하는 경우가 이에 해당된다. 이에 나아가서, 후발자는 성숙 산업이 아니라 떠오르는 산업에 선발자보다 더 빨리 진입하여 비약을 하는 우위도 누릴 수 있는데, 그것은 선발자가 종종 신기술을 무시하고 자신의 기존 기술에 오래 머무르려고 하는 선발자 함정에 빠지기 때문이다.

구체적으로 후발자의 추격전략은 아래 **표 2-2**에 예시된 바와 같이 세 가지 유형으로 분류할 수 있다(Lee and Lim, 2001). 첫째, 경로추종형이다. 이는 선발자가 거쳐 간 경로상의 단계를 후발자가 그대로 따라간다는 의미이다. 산업에서는 한국의 PC, 일부 소비재, 기계산업을 예로 들 수 있다. 둘째, 단계생략형(기술비약 I)이다. 후발자는 선발자가 거친 경로상의 단계 중에서 일부를 생략함으로써 추격의 시간을 단축할 수 있다. 현대자동차가 카뷰레터 엔진을 생략하고 전자분사식 엔진을 개발한 것, 삼성전자가 16K DRAM을 생략하고 64K DRAM을 생산하였던 것, 독자적으로 256K DRAM의 디자인을 개발했던 것을 예로 들 수 있다. 셋째, 경로

┃표 2-2┃ 추격의 세 가지 유형

선발자의 경로	A단계 → B단계 → C단계 → D단계
1) 경로추종형 추격	A단계 → B단계 → C단계 → D단계 예) 한국의 기계, 음향가전, PC
2) 단계생략형 추격	A단계 ─────→ C단계 → D단계(기술비약 I) 예) 현대자동차의 엔진개발, 삼성전자의 DRAM 개발, 　　중국의 디지털 전화교환기 개발
3) 경로창출형 추격	A단계 → B단계 → C'단계 → D'단계(기술비약 II) 예) 한국의 CDMA 및 디지털 TV 개발

주: C단계에서 두 개의 기술 C와 C'는 경쟁적·대안적 기술을 나타낸다.
자료: Lee and Lim(2001)·이근(2007).

창출형(기술비약Ⅱ)이다. 후발자는 처음에는 선발자의 기술경로를 따라가지만 어느 시점부터 선발자와 다른 기술경로를 창출해 나간다. 이때 후발자의 기술은 선발자의 기술에 대해 경쟁적인 대안기술이 된다. 한국의 CDMA 및 디지털 TV 개발을 예로 들 수 있다.

위에서 한 추격의 세 가지 유형에 대한 설명은 아래의 **그림 2-1**을 가지고 추가적 설명이 가능하다. 이 그림에서 가로축은 시간을 표시하며, 세로축은 생산성을 표시한다. 그림에 표시된 각 곡선들은 제1세대부터, 2, 3 및 4 세대 등 각 세대별 기술과 그 기술들의 생산성의 수준과 시간에 따른 변화를 표시한다. 현재, 선발자가 제3세대 기술을 채택하고 생산하여 시장을 장악하고 있다고 하자(그림의 굵은 직선). 이런 상황에서 후발자의 진입전략은 세 가지가 가능한다. 첫째는 가장 오래되고 따라서 저렴한 제1세대 기술을 가지고 진입하는, 즉 경로추종형 전략이다. 위험성이 가장 적으나, 대개 저급품을 가지고 선발자와 다른 하급 시장으로 진입하는 경우이다. 둘째는, 1, 2세대 기술을 건더 뛰고, 선발자와 똑 같은 제3세대 기술을 가지고 진입하는 단계생략형 진입전략이다. 이런 진입 가능성 자체가 후발자도 어느 정도의 기술역량이 있음을 전제로 하며 바로 선발자와 같은 시장에서

┃그림 2-1┃ 기술 세대별 생산성과 세 가지 진입전략

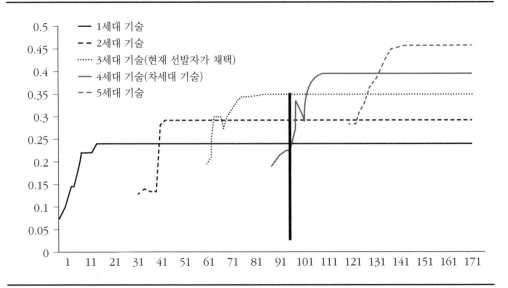

자료: Lee, Park and Yoon(2013).

경쟁하는 것을 의미한다. 이 전략도 상당한 모험인데, 더 모험적인 전략은 선발자보다도 앞서서, 차세대 기술은 4세대 기술을 가지고 진입하는 경로창출형 비약전략이다.

이 비약전략은 그림에서 보듯이 궁극적으로 선발자보다도 높은 생산성을 확보할 수 있기에 성공만 한다면 결국 선발자를 추월하여 시장을 장악할 수 있는 잠재성이 있다. 그러나 부수되는 위험이 있다면, 차세대 기술 채택 초기에는 기술이 불안정하고 검증이 안 되었기에, 생산성이 오히려 3세대 기술보다 낮아, 초기의 경쟁에서 밀려 퇴출되거나 망할 가능성이 있다는 점이다. 이것이 비약전략의 리스크이며 이 초기의 적자 가능성을 정부의 도움이나 기업집단형 기업의 경우 내부자본시장(다른 계열사의 도움) 등으로 버틸 수 있기만 한다면 장기적으로 가장 우월한 전략이다. 실제로, 태양광 기술의 경우, 중국업체들이 채택하고 있는 실리콘 기반 제조법보다, 차세대인 박막형 기술을 가지고, 미국의 솔란드라가 오바마 정부의 재정 도움도 받으면서 진입하였으나, 초기 적자를 버티지 못하고 파산한 바 있다. 반대로, 한국의 디지털 TV나 CDMA 이동전화의 경우, 비슷한 비약전략이나 정부의 민·관 공동 연구개발 전략과 시장 보호로 초기의 위험기를 무사히 넘긴 경우라고 볼 수 있다.

이상의 설명은 추격의 유형을 기업차원에서 설명한 것이지만, 이근 외(2013) 및 본서의 4장에서는 이런 개념과 경로창출의 중요성을 국가차원에 적용하여 여러 나라의 사례를 분석하고 있다. 본서는 이 국가 간의 추격, 추월 및 추락이라는 개념틀을 후발국들, 특히 아시아 국가들의 흥망성쇠에 적용한다. 동 연구에 따르면 국가의 흥망은 새로운 기술경제 패러다임의 출현, 급격하고 거대한 시장수요 및 지리적 변화, 국가의 일관적이고 체계적인 정책개입과 같은 기회의 창에 어떻게 대응하느냐에 따라 결정된다. 즉, 이러한 변화의 기회를 이용하여 적절한 전략을 택한 국가들은 장기적으로 성장하지만 정책실패 등으로 이러한 기회를 놓치는 경우 장기적인 쇠퇴의 경로로 들어선다.

예를 들어, 스페인과 포르투갈의 발흥은 인도(아시아)로 가는, 육로가 아닌 새로운 해상경로를 발견한 것에 기인한 것이고, 영국의 산업혁명은 무역이 아닌 제조업에 기반한 경제성장이라는 새로운 경로를 발견한 데 기인한 것이다. 또한, 전후 동아시아 국가의 성장은 소품종 대량생산이라는 포드주의 생산방식에, 아시아의 저임금과 수출주도라는 새로운 추격형 성장방식을 창출함으로써 가능하였던 것으로 볼 수 있다. 동아시아에서도 한국이 대기업 주도 모델이고, 대만이 중소기업 주도 모델이라면 중국은 국유 대기업과 중소기업 모델이 혼합된 대국형 성장모델이라고 할 수 있다. 한편 인도는 제조업이 발달한 후 서비스업이 발달하는 기존의 경로를 답습하지 않고, 바로 서비스업으로 이행한 단계생략형 추격이라고 볼 수 있다.

이상의 논의를 종합하면, 국가의 흥망성쇠도 외생적으로 열리는 여러 기회의 창과, 이에 대응하는 국가의 전략 선택의 차이에 의해서 설명할 수 있다. 즉, 기술경제 패러다임 전환기와 경로창출형 전략이 맞물릴 때 급속한 역전과 도약의 상황이 가능하다는 것이다.

한편, 국가의 추격 · 추월 · 추락이라는 세 개념을 산업차원에 적용하여, 본서의 3부에서와 같이 산업주도권의 이전을 설명할 수 있다. 산업차원의 분석에서 핵심적 질문은 '산업주도권의 국가 간의 이전'이다. 자본주의의 역사를 돌이켜 보면 후발자(latecomer)가 선발자(incumbent)를 따라잡고, 선발자에서 후발자로 산업주도권이 이동하는 현상은 여러 산업에서 종종 관찰된다. 철강산업이 대표적인 예이다(Ki, 2010; Lee and Ki, 2014). 1890년대 영국을 제치고 세계 최대 철강 생산국으로 올라선 미국은 1950년대 초까지 전 세계 철강 생산량의 40% 이상을 차지하였다. 이후 철강산업 주도권은 1960~1970년대 빠르게 성장한 일본 철강산업으로 이동하였다. 1980년대는 POSCO를 중심으로 한 한국 철강산업이 급속도로 성장하였고, 1990년대 후반 한때 POSCO는 자신의 스승이었던 일본 최대 철강사 신일본제철을 제치고 세계 최대 조강(粗鋼) 생산량을 기록하였다. 1990년대 후반부터는 중국의 철강산업이 급속도로 늘어나는 내수를 바탕으로 빠르게 성장하고 있다.

조선산업에서도 산업의 주도권 이동을 관찰할 수 있다. 1940년대까지 미국이 가지고 있던 주도권은 1950년대 영국, 1960~1990년대 일본, 그리고 그 이후에는 한국으로 이동하였다. 그러나 최근 들어서 중국의 조선사들이 빠른 속도로 성장하여 한국 조선사들이 차지하고 있는 주도권을 위협하고 있다. 자동차산업에서도 비슷한 산업주도권 이동이 있었는데, 독일에서 미국으로, 그리고 일본으로 주도권이 이동하였다. 최근에는 한국의 급성장에 이어서, 중국이 부상하여 2009년부터 중국은 자동차 생산량에서 세계 1위에 등극하였다.

본서의 3부인 산업차원 분석에서 던지는 질문은 왜 위와 같은 산업주도권이 한 국가에 계속 머무르지 않고, 끊임없이 이동하는가 하는 것이다. 이에 대한 답변도

국가차원과 비슷하게 기회의 창 개념에서 출발하는데, 즉 새롭게 열린 기회의 창이라는 상황에서, 선발자는 종종 새로운 기회의 잠재성을 무시하는 선발자 함정 상황에 빠지는 반면, 후발자가 새로운 기회의 창을 적극적으로 수용하고 이에 대응하는 적절한 추격 및 추월전략이 작동하면, 이들과 시장 및 제도 요인들이 상호작용하여 산업주도권 이전 현상이 발생한다는 것이다. 본서는 Lee and Malerba(2014)에서 보다 체계적으로 제시되었듯이, 이 현상을 '추격사이클(catch-up cycle)'이라고 명명하고, 이를 설명하는 이론적 틀을 제시한 후, 이를 가지고 여러 산업분야를 다룬다.

중요한 점은 새로운 기술경제 패러다임은 항상 등장하기 마련이며, 경기순환에 따른 불황기도 반복해서 찾아온다는 점이다. 즉, 새로운 기회의 창은 항상 열린다. 따라서 산업주도권의 이동과 후발자의 추격은 반복해서 나타날 수밖에 없음을 예상할 수 있다. 선발자의 특별한 실수 없이도 산업주도권이 이동하는 경향이 있다는 것을 뒤이어 나오는 사례연구에서 보일 것인데, 이를 통해 반복적인 산업주도권 이동과 후발자의 추격은 거의 법칙과 같이 발생함을 알 수 있을 것이다. 또한 기회의 창이 모든 후발자에게 동일하게 주어졌음에도 불구하고 왜 어떤 후발자는 기회를 활용한 반면, 다른 후발자들은 그렇지 못했는지에 대해서도 분석한다.

이에 대한 대답은 상당 정도 기업의 전략적 선택에 달려 있다. 즉, 우선 외생적으로 기회의 창이 발생하고, 이에 대응하여, 기업이 각 단계에서 선택하여 사용한 전략의 내용이 기술체제, 시장여건, 그리고 다른 제도적인 요인들과 상호작용하고, 이로 인해 해당 기업의 성과와 그에 따른 경로가 결정된다는 것이 추격사이클 이론이다. 이런 관점에서 추격사이클 모델은 특정 요소 결정론적이기보다는 외생적 요인과 주체적 요인, 즉 경제주체, 특히 기업과 정부의 역할을 강조하고 있다. 결국, 다양한 전략적 선택들이 가능한데, 어떤 전략이 더 효과적인지 여부는 산업별 · 단계별로, 기술 및 시장체제별로 다를 수 있다.

본서에서는 산업주도권의 국가 간 이동 현상을 설명하기 위해 산업혁신시스템(Sectoral Systems of Innovation: SSI)의 개념을 차용한다. 말러르바(Malerba, 2004)의 산업별 혁신시스템 개념은 4가지 요소로 구성되어 있다: 즉, (1) 지식기술 체제, (2) 수요조건 및 시장체제, (3) 기업과 정부와 같은 경제주체의 역할과 그들의 상호작용, (4) 각종 규제와 제도(교육제도, 자본시장, 지적재산권제도, 법, 문화 등)의 역할 등이다. 산업 내에서 이 요소들은 서로 상호작용하여 다양한 형태의 선별

(selection)과 공진화(co-evolution) 양상을 나타낸다. 위에서 설명한 세 가지 기회의 창은 산업별 혁신시스템의 각 요소에 대응된다.

이런 개념을 가지고, 산업차원의 분석을 행하는 3부에서 던지는 질문 중의 하나는 왜 산업별로 혁신과 추격의 성과가 다른가이다. 즉, 가령 한국의 경우를 보아도 한국이 잘하는 산업과 그렇지 못하는 산업이 있다는 현상에 착안한 문제의식이다. 이를 위해서는 각 산업의 혁신활동의 성격을 제대로 이해하는 것이 필요하다. 이런 산업차원의 혁신분석에 대해서는 이미 여러 슘페터학파 학자들이 기술체제 및 산업별 혁신체제라는 개념을 가지고 많은 분석을 해 놓은 바가 있다. 그런데 이런 분석이 대부분 선진국을 대상으로 한 것이어서 그대로 후발국 분석에는 맞지 않는 면이 많다. 이 책의 9장에서는, 선진국을 대상으로 개발된 기술체제 개념을 후발국 산업의 추격분석을 위해 변용하여 새로운 분석 모델을 개발하고 이를 한국과 대만의 추격의 실증분석에 적용한다. 이어서, 성공적인 한국과 대만의 경험을, 그렇지 못한 다른 중진국들(남미 포함)의 경험과 비교한다. 그래서 같은 기회의 창의 발생이라도, 주체적 조건에 따라 다른 결과가 나올 수 있다는 기회의 창의 양면성을 설명한다.

이런 틀은 산업차원의 개념이지만, 해당 산업에 속한 기업들의 성과에 영향을 미친다는 점에서 기업차원의 분석에도 유용하다. 그 예는 13장에서 소개되는 한국기업의 일본기업에 대한 생산성 추격에 대한 분석이다. 기본분석의 단위는 기업이지만 여기서는 기업차원의 변수와 산업차원의 변수가 동시에 등장한다. 그래서 한·일 간의 생산성 격차는 기업차원의 변수뿐만 아니라 산업차원의 변수에 의해서도 영향을 받음을 구명한다. 특히, 지식의 암묵성 정도를 수량화하여, 이 암묵성이 높은 산업분야일수록, 지식의 이전과 모방이 어렵기 때문에 생산성 추격도 느리거나 어렵다는 것을 증명한다.

또한 어떤 형태의 기업조직 형태(예: 기업집단 또는 특성화된 중소기업)를 선택할 것인가 하는 것도 전략의 한 부분이다. 조직형태에 따라 기업을 둘러싼 환경과의 상호작용의 내용 및 귀결이 다르다. 즉, 외생적 환경의 차이에 따라 왜 어떤 기업은 성공적으로 추격을 이루는 반면 다른 기업은 그렇지 못하는가를 다루는 연구들도 존재한다(Kim and Lee, 2003; Park and Lee, 2006).

물론, 기업차원의 분석에서 기본적 질문은 선진국의 기업과 후발국의 기업이 역량이나 행동, 전략면에서 과연 어떻게 다른가이다. 일찍이, Mathews(2002)는 후발기업을 정의하기를, '부족한 자원을 지니고 뒤늦게 산업에 진입하였으나 저비용 등의 일정의 경쟁우위를 가지고 있는 기업'으로 한 바 있다. 본 연구에서는 특히, 자원(핵심 역량)의 부족 혹은 부재를 후발국 기업의 가장 두드러지는 특징으로 보고, 후발국 기업이 이 열위를 극복하기 위해 어떤 전략적 선택을 하는지를 분석한다.

이런 후발 대 선발기업의 차이에 대한 인식은 기업 간 이질성에 대한 탐구를 핵심과제로 하고 있는 슘페터학파의 기업이론과 상통한다(Nelson, 1991, 2008; Winter, 2006). 이들은 기업의 이질성의 원천이 지식과 불완전한 학습에 있다고 하였다. 따라서 Nelson(1991, 2008)은 재무정보와 같이 통상적으로 많이 이용되는 변수만 가지고는 기업의 성과와 행동을 설명하는 데 충분하지 않다고 보았다. 이러한 입장을 받아들여 본서에서는, 단순히 기업의 재무정보가 아니라 기업의 지식기반을 나타내는 몇몇 정량적인 변수를 기업에 대한 실증적 분석을 수행한다. 즉, 본 연구가 기존 연구와 다른 점은, 기업 간의 지식기반의 차이를, 독창성 · 기술주기(수명) · 기술적 다양성 · 보유특허의 자기인용 정도 등의 변수로 만들어 분석에 사용한다는 점이다. 이런 방법으로 11장에서는 한국과 미국기업 간의 이질적인 성과와 행동의 차이를 분석 · 설명한다.

4부에서 행하는 기업차원의 분석의 또 하나 초점은 후발국의 경제추격에서 대기업집단의 역할에 관한 것이다. 한국의 경제성장은 일반적으로 혹은 대만과 비교해서 대기업 주도라고 알려져 있다(Choung and Hwang, 2000; Mahmood and Singh, 2003; Saxenian and Hsu, 2001). 이런 대기업은 90년대 소위 과잉투자로 97년 외환위기의 원인을 제공하였다는 비판도 받았고, 2000년대에는 성과는 개선되었으나 이제는 과소 투자라는 비판을 받는 등 기업집단의 성과는 장기간에 걸쳐 다이나믹하게 변화하여 왔다. 이렇게 볼때 소위 재벌이라고 불리는 대기업 집단에 대한 정확한 평가는 중요한 주제이다. 그래서 본서의 4부의 10장에서는 이런 한국의 대기업 집단의 존재와 진화를 후발국 출신의 추격형 기업이론의 관점에서 정립하고, 그 존재와 성과에 대한 이론적 · 실증적 분석을 수행하고자 한다.

여기서는 대표적 세 가지 기업이론으로서, 펜로즈의 자원에 기반한 기업이론(resource-based theory of the firm), 윌리암슨의 거래비용경제학(transaction-cost economics) 및 재무이론에 입각한 지배구조이론을 검토한다. 그러나 이들의 이론은 발달된 자본시장 혹은 충분한 자원을 배경으로 한 선진국적 상황을 전제로 나온 이론인 반면, 후발 추격국의 경제에서는 시장제도도 불완전하고, 기업의 역량이나 내부자원도 빈약하다. 따라서 본서에서는 이런 기존이론의 내재적 변용과 극복을 통해 선진국 기업이 아닌 후발 추격국 기업을 잘 설명할 수 있는 이론적 기초를 마련하고 이 관점에서 한국의 대기업 집단의 성과를 조명해 보고자 한다. 특히, 후발국적 상황, 즉 자원의 부족과 시장의 부재 조건하에서 왜 어떻게 기업집단이 탄생하는가를 보고, 시장제도가 성숙하고 개방됨에 따라, 기업집단의 존재 이유 및 우위는 감소하는지 그래서 결국 소멸해야 하는 기업조직인가에 대한 질문을 던지고자 한다.

4부에서는 추격의 주체로서 대기업 집단뿐만 아니라 중소기업에 대해서도 다룬다(12장). 즉, 후발기업의 특성이 자원(각종 역량)의 부족인데, 그 부족함의 정도가 더욱 심한 경우가 후발국의 중소기업이다. 그래서 대부분의 중소기업은 대기업이나 외국기업의 하청기업으로 지속하거나, 소위 OEM(Own Equipment Manufacturing)이라는 주문자상표부착 생산방식의 기업으로 남는 것이 대부분인데, 극히 소수의 중소기업들이 자기 브랜드(OBM: Own Brand Manufacturing)로 이행하는 사례가 존재한다. 그래서 12장에서는 성공적인 중소기업 사례만을 모아서 볼 때, 후발 중소기업의 성공적 추격의 필수조건의 이론화를 시도하고 있다. 앞에서와 일관되게 여기서도 본서의 주장은 성공적 추격은, 결국 후발기업이 선발기업이 밟아온 경로와는 다른 새로운 경로를 창출한다는 것인데, 단지 중소기업 경우의 특이한 점은, 새로운 경로나 기술이 대단히 급진적인 새로움이나 비약(leapfrogging)이 아니라, 기존의 경로나 기술의 '새로운 결합(new combinations)'이라는 점이다(Schumpeter, 1934, p. 65; Lee, Kwak & Song, 2014).

이어지는 2부, 3부, 4부에서는 국가차원, 산업차원, 기업차원의 순서대로 추격 현상에 대한 이론적 논의와 실증분석이 수행된다. 앞에서 논의되었듯이, 이런 분석의 지향점은 경제발전론적 주제들이지만, 분석에 이용되는 개념들은 슘페터학파의 경제학에서 채용된 것들이 많다. 독자들의 이해를 돕기 위해, 이어지는 3장에서는 슘페터학파의 기본 개념들을 설명하고, 2부의 첫 장인 4장부터 본격적 분석으로 들어간다. 슘페터학파 경제학의 기본 개념들에 대해서는 추가적으로 이근(2007)을 참조할 수 있을 것이다.

제 3 장

신슘페터학파 경제학의 기본개념[1]

1. 기본특징과 차별성

슘페터학파 경제학은 경제변화의 근본적인 힘으로 기술변화를 전제한다. 전통적인 관점에서 기술은 단순히 투입−산출 간의 양적 관계였다. 그 결과 기술변화의 원인은 밝혀지지 않게 되어, 기술혁신과정은 블랙박스로 남게 된다. 기존의 기술혁신과정에 대한 관점들은 신슘페터학파 학자(즉 네오슘페터리안)의 용어를 빌면 기술추동론(technology push theory)과 수요견인론(demand pull theory)으로 나눌 수 있다. 기술추동론에서의 기술혁신은 기초연구 → 응용연구 → 개발연구 → 제품생산의 선형적 과정을 경과하면서 이루어진다고 파악한다. 기본적인 기술발전의 동력은 발명에 대한 욕구(기업가 정신과 같은)나 거대기업이나 정부의 기술개발에 대한 자원투자로부터 주어지며, 기술의 발전방향은 기술 자체의 발전논리에 의해 결정되게 된다. 반면, 수요견인론은 기술변화의 추동력은 사회적 수요(특히, 투자)로부터 이루어지며, 이러한 수요의 내용이 기술변화의 방향을 결정한다고 해석한다.

신슘페터학파 학자들은 이러한 단선적·위계적 관계로부터 벗어나 양자를 통합하는 기술발전모델을 제시해야 한다고 한다. '기술 패러다임'은 기술발전의 방향을 정형화하면서 문제해결의 결과들이 일정한 기술궤적을 따르게 한다(기술추동적인 측면). 한편 기술변화를 유발·자극·제한하는 요인들이 존재한다(수요견인 측면). 이러한 유발 메커니즘은 기술 패러다임에 의해 규정되는 범위 내에서만 영향을 미치면서 특정 기술궤적을 선택하게 한다. 한편 새로운 기술 패러다임의 이행에 관하여 Dosi(1988)는 과학기술의 발전에 의해 잠재적인 여러 개의 패러다임이 존재하지만, 유발요인과 사회적 요인들의 개입에 의해 특정 패러다임이 선

---

1 이 장은 이근(2007)의 한 장을 약간의 수정을 거쳐 전재한 것이다.

택된다고 하였다.

　일반적으로 전통적 신고전파경제학은 기술 및 혁신을 제대로 경제분석 내에 도입하지 못하고, 주어진 외생변수로 취급하는 경향이 있다고 비판받아 왔다. 신고전파경제학에서 과학기술과 혁신에 대한 취급이 미진한 이유를 꼽자면 첫째, 과학기술과 혁신에 대한 연구의 부족에 따른 지식 자체의 부족이 있겠고, 둘째는 과학기술과 혁신에 대한 실증적 통계자료가 부족하다는 점이고, 셋째는 1930년대 대공황 이후 경기변동과 실업문제에만 몰두하여 다른 문제에 신경을 쓸 여유가 없었다는 것일 것이다. 따라서 신고전파경제학이 기술변화에 대해 취해 온 입장은 기술변화는 경기변동, 즉 전통 경제학의 주된 문제의식인 실업과 인플레이션과는 무관한 것으로 이해하는 것이었다. 다만, 예외적으로 슘페터만 기술변화를 자신의 경제학적 사고의 핵심에 위치시키고, 기술변화가 경기변동과 밀접하게 관련되어 있다는 믿음하에 기술 및 제도의 변화를 잔차(residual)로 남겨 두지 않고, 경제변동의 주 요인으로 끌어들이고자 하였다.

　신슘페터주의자들은 슘페터의 이런 입장을 계승하여 기술변화에 대한 주류경제학의 입장을 비판하고, 신고전파경제학이 제기해 온 이슈들에 대한 새로운 대안적 설명틀을 모색하고자 한다. 신슘페터주의적 접근의 주요 특징은, 무엇보다도 기술변화를 경제 전체의 변화 설명에 있어서 가장 기본적인 동력이라고 보고, 경제 내에는 기존 이론이 주장하는 것처럼 정적인 배분기제(allocation mechanism) 뿐만 아니라 동적인 조정기제(adjustment mechanism)가 존재하며, 동적인 조정기제의 주 내용을 기술변화ㆍ제도변화에서 찾고자 하는 것이다. 여기서 기술 이외의 사회제도적 틀은 기술변화ㆍ제도변화를 촉진하거나 지연시키는 역할을 한다고 상정된다. 신슘페터주의자들은 신고전파 주류경제학이 결함에도 불구하고 현재까지도 영향력이 유지되는 것은 기존 이론의 내부에 문제점이 없어서가 아니고 기존 이론처럼 이론적 엄밀성을 갖는 대체물이 없어서일 뿐이라고 주장한다.

　신슘페터주의자들은 슘페터가 기술변화를 이론의 핵심에 두고 있으나 이론적으로 달성하지 못한 숙제가 있다고 비판하여, 자신들과 전통적 슘페터주의자와를 구분한다. 즉 슘페터에게서는 불황(depression)에 대한 만족할 만한 이론이 없으며, 이는 정부의 역할, 정부와 산업 간의 관계에 대한 그의 시각 부족 때문이라고 보고 신슘페터주의자들은 이런 단점을 극복하고자 한다. 또한, 보다 근본적으로, 슘페터의 이론은 경제 내의 동학(변화)을 일으키는 요소와 경제를 균형화(Walras

적 안정)시키는 기제(mechanism) 사이의 거리를 채우지 못하고, 양자의 연결고리 (link)를 찾지 못하였다고 비판한다. '변화 속의 질서' 혹은 규칙성(현상유지) 간의 연계(link)를 보는 것이 신슘페터주의자들의 주된 관심이라고 볼 수 있다. 신슘페 터주의자들은 이 '동학과 균형 사이의 거리(gap)'를 메꾸지 못한 것이 슘페터뿐 아 니라 전통적 고전파경제학 전체의 실패라고 주장한다. 즉 시장에는 두 가지 기능 이 있는바, 하나는 자원배분 역할인데, 이것이 바로 신고전파 분석의 주안점이고, 신고전파 분석은 주로 개별 주체의 합리성 차원에서 가격변수의 변화를 중시하 지만 미래에 대한 원대한 비전(vision)이 부족하다고 한다. 시장기구의 둘째 기능 은, 변화에의 맥동(impulse)의 전달기구라는 점이고, 전통적 고전파 경제학자들의 분석의 주안점은 전자가 아니라 바로 후자 측면이었다고 본다. 그러나 고전파는 이 두 가지 기능의 연계의 분석에는 실패했다고 본다. 즉 아담 스미스뿐만 아니 라 마르크스도 실패했다는 것이다. 즉 마르크스는 자원배분이라는 미시적 기능을 무시하고 전체론적 시각을 채택함으로써 구조-제도적 접근(macro-institutional approach), 전체적 접근(wholistic approach)에 치중하였다는 것이다. 슘페터는 양 자의 관련(link)에 관심을 가지고 해명을 시도하였으나 그도 역시 실패했다고 본 다. 동적인 안정(dynamic stability: 변화하면서 안정성을 유지하는 측면) 혹은 상대적 으로 질서화된 변화의 양상(relatively ordered pattern of technical change), 즉 변화 가 불측한 듯이 보이나 규칙성(변화 속의 질서)이 존재한다는 것이, 바로 신슘페터 주의자들의 문제의식인 동시에 출발점이다. 이런 문제의식은 바로 마르크스의 '자 본주의 운동법칙' 탐구의 전제이기도 하였다.

신슘페터주의자들의 이러한 문제의식에 대한 실마리는, 모든 기술변화의 기저 에는 학습과정이 존재한다는 생각이다. 즉 기술은 제멋대로 발전하는 것이 아니 라, 기술 자체의 특성, 문제해결 과정, 기술에 체화된 구체적 지식량을 통해 예측 될 수 있다는, 즉 '기술변화의 예측 가능성'에 대한 믿음이 바로 '변화 속의 질서' 라는 문제의식의 주 내용이다. 즉 기술 패러다임(paradigm)은 해결되어야 할 문제 를 정의하고 해결 방향을 제시하고 또한 문제해결에 필요한 물질적 기술의 종류, 조사방법까지 알려주므로, 기술변화는 예측 가능하다는 것이다.

그러면 이러한 기술변화와 시장신호(market signal)의 관계는 무엇인가? 우선 시장신호(market signal)는 상대가격 변화를 나타내는데, 기업은 이 신호에 대해서 적절히 반응하지만(특정 상품의 가격이 오를 경우 그것이 투입요소라면 사용을 줄이고 산출이라면 생산을 늘리는 것), 이러한 반응은 현재 기술수준이 허용하는 범위에 국한된다. 한편, 시장신호는 동시에 기술진보의 창구(가능성)를 제공하는데, 이는 기술진보 가능성이 존재할 때, 기업은 주어진 기술체계 내에서 새로운 제품을 찾는 방식으로 대응하며, 일단 새로운 제품이 출현한 이후에는 어떤 상대가격 체계에서도 새로운 제품이 과거의 제품보다는 우월한 것이 된다는 의미이다.

2. 기술과 지식기반

신슘페터주의 기술경제학에서는 기술을 광범위하게 정의하여 "실제적 및 이론적 지식들, 노하우, 절차, 경험 및 물적인 장비의 집합"으로 정의한다(Dosi, 1988). 그리고 이렇게 정의된 기술은 보편성(universality) 대 특수성(specificity), 명시성(articulateness) 대 암묵성(tacitness), 그리고 공공성(publicness) 대 사적성(privateness)이라는 세 측면에서 그 특성이 파악될 수 있다고 하였다(Nelson & Winter, 1982). 여기서 보편성과 특수성이란 기술에 따라 광범하게 적용될 수 있는 것이 있는 반면에, 특정한 생산이나 사용영역에만 해당되는 것이 있다는 것을 뜻한다. 명시성 대 암묵성이란 어떤 기술은 교육에 의해 또는 문서화된 전달기구에 의해 분명히 습득될 수 있는 것이 있는 반면에, 어떤 기술은 쉽게 문서화되지 않아서 구체적인 실행과 경험을 통해서만 획득될 수 있다는 것을 뜻한다. 또한 공적이냐 사적이냐 하는 것은, 기술에 따라서 아주 싼 비용으로 제한 없이 이전·획득될 수 있는 것이 있는 반면에, 어떤 것은 자연적 혹은 인위적(법적 보호) 제약에 의해 갇혀 있어서 싼 비용으로 습득될 수 없는 것이 있다는 것을 뜻한다.

기술을 위와 같이 파악할 때, 선발자로부터 기술을 흡수·획득해야 하는 후발자의 입장에서 보면, 특수적이고, 암묵적이고, 또한 사적인 지식일수록 획득이 어렵다. 사실, 어느 정도의 경제적 성과를 이룩하고 선진국을 추격하고자 하는, 중등 신흥공업국의 성장에 결정적으로 중요한 것들은 이러한 성격의 기술이 대부분이다. 이러한 기술은, 선진국이 쉽게 이전해 주지 않으며, 따라서 비용을 지불해야 하고, 선진국들이 이전할 용의가 있다 해도, 받는 자의 흡수능력(absorption capacity)에 따라 제대로 이전될 수도 있고 그렇지 않을 수도 있는 것이다.

그런데 후발자의 입장에서 볼 때 희망적인 사실은, 위에서 언급한 세 가지 측면에서의 기술의 구분이 고정적인 것이 아니고 가변적이라는 사실이다. 즉 이미 널리 알려진 공적이고 보편적인 기술을 후발자 기업이 받아들여 기업특수적이고 사적인 기술로 개량할 수도 있고, 그 과정 중에 귀중한 암묵적 기술을 체화할 수도 있는 것이다. 반면, 사적성이 높거나 암묵성이 높았던 기술이, 추후 명시성이나 공공성이 높아지는 방향으로 변할 수도 있는 것이다.

그렇다면 이렇게 정의 · 구분될 기술과 기술혁신(technological innovation)은 어떤 관련을 가지는가? 일반적으로 기술혁신이란, 문제해결(solution of problems) 과정을 포함한다. 물론, 그 문제해결은 비용성과 시장성이란 두 조건을 충족시키는 것이어야 한다(Dosi, 1988). 그러나 일반적인 경우 이용 가능한 정보 그 자체는 직접적으로 문제의 해결책을 드러내 주지는 않는다. 따라서, 혁신적 해결책은 당연히 발견(discovery)과 창조(creation)하는 과정을 포괄한다. 물론, 이 경우 그 해결책은 과거의 경험이나 공식적 지식(formal knowledge)에서 추출한 정보를 사용함으로써 얻어진 것이다. 그렇지만 여기에는 혁신자측의 특수한 문자화되지 않는 능력이 추가적으로 결부된다. 이때, 즉 혁신자가 해결책을 모색할 때 동원 · 사용하는 "정보투입, 지식, 그리고 자신의 능력의 집합"을 "지식기반(knowledge base)"이라고 한다(Dosi, 1988; Nelson & Winter, 1982). 혁신자의 지식기반은 공공재처럼 이용한 공적 지식뿐만 아니라 그 자신에게 특수한 암묵적 지식이 중요한 역할을 함은 두말할 것도 없다. 이렇게 볼 때, 얼마만큼 특수적 · 암묵적 지식을 보유하고 있느냐 하는 것은 그 혁신자의 기술혁신능력, 즉 기술능력에 중요한 영향을 미칠 것임에 틀림없다.

3. 기술역량과 기술학습

기술역량(technological capabilities)은 상당히 광범위한 개념이나, 우선 간단히 정의하자면 그것은, 기술을 습득하고, 소화하고(assimilate), 사용하고, 변용하고

(adapt), 변화시키고(change), 창조하는 데 필요한 다양한 지식과 숙련(skills)을 지 칭한다(OECD, 1992, Ch.12, p. 262). 기술역량은 공학적 노하우뿐만 아니라 조직의 구조와 절차에 대한 지식 및 노동자나 소비자의 행동패턴에 대한 지식까지도 포 함한다. 왜냐하면, 기업이 자신의 기술능력을 창조·동원·향상시키기 위해서는, 조직의 유연성, 자금, 인적자원, 지원서비스와 정보관리 및 처리의 정교화 등의 보 완적 자산이 필요하기 때문이다.

생산자의 능력에 초점을 맞출 때, 기술역량은 다음의 4범주로 구분될 수 있다. 첫째, 생산능력, 즉 생산과정에 필요한 지식과 숙련이다. 생산능력에 관해서는 현 장경험과 실행에 의한 학습이 중요한 역할을 한다. 둘째, 투자능력, 즉 투자에 필 요한 지식과 숙련이다. 이에는 새 생산설비의 확립, 기존설비의 확장 및 개선이 포 함된다. 셋째, 변용능력, 즉 생산물디자인, 작업효율 및 공정기술을 계속적으로 제 고시키는 데 필요한 변용공학의 수준과 조직적 변용능력이다. 넷째, 신기술창조능 력, 즉 생산물과 생산공정의 디자인이나 핵심적 특성의 중대한 변화를 창조하는 능력이다.

위에서 기술역량을 4가지 차원으로 이해했는데, 이는 기업에 국한해서 말할 때, 한 마디로 기업의 사업적성(business competence)과 조직능력(organizational capabilities)으로 환원될 수 있다. 그렇다면 이러한 기술역량은 어떻게 배양되는 것이며, 기업 간 혹은 국가 간 기술역량의 차이는 왜 발생하는가? 이에 답하기 위 해 우리는 기술학습(technological learning)이란 개념을 도입하고자 한다. 기술학 습이란 쉽게 말하자면, 기술역량을 향상시키는 과정으로 이해될 수 있다. 기업 간 의 경쟁이나 선별(selection) 그리고 선발자와 후발자의 추격에 관해, 학습은 두 가 지 서로 상반된 효과를 가질 수 있다. 즉 한편으로는 선발자의 기술능력이 후발자 의 학습에 의해 확산됨에 따라 격차가 축소되는 효과가 가능한 반면, 또 한편으로 는 학습과정 및 그 효과의 누적성으로 인해 기존의 격차가 오히려 확대될 수 있다 는 것이다(Silverberg et al., 1988).

이러한 학습과정은 첫째, 오늘의 학습이 과거의 학습에 기반해서 일어난다는 점에서 누적적이고, 둘째, 개인적 차원의 것이라기보다는 조직이라는 맥락 속에서 이루어진다는 면에서 조직특수적인 것이고, 셋째, 실험적인 모색을 수반한다는 의 미에서 경로의존적(path-dependent)이다(이정안, 1995; Lazonick, 1993).

그런데 신고전파경제학에서 주로 다뤄온 학습은 거의 전적으로 경험에만 의존하여 생산활동의 부산물로 획득되는 실행에 의한 학습(learning by doing)이다. 이런 학습은, 수동적이고 자동적으로 일어나며, 별도의 비용이 소요되지 않는 특성을 가진다(Bell, 1984, p. 189; 이정안, 1995에서 재인용). 그러나 학습을, 위에서 4가지로 구분하여 정의했듯이, 광범위한 기술능력의 향상 과정이라고 이해할 때, 이와 같은 협의의 학습은 그 유용성을 잃게 된다. 왜냐하면 기술능력(생산 · 투자 · 변용 · 창조능력)의 향상은 수동적이 아닌 적극적인 노력, 즉 기업의 입장에서 일정한 노력과 자원의 배분이 이뤄져야 가능하기 때문이다. 더군다나 학습의 속도는 기업의 조직구조에 영향을 받는다. 특히, 변용능력과 창조능력은 단순히 특정작업을 반복함으로써 생기는 숙련과는 차원이 다른 것이다.

여러 문헌을 보면, 기술학습이 단지 직접적인 생산활동 이외에도 다양한 경로를 통해 이뤄진다는 점을 지적하고 있다. 이에는 우선 제품의 사용을 통한 학습(learning by using)(Rosenberg, 1982), 과학의 진보로부터 배우는 학습, 산업 내의 다른 기업들로부터 배우는 파급효과(spill-over)에 의한 학습(Lundvall, 1988), 그리고 R&D와 같은 탐색을 통한 학습(Cohen & Levinthal, 1989; Nelson, 1982) 등이 있다. 이렇게 학습의 장을 포괄적으로 상정할 때, 드러나는 것은 학습의 속도가 개별기업의 노력만이 아니라 그 기업을 둘러싼 산업 및 국가차원의 경제환경에도 크게 영향을 받는다는 사실이며, 이것이 바로 혁신시스템의 개념이며 기술의 외부성이라는 이슈와도 관련된다.

4. 산업별 혁신체제와 국가혁신체제, 그리고 장기파동

기술학습의 속도가 산업의 특성에 따라 다를 수 있다는 것은, 여러 산업을 기술혁신의 측면에서 분석한 Pavitt(1984)의 연구에서 최초로 알려졌다. 그는 1945년부터 1979년 사이에 영국에서 발생한 2,000여 개의 주요 혁신과 혁신기업에 대한 자료로부터, 혁신의 패턴에 따라 산업을 다음 4가지로 분류하였다.

첫째, 공급자 지배산업(supplier-dominated industries)의 혁신은 주로 산업 외부에 존재하는 기업들에 의해 생산되는 자본재나 중간투입재에 체화된 공정혁신이다. 섬유, 의류, 가죽, 인쇄 및 출판, 목재산업 등이 이에 속한다. 이 산업들에서 혁신과정은 기본적으로 다른 기업들에 의해 생산되는 최량 자본재나 투입재의 확산과정이라 할 수 있다.

둘째, 규모집약적 산업(scale-intensive industries)에서의 혁신은 공정 및 제품혁신 양자 모두에서 발생한다. 이런 산업에서는 복잡한 시스템을 터득하는 것이 일반적으로 생산활동에 있어서 중요하며 다양한 종류의 규모의 경제가 상당 정도 존재한다. 기업들은 대체로 규모가 크며, 자신들의 공정기술을 상대적으로 상당 정도 자체적으로 산출하며, 상대적으로 많은 자원을 혁신을 위한 활동에 투하한다. 그리고 자신들이 사용하는 기계장비 생산을 수직적으로 통합하는 경향이 있다. 수송장비, 일부 소비내구재, 금속, 유리, 시멘트 산업 등이 이에 속한다.

셋째, 전문공급자(specialized suppliers) 산업에서의 혁신활동은 기본적으로 다른 산업에 자본재로 들어가는 제품의 혁신에 관계된다. 규모는 대체로 소규모, 즉 중소기업 위주이며 사용자와 밀접한 관련을 맺고 있으며 디자인과 장비제조에 관한 전문적인 지식을 소유하고 있다. 전형적으로 이 그룹에는 기계, 장비 엔지니어링 업체들이 속한다.

넷째, 과학에 기반한 산업(science-based industries)에서의 혁신은 과학의 진보에 의해 달성된 기술 패러다임과 직접적으로 연결되어 있다. 기술기회는 매우 높으며 혁신활동은 대부분 R&D 연구소에서 공식적으로 이루어진다. 이 산업에서의 제품혁신의 상당 부분은 다른 매우 많은 산업부문에 자본재나 중간재로 들어간다. 기업규모는 대체로 크다('슘페터적인' 모험기업과 매우 전문화된 생산자들은 소규모). 이 산업들에는 전자산업과 대부분의 화학산업이 속한다.

이렇게 분류된 각 산업은 기술기회의 정도와 그것이 제공되는 방식, 기술혁신을 위해 필요한 활동, 기술혁신의 전유(appropriation)방식 등에서 차이가 있다. 공급자지배 산업에서 혁신의 전유 가능성(혁신자가 후발자의 모방을 차단하면서 혁신의 금전적 성과를 독점할 수 있는 정도)은 상대적으로 낮은 수준이며, 기술기회는 주로 자본장비와 부품을 생산하는 부문에서 외생적으로 결정된다. 따라서 이 부문에서는 학습을 통한 확산이 상대적으로 중요하다. 전문 공급자에 의해 도입된 혁신은 그 공급자들에 의해 수평적 확산이 촉진된다. 과학기반 산업은 혁신의 기술기회와 그 전유 가능성이 매우 높은 산업이다. 이 산업은 다른 부류의 산업들보다 과학의 진보로부터 배우는 학습이 매우 중요하다. 이러한 학습이 이루어지는 기반은 공식적인 탐색활동(R&D)이다. 이들 산업에 있어서 후발자에 대한 진입장벽은 그 기술진보의 누적성에 있다. 규모집약적 산업은 공급자지배 산업과 과학기반 산업이 보여주는 학습과 확산의 양 극단의 중간에 위치한 여러 가지 조합을 보여주는데, 이 산업에서는 정태적·동태적 규모의 경제가 매우 중요하며 R&D를 통한 공식적인 탐색 및 학습이 '비공식적인' 기술지식의 학습 및 확산에 매우 보완적인 관계를 갖는다. 전문공급자의 경우 매우 중요한 학습경로는 사용자와의 상호작용이다. 이들 산업은 보다 선진적인 사용자와의 관계를 통하여 더 나은 기술지식을 축적하게 된다.

위에서는 기술혁신의 성격과 패턴의 산업 간 차이에 대해서 살펴보았는데, 또하나 중요한 차원은 국가 간의 혁신패턴 및 기술능력의 차이일 것이다. 신슘페터주의자들은 국가 간의 기술역량의 차이를 단지 해당 국가에 존재하는 기업 간의 차이로 환원시키지 않고, 그 기업들의 혁신활동에 미치는 환경으로서 국가차원의 체제(system)를 상정하고, 이를 국가혁신체제(National Innovation System)라고 명명하고, 많은 국제비교연구를 행하였다. 대표적 예를 들면, Dosi et al. (1988)의 제5편이나 Nelson(1993, 1992)을 들 수 있고, Nelson & Rosenberg(1993)가 주장하듯이 일본에 이은 한국, 대만 등 신흥공업국의 성공은 '기술민족주의' (technonationalism)를 하나의 의미 있는 단어로 만들었다. 기술민족주의는 특정 나라 기업들의 기술능력이 이 나라의 경쟁력 상승의 원천이며, 이 능력은 '국가적'인 것이며 국가적 차원의 행동에 의해 향상될 수 있다는 신념을 표방한다고 볼 수 있다.

Nelson & Rosenberg(1993)에 따를 때 국가적 혁신체제는 "특정 나라 기업들의 혁신능력을 결정하는 상호연관된 제도들의 집합"으로 정의된다. 이러한 제도들에는 동종 및 이종산업 기업 간의 관계, 기업과 소비자의 관계 및 기업과 학계, 정부, 연구소 및 금융기관과의 관계 및 이들 각 기관들 간의 관계들을 포함할 수 있겠다.

국가적 혁신체제 혹은 기술체제의 관점에서 중요한 것은 시장을 통한 경제적 거래로 포착되지 않는 지식과 능력의 흐름이고 이는 '잠재적인 구조적 외부성'으로 표현된다(Cimoli & Dosi, 1990). 여기서, 잠재적인 구조적 외부성이라고 하는 이유는, 그것이 신고전파경제학에서 파악하는 외부성처럼 비용을 들이지 않고 누릴 수 있는 부산물로서의 이득이 아니라, 기업 간 연계를 통해 창출되는 이득이며,

그러한 창출을 위한 제도적 여건이 갖춰질 때에야 발생하기 때문이다. 이러한 잠재적 외부성은 바로 네트워크의 경제(economy of network)을 말하는바, 이는 기업 간 혹은 기업과 기타 단위 간의 네트워크를 통해, 인적자원과 지식기반이 교환·결합됨으로써, 각자의 기술능력을 향상시키고 새로운 지식을 창출할 수 있음을 말한다. 이것이 바로 국가적 혁신체제에 대한 문제의식의 핵심이다.

신슘페터주의자들은 장기파동의 설명과 관련하여 혁신을 다음 네 가지로 구분한다. 첫째, 점진적 혁신(incremental innovation)은 의도적 R&D 활동의 결과가 아니고 실행에 의한 학습(learning by doing)에 의해서 개량한 것이다. 둘째, 급진적 혁신(radical innovation)은 의도적 R&D활동의 결과로서 새로운 시장의 성장(boom)과 관련이 있고, 잠재적 도약대(spring-board)의 역할을 하며 생산공정의 변화를 가져온다. 셋째, 기술체계(technology system) 자체의 변화는 점진적 및 급진적 혁신에 조직 경영상의 혁신이 결합한 것으로 이는 새로운 부문을 발생시킨다. 마지막으로, 기술경제 패러다임의 변화란 전반적인 투입관계에 변화를 초래하며 전 경제부문에 영향을 미치고, 경제 전체의 투입비용에 변화를 주어서 생산비 및 분배를 변화시키고, 나아가서 장기순환과 연결된다. 특히 이는 핵심요소(key factor input)의 발생과 관련되는데, 핵심요소란 비용이 현저히 낮고 급격히 하락하고, 공급이 무한정하고, 모든 공정에서 사용 가능한 새 투입요소를 말한다.

과거의 역사상에 나타난 장기파동에 따른 기술경제 패러다임(techno-economic paradigm)의 변화를 살펴보면, 1차 콘드라티에프 장기파동에서는 면화와 신철이, 2차 콘드라티에프 장기파동에서는 값싼 증기 수송이, 3차 콘드라티에프 장기파동에서는 강철이, 4차 콘드라티에프 장기파동에서는 석유가, 그리고 5차 콘드라티에프 장기파동에서는 극소전자(ME)가 핵심 투입요소로서 역할을 하였다는 것이다. 이러한 기술경제 패러다임의 변화는 모든 생산체계의 재편성(restructuring)을 수반하는 것으로서, 최선의 실행방식(best practice)을 변화시키고, 새로운 생산물 조합을 탄생시키며, 지역적 투자패턴과 하부구조의 패턴을 변화시킨다. 장기파동 과정에서 경기침체기는 기술경제의 하부틀과 사회제도가 맞지 않을 때(mismatch) 발생하고, 이는 새로운 조화(good-match), 즉 과거의 갈등 해소(극복) 과정에 의해 새로운 상승을 낳는다.

신슘페터주의에 따르면 그동안 우리가 속해 온 5차 장기파동에서는 에너지 의존적 기술(일관 조립공정)이 아닌 정보기술(information technology), 극소 전자산업

(micro-electronics)의 발전, 디자인, 판매 등의 시스템화 및 유연성화, 통신발달로 인한 외부성 혜택, 다능공화 등에 의존하여 경제가 발전해 온 것으로 설명된다.

5. 기술체제

신슘페터학파 기술경제학에서 핵심 개념 중의 하나는 산업별로 기술의 특성이 다르고 이에 따라 기술혁신의 내용과 패턴이 달라진다는 기술체제(technological regime)란 개념이다. 이는 산업별 혁신체제의 하부 개념이라고 볼 수 있다. 이 개념의 기원은 진화경제학을 새롭게 부활시킨 Nelson and Winter(1982)로 거슬러 올라간다. Nelson and Winter(1982)와 Winter(1984)는 기회와 전유 가능성 조건 측면에서의 산업별로 달리 나타나는 기술체제의 특성이 해당 산업의 기술혁신의 내용 및 시장구조 등을 상당 정도 결정짓는다고 보았다. 여기서 혁신의 내용과 시장구조는 구체적으로는 그 분야의 혁신 집약도, 산업 집중도, 신규진입의 진입 정도 등을 말한다(Malerba and Orsenigo, 1995). 비슷한 입장에서 Cohen and Levin(1989)의 연구도 산업별로 다른 기술체제, 특히 기술적 기회의 크기와 혁신자에 의한 혁신결과의 전유 가능성의 차이가 산업별로 다른 시장구조와 혁신패턴이 나타나게 하는 요인임을 입증하였다.

기술체제에 대하여 좀더 구체적으로 살펴보자. 기술체제는 기존의 기술혁신 연구문헌에서 다루었던 기술적 기회나 전유 가능성 등의 기술환경적 요인을 우선 포함한다. 그리고 이에 추가하여 혁신의 누적성, 지식기반의 특성(지식의 이전 수단 포함) 등의 요인도 포함된다.

첫째, 기회조건이란 특정한 자금을 투하했을 때 기술혁신에 성공할 가능성을 나타낸다. 여기에는 네 가지의 차원이 포함된다. 첫째는 수준이다. 이는 높거나 낮다고 표현할 수 있는데, 일정한 자금을 투입했을 때 기술혁신이 성공할 확률이 보다 많은 경우 기회조건이 높다고 할 수 있다. 둘째는 다양성이다. 높은 수준의 기술기회는 잠재적으로 풍부한 기술적 해결방법, 접근 및 활동과 관련되어 있을 수 있다. 셋째는 영향도(pervasiveness)이다. 높은 영향도는 새로운 기술의 출현으로 생성된 지식이 여러 개의 제품과 시장에 응용될 수 있는 것을 의미한다. 넷째는 원천이다. 기술혁신의 기회의 원천은 과학, 외부 장비의 혁신, 내부의 학습 등을 말한다.

둘째, 전유 가능성이란 기술혁신 결과를 모방으로부터 보호하고 혁신활동으로부터 이익을 얻을 가능성을 말한다. 전유조건은 두 가지 차원을 포함한다. 첫째는 수준이다. 높은 수준은 성공적으로 제품을 모방으로부터 막을 수 있을 가능성이 높음을 의미한다. 둘째는 전유의 수단이다. 전유수단은 혁신을 보호하는 방법(특허 및 비밀), 지속적 혁신, 보완적 자산의 통제 등이 있다.

셋째, 누적성은 기존 기업이 특정 기간(t)에 기술혁신에 성공했을 경우 그 다음 기($t+1$)에 성공할 확률을 의미한다. 이 누적성은 기술수준, 기업수준, 산업수준, 지역적 수준의 네 가지 측면에서 파악될 수 있다.

넷째, 지식기반은 지식의 본질과 지식이전의 수단 두 가지 측면에서 파악된다. 지식의 본질은 다음과 같은 측면에서의 특성을 말한다.

① 지식이 일반적이냐 특수적이냐를 파악한다. 지식이 특수적이라는 것은 잘 정의된 응용분야에 특수하게 필요한 지식을 의미한다. 일반적이라는 것은 다른 분야에도 두루 적용할 수 있는 지식을 말한다.

② 암묵성의 측면이다. 암묵성은 말이나 명시적인 언어로 표현되지 못한 지식이고 명시적인 지식은 말과 문서 등으로 표현될 수 있는 지식을 말한다.

③ 복잡성의 정도이다. 복잡성의 정도는 혁신과정에서 서로 다른 과학 및 엔지니어링 분야를 통합하는 정도와 혁신과정에서 다양한 역량(연구, 장비제조, 생산 엔지니어링 마켓팅 등)이 활용되는 정도를 의미한다.

④ 상호 의존성이다. 이는 혁신과정에 필요한 지식이 단위 지식으로 쉽게 파악되고 큰 시스템으로부터 분리할 수 있는 것이냐의 여부에 관한 것이다. 지식이전의 수단에 관해서는 면대면 접촉, 기술 라이선싱 등 제반의 기술을 이전하는 데 있어서의 경로를 의미한다.

이러한 기술체제의 특성에 대한 개념을 바탕으로 다양한 산업의 진화와 시장구조의 패턴을 설명할 수 있다. Malerba and Orsenigo(1990)는 높은 기술기회, 낮은 전유 가능성, 낮은 누적성 조건을 갖춘 산업인 경우 상대적으로 신규기업의 진입이 활발하고 기업 간의 위계가 불안정한 특징을 갖는다고 본다(이를 Schumpeter mark I 산업이라고 한다). 반면에 낮은 기술기회, 높은 전유 가능성, 높은 누적성을 특징으로 한 산업의 경우 기업의 위계질서가 안정적이고 몇 개의 성공적인 기업에 기술혁신활동이 집중되어 있고 혁신적인 기업의 수가 적은 특징을 갖는다 (Shumpeter mark II 산업이라 한다). Malerba and Orsenigo(1995, 1990)의 연구는 특정기술의 기술혁신 패턴이 유럽, 일본, 미국에 걸쳐 유의한 수준의 유사성이 있음을 보인 바 있다.

제 2 부
국가차원의
분석

제 4 장

국가의 추격, 추월, 추락[1]

1. 왜 국가의 흥망성쇠인가

　　Kindleberger(1996)가 주요 경제 강대국들을 대상으로 추격(catch-up)과 추월 (leapfrogging) 개념을 적용하고 Amsden(2001)에서 본격적으로 비서구 후발국 의 경제성장 문제를 다룬 이래, 후발국의 경제성장의 결정요인은 중요한 연구거 리가 되었다. 이상적 경제이론에서 보면, 나라 간의 경제적 격차는 오래 갈 수 없 고 좁혀져야 한다. 즉, 무역과 투자가 점점 더 자유화되고 나라 간의 재화와 서비 스의 이전이 점점 쉬워지는 경향에 따라 모든 나라들이 점점 더 비슷해져야 하는 것이다. 이러한 세계적 균등화 현상이 일견 일어나는 듯하지만, 선진국과 후진국 의 격차는 여전한 것이 현실이다. 이렇게 무엇이 각 국가의 경제적 흥망성쇠를 결 정짓는가는 경제학에서 가장 중요하고 흥미 있는 문제이고 주제라고 할 수 있고, 이것이 바로 국가 간의 추격, 추월 및 추락(catch-up, forgging ahead, and falling behind)의 문제의식이다.

　　국가의 흥망성쇠는 '대국굴기'라는 중국에서 제작한 TV물에서 보듯이 매우 흥 미롭고 중요한 주제이다. 더구나, 2008년 글로벌 위기 상황으로 그동안 잘 나가던 미국, 영국, 아일랜드 등이 한때 급격한 침체에 빠지고, 일본은 회복하는 듯하다가 다시 동력을 잃어버려 이제 잃어버린 10년이 아니라 20년이 되었다. 반면에 중국, 인도, 인도네시아 등의 신흥 아시아 국가가 선전하고 있어 이제야말로 본격적으 로 아시아의 시대가 도래한다는 희망 섞인 관측이 힘을 얻어가고 있다. 그러나 정 작 한국은 세계 전체에서 차지하는 GDP 비중으로 본 국가 순위가 계속 하락하면 서, 상대적인 침체국면을 맞고 있고 대만도 비슷한 상황이다.

　　전통 강대국 및 일본과 한국과 대만의 상대적 침체, 그리고 이에 대비되는 중

1　이 장은 단행본 이근 외(2013)의 주요 내용을 요약한 것이다.

국, 인도 등 제2세대 신흥 아시아국의 성장은 국가의 장기적인 경제적 흥망성쇠에 대한 새로운 연구의 필요성을 시사한다. Kennedy(1987), Kindleberger(1996), 대국굴기 등이 기존 선진국을 중심으로 이 주제를 개척하였지만, Amsden(2001)을 제외하면, 후발국가들을 중심으로 한 연구는 드물다. 이렇게 볼 때 전후에 새로 등장한 아시아 국가를 중심으로 놓고, 이들의 발전경험과 전망을 비아시아 신흥국 및 기존 선진국의 경험과 비교하면서, 후발국 중심의 국가의 흥망성쇠에 대한 연구에 대한 필요성이 담보된다.

즉, 두 가지 큰 연구주제가 부각된다. 하나는 국가의 흥망성쇠라는 일반적 연구주제하에서 각국이 어떤 이유로 인해서 흥하고 망하는가 하는 보다 일반적 문제의식이다. 이는 달리 표현하면 국가들의 추격, 추월, 추락이라고 하는 세 가지 다른 경로 내지 운명에 대한 분석이라고 할 수 있다. 둘째는 아시아적 모델에 관한 것이다. 세계 전체로 볼 때, 선진국에 근접하거나 진입하는 경제적 성과를 이룬 비서구국은 아시아가 유일하다. 그 제1세대 아시아 국가들은 일본을 필두로 한 한국, 대만 등이다. 이들은 모두 국가 및 수출주도의 외향적 성장모델을 추구하였으나, '일본병'의 발생 이래 상대적 침체기에 들어간 듯한 반면, 이제 제2세대 아시아 국가들이 중국 · 인도를 중심으로 등장하고 있다. 그래서 본장은 서구와 대비되는 후발자로서 제1세대 아시아적 발전모델의 성과와 한계를 분석하고, 나아가 제2세대 아시아적 모델의 새로운 경로탐색에 대해 분석하다. 이런 작업에서 Lee and Mathews(2010)에서 워싱턴 컨센서스에 대한 대안으로서 제시한 BeST(Beijing—Seoul—Tokyo) 컨센서스는 두 세대를 아우르는 아시아 각국의 성장경험과 남미 및 기타 비아시아 지역의 발전경험을 비교 · 분석하는 데 하나의 출발점이 된다.

그동안 일본을 위시한 한국, 대만의 동아시아적 발전모델에 대한 연구는 많이 있었으나, 이런 제1세대 발전모델의 성과가 소진되어 가고 있는 현시점에서 이를 재평가하는 연구가 필요하다. 또한 제1세대 발전 모델과는 일정의 차별성을 보이고 있는 중국, 인도 등 제2세대 아시아 모델을 제1세대와의 연속성과 차별성면에서 평가해야 할 필요성이 있다. 마지막으로, 이런 아시아 국가들의 경제적 흥망성쇠를 비아시아 및 선진국 모델과 비교하여, 그 세계사적 함의를 평가하여 주는 것도 중요하다. 이를 통해 최종적으로는 새로운 세계 정치 · 경제환경에 맞는 새로운 성장경로의 모색에도 기여할 수 있다.

즉 본장은 기본적으로 전체를 아우르는 공통적 · 이론적 틀을 확립한 후 이를 여러 나라들에 적용하는 비교 · 분석접근을 취한다. 이론적 시각으로는 장기적 경제성장에서 기술변화의 요인을 중시하는 신슘페터학파의 접근을 취하되, 이를 후발국에 적용한 후발국 추격이론의 시각을(이근, 2007; Lee and Mathews, 2010), 국가차원에 적용하여 보다 진일보한 이론적 틀을 제시하여 이를 각국의 분석에 이용한다.

2. 국가의 추격, 추월, 추락의 일반적 분석틀: 기회의 창과 경로창출

국가의 흥망성쇠에 대한 유명한 연구는 Kennedy(1987)이다. 그러나 이 연구는 기존 서구 강대국 중심이고, 경제적인 측면보다는 정치 · 군사적인 측면에 집중하고 있고, 경제적 변수는 정치 · 군사적 성과에 대한 기초변수로 역할하는 차원에서 취급되고 있어 경제적 성과 자체가 초점이 아니다. 경제측면을 중심으로 각국의 흥망을 다룬 대표적 연구는 Kindleberger(1996)이다. 이 연구는 일본의 급속한 미국 추격을 배경과 동기로 시작한 연구라서, 경제가 초점이고, 또한 추격(catch-up)과 추월 (leapfrogging)이라는 개념과 국가의 생명주기(life cycle)라고 하는 본서에서도 사용하고 있는 개념들을 채택하고 있다. 본 연구는 이런 개념들을 사용하되, 이를 킨들버거 책에서 다루고 있지 않은 아시아 및 기타 비서구권 국가들에게 적용한다.

비서구의 발흥을 체계적으로 다룬 경제사적 연구는 Amsden(2001)이다. 이 연구는 비서구 후발주자들의 경제적 어려움의 본질을 꿰뚫고 있는 중요 연구이다. 그러나 이 연구의 구성은 주제별로 여러 비서구 국가를 통틀어서 그때그때 활용하는 접근을 취하고 있어, 본 연구가 취하고 있는 개별 국가들의 성장모델 분석과는 다르다. 이런 점에서는 Reinert(2007)나 Rodrik(2007)도 마찬가지이다. 더구나 후자의 두 연구는 그나마 성공을 거둔 아시아 모델에 대한 차별적 관심이 약하다.

이외에도 2차 대전 이후 신흥공업국이 이루어 낸 급속한 경제성장 메커니즘에 관한 연구들은 많다. 이근(2007)에서 논의되었듯이, 상당수 이전 연구들에서 주요 쟁점은 추격과정에서의 정부와 시장의 역할에 관한 것이었지만(Amsden, 1989;

Chang, 1994; World Bank, 1993), 기술발전을 중심으로 하는 연구도 많이 나왔다 (OECD, 1992; Hobday, 1995; Kim, 1997; Dahlman, Westphal, and Kim, 1985). 대부분의 기술지향적 관점들은 이른바 제품수명주기론에서 말하는 것과 같이 개도국들이 어떻게 선진국들의 노후된 기술들을 흡수하여 기술능력의 향상을 달성했는지에 초점을 맞추어 왔다(Vernon, 1966; Utterback and Abernathy, 1975; Kim, 1980; Lee, Bae et. al., 1988). 그런데 이러한 관점에서는 추격은 정해져 있는 트랙을 따라가는 경주에서의 상대적 속도 문제로 간주되어 왔다(Perez, 1988).

하지만 보다 최근의 견해는 추격과정에서는 후발자(latecomer)가 단순히 선진국의 기술발전 경로를 답습하는 것만은 아니라는 것이 지적되고 있다. 후발자들은 종종 몇 단계를 건너뛰기도 하고 선발자들과는 다른 독자적인 경로를 만들어내기도 한다. 예를 들어, Perez(1988)는 새롭게 등장하는 기술경제 패러다임 시기에서는 모든 나라들이 초심자이고, 이는 동시에 NIEs와 같은 후발자들에게는 비약(leapfrogging)의 가능성을 의미한다고 하였다. 비약의 아이디어는 후발국들이 낡거나 성숙된 기술들을 뛰어넘고, 이전 기술시스템에 대한 대규모 투자를 절약하면서 대신 신기술 패러다임의 투자에 더 빨리 집중함으로써, 선진국들을 추격 내지 추월할 수 있다는 것이다(Hobday, 1995). 세계화와 정보기술의 발달이 진행되면서 비약의 논리는 더 설득력을 얻었다.

본 연구에서는 기존의 문헌들이 중시한 세 요소인 제도, 정책, 지리적 위치의 세 변수와 슘페터가 강조한 변수인 기술혁신을 도입하되, 이러한 장기성장의 결정요인뿐만 아니라, 후발자의 입장에서 볼 때 추격과 역전의 기회가 어디서로부터 열리는가 하는 개념인 기회의 창을 중시한다. 관련하여 Perez and Soete(1988)는 신슘페터주의의 관점에서 새로운 기술경제 패러다임의 출현이 후발자에게 '기회의 창(windows of opportunity)'이 될 수 있음을 역설한 바 있다. 그 외에, 경기 사이클이나 시장수요의 변화(Mathews, 2005) 및 정부의 개입이나 규제의 변화(Guennif and Ramani, 2012)도 후발자의 새로운 기회를 열어줄 수 있다는 문헌이 존재한다. 이런 저런 이유로 기회의 창이 열리면, 후발자는 이를 이용하여 선발자와는 다른 새로운 경로(path-creating)를 개척하여 성공하는 가능성이 있음이 논의된 바 있다(Lee and Lim, 2001). 평상시나 호황기에 후발자가 선발자를 따라잡거나 넘어서는 것은 어렵다. 선발자가 기술, 마케팅, 산업정보 등 대부분의 면에서 후발자보다 우위에 있기 때문이다. 그러나 '기회의 창'이 열리면 후발자는 이를 잘 이용하여 선발자와 보다 효과적으로 경쟁을 할 수 있다.

요컨대, 국가의 흥망은 새로운 기술경제 패러다임의 출현, 급격하고 거대한 시장수요 및 지리적 변화, 국가의 일관적·체계적 정책 개입이라는 세 가지 요소에 의해 새로운 기회의 창이 열리고, 이런 변화의 시기와 기회를 잘 이용한 국가들이 장기적으로 흥하는 길로 들어서고 이런 기회를 놓치거나 선점당하면 장기적 쇠퇴의 길로 들어선다는 것이다. 이상의 설명을 실제로 국가차원에 적용해 볼 수 있다.

우선, 대국굴기에서 상영된, 포르투갈과 스페인의 신대륙 발견 이후 전개된 세계 강국의 경제사를 보면, 이런 시각에서 해석할 수 있다. 우선, 스페인과 포르투갈의 발흥은 인도/아시아로 가는, 육로가 아닌 새로운 해상 경로를 발견한 것에 기인한 것이다. 영국은 무역이 아닌 제조업에 기반한 경제성장이라는 새로운 경로를 발견한 것이다.

전후 동아시아 국가의 성장은 소품종 대량생산이라는 포드주의 생산방식에 아시아의 저임금과 수출주도라는 새로운 추격형 성장방식을 창출함으로써 가능하였던 것으로 볼 수 있다. 여기서, 대기업 주도의 한국과 중소기업 주도의 대만이 갈린다면 중국은 국유대기업과 중소기업 모델이 혼합된 대국형 성장모델이다. 한편 인도는 제조업이 발달한 후 서비스업이 발달하는 기존의 경로를 답습하지 않고, 제조업이라는 단계를 생략하고 바로 서비스업으로 이행한 단계생략형 추격이라고 볼 수 있다.

즉, 한 국가의 장기적 발흥은 기존의 강국과 다른 새로운 경로의 창출(path creating)과 종종 연결되어 있음이 발견된다. 이런 점에서 쇠퇴는 꼭 절대적 쇠퇴만을 의미하지는 않으며 새로운 승자의 등장에 따른 점진적인 상대적 쇠퇴도 관찰된다. 이런 시각에서 본 연구는 기존 강자의 쇠퇴는 그 자신의 실패나 과오보다는 새로운 후발자가 새로운 기회의 창을 잡아 등장한다는 측면에서 상대적인 것이며, 굳이 이유를 구분하자면 외부충격에 의해서라기보다는 내부의 요인(혁신의 감퇴, 새로운 기회에 대한 더딘 반응, 기존 패러다임에 안주 등)에 의한 측면이 강하다는 입장을 견지한다. 가령 1990년대와 2000년대의 일본의 상황은 이런 점에 부합한다.

3. 이 분석틀에서 본 선진 5개국의 흥망성쇠

1) 15-16세기의 포르투갈과 스페인: 신항로 개척

포르투갈과 스페인의 신항로 개척은 단순한 호기심이 아니라 생필품인 향신료(후추)의 부족이라는 문제의 혁신적 해결을 위한 것이었다. 그 당시 오스만 제국의 급성장 속에서 육로를 통한 향신료 무역은 아라비아 상인이 독점하였다. 따라서 두 국가는 육로가 아니 바닷길을 통해 향신료를 얻을 수 있는 방법을 모색하였다는 점에선 이것은 경로창출형 추격(비약 2)으로 볼 수 있다.

두 국가의 신항로 개척은 민관합작으로 이루어졌다. 민간(일반 상인, 탐험가)과 자금을 제공한 정부(왕)의 공동 노력을 통해 위험을 분산하였던 것이다. 신항로 개척과 같이 대규모 자원과 큰 위험이 있는 사업은 정부의 주도 또는 개입이 필요함을 시사한다. 새로운 지식과 기술(지리학과 장거리 항해술)의 등장도 두 국가의 신항로 개척에 기여하였다. 핵심 기술은 바로 항해술과 대형 선박 건조술이었다. 이는 새로운 요소 투입이었으며 새로운 시대(해양시대)를 여는 데 기여하였다.

포르투갈과 스페인은 신항로 개척 경쟁 속에 토르데실랴스에서 새로 발견하는 대륙의 소유권에 대해 협정을 체결하였다(Treaty of Tordesillas, 1494. 6. 7). 이 조약에 따라 포르투갈은 동쪽(아프리카, 아시아 무역)을 소유하고, 스페인은 서쪽(아메리카(브라질 제외)와 금광업)을 소유하기로 하였다.

이러한 신항로 개척은 단순히 발명 또는 지리적 발견이 아니라 상업적인 성공, 즉 수익을 창출했던 혁신이었다. 포르투갈은 후추 무역을 장악하여 해상무역의 최강국으로 올라섰으며, 스페인은 아메리카 대륙에서 대규모 금/은을 생산하였다. 그 결과 스페인은 16세기 말 세계 금/은 생산량 중 83%를 차지하였다.

그러나 이 두 국가는 새로운 패러다임의 도래와 함께 몰락하였다. 신항로 개척을 통해 획득한 부를 새로운 부의 근원을 찾기 위한 재투자에 현명하게 활용하지 못하고 소비에 탐닉하였다. 결국 새로운 패러다임(제조업)이 기존의 패러다임(식민지 무역, 광업)을 대체하는 과정에서 두 나라는 새로운 패러다임으로 올라타지 못하였다. 선발강국의 기존 패러다임에 대한 집착은 제국주의의 속성과 오래된 식민주의와 관련이 있다. 이 두 사상은 새로운 영토를 단지 착취의 대상으로만 본다. 따라서 새로운 영토를 지속 가능한 수익창출의 대상으로 전환시키지 못한 것이다.

2) 17세기의 네덜란드: 해상무역 강국 모델

장기 경제성장의 세 가지 요인(지리적 특성, 제도, 정책) 중에서 네덜란드에는 지리적 특성이 발전 초기에 이점으로 작용하였다. 유럽 주요 수로의 두 갈래가 네덜란드에서 바다와 이어졌다. 따라서 네덜란드는 유럽 대륙에 대한 진입항구의 역할을 하며 스페인과 포르투갈의 상품을 재판매하는 중개무역을 할 수 있었다.

이러한 지리적 이점의 활용을 가능케 한 것은 네덜란드의 조선기술 혁신에 기인한다. 네덜란드는 가볍고 저렴한 배를 만드는 기술에서 독보적이었다. 한편, 네덜란드의 상선이 가벼울 수 있었던 것은 기존의 상선과 달리 무기(대포)를 장착하지 않았기 때문이다. 이것은 항해시 무력 위험(해적의 습격)으로부터의 리스크를 감수하는 것이었다.

네덜란드의 지리적 이점이 극대화된 것은 제도혁신의 성과와 관련되기도 한다. 제도를 장기 성장의 요소로 볼 때, 여기서 좋은 제도라고 하는 것은 무엇보다도 시민들의 사유재산이 권력층(그 당시 왕, 귀족)에게 여러 형태로 침탈, 착취당하는 것을 막는 법적·정치적 장치를 의미한다. 이는 결국, 정치적 민주주의가 가지는 경제적 함의가 될 수 있는데, 네덜란드는 유럽의 다른 어떤 나라보다 제일 먼저 왕권체제를 대신하여 민주적인 공화국체제로 전환하였다. 즉, 민주주의라는 제도의 선구자인 셈이다. 이는 국민들의 경제활동을 보호하는 새로운 정치시스템을 발명한 셈으로서 그 당시로서는 매우 큰 혁신에 해당한다.

네덜란드의 혁신은 경제제도에서도 이루어졌다. 주식회사라는 새로운 제도를 도입하여, 대규모 자본을 모을 수 있었으며, 회사의 소유와 경영의 분리, 위험분산이 가능해졌다. 대표적인 예가 바로 동인도 회사이다. 또한, 1609년 세계 최초로 주식거래소를 설립하여 새로운 자금유통체제를 탄생시켰다. 주식거래소를 통하여 투자자는 위험을 분산하고 원하면 언제든지 주식을 현금화할 수 있었다. 원활한 자금흐름을 위해 은행도 설립되었었다. 1609년에 설립된 암스테르담은행은 영국은행보다 100년은 빠른 것이다. 이 은행은 저축과 대출뿐만이 아니라 현재의

'신용대출'에 해당하는 기능도 수행하였다. 즉, 은행, 증권거래소, 유한책임공사 간에 상호연계가 가능한 하나의 금융체제가 탄생한 것이다. 이는 폭발적인 자금증가를 야기하여 네덜란드는 17세기 중엽 세계의 상거래의 패권을 장악하였다. 예로, 동인도 회사의 무역거래 총액은 전 세계의 절반을 차지하였다.

즉, 많은 사학자들이 주장하듯이, 사실상 자본주의를 구성하는 핵심적 경제제도는 대부분 네덜란드가 창시한 셈이다. 특히, 신용(trust)이라는 사회제도가 네덜란드에 뿌리내림으로써 자본주의의 주요한 기반이 형성되었다. 네덜란드가 보여준 제도 혁신은 그 당시 매우 새로운 것이었으며 스페인과 포르투갈에서는 이루어지지 않았던 것이다. 이와 같이 제도는 상당기간 이 나라에서 경제발전을 지속 가능하게 하는 역할을 하였다.

3) 18세기의 영국: 제조업 대국이라는 새 모델

영국에 앞선 스페인, 포르투갈, 네덜란드가 원거리 무역에 기반한 성장을 달성하였다면, 영국에 의한 이들 선발 3국 추격은 무역이 아닌 새로운 부의 창출방식, 즉 제조업의 발견에 의해 이루어졌다. 즉, 경제성장에서 새로운 경로를 창출한 것이다. 영국은 신기술을 동반한 산업혁명을 통해 생산성 증가를 이루었다. 그 과정을 자세히 살펴보자.

영국에서는 기술, 과학지식, 사고방식에서의 변화가 발생하였다. 먼저 특허법이 제정되었다. 특허제도는 16세기에 처음 시작되어 18세기 중반부터 보편화되고 중요성을 인정받았다. 발명자에게 약 15년 정도의 보호기간 부여로 새로운 기술 발명을 장려하였는데, 이는 기술진보에 있어서 중요한 초석이 되었다.

한편, 현대과학을 통해 획득한 과학지식은 가능한 것과 불가능한 것을 구별해주었다. 예를 들어, 영구적으로 작동하는 엔진기관은 불가능한 것임을 증명하여, 불필요한 시행착오를 줄여주는 것도 현대과학의 중요한 공헌 중의 하나이다. 이러한 관점에서 제임스 와트가 발명한, 에너지 효율적 증기기관은 현대과학이 이루어 낸 기술적 진보의 대표적인 예이다.

이러한 과학과 기술의 진보에 조응하여 새로운 경제시스템(제도)도 등장하였다. 산업혁명 이후에 보이지 않는 손이라는 개념, 즉 자유시장경제라는 개념이 일반화되었다. 이는 중세시대의 구식 통제지향적 경제시스템을 대체하는 개념이었고,

자유 경쟁을 특징으로 하는 새로운 경제시스템의 근간이 되었다. 자유무역과 자유주의 경제사상이 서양에 뿌리를 내림으로써, 자본주의라는 새 경제제도가 뿌리를 내린 것이다. 또한 마그나 카르타(1215년)와 명예혁명(1688년) 등을 거치며 입헌군주제가 정착되었다. 입헌군주제라는 정치제도는 영국 경제에 발전의 지속성과 안정성을 가져다 주었다.

4) 19세기 독일: 지식의 대중화를 통한 후발 추격 모델

유럽의 후발자로서의 독일의 추격 성장은, 자유시장주의의 영국과 달리, '큰 정부'를 추구하는 국가주의 성격을 가지고 시작되었다(Gerschenkron, 1962). 다른 유럽국에 뒤질 수 없다는 추격 멘탈리티는 분열된 독일을 통일시켰으며, 이는 곧 뒤처진 자국산업을 보호하는 정책으로 이어졌다. 대내적으로, 1834년의 관세동맹을 통해 시장이 통일되었으며 이것은 훗날 독일 통일(1871년)의 발판이 되었다.

또한 후발자 독일의 혁신은 교육제도를 대중화한 것이다. 이는 선발자 영국이 소수의 엘리트 중심의 고등교육을 유지한 것과 크게 다른 것으로 바로 이를 통해 선발국과의 지식격차를 급격히 줄여나가고자 하였던 것이다. 독일(당시 프로이센)은 교육과 과학에 대한 투자를 매우 중시하여, 전 국민을 대상으로 한 보통교육제도를 확산시킨 것은 큰 제도적 혁신이다. 프로이센 국민들은 교육을 받는 것을 병역의무처럼 꼭 지켜야 할 의무로 생각했으며, 국가에서도 반드시 국민들에게 교육을 제공해야 했다. 무료교육은 19세기 중엽부터 시작되었으며 독일 통일 직전 적령기 아동의 입학률은 97.5%에 달하였다. 이것은 그 당시 유럽의 어떤 나라와도 대비되는 특징이다. 그 결과, 독일의 교육제도는 독일(중화학) 산업, 과학, 제약, 운송에서의 괄목할 만한 성장의 초석이 되었다. 심지어 군·산복합체와 같이 군사적인 측면에도 기여하였다.

4. 후발국을 중심으로 한 분석틀: 외환확보와 내재적 혁신능력

바로 위에서 논의한 이론적 틀은 선진국이나 후발국 모두에게 공통되는 장기 성장의 보다 일반적 결정요인을 중심으로 한 이론적 틀이다. 즉, 장기성장에 영향을 미치는 요소 중 선발국이나 후발국이나 모두에게 영향을 미치는 변수들은 대표적으로 제도, 정책, 지리적 위치가 있다. 반면에, 후발국에 좀더 특수한 요소들도 있다. 특히 위의 세 요소 중 후발국의 경우, 후발성이라는 불리함을 극복할 수 있는 정책, 즉 의도적 개입의 가능성이 선진국의 경우보다 더 중요하다고 볼 수 있다. 가령, 1980년대 이후 중국이 갑작스럽게 등장한 것은, 제도나 지리적 위치 같은 변수로는 설명이 어렵고, 과감한 정책의 변환, 즉 개방과 수출주도 공업화를 축으로 하는 아시아적 발전모델과 유사한 요소를 도입한 것이 촉발하였다고 보는 것으로밖에 설명이 안 된다.

즉, 로드릭 교수의 최근 비판에서도 볼 수 있듯이 후발국의 상황에서 민주주의나 사적재산권만 채택하면 금방 경제성장이 촉발될 수 있다고 보기는 어렵다. 그래서 로드릭은 기본적으로 워싱턴 컨센서스나 포스트 워싱턴 컨센서스와 같이 필요한 여러 가지 성장정책을 죽 나열하는 쇼핑(shopping) 리스트적 접근을 지양하고, 성장을 저해하는 가장 중요한 제약요인(binding constraint)이 무엇인지를 각 나라별로 찾아서 이를 해결하는 방식으로 경제성장정책에 접근해야 한다고 주장하였다.

로드릭 교수는 포스트 워싱턴 컨센서스에 대한 비판에서 쇼핑 리스트보다는 가장 중요한 제약요인을 찾아야 한다고 하였지만 그는 그 제약요인이 무엇인지에 대해서는 그것이 각 나라마다 다르기 때문에 일반적으로 말하기 어렵다고 하며 문제 핵심을 회피하였다. 그러나 본 저자가 보기에 후발국 경제성장을 막는 가장 중요한 제약요인은 후발국 스스로 경쟁력 있는 제품을 국내외 시장에 낼 수 있고 지속적으로 개발하고 생산할 수 있는 능력, 좁게 말하면 혁신능력이며 새로운 발전론은 이런 혁신능력을 어떻게 형성할 것인가에 대해서 초점을 맞추어야 한다고 생각한다.

실제로 Lee and Kim(2009) 논문에서는 회귀분석을 통해서 국가가 중등소득 단계에서 고소득 단계로 이행하기 위해서는 기술혁신 능력과 고등교육이 중요한 변수임을 증명하였다. 장기성장에서 기술혁신이 중요하다는 것은 어쩌면 당연한 생각이지만 장기적 경제성장 결정요인에 대한 기존의 많은 실증분석 문헌에서는 이상하게도 기술혁신 변수를 검토하고 있지 않다. 이는 기술혁신을 외생적으로 취급해 온 신고전파경제학의 편향성에 기인한 것으로 보인다. 한편 기존의 경제성장론 문헌에서도 교육이나 개방정책, 제도 등을 다루어 왔지만 이들은 각 나라 간 발전단계의 차이에도 불구하고 어떤 단일한 변수가 모든 나라에게 중요한 성장변수로 작용한다는 논리에 집착하여 왔다. 그러나 경제성장 단계별로 각기 다른 변수가 성장의 결정요인이라는 논리가 가능하며, Lee & Kim(2009) 논문은 기존 문헌에서 강조해 온 제도와 초 · 중등 교육은 저소득 국가에서 중등소득 국가로 이행하는 단계에서만 유의하고, 중등소득에서 고소득, 즉 선진국으로 가기 위해서는 고등교육에 대한 투자, 연구개발과 기술혁신에 대한 투자가 필요함을 입증한 바 있다.

이는 매우 중요한 연구결과로서 실제로 많은 개발도상국들이 3,000달러 내외의 소득수준에 도달한 이후에 선진국으로 도약하지 못하는 상황이 많은데, 이런 경우에서의 제약요건이 바로 고등교육과 혁신능력임을 위 논문은 논증하고 있다. **표 4-1**에서 보면, 1960년 한국의 1인당 소득은 150달러로 필리핀(257달러), 말레이시아(300달러), 칠레(554달러), 브라질(208달러), 남아공(422달러) 등 대부분 나라들의 소득보다 낮았고 나이지리아(105달러)와 비슷한 수준이었다. 그러나 1980년 초, 한국은 칠레나 아르헨티나와 같은 중간 소득층 국가들과 비슷해졌거나 따라잡았고 심지어 필리핀과 같은 전에 부유했던 나라들을 추월하였다. 이러한 추세는 당해 가격으로 계산한 1인당 GDP로 보든 불변 가격으로 계산한 1인당 GDP로 보든 마찬가지다. 그리고 또 20년이 지난 2000년, 한국의 1인당 GDP는 거의 3배로 늘어나 10,000달러를 넘어섰다. 이에 반해 비슷한 수준이던 브라질이나 아르헨티나 같은 라틴 아메리카 나라들은 소득수준에 별 진전이 없어 2000년 불변 가격으로 계산한 1인당 GDP가 3,000달러에서 4,000달러 사이를 맴돌았다. 예를 들면, 2000년 미국달러 기준으로 계산한 1980년 브라질의 1인당 GDP는 3,255달러였는데, 2000년에도 역시 비슷한 수준인 3,538달러에 머물러 있었다. 이런 국가들은 중진국 함정에 **빠졌다**고 볼 수 있다.

실제 대부분의 남미 국가들은 1980년과 2000년 사이에 실질소득이 정체되어

▌표 4-1▐ 주요 국가들의 성장지표: 1인당 GDP(국민소득)

	1인당 GDP (경상가격 US$)			1인당 GDP (2000년 불변가격 US$)			1인당 GDP(2000년 구매력 평가 PPP $)	
	1960	1980	2000	1960	1980	2000	1980	2000
한국	155.7	1,673.8	10,890.2	1,110.5	3,223.1	10,890.2	4,556.9	15,201.7
대만	144.8	2,326.2	13,819.1	1,212.3	4,672.1	13,817.0	7,295.5	21,575.2
아시아								
필리핀	257.3	676.6	990.7	612.0	990.4	990.7	4,160.5	3,984.5
태국				332.1	797.9	2,020.9	2,488.3	6,350.3
말레이시아	299.9	1,811.9	3,881.4	784.5	1,848.3	3,881.4	4,046.6	8,952.3
중국	92.0	191.8	855.9	97.9	173.1	855.9	762.3	3,821.1
인도	83.1	264.5	450.2	175.4	222.0	450.2	1,178.7	2,415.5
라틴 아메리카								
브라질	208.5	1,932.5	3,537.5	1,331.9	3,254.8	3,537.5	6,799.0	7,366.2
아르헨티나		2,739.4	7,927.6	5,254.3	7,550.6	7,927.6	11,461.8	12,252.7
칠레	553.6	2,473.5	4,964.4	1,841.9	2,494.2	4,964.4	4,620.8	9,197.0
멕시코	353.4	2,876.4	5,934.0	2,557.4	5,121.2	5,934.0	7,758.4	8,919.5
아프리카								
가나				281.0	239.0	254.0	1,799.9	1,962.6
나이지리아	102.8	902.4	331.6	291.1	409.2	331.6	1,021.1	878.2
남아공	422.0	2,920.8	2,909.6	2,104.8	3,435.6	2,909.6	11,330.5	9,433.7

자료: Lee and Kim(2009)의 표 1A을 번역 전재함.

전혀 소득증가가 없음을 알 수 있다. 남미 국가들은 60년대에는 실질소득이 한국보다 대부분 두세 배 정도로 높았던 나라들이다. 그러나 80년대에 오면 한국과 같은 수준이 되고 2000년대가 넘어서서는 실질소득 증가가 전혀 없음에 비해 한국은 3배 이상 증가한다. 이러한 역전(reversal of fortune)은 미국학자들이 다룬 신세계와 구세계 간의 역전과 더불어 매우 중요한 부의 역전현상이다. 일련의 서구 학자들은 이런 첫 번째 역전의 원인을 서구식 제도의 전파 정도에서 찾았지만 이를 가지고는 남미와 동아시아의 역전을 설명할 수 없다. 각종 정치적 제도 발달지수면에서 남미와 동아시아는 차이가 없기 때문이다.

이런 동아시아와 남미 간 부의 역전현상을 설명하기 위해서는 바로 이 두 국가 군들이 기술혁신과 고등교육 투자에 대해서 현격한 차이를 보였음에 주목해야 한다. Lee and Kim(2009) 논문에서 제시된 것과 같이 80년대 남미와 한국, 대만 등은 한 해에 50여 개 정도의 특허를 미국에 출원하였고 R&D 대 GDP 비율도 0.5% 정도로 서로 비슷하였다. 그러나 2000년대에 들어서면서 남미 국가들은 여전히 한 해에 몇 백 개 정도의 특허를 출원한 반면, 한국과 대만은 그 수가 5,000개를 넘어선다. 또한 R&D 대 GDP 비율도 한국은 2.5%를 넘어서는 반면, 대부분의 남미 국가들은 1%를 넘지 못한다. 이는 연구개발과 고등교육 투자의 차이가 남미와 동아시아 간 부의 역전현상을 낳았음을 보여준다.

위의 논의가 추가로 시사하는 것은 개방을 무조건 반대할 것이 아니라 개방 또는 외자 도입을 통해서 어떻게 하면 그것을 토착기업의 능력형성을 위한 학습의 도구로 삼을 것인가가 중요하다는 것이다. 또한 대기업이냐 중소기업이냐라는 논란의 해결도, 후발국의 지속적인 경제성장을 위해서 필요한 혁신능력의 향상이 더 쉽고 가능한 길이 소수의 대기업 육성인지 혹은 많은 중소기업의 육성인지의 시각에서 검토되어야 한다.

이상의 논의에 기초하여, 본서에서는 후발국의 지속적 장기성장을 담보할 수 있는 조건으로 다음의 두 가지, 즉 첫째, 자본재(투자재)의 안정적 수입을 확보해 줄 수출을 통한 외환의 지속적 확보와, 둘째, 내재적 혁신능력의 확보라고 상정한다. 그 이유는 후발국의 경제성장에는 고정자본에 대한 투자가 필수불가결한데, 이는 대부분 수입해야 할 것이고 이에 외환이 필요하기 때문이다. 따라서, 외환을 지속적으로 벌어들이는 수출지향적 산업구조와 그 경쟁력이 없으면 그런 성장은 시작될 수도 없고 오래 가지도 못한다. 바로 이런 점에서, 남미가 과거에 추구한 대내지향적 수입대체 공업화 전략이 동아시아의 대외지향적 수출주도 전략에 밀린 것이다. 즉, 외환위기에 항상 취약한 구조를 갖게 되는 것이다.

한편, 내재적 혁신능력이 중요한 이유는 대부분의 후발국이 저임금에 기초한 노동집약적 수출공업화를 초기에 추구하는데, 이의 성공은 바로 그 성공의 결과 국내 임금상승, 화폐가치 상승(환율 절상화)을 낳아 스스로의 가격경쟁력을 저하시키고, 더구나 더 싼 임금과 환율을 기반으로 한 그 아래 층차의 차세대 후발국의 경쟁적 등장 등으로 상대적 가격경쟁력의 하락이 발생하므로, 경쟁력의 업그레이드와 이를 가능케 할 혁신능력이 없으면 오래 갈 수가 없다. 이런 개도국 간의 상호경합의 문제를 Spence(2011) 등에서는 영어로 'Adding-up problem'이라고 한 바 있다. 실제로 한국과 대만은 80년대 중반에 이런 '가격경쟁력 위기'를 겪었으며 이의 극복은 기업들이 그 전에는 라이선싱에 의존하다가 처음으로 스스로 사내 연구개발활동을 시작하면서 좀더 고부가가치의 제품으로의 업그레이드와 차별화를 하면서 가능하였었다. 현재 중국의 수출중심기지인 연해 지역이 바로 이런 위기를 겪으면서 자체 혁신능력을 강조하는 단계를 겪어가고 있다. 그러나 이런 위기를 잘 극복하여 업그레이드한 후발국은 극히 드물어 대부분의 중진국들이 그 전 단계에서 소득증가가 정체되는 '중진국 함정'에 빠져 있다.

위의 **표 4-1**에서 제시된 대로 남미의 1980~2000년간의 실질소득 정체는 바로 이에 대한 대표적 사례이고, 동남아시아의 일부 국가에서도 비슷한 현상이 관찰되고 있다. 아프리카의 모리셔스도 한때 아프리카의 기적이라고 불렸으나 이런 한계에 봉착하여, 성장이 줄어들면서 그 이전 시기의 기적이 퇴색되고 있다.

위에서 설명한 바와 같이 외환위기와 역량 업그레이딩 위기라는 두 가지 위기는 제1세대 동아시아 발전모델에 상존하는 위험요소이다. 사실 이런 파악은 꼭 지역적으로 동아시아에 국한된 것은 아니며, 비용우위에 기초한 수출주도 성장이라는 개도국에 처방된 가장 일반적 모델에 모두 해당된다. 다만, 동아시아 지역에서만 이 두 위기를 잘 극복한 한국과 대만같은 나라들이 나온 반면, 남미, 아시아, 아프리카 지역의 많은 개도국들이 이 위기에 봉착하여 이를 극복하지 못하고 중진국 함정에 빠져 정체하고 있는 것이다.

혁신능력과 외환확보를 후발국들이 달성해야 할 두 가지 목표조건이라고 한다면, 지역적으로 동아시아 지역에 특수했던 동아시아형 후발국 모델은 '정치적 권위주의(개발독재)와 전략적 개방(수입제한＋수출진흥)'을 그 핵심요소로 한다고 정의할 수 있다. 그런데 이 동아시아 모델이 두 가지 목표조건을 충족시키면서 성공적인 경제성장을 창출해 내더라도, 위기는 바로 그 성공 그 자체로부터 나올 수 있다. 하나는 경제성장의 성공과 소득수준 상승에 따라 개발독재의 변화, 즉 민주주의로의 요구가 증대되고, 또한 경제적 성공에 따라 국제사회로부터 이제 국내시장의 개방과 자유화를 요구받게 되는 것이다. 정치적 민주화와 경제적 개방은 근본적으로 새로운 성장 공식을 찾으라는 요구라고 볼 수 있으며 이 과정은 쉽지 않은 과정이기에 새로운 공식의 발견도 어려울 뿐더러 그 모색과정이 수반하는 각종 혼란은 성장 감속이나 위기로 연결되기도 한다.

가령, 개방화가 정책실패와 결부되면 한국, 태국, 인도네시아와 같이 외환위기로까지 폭발할 수 있고 그 정도까지는 가지 않더라도, 세계화는 새로운 긴장과 모순을 들여오게 한다. 즉, 세계화로 해외투자를 점점 많이 하게 되면 개별 기업의 이윤추구와 국민경제 차원의 이득과의 괴리가 심화되어, 기업의 성과와 내수, 일자리 등과의 연결고리가 약해지게 된다. 이런 고리의 약화 심화는 상대적 경제격차까지 심화시켜 추가로 성장순환을 약화시키는 악순환 효과가 있다.

한편, 정치적 민주화는 새로운 분배요구와 경제적 민주화와도 연결되어 있다. 전세대에서의 추격 성공은 대개 이를 주도한 세력, 부문, 집단이 있기 마련인데, 그런 선도 추격에서 낙오된 부문이 야기하는 불균등성이라는 문제가 잠복하여 있다가, 성장이 감속하면서 표면에 문제로 부상하기도 하고 추가적 성장의 제약요인이 되기도 한다. 선도부문의 기득권화도 문제가 될 수 있는데, 집권당의 과도한 장기집권의 폐해가 심각한 일본의 그런 예가 된다고 볼 수 있다.

5. 후발 8개 국가들의 흥망성쇠의 재해석

그러면 본 절에서는 국가의 흥망성쇠에 대한 일반적 분석틀(기회의 창과 경로창출)과 후발국의 특수성, 외환창출과 내재적 혁신능력을 결합하여 보는 시각에서, 주요 후발국들의 경제성장 경험을 재해석하여 보자. 일본은 일찍이 선진국이 되었지만, 일본 역시 선진 서구국가에 대해서는 후발국이고, 소위 동아시아 발전모델의 원조국가라는 점에서 여기서 같이 다룬다.

1) 일본

일본경제는 50년대 중반 이후, 70년대 말까지의 고도성장기와 90년대 이후 성장정체기, 소위 잃어버린 10년 혹은 20년으로 구분된다. 우선, 일본의 고속성장과 이에 따른 급속한 대미국 추격을 가능케 한 기회의 창은, 첫째, 1950년대부터 석유화학 및 전자기기 산업을 중심으로 포드주의적 작업방식과 대량생산기술이라는 새로운 기술경제 패러다임과, 둘째, 세계대전 후의 복구사업이라는 거대 시장의 출현, 그리고 셋째, 국가의 일관적·체계적 개입, 즉 산업정책이라는 요소로 요약할 수 있다. 즉, 이것을 잘 활용한 것이, 일본이 서구 선발국들을 추격 및 추월하는 과정이기도 한, 고도성장과 80년대까지의 지속적 성장의 문을 열어준 열쇠였던 것으로 생각된다(우경봉, 2013).

반면, 1990년대 이후 등장한 디지털 기술경제 패러다임과 이에 동반하는 기존 시장의 변화나 BRICs 등 새로운 시장 출현에 적절하게 대응하지 못한 것이 일본경제가 기나긴 정체의 길로 들어서게 된 주된 원인이 되었던 것으로 생각된다. 1985년 플라자 합의 이후 발생한 엔고에 의해 1987년부터 진행된 '헤이세이경기(平成景氣)'라고 부르는 호황기는, 일본경제가 수출주도의 동아시아 모델을 탈피하고 새로운 내수주도의 경제로의 전환 실험이었다고 볼 수 있다. 그러나 이 시도는 결국 버블형성과 그 붕괴로 이어져 일본경제를 잃어버린 10년 혹은 20년으로 귀결시켰다는 점에서, 일본은 새로운 모델로의 전환에 실패하였다고 볼 수 있다. 결국, 고이즈미 신자유주의 개혁기를 포함하여, 90년대 이후 일본경제는 동아시아 모델을 대체하는 새로운 성장모델을 모색해 온 과정이고 거기서 성공하지 못하고 있는 것이 침체를 장기화시키고 있다고 볼 수 있다.

동아시아 모델의 핵심 요소인 수출주도성은 그 성공이 극대화되면, 결국 외환공급 과잉 및 자국 화폐의 평가절상으로 이어져 국내적으로 버블, 대외적으로는 경쟁력 저하라는 모순을 낳게 되는데, 일본이 과거 성장모델에서 가장 성공적이었다는 바로 그 이유 때문에 이런 모순에 직면하고 있다고 볼 수 있다. 이런 기존의 성공과 관련된 승자의 자만심과 화폐가치 상승이라는 요인이 디지털 패러다임이라는 새 기술에 대한 투자의 지체 및 신흥시장 공략 실패 등에도 일정 영향을 미친 측면이 있다. 상대적으로 한국은 성공적 수출국가임에도 불구하고, 97년 외환위기 이후, 원화 가치의 상대적 안정의 고착화로 일본과 같은 모순에 직면하지 않고 있는 측면이 있다.

2) 한국과 대만

제2차 세계대전 이후 눈부신 경제성장과 함께 최빈국에서 선진국 반열에 오른

┃그림 4-1┃ 일본의 1인당 소득수준 대비 주요국의 소득수준의 장기 추세

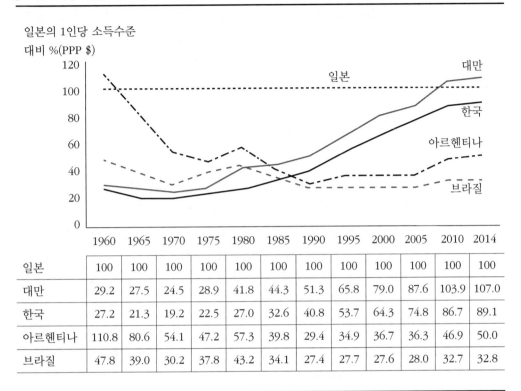

일본의 1인당 소득수준
대비 %(PPP $)

	1960	1965	1970	1975	1980	1985	1990	1995	2000	2005	2010	2014
일본	100	100	100	100	100	100	100	100	100	100	100	100
대만	29.2	27.5	24.5	28.9	41.8	44.3	51.3	65.8	79.0	87.6	103.9	107.0
한국	27.2	21.3	19.2	22.5	27.0	32.6	40.8	53.7	64.3	74.8	86.7	89.1
아르헨티나	110.8	80.6	54.1	47.2	57.3	39.8	29.4	34.9	36.7	36.3	46.9	50.0
브라질	47.8	39.0	30.2	37.8	43.2	34.1	27.4	27.7	27.6	28.0	32.7	32.8

자료: 세계은행 자료를 이용한 계산.

몇 안 되는 성공적인 국가가 동아시아의 한국과 대만이다. 구매력 기준 1인당 소득으로 평가해 볼 때 1960년대의 한국과 대만은 일본 수준의 30%에 불과하였다. 그러나 1980년대부터 그 격차를 급속히 줄이기 시작하여, 2000년대에는 일본의 90% 수준에 도달한다. 특히 대만은 2000년대 말에 일본의 소득수준을 추월하였고, 한국은 수 년째 일본의 1인당 소득의 90% 수준을 넘지 못하는 정체현상을 보이고 있다(그림 4-1).

이러한 한국과 대만의 추격형 성장에 대한 기회의 창은 첫째, 2차 대전 종전 이후, 새로이 등장한 팍스 아메리카나라는 정치 패러다임과 둘째, 전기·전자기술에 기초한 포드주의적 소품종 대량생산체제의 등장이라고 볼 수 있다. 이런 외부환경하에서 이 두 후발국은 전략과 정책의 선택 차원에서는 국가의 자원을 총동원하는 권위주의적 국가 개입과 일본을 모방한 경제정책(산업정책)을 실시함으로써

성공적 추격을 했다고 볼 수 있다. 그리고 한국 전기·전자산업의 경우, 일본을 넘어서는 결정적 기회의 창은 아날로그에서 디지털로의 패러다임 변화였다. 여기에 일본이 더디게 반응하는 사이 한국기업들은 신속히 이 신기술을 채택하면서 세계시장에서의 경쟁의 주도권을 잡아나갔고 이것이 국민경제의 향상으로 귀결되었다.

한국의 경우, 다른 개도국들과 마찬가지로 한국도 1960년대와 1970년대에 무역적자 등 대외불균형에 처해 있었다. 1970년대 중반부터 정부는 기술발전을 중요시하기 시작하였는데 1970년대에는 정부의 R&D 투입을 늘리고 성과는 민간기업에 돌렸으며, 1980년대에는 세금 인센티브를 통해 민간기업들의 R&D 투자를 촉진하는 한편, 크고 위험적인 프로젝트에서는 정부와 민간의 합작 R&D를 추진시키기도 하였다. 1980년대 초 한국의 R&D/GDP 비율은 이미 1%를 넘었고 전체 R&D에서 차지하는 민간 R&D 비중도 높아 1990년대에는 민간 R&D 비중이 무려 80%에 달하였다. 정부의 교육개혁의 영향으로 1980년대 중반에 대학생 수도 두 배로 급속히 늘어났는데, 대학진학률은 1980년의 14.7%에서 1985년에는 34.1%로 급등하여 선진국의 평균수준을 초월하였다(Lee and Kim, 2009, 표 1).

R&D 지출 강화와 대학교육에 대한 중시는 지식기반 성장의 기초를 마련하였는데, 이는 한국인이 미국에서 출원한 특허건수의 증가에서 잘 보여진다. Lee and Kim(2009)의 〈표 1〉의 D에서 보듯이 1980년대 초반 한국인의 미국 특허 출원건수는 기타 개도국들의 미국 특허 출원건수 범위(약 50건)를 초과하지 못했으나 1980년대와 1990년대를 거쳐 그 수는 급속히 증가하여 기타 중진국들의 평균 출원건수의 10배를 초과했다. 이에 반해 기타 중진국들은 제자리에 머물러 있었다. 2000년, 한국과 대만은 5,000건이 넘는 미국 특허를 출원하였으나 기타 중진국 혹은 저소득층 국가들은 한 해의 출원건수가 500건이 채 안 되었다. 이 혁신 중심의 정책의 추진으로 한국은 1980년대 말 역사적으로 처음 성공적인 무역흑자를 맛보았고 1990년대 중반부터는 안정적으로 무역흑자를 기록함으로써 장기간 지속되어 온 대외무역 불균형 또는 무역과 개혁의 스톱고(stop and go) 사이클을 극복하였다. 한국과 달리 대부분의 라틴 아메리카 나라들은 R&D 지출을 늘리지 않았으며 심지어 2000년까지도 R&D/GDP 비율이 1%를 넘는 나라는 하나도 없었다. 이에 반해 한국의 R&D/GDP 비율은 1990년대 초반에 벌써 2%를 넘어섰고 민간 R&D 지출비중이 80%에 달하였다.

강영삼(2013)의 연구는 대만의 경우, 국내저축을 바탕으로 한 높은 투자, 수출을 통한 성장동력의 확보, 외국인 직접투자의 적절한 활용, 성공적인 외환관리 등이 성공적인 경제추격에서 중요한 역할을 하였음을 밝히고 있다. 특히, 대만경제에서 수출은 그 비중이 높을 뿐만 아니라, GDP 성장에 직접적인 영향을 미치는 요인이 되어 왔다. 이는 기존 문헌에서, 수출이 후발국가로 하여금 기술습득 능력을 제고시키고, 시장을 확장하여 규모의 경제를 누리게 할 뿐만 아니라 후발국 기업들을 국제경쟁에 노출시키는 역할을 한다는 지적과 일치한다(Lee and Mathews, 2010). 여기서, 선진국 기술의 도입은 후발국가의 경제추격에 있어서의 관건으로서, 외국인 직접투자 유치는 그 대표적인 방식이었다. 그러나 외국인 직접투자를 제한 없이 허용하는 것은 국내시장을 외국기업에 내어주는 결과를 가져올 수 있다. 대만의 경우 외국인 직접투자를 매우 선별적으로 허용하였다. 대부분의 외국인 직접투자를 수출산업에 국한시켰고, 국내시장에 접근이 허용된 합작투자의 경우 부품을 일정비율 이상 국내에서 조달하도록 하는 방식으로 제한을 가하였다.

대만정부는 경제추격 초기 외국기업의 국내투자를 유치하는 한편, 이들 기업으로부터 국내 기업으로 기술이전을 위한 노력과 더불어 자국 기업들의 기술수준을 향상시키기 위한 노력을 다각적으로 기울여 왔다. 그 결과 대만기업들의 기술은 높은 수준을 유지할 수 있었는데, 이러한 사실은 미국에 출원 등록한 특허 수를 통해서 잘 나타나고 있다. 뿐만 아니라 대만정부는 1990년대까지도 '공업기술연구소(ITRI) 등 공공연구소를 통해서 기술을 개발한 후 이를 민간기업들에게 이전하는 등의 방식으로 대만 중소기업들의 기술수준을 제고하기 위해서 노력하였다. 이처럼 다각적인 노력의 결과 대만은 산업의 중심을 노동집약적 산업에서 기술집약적 산업으로 이행할 수 있었으며, 국제생산 네트워크상의 지위 측면에서도 부가가치가 낮은 OEM 생산에서 보다 부가가치가 높은 ODM(Own Design Manufacturing) 생산으로 이동하는 데 성공할 수 있었다. 이러한 사실은 경제발전 초기단계에서는 외국인 투자 유치로 외국기업들로부터 기술을 습득할 수 있으나, 추격이 지속되기 위해서는 일정한 단계에서 토착기업 주도로 기술개발과 혁신이 이루어지고, 국제적 생산의 가치사슬에서 좀더 높은 곳으로 이동해야 한다는 명제와 일치한다.

실제로, 대만에서는 1980년대 들어 노동생산성을 초과하는 임금의 상승과 통화가치의 급격한 상승으로 인해 노동집약적인 수출산업의 경쟁력이 급격히 추락하는, 소위 중진국 함정 현상이 있었다. 그러나 그 이후 노동집약적 산업의 중소기업들에 대한 중국 이전, 대만기업의 대형화 · 국제화 · 다각화가 이에 대한 대응과정에서 진행되었다. 뿐만 아니라 정부차원의 산업구조조정 노력과 연구개발 투자의 집중으로 대만경제는 더욱 고도화되었다. 이러한 경험은 한국이 1980년대 중반이후, 연구개발 투자를 늘려, 제품군을 고급화 · 다각화하면서 중진국 함정 현상을 벗어난 것과 일치한다(Lee, 2012).

특히, 양국 모두 이러한 산업구조 업그레이딩에 있어서, 토착 대기업이 큰 역할을 했다는 점도 동일하다. 흔히, 대만을 중소기업 주도 경제라고 알고 있으나, 강영삼(2013)의 연구에서 구명하였듯이, 대만의 사례는 경제추격이 지속되기 위해서 중소기업 중심의 산업구조가 일정한 추격단계에서 대기업 중심의 산업구조로 전환이 불가피하다는 것을 보여주는 중요한 사례이다. 실제로, 대만에서는 1980년대 중반~1990년대 중반에 걸쳐 임금과 통화가치 상승이 나타났고, 그 결과 외국인 기업들의 철수와 노동집약적 산업의 중소기업들의 해외 이전이 진행되었다. 이 자리는 대만의 민간 대기업들에 의해 메꾸어 졌는데, 특히 2000년대 개방화, 공기업 민영화 과정은 대만기업들이 대규모화되는 과정을 가속화시켰다. 또한 대만은 『포춘』세계 500대 기업에 8개의 기업을 배출하였으며, *Forbes* 세계 2000大 기업 기준으로는 한국보다 더 많은 수의 기업을 가지고 있다(Lee, Kim, Park and Saridas, 2013).

이러한 기술역량 노력 결과, 대만은 일시적인 무역적자를 제외하고는 지속적인 무역흑자를 통해 충분한 외환을 보유함으로써, 대외적인 충격을 흡수할 수 있었다. 마찬가지로, 한국도 1980년대 말에 처음으로 무역수지 흑자를 보이면서, 중진국 함정을 탈출할 수 있었다. 이러한 거시경제적 안정성은 양국 경제가 지속적 성장을 하는 데 우호적인 요소였다. 이러한 대만과 한국의 경험은, 앞 절에서 제시한, 외환확보와 내재적 혁신역량 확보를 후발국의 경제성장의 주요 요인으로 본 분석틀과 일치한다.

그러나 1990년대 산업구조의 성공적인 업그레이드에도 불구하고, 대만경제는 2000년대 이후 성장률이 둔화되는 성장 감속 현상을 맞고 있다. 물론 한국도 마찬가지이다(**그림 4-2** 참조). 대만의 경우 국민당 일당독재가 2001년의 선거로 무너지며 민진당이 집권하였으나 결국 정정불안과 본토와의 새로운 관계설정 미숙으로 성장이 감속하는 잃어버린 10년을 경험하였다. 아래 그림을 보면, 한국과 대만

| 그림 4-2 | 일본 · 한국 · 대만경제의 장기적 성과의 추세

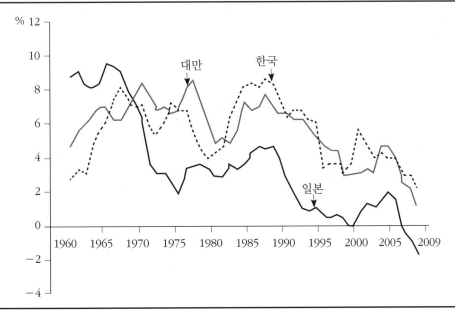

자료: 세계은행 자료를 이용하여 저자 작성.

의 고속 성장은 이미 1990년대부터 감속을 시작하였고, 이는 전반적으로 이전의 소위 동아시아형 발전모델이 그 한계를 노정하고 있는 것으로 볼 수 있다.

즉, '정치적 권위주의와 전략적 개방'을 그 핵심요소로 하는 동아시아 모델의 위기는 바로 그 성공 자체로부터 나온다. 즉, 경제성장의 성공에 따라 개발독재의 변화, 즉 민주주의로의 요구가 증대되고, 국제사회로부터 시장개방과 금융자유화를 요구받게 되는 것이다. 예를 들면, 한국은 1992년 군사정권에서 문민정부로 이행하면서 민주화의 수준이 높아지고 자본시장을 포함한 개방도가 급상승한다. 소득 재분배 요구를 포함하는 민주화와 개방은 이 과정에서 정책실패와 연결되면 위기를 낳기도 하는데, 바로 1997년의 외환위기는 이런 시각에서 볼 수 있다. 이 경우는 성공적 후발국의 지속성장의 두 목표 조건 중 첫 번째인 외환확보라는 전제조건이 개방정책을 둘러싼 정책실패로 인해 깨지면서 한국경제를 순식간에 위기로 몰고 간 것이다. 한국이 독자적으로 새로운 성장모델을 찾지 못하는 가운데 위기를 맞고, IMF주도의 개혁을 거치면서 결국 영 · 미식 모델이라는 새 모델을 외부에서 강요받는 상황에 이르게 된 것이다.

한국의 경우, 결국 새로운 성장모델의 모색이 절실한 상황이다. 이전 시기의 추격이 대기업-제조업-정부주도의 선도 추격모델이어서, 중소기업-서비스업-민간을 상대적 낙오자로 한 것이 이제 미래 성장의 발목을 잡고 있다. 효율적이고 경쟁력 있는 서비스업이 있어야 제조업의 효율성도 담보되는 것이고, 부품소재를 제대로 만들어 내는 중소기업 없이 대기업의 완성제품도 제대로 경쟁력이 없는 것이다. 또한 이제 프론티어에 가까워짐에 따라 정부의 선별적 지원정책의 위험성이 커지고 민간의 창의성과 다양성이 중요해졌다. 그래서 선도추격에서 동반추격(co-catch up)으로 전환하지 않으면 성장 잠재력은 훼손당하지 않을 수 없다. 중국의 경우라면 현재 업그레이딩 위기를 겪어가고 있는 반면, 향후에는 현재의 권위주의적 선도 성장에서 낙오된 부문, 가령 지역 간ㆍ계층 간 소득격차, 정치적 민주화 등이 성장 제약요인으로 등장할 것이 예상된다.

3) 중국

개혁ㆍ개방 이후 중국경제의 급속한 부상은 본격적 G2 시대의 도래를 불러왔다. 중국의 경제규모가 이제 일본보다 커졌고, 미국과 비교하여도 그 규모가 미국의 절반에 도달하여, 향후 10여 년에 미국을 추월할 것으로 예상된다. 제조업 부문만 얼추 계산하여 봐도 그 규모가 중국은 GDP의 40%인 2조 달러가 넘어, 미국의 1.8조 달러(GDP 15조 달러의 12%)보다 크다. 중국은 개혁ㆍ개방 이래 지난 30여 년간 고도성장 끝에 경제대국으로 발돋움하였다. 이러한 성공은 일단은 경제의 운영을 '시장의 힘'에 맡김으로써 자신의 '비교우위'가 있는 분야에 특화할 수 있도록 함에 기인한 바 크다. 그러나 중국의 성장방식은 또 한번 업그레이드하고 있다 (Jin, Lee & Kim, 2008). 발전된 동부 연해지역은 물론 내륙 중심 도시들에서도 값싼 노동력과 토지 임대료에 기대어 성장할 수 있는 공간은 빠르게 축소되어 가고 있다. 더불어, 1990년대 중반 이후 고등교육의 급팽창 등으로 인해 중국의 요소부존 구조도 변화하고 있다.

한국과 대만의 추격모델과 비교의 관점에서 보면, 중국은 한국과 대만의 모델이 동시에 존재하는 혼합형 제3의 모델이라고 볼 수 있다. 우선 중국에는 대만, 홍콩, 그리고 싱가포르 등에서 들어온 화교계 외자기업들이 주도하는 중소형 기업들이 많이 성장하고 있다. 이들 중소기업들은 OEM, ODM, 그 뒤에는 OBM(자기상표생산방식: Own Brand Manufacturing)이라는 대만식의 점진적인 추격단계를 충실히 밟아가고 있는 듯하다. 그러나 다른 한편으로 중국에는 레노보(IBM의 PC사업 인수), 하이얼(세계 최대의 냉장고 생산업체), TCL, 화웨이 등과 같은 상당수의 토착 대기업들이 자라나고 있다. 이들 기업들은 중국의 브랜드 리더이면서, 최종 조립자로서 중요 부품이나 중간재들을 한국이나 일본에 의존하고 있으나, 국산화의 속도를 높이고 있다. 그리고 이들은 중소기업들과는 달리 한국의 재벌이 밟은 경로, 즉 OEM에서 ODM을 건너 뛰고 바로 OBM으로 가는 경로를 밟을 것으로 예상된다. 즉 한국과 같은 비약을 이룰 수 있을지가 관심거리이다.

한편, 중국은 한국과 대만과도 다르고, 또한 워싱턴 컨센서스와 대비되는 베이징 컨센서스라고 부를 만한 자기만의 독특한 특성을 가지고 있기도 하다. 워싱턴 컨센서스는 성공적인 경제성장을 위해서 취해야 할 10가지 정책 패키지로서, IMF와 세계은행을 중심으로 한 워싱턴DC에서 나왔기에 붙은 말이다. 그러나 이를 그대로 따라한 남미의 경제성과에 비해 초라해지자 이에 대한 비판이 일었고 지금은 위세가 많이 꺾인 상태이다. 워싱턴 컨센서스에 대한 최근의 결정타는 바로 중국의 경제기적이다. 경제적 성취에 자신감을 얻은 중국사회는 일찍이 소위 '북경공식' (공식은 공통인식이란 뜻으로 컨센서스의 중국어 표현)이란 말을 쓴 바 있다. 워싱턴 컨센서스를 구성하는 10가지 정책 측면에서 보면, 중국은 금융자유화 등을 점진적으로 하고 있어 워싱턴 컨센서스보다는 동아시아 모델 쪽에 가깝다. 즉, 소위 워싱턴 컨센서스로 대표되는 10개의 대표적 경제정책 중 기본적 거시안정과 인프라 건설 관련 앞 5개 정책을 먼저 실시한 반면, 민영화·무역자유화·자본자유화·규제완화 등을 나중에 혹은 아직 하고 있지 않다는 점에서도 한국과 대만식의 '동아시아 컨센서스'를 따른다고 볼 수 있다(Lee, Eun and Jee, 2006). 그런데 이런 한국과 대만식 모델의 요소 외에 중국에만 발견되는 몇 가지 특징이 있다는 면에서 중국은 북경공식을 추구한다고 볼 수 있는 측면이 있다. 이는 다음의 세 가지 정책/전략을 볼 때 그렇다.

첫째, 중국은 외국인 기업을 유치한 후 이를 통해 기술흡수의 통로로 삼아서 같은 분야에 토착기업을 육성하는 병행학습(parallel learning) 전략을 쓰고 있다.

둘째, 중국은 한국과 대만식으로 외국제품을 모방하는 제품을 만드는 역엔지니어링(reverse engineering) 전략을 쓰기도 하지만, 학교나 연구소의 지식을 바로 이용하여 상업화함으로써 기업을 설립하는 전방위 엔지니어링(forward engineering) 전략을 사용하기도 한다. Eun, Lee and Wu(2006)에서 잘 설명되었듯이, 중국의 대표적 기업인 레노보, 팡정, 동팡 등이 바로 학교 기업에 속하고 이미 40여 개의 기업들이 성공하여 주식시장에 상장되어 있다.

셋째, 경제성장의 이른 단계에서부터 거대한 현금동원력을 바탕으로 활발히 외국기업들을 인수·합병하여 이를 통해 기술, 브랜드 등을 확보하여 추격의 시간을 줄이려는 전략을 펴고 있다. 상하이 차의 한국의 쌍용차 인수, 레노보의 미국 IBM의 싱크패드 인수 등이 그 사례이다.

한편, 중국의 경제 기적이 워싱턴 컨센서스에 대한 결정적 타격인 이유는 바로 독재와 경제성장의 공존이다. 왜냐하면 남미에서의 워싱턴 컨센서스의 실패에 대한 주류경제학의 변명은 그 나라들의 기본적 제도(민주주의, 법치, 부정부패 억제)들이 불충분하여 좋은 정책이 먹혀들어가지 않았다는 것이기 때문이다. 즉 선 민주적 제도 완비 후 경제성장 가능론인데, 중국은 과거 한국과 마찬가지로 선 경제성장 후 민주화의 길을 걸을 것으로 보인다. 여기서, 핵심 이슈는 중국이 상당수의 개도국처럼 중진국 함정에 빠질 것인가 여부이다.

한 나라가 중간소득층 국가에서 고소득층 국가로 이행함에 있어 R&D와 대학교육이 중요하다고 볼 때(Lee and Kim, 2009), 중국은 이 면에서 아주 잘해 나가고 있는 실정이다. 우선, 중국은 R&D에 대한 지출을 많이 늘리고 있는데, 2000년에는 R&D/GDP 비율이 1%를 넘어 라틴 아메리카의 중진국들보다 더 빨리 1%라는 문턱을 넘어섰고 현재 이 비율은 2%를 넘기고 있다. 이 비율은 1995년에는 0.6%에 불과했으나 2003년에는 1.3%로 2배 넘게 뛰어올랐고 최근에는 이미 2%를 넘은 것이다. R&D/GDP 비율을 기간별로 보면 개혁의 전기인 1990~1996년 사이에는 0.68%밖에 안 되었으나 후기인 1997~2003년에 와서는 0.97%로 크게 증가했다. 특히 2000년 이후 R&D 지출이 크게 증가되었는데, R&D/GDP 비율의 증가율을 보면 전기(1990~1996)에는 -2.65%였으나 후기(1997~2003)에 와서는 12%로 대폭 증가되었다. 현재 중국의 R&D 지출액은 이미 일본을 넘었다.

중국의 대학교 진학률을 보면 1990년에는 3.4%로 1980년의 9개 중간소득층 국가들의 평균인 13.5%보다 현저히 낮은 수치였으나 최근에는 20%에 가까워 2000년의 9개 중간소득층 국가들의 평균과 비슷한 수준이다. 이 같은 중대한 진보는 1990년대 말의 교육개혁 및 1998년 이후 대학교에 진학하는 대학생수가 연 20%씩 증가하는 것과 관련이 있다.

Jin, Lee, and Kim(2008)의 논문에 의하면 중국의 성장 엔진은 과거의 외국인 직접투자와 비국유화 및 수출에서 이미 혁신으로 전환하였다고 한다. 중국의 성간 회귀분석을 통하여 이 논문은 개혁의 초기에는 수출, 외국인 직접투자 및 국유비중의 감소가 중요한 성장엔진이었으나 후기에 와서는 지식과 기술이 더욱 중요한 변수로 새롭게 등장하였음을 발견하였다. 또한 전통적인 정책변수들 중, 수출비율은 여전히 유의하나 외국자본과 국유비중은 최근 그 유의성이 사라졌음을 발견하였다.

앞으로 '북경공식'이 정말 성공할지는 크게 보아 중국이 남미와 같은 중진국 함정에 빠질 것인가가 관건이고, 나아가서 한국이 넘었던 몇 가지 산, 즉 설계기술의 확보, 부품소재의 국산화, 토착 대기업과 자기브랜드의 육성 등 몇 개의 산을 넘느냐에 달려 있다(Lee, Eun and Jee, 2011). 후진타오 정부 시기부터 외국인투자에 의존하는 성장전략의 한계를 극복하기 위해 토착기업과 토착기술을 강조한 이래, 토착산업의 발달은 중국경제의 성공적 진화를 판단하는 중요한 지표가 되고 있다.

중국기업들의 혁신능력 향상을 반영하는 하나의 지표로 특허 신청건수를 살펴볼 수 있다. 즉, 비교 가능한 지표는 중국이 일본, 한국 및 대만이 과거에 보여준 세 가지 중요한 추격(catch-up)을 달성하고 있는지 여부이다. Lee and Kim(2010)에서 논의하였던 세 가지의 기술추격이란, 첫째, 해당국가의 토착 특허건수가 외국인 특허건수를 추월하였는지, 둘째, 발명특허건수가 실용신안건수를 추월했는지, 셋째, 기업특허건수가 개인발명가의 특허건수를 추월하였는지 여부이다. 한국의 경우 기업특허건수가 개인발명가의 특허건수를 초과한 것은 1986년이고, 발명특허건수가 실용신안건수를 초과한 것은 1989년이며 궁극적으로 국내특허가 외국인 특허를 초과한 것은 1993년이다. 이러한 세 가지 패턴이 중요한 체크 포인트인 것은 바로 일본, 한국 및 대만 모두 이 세 가지 추격을 실현한 반면, 다른 어떤 후발 개도국도 이를 달성하지 못하였기 때문에 중국이 이를 달성하느냐 여부는 중요한 지표가 될 수 있다(일반적인 후발 개도국의 경우 출원되는 특허의 대부분은 외국인이나 비거주자들이 소유하고 있다(Lee and Kim, 2010)).

그런데 이러한 세 가지 추격은 2000년대 중반 중국에서 모두 나타났다(Lee, 2010). 특허신청건수의 경우, 2003년 국내기업의 특허건수가 외국기업보다 많아졌고(Lee, 2010 중 [그림 2]), 2004년에는 발명특허건수가 실용신안건수를 초과하였으며, 2007년에는 기업특허건수가 개인특허건수를 초과하였다.

　이상은 총체적 차원의 추격성과이지만, 중국기업들의 빠른 성장과 관련된 여러 정황적 증거들이 존재한다. 첫째, 많은 중국 토종기업들이 OBM단계 진입 및 국제적인 경쟁력을 가진 기업으로 업그레이드되고 있다. Xie and Wu(2003), Mathews(2008) 및 Lee and Mathews(2012)가 분석했던 소비자 가전분야의 Konka가 좋은 예이다. 한국과 대만의 기업들의 과거와 유사하게, Konka는 OEM업체로 출발하였고 홍콩상장사인 Ganghua전자와 JV를 설립하여 1980년 초부터 1991년까지 GE, Emerson Radio 및 Thomson에 제품을 공급하였다. 그러다가 1987년부터는 자체브랜드로 외국업체들과 국내시장에서 경쟁하기 시작하였고, 이후 2007년이 되면 Konka는 중국 컬러TV 시장에서 24%의 점유율을 기록하였다. 2000년대에 이르러서는, 전 세계적으로 9,000명의 직원을 고용하고 60여 개 국가에 진출하는 등 다양한 소비자 가전제품을 생산하는 주요 업체로 성장하였다(Xie and Wu, 2003; Mathews, 2008). Konka와 같은 사례는 한국과 대만업체들에게서 관찰된 많은 특징들을 반복하고 있다. 특히 아웃소싱 계약을 통한 기술력 향상 및 OEM에서 ODM으로, 또다시 OBM으로 업그레이드하는 양상을 보이고 있다(Mathews and Cho, 2000; Hobday 2000; Lee, 2005).

　또 다른 유사한 사례로, 중국이 현재 Lenovo, Haier, Changhong, TCL, Kongka, Huawei와 같은 많은 대기업들을 육성하고 있음을 지적할 수 있다. 또한 Zeng and Williamson(2007)의 연구에서 보여주듯이 일부 중국업체들의 경우 자국시장에서 선두에 있을 뿐만 아니라 글로벌 시장에서도 광범위한 산업분야에서 활약하고 있다. 전 세계 컨테이너 운송산업의 55% 이상을 점유하고 있는 중국 국제해양컨테이너그룹(CIMC)이 흥미로운 사례이다. 이 기업의 가장 큰 특징은 로우엔드(low-end)에서 출발하여 궁극적으로 냉장컨테이너, 제품이동 추적시스템, 폴딩 컨테이너 등 하이엔드까지 모든 분야에 진입하였다. 이런 하이엔드는 유럽 컨테이너 메이커들이 방어할 수 있다고 생각했던 제품영역이었다(Zeng and Williamson, 2007, p. 3). 이 회사의 전략을 "저비용 혁신(low cost innovation)"이라고 하는데, 이 회사는 자신의 저비용 구조를 이용하여 매우 낮은 가격을 제시함으로써 거대한 물량을 확보하였다. 이러한 "저비용혁신"이 놀라운 점은 단순히 이것이 낮은 임금에 기반한 것이 아니라 low-end 제품에 새로운 제품과 프로세스 혁신을 적용했다는 것이다. 이 회사는 바로 이 점을 가지고, 중국 국내시장에서 다른 많은 경쟁상대들을 이길 수 있었던 것이었다. 이 회사는 성장과정에서 라이선싱

┃ 표 4-2 ┃ 국가별 글로벌 기업수(2000~2010)

		2000	2004	2007	2008	2009	2010
FT 500 (ranks by market capitalization)	U.S.	218	231	184	169	181	163
	Japan	77	55	49	39	49	42
	China	-	-	8	25	27	23
	India	3	2	8	13	10	16
	Korea	5	3	6	5	5	6
	Germany	20	19	20	22	20	19
	France	26	28	32	31	23	27
	U.K.	46	42	41	35	32	32
Fortune Global 500	U.S.	179	189	162	153	140	139
	Japan	107	82	67	64	68	71
	China	10	15	24	29	37	46
	India	1	4	6	7	7	8
	Korea	12	11	14	15	14	10
	Germany	37	34	37	37	39	37
	France	37	37	38	39	40	39
	U.K.	38	35	33	34	26	29

자료: Lee, Jee and Eun(2011)에서 전재 후 재구성.

뿐만 아니라 한국의 현대정공 등 유럽 기업들을 M&A하는 방식을 활용하였다.

이러한 중국기업들의 굴기는 Nolan(2002)의 1990년대 중국기업에 대한 회의적인 묘사와는 너무나도 대조적이다. 그는 중국기업의 경우 당시 UK R&D 스코어보드, 『파이낸셜 타임즈』 500대 기업, 『비즈니스 위크』지 100대 브랜드에 아무도 이름을 올리지 못했고 10개 기업만이 『포춘』 글로벌 500대 기업에 리스트되었다고 지적했다. 현재 상황을 같은 기준으로 체크해 보면 획기적인 변화를 볼 수 있는데, **표 4-2**에서 보다시피, 중국은 『파이낸셜 타임즈』 500대 기업에 23개 기업이, 『포춘』 500대 기업에는 괄목할 만하게 46개 기업이 올랐다. 그 후, 2013년에는 90여 개를 『포춘』 500대 기업에 올리면서, 60개 대로 추락한 일본을 압도하였다. 그 외에, TOP 300 UK R&D 스코어보드에 3개 기업이 있다. 다만, 『비즈니스 위크』

100대 브랜드 기업에만 2000년대까지는 이름을 올리지 못했을 뿐이다. 하지만 『비즈니스위크』100대 브랜드의 경우 한국은 2개 기업, 영국은 4개 기업만 올라와 있다. 『포춘』500대 기업의 경우 2000년대에 중국은 미국 및 일본 다음으로 세 번째로 많은 500대 기업을 가진 나라였고, 보다 최근 즉 2010년대에는 미국 다음의 2등이 되었다. 즉, 프랑스(39), 독일(37), 영국(29)과 같은 주요 유럽국가들을 한참 초과하였다.

Nolan(2002)과 Zeng and Williamson(2007)은 사례연구에서 서로 다른 샘플기업을 다뤘는데 물론 이들 연구가 자체 샘플링에서 편향되었을 가능성이 있을 수도 있지만 토착기업의 성공 스토리가 갈수록 많아지고 있고 위에서 언급한 성과들이 중국기업 성과 비하에 대한 강력한 반론이 될 수 있다. 이는 중국기업들은 더 이상 low-end나 OEM제품을 만드는 단계에 머물러 있지 않고 higher-end 브랜드제품으로 업그레이드하고 있을 뿐만 아니라 전기자동차와 모바일 폰, 노트북 등에 사용되는 2차전지 글로벌 업체인 BYD 사례나 태양광, 풍력, 지열 기술 등에서 보여준 바와 같이 신생기술영역으로도 도약하고 있음을 보여준다.

4) 인도, 브라질, 아일랜드, 모리셔스

1990년 이후 인도경제의 성장은 1차적으로 서비스산업 주도형 경제성장으로 볼 수 있고, 나아가서 제2차 산업과 서비스 산업 사이에 현저한 디커플링이라는 다소 특이한 패턴을 보이고 있다. 인도경제의 서비스화 현상은, 서비스 산업의 평균적인 노동생산성은 제조업 평균에 비하여 월등히 높다는 점에서, 많은 개도국에서 제조업의 부진으로 인하여 농촌의 유휴인력이 서비스 산업의 비공식 부문으로 유입되는 현상과는 차이가 난다. 즉, 인도에서는 서비스 산업의 생산성 상승이 가속화되고 있는 반면, 제조업에서의 생산성은 낮다는 점에서 다른 동아시아국의 추격과정과 완연한 차이를 보이고 있다. 이러한 패턴은 최근 세계시장에서 생산의 국제화와 정보통신기술의 발전에 힘입어 서비스 부문에 새로운 시장이 창출됨으로 인하여 인도에 기존의 추격국과는 다른 추격경로를 따를 수 있는 기회가 주어졌음을 시사한다. 즉 인도는 정치적 민주주의와 서비스 주도의 추격이라는 전혀 새로운 경로를 열어 가고 있다.

또 다른 대국인 브라질의 경우, 소위 중진국 함정의 예로 거론되었으나, 룰라

정권 이후, 산업정책을 부활하고, 수출하는 각종 광물 등 천연자원의 가격상승 덕에 2000년대에는 상당한 성장성과를 보여주었다. 즉, 브라질도 쇠락의 고리를 끊고 시장주의적 중도좌파라는 새로운 경로를 개척해 가고 있는 것이다. 일견 새로운 후발국 성장 모델이라고 할 수 있는 인도의 서비스 주도, 최근 브라질의 제1차 산업 주도 모델은 두 경우 모두, 제조업이 요구하는 외국산 자본재 수입 필요(외환 필요)로부터 상대적으로 자유로운 '저비용 저외환비용' 성장 방식이라는 점에서 외환위기 요인을 회피할 수 있다는 점에서 유리하다.

그러나 향후 인도의 경우, 현 세대 성장의 주도부문이 서비스 산업이라면 이에 낙오된 제조업 부문의 규모와 수준을 어느 정도 이상 올리지 않으면 서비스 주도의 성장은 확산되지 못하고 원활하지 않을 가능성이 크다. 브라질의 경우, 최근의 성장세는 주로 수출용 천연자원 등 1차산업이 주도한 것이며 이는 다시 중국이라는 거대한 신흥 제조업국가의 출현이 자원 등 1차산품의 가격을 올렸기 때문이라는 외생적 요인에 기인한 것이다. 1차산품은 항상 낮은 소득탄력성, 낮은 (경직적) 가격탄력성이 잠재적 문제이기에, 1차산품을 제조업화하거나 여기에 신기술 · 신지식을 결합하여 그 자체의 차별성에 기초한 고부가가치화하지 않으면 브라질을 상위중진국 이상으로 올려놓기 힘들 것으로 예상할 수 있다.

한편, 20세기 말부터 진행된 아일랜드의 경제성장은 유럽을 비롯하여, 세계 각국의 시기를 받을 만큼 놀라운 것이었다. 1988년, 영국의 권위 있는 경제지인 『이코노미스트』가 아일랜드를 '자선을 구걸하는 거지'로 표현한 지 불과 20여 년 만에 켈틱 호랑이(Celtic tiger)로 눈부시게 성장한 놀라운 기적이었다. 이에 대하여 일군의 학자들은 아일랜드를 워싱턴 컨센서스를 바탕으로 한 신자유주의적 발전 모델의 전형이라고 치켜 세웠다. 아일랜드의 경제성장이 각종 규제철폐와 무역자유화를 통한 FDI의 원활한 유입을 바탕으로 이루어졌기 때문이다. 그러나 2008년 세계금융위기 이후 아일랜드의 경제상황은 경기침체라고 표현하기에 모자랄 정도로 심각한 위기 국면을 맞았다. 모든 거시지표들이 곤두박질쳤고, 경제로부터 비롯된 분열은 사회 전반으로 확산되었다. 즉, 아일랜드는 급격한 추격의 반전 이후 추락을 노정하였다. 자본자유화와 무역개방을 통한 경제성장이 보여주는 한계가 아일랜드의 경제위기를 통해 단적으로 나타난 것이다. 이는 단순히 워싱턴 컨센서스의 틀에 따른 자본개방과 FDI의 유입으로는 일정한 추격은 가능할지언정 장기적 경제성장이 바로 담보되지 않는다는 것을 보여준다.

아프리카의 모리셔스는 전통적 아시아 모델이었던, 수출주도의 외향적 모델을 가지고 매우 우수한 성과를 낸 나라다. 그러나 이러한 성과가 국내 임금상승으로 귀결되는 반면, 더 값싼 노동력을 제공하는 방글라데시 같은 차기 후발국의 출현으로 노동집약적 수출산업의 경쟁력 유지가 어려워지면서 성장이 정체되고 있다. 즉, 전형적인 개도국 간의 '상호경합'(adding-up problem: Spence, 2011) 문제의 예가 되는 사례다. 따라서 향후 수출생산 경험이 학습의 기회로 작용하여 보다 높은 고부가가치 산업으로 이행하는 (한국이나 대만에서 발생한) 업그레이딩이나 산업구조의 다각화를 수행하지 못하면 지속적 추격이 불가능한 상황에 빠지고 있다. 사실 이런 상황의 발생은 많은 후발 개도국에 발생하고 있어, 이를 일반적 문제로 인식하고, 단순한 저임금에 기초한 수출공업화 모델의 내재적 한계로 인식하는 것이 필요하다.

6. 소결

본장의 연구는 크게 두 가지 문제의식을 중심으로 전개되었다. 첫째, 본서는 국가의 흥망성쇠라는 일반적 연구주제하에서 각국이 어떤 이유로 인해서 추격, 추월, 추락이라고 하는 세 가지 다른 경로를 걷게 되는지를 분석하였다. 둘째는 아시아적 모델에 관한 것으로, 일본을 필두로 한 한국, 대만 등 1세대 아시아 모델과 중국, 인도를 중심으로 하는 2세대 아시아 모델의 새로운 경로탐색에 대해 분석하되, 이를 남미 및 기타 비아시아 지역의 발전경험과 비교·분석하였다.

분석틀로서는 우선 선·후진국을 포괄하는 일반적 틀로서, 기회의 창과 경로창출 개념을 전제로 하고, 후발국에 대해서는 서로 비슷한 상품을 가지고 수출시장에서 경쟁한다는 '상호경합' 문제의 존재 속에서, 후발국들이 성장의 관건인 지속적 외환 확보와 내재적 혁신역량이라는 두 가지 과제를 어떻게 해결해 나가는가에 초점을 두었다.

이런 틀에서, 국가의 흥망은 새로운 기술경제 패러다임의 출현, 급격하고 거대한 시장 수요 및 지리적 변화, 국가의 일관적·체계적 정책개입이라는 세 가지 요소에 의해 새로운 기회의 창이 열리고, 이런 기회를 잘 이용한 국가들이 장기적으로 흥하는 길로 들어서고 이런 기회를 놓치거나 선점당하면 장기적 쇠퇴의 길로 들어섰다.

즉, 스페인과 포르투갈의 발흥은 인도로 가는, 육로가 아닌 새로운 해상경로를 발견한 것에 기인한 것이고, 영국의 발흥은 무역이 아닌 제조업에 기반한 경제성장이라는 새로운 경로를 발견한 것이다. 한편, 전후 동아시아 국가의 성장은 소품종 대량생산이라는 포드주의 생산방식에 아시아의 저임금과 수출주도라는 새로운 추격형 성장방식을 창출함으로써 가능하였던 것이다. 한편, 인도는 제조업이 발달한 후 서비스업이 발달하는 기존의 경로를 답습하지 않고, 제조업이라는 단계를 생략하고 바로 서비스업으로 이행한 단계생략형 추격이라고 볼 수 있다. 즉, 본서의 핵심적 주장은, 새로운 국가의 장기적 발흥은 기존의 강국과 다른 새로운 경로의 창출과 종종 연결되어 있다는 것이다.

이 동아시아 모델의 선도국이었던 일본을 포함하여 한국과 대만 등에서 보이는 위기와 혼란의 바로 그 전 세대에서 성공을 이끌었던 성공공식이 내부조건과 외부환경 변화에 따라 그 유효성이 대폭 감소되는 것으로 표현할 수 있다. 동아시아 모델의 두 요소 중, 정치적 민주화나 경제적 개방이 가지는 직접적 비용과 위험요인 등에 대해서는 앞에서 설명하였지만 이 두 과정이 직접적인 큰 비용지불 없이 전행되더라도 이 과정은 보다 장기적 차원의 새로운 문제의 원천이 된다.

우선, 개방화와 세계화에 대해서 보면, 바로 위에서 언급하였듯이 개방화가 정책실패와 결부되면 한국과 같이 외환위기로까지 폭발할 수 있고 그 정도까지는 가지 않더라도 세계화는 새로운 긴장과 모순을 들여오게 한다. 즉, 해외투자를 점점 많이 하게 됨에 따라 개별 기업의 이윤추구와 국민경제 차원의 이득과의 괴리를 심화시켜 더 이상의 기업의 성과와 내수, 일자리 등과의 연결고리가 약해지는 것과 관련이 있다. 이런 고리의 약화 심화는 상대적 경제격차까지 심화시켜 추가로 성장순환을 약화시키는 효과가 있다.

제 5 장

국가혁신체제의 국제 비교:
추격형과 선진국형[1]

1. 들어가며

　해방 이후, 특히 1960년대 이후, 한국은 눈부신 고속성장을 해 왔다. 소위 압축성장이라고 불릴 정도로 선진국이 100년 이상 걸린 과정을 몇십 년 만에 달성하는, 그래서 선진국과의 격차를 급속히 줄이는 추격형 성장을 해 왔다.

　이러한 추격형 성장의 핵심은 소위 선도형 추격으로서, 추격을 선도한 주체는 대기업, 제조업 부문, 수출산업 및 정부부문이었다. 반면에 뒤처진 분야는 중소기업, 서비스업, 내수산업, 시민사회라고 할 수 있다. 그리하여 장기적으로 볼 때 과거 선도형 추격모델의 힘이 소진되어 가고, 이제는 그동안 뒤처져 있던 부분과 같이 가는 동반형 추격(co-catch up)이 필요한 시점에 이르렀다.

　한편, 보다 구체적으로 한국경제의 성장과 도약의 원천을 살펴보면, 80년대 중반 이후로 급격히 상승한 연구개발 투자의 중요성을 간과할 수 없다. 80년대 중반에 이르러서 한국경제는 대내적으로는 임금상승과 대외적으로는 동남아 등 후발국가의 등장으로 기존의 노동집약적인 저가품의 수출경쟁력이 급속히 압박을 받는 소위 중진국 함정에 도달하였다. 중진국 함정의 요체는 특정 나라의 제품이 아직도 저임금에 기초하는 반면, 보다 고가의 차별화된 제품을 만들 수 없는 상황에서 임금이 상승하기 때문에 발생한다. 그래서 많은 국가들이 중진국에 도달하여서 성장이 정체되는 그러한 상황이 종종 발생하곤 한다. 이 현상은 최근에 World Bank(2010)의 연구보고서 등 많은 연구에서 매우 중요한 과제로 인식되고 있다.

　한국과 대만이 이러한 중진국 함정을 넘어서서 선진국 수준에 도달할 수 있었

1　이 장은 필자가 저술하여 이영훈 편, 『한국형 시장경제체제』(서울대 출판원, 2014)의 한 장으로 출판된 것을 약간 수정하여 전재한 것임.

던 것은 80년대 중반부터 혁신, 즉 연구개발 투자에 집중한 덕이라고 볼 수 있다. 이때부터 한국의 R&D, 즉 연구개발 투자 대비 GDP 비율이 1%를 넘어서고 전체 R&D 중에서 민간 R&D의 비중이 공공 R&D를 넘어서는 현상이 발생하였다(Lee and Kim, 2010). 이러한 한국과 대만의 경험은 중진국 함정을 넘어서는 근본적 해결책은 결국 기술혁신을 통해서 보다 고가의 차별화된 제품을 만들 수 있는 혁신능력임을 시사한다.

보다 나아가서 각 국가의 혁신능력은 어디서 나오는가 하는 것은 매우 중요한 주제이며 이에 대해서는 슘페터학파의 국가혁신체제의 개념을 중시하지 않을 수 없다. Lundvall, Nelson 등 슘페터학파는 일찍이 국가혁신체제라는 개념을 주창하며, 이 국가혁신체제의 차이가 각 국가의 혁신성과의 차이를 낳고, 그것이 그 나라의 경제성장을 결정짓는다고 주장한 바 있다. Lundvall(1992)에서는 국가혁신체제를 지식의 생산·확산·사용에 관련되는 여러 주체와 그들 간의 관계라고 정의한 바 있다. 결국 국가혁신체제란 지식의 습득·창조·확산·사용에서의 효율성에 관한 개념이다. 본서에서는 한국이 과거 추격형 성장단계에서의 국가혁신체제는 어떠한 것이었는가를 살펴보고, 나아가서 향후 한국이 선진국에 안착하고 성장을 지속하기 위해서는 어떠한 유형의 선진국형 국가혁신체제를 갖추어 나가야 할 것인가 하는 정책과제를 다룬다.

최근에 에이스모글루(Acemoglu) 등이 제도, 특히 포용적 제도와 수탈적 제도를 비교하면서 제도의 중요성이 국가의 경제성장을 결정짓는다고 주장한 바 있으나(Acemoglu and Robinson, 2012), 이러한 정치적 제도의 중요성은 에이스모글루의 책에서 많이 분석된 전근대 사회나 저소득 국가에서 보다 결정적인 요인이지만, 상위 중진국 이상의 발전단계에서는 혁신적 성과가 더 중요함을 Lee and Kim(2009)에서 논증한 바 있다. 다만, Lee and Kim(2009)에서는 혁신의 지표로 각 국가가 출원한 미국특허수로 대표하였으나, Lee(2013a)에서 보여준 바와 같이 단순히 특허수를 넘어서 국가혁신체제의 보다 다양한 측면을 보여주는 지표가 필요하고 그것이 국가혁신체제를 제대로 분석해 내는 방법론이라 할 수 있다. 그래서 여기서 한국의 추격형 및 선진국형 국가혁신체제를 분석하기에 앞서서 다음 절에서 국가혁신체제의 분석방법론을 간단히 요약 소개한다. 그리고 마지막으로 한국경제에 대한 시사도 간단히 언급하고자 한다.

2. 국가혁신체제 분석방법론

본절에서는 국가혁신체제를 미국특허 자료로부터 추출사용 가능한 특허 간 인용 데이터를 인용하여 수량화할 수 있는 각종 방법을 소개하고, 그의 활용에 대해서 간단히 설명하고자 한다. 보다 자세한 내용은 Lee(2013a)이나 이근(2007)을 참조하고 여기에서는 대략적인 내용만 소개한다.

한국특허는 최근에야 어떤 특허가 과거의 어떤 특허를 참조하였는지를 나타내는 특허인용 자료를 데이터베이스하기 시작했지만, 미국특허청은 이를 오래 전부터 실시하여서, 모든 특허 간의 인용자료가 존재한다. 특허 간의 인용자료는 각 발명에서 기존의 어떤 지식이 활용되었는지를 나타내는 것으로서, 지식의 흐름(획득과 사용)에 대한 중요한 정보이다. 바로 이런 이유에서 특허 인용자료는 지식의 생산과 사용에서의 효율성을 포착하고자 하는 혁신시스템 연구에 매우 유용한 자료이다. 일찍이 Jaffe and Trajtenberg(2002)은 방대한 미국특허 자료를 연구자의 목적에 편하도록 데이터베이스하여, 해당 책에 CD형태로 제공하고 있다. 위 책에는 이 자료에 대한 설명과 특허를 이용한 각종 계량분석에 대한 방법론이 제시되어 있다. Lee(2013a)의 연구도 이들 그룹이 제공하는 데이터를 사용하였다. 국가 간의 혁신체제를 비교하기 위해서는 각기 다른 나라의 특허자료를 이용하여서는 되지 않고, 각국이 어떤 특정한 나라에 출원한 동일한 특허자료를 이용하여야 하기에, 본장에서도 비교대상 국가들이 미국에 출원한 특허자료를 이용하여 분석하였다. 아래에서 설명되는 기본 변수들에 대한 설명과 3절의 추격형 혁신체제 내용은 Lee(2013a)의 것을 요약 제시하는 것이고, 4절의 선진국형 혁신체제 내용은 새로 분석을 수행한 내용이다.

우선 국가혁신체제를 표현하는 첫 번째 측면은 지식획득의 원천과 토착화에 관한 지표이다. 이는 후발국의 관점에서 후발국이 어느 정도 해외 지식원천에 의존하여 자신의 지식을 창출하는가 하는 측면과 또 나아가서 얼마나 스스로 내부의 지식원천에 의존하고 지식생산 메커니즘을 토착화하였는가 하는 측면이다. 이것은 지식생산의 토착화 지표라고 부를 수 있으며, 개념적으로는 그 나라가 출원한 특허의 인용도를 조사해 볼 때 얼마나 많은 정도로 과거 그 나라가 갖고 있는 특허를 인용하는가 하는 그 국가차원의 자기인용 정도로 표시될 수 있다. 물론 이를 기업차원에 적용하면, 기업특허의 자기인용 정도로 포착될 수 있으며 이는 해당 기업이 얼마나 지식생산을 독립적으로 해 내는가에 대한 지표이다. Lee(2013a)에서 보면, 한국과 대만은 80년대 초반까지만 해도 다른 중진국들과 비슷하게 또는 선진국과 비교하면 매우 낮은 지식생산의 토착화 정도를 보였으나 80년대 중반 이후 이 지수를 급속히 높여서 90년대 말이 되면 거의 선진국 수준에 도달하였다.

국가혁신체제의 두 번째 지표는 지식생산의 집중도이다. 이는 각 국가에서 지식을 생산하는 주체가 소수의 대기업에 의한 것인가, 아니면 다수의 주체가 참여하여서 골고루 분포되는가 하는 측면을 포착한다. 당연히 이 지표에서 선진국은 굉장히 분산화된 양상을 보이고 있고, 중진국·후진국일수록 지식생산이 소수의 발명자에 집중되어 있는 현상이 나타난다.

지식생산의 세 번째 지표는 각 국가가 출원한 특허가 얼마나 독창성(originality)이 높은 성격의 특허를 창출하는가에 대한 지표이다. 기존 문헌에서 이 독창성은 해당 특허가 얼마나 다양한 분야의 특허를 인용해서 만들어지는가 하는 정도를 표시한다. 즉, 어떤 지식이 다양한 분야의 광범위한 지식에 의존하여 만들어질수록 보다 독창성이 높은 지식이라고 본다는 생각이다. 당연히 이 지표면에서도 선진국은 상대적으로 매우 높은 수준을 보여주며, 중진국은 그렇지 못하다. 그런데 재미있는 것은 남미 국가들의 특허가 오히려 한국과 대만보다도 독창성면에서는 보다 높은 수준을 보여주고 있다는 점이다.

국가혁신체제를 표현하는 네 번째 지표는 해당국가가 기술수명이 짧은 분야에 많이 특화하고 있는가 아니면 기술수명이 긴 분야의 기술에 많이 특화하고 있는가 하는 측면이다. 이는 기술수명주기라고 한다. 기술수명이란 어떠한 기술이 얼마나 오래 가느냐 또는 오래 사용되느냐 하는 개념이며 기술수명이 짧다는 것은 그 분야의 기술이 금방 수명을 다해서 몇 년 지나면 그 유용성이 급격히 감소한다는 특성을 말한다. 기술수명주기는 특허 인용자료를 가지고, 해당 특허가 인용한 특허들의 평균 출원(등록) 연도를 가지고 계산할 수 있다. 즉, 평균적으로 몇 년이나 오래된 특허를 인용하는지를 가지고 측정할 수 있다. Lee(2013a)에서 보면, 주요 선진국이나 다른 중진국들은 상대적으로 기술수명이 긴 기술분야에 많이 집중하고 있으나 한국과 대만은 80년대 중반 이후에 점점 기술수명이 짧은 분야로 진행하여 왔다.

국가혁신체제의 다섯 번째 지표는 기술다각화 지표이다. 이 지표는 어떤 국가
나 기업이 매우 다양한 기술분야에 특허를 내고 있는가, 아니면 소수의 한정된 분
야에 특허를 내고 있는가 하는 지표이다. Lee(2013a)에 의하면 당연히 선진국들은
기술적으로 많이 다각화되어 있는 반면, 중진국들은 다각화의 정도가 높지 못한
양상을 보이고 있다. 그런데 한국과 대만은 80년대 중반 이후에 다각화 정도를 높
여서 90년대 중반이 되면 독일, 일본 등에는 못 미치지만 고소득국 평균 수준에는
도달하였다.

그래서 이러한 다섯 가지 지표를 가지고 각 국가의 국가혁신체제를 묘사하고
분석할 수 있다. 또한 이러한 다섯 가지 지표는 기업차원에 대해서도 똑같이 정
의 · 측정될 수 있어서 이런 지표와 기업의 각종 성과와의 관계를 분석하는 데에
도 사용되고 있다(Lee, 2013a의 5장). 또한 각 산업의 혁신체제, 즉 산업별 혁신체
제를 분석하는 데에 있어서도 이러한 지표들을 정의하고 측정하여 각 산업이 상
호 간에 얼마나 어떻게 다른가 하는 것을 분석하는 데에 이용될 수 있다. 예를 들
면, Park and Lee(2006)에서는 한국과 대만 같은 추격국가들이 기술수명이 짧은
분야에 많이 특허를 낸 반면에, 선진국들은 상대적으로 수명이 긴 분야에 특허를
많이 내고 있음을 보여준 바 있다. 한국과 대만의 이러한 차별적인 기술적 특화가
한국과 대만이 기술추격을 빨리 달성하는 데에 기여하였음을 이 논문에서 보여주
고 있다. 이하에서는 이러한 지표들을 이용해서 추격형 국가혁신체제와 선진국형
국가혁신체제를 구분해 내고, 한국의 국가혁신체제를 다른 국가의 국가혁신체제
와 비교하고자 한다.

3. 추격형 국가혁신체제와 한국

Lee(2013a)에서는 성공적인 추격을 달성한 한국과 대만의 국가혁신체제를 다른
중진국 및 선진국과 비교하여서 추격형 국가혁신체제의 주요 특징을 규명하고 있
다. 이 연구에서는 위의 다섯 가지 변수를 이용하여 국가의 1인당 소득증가 결정
요인에 대한 계량분석을 수행하였다. 또한 이들 변수들을 산업차원에서 정의하여

어떤 특정산업이 추격이 더 쉬운가 또는 더 어려운가 하는 점을 규명하였고, 마지막으로 한국과 미국기업의 자료를 이용하여 한국이라는 추격형 기업과 미국이라는 선진국형 기업이 그 목적함수, 행태 및 성과의 결정요인면에서 어떻게 다른가를 규명하였다. 이 기업, 산업, 국가라는 세 차원에서 수행된 실증분석의 가장 중요한 결과는 성공적 추격국가 및 기업들은 기술수명주기가 짧은 분야에 집중 특화하여 성장을 해 왔다는 점이다.

기술수명주기가 짧은 것이 추격형 성장에 유리한 직관적 이유는 수명이 짧을수록 선진국들이 장악하고 있는 기존 기술의 유용성이 금방 하락하기 때문에 기존 기술에 덜 의존해도 되며 동시에 기술수명이 짧다는 것은 계속 새로운 기술이 등장한다는 것을 의미하기 때문에 성장 가능성이 높다는 것을 의미하기 때문이다. 또한 동시에 지식생산의 토착화면에서도 선진국이 장악하고 있는 기술에 덜 의존하기 때문에 보다 빨리 국가차원의 자기인용도를 높일 수 있는, 즉 지식생산의 토착화를 빨리 달성할 수 있는 유리한 점이 있다.

실제로 Lee(2013a)의 3장에서 수행된 국가차원의 실증분석에서는 한국과 대만의 동아시아 국가가 수명이 짧은 기술분야에 특허를 많이 출원한 것이 1인당 소득성장률에 양의 유의미한 관계가 있음을 증명하였다(**표 5-1** 참조). 또한 위의 책의 4장의 산업차원의 분석에서는 한국과 대만은 기술수명이 짧은 분야에 많이 특허를 출원한 반면에, 그 밑의 남미 국가들을 포함한 차세대 중진국들은 그렇지 못함을 보여주었다. 또한 위의 책의 5장의 기업차원의 실증분석에서는 한국기업들은 미국기업들보다 기술수명이 짧은 특허를 많이 보유하고 있으며 이것이 기업의 이윤율과 양의 유의미한 관계를 갖고 있음을 실증하였다. 이러한 발견은 기술수명이 짧은 분야에 특화하는 것이 선진국과의 직접적 충돌을 피하며, 후발자가 자신의 틈새(niche)를 확보하여 일정 정도의 이윤성을 확보하는 길임을 보여준다. 반면에, 미국기업의 실증분석에서는 기술수명주기 변수는 전혀 유의하지 않아서 성과에 아무런 관련이 없는 반면에, 지식생산 메커니즘의 사내토착화 정도를 보여주는 자기인용도가 높은 것이 생산성 및 기업가치 등 기업의 주요성과 변수에 양으로 유의미함이 나타났다. 이러한 점은 추격형 기업과 선진국형 기업이 매우 다른 기업혁신체제와 성과를 나타냄을 보여준다.

정리하면(**표 5-1** 참조), 바로 앞 절에서 소개한 다섯 가지 변수 중에 지식생산의 집중도 및 독창성은 국가차원 또는 기업차원 성과에 일관되게 어떠한 방향으로

| 표 5-1 | 경제성장의 결정요인: 추격형 대 선진국형

	아시아 4개국 (추격형)	고소득층 (선진국형)	중진국	전세계
기술수명주기	(−)*	(+)*	(+)*	(+)*
토착화	+	(+)*	+	(+)*
독창도	+	+	+	+
집중도	(−)*	(−)*	(−)*	(−)*
아시아 4개국 더미		(+)*	(+)*	(+)*

기타 통제변수: 초기소득, 인구성장률, 투자, 중등교육 재학률

자료: Lee(2013a)의 3장의 회귀분석결과를 요약하는 표임.

유의하지 않은 반면에, 기술수명주기와 지식생산의 토착화 변수가 매우 중요함을 보여준다. 또한 부수적으로 기술적 다각화 변수가 토착화 변수와 상당히 높은 상관관계를 보이며 비슷한 성과를 보여준다. 보다 중요한 이 세 가지 변수, 즉 기술수명주기, 지식생산의 토착화, 기술적 다각화 간의 관계를 다음과 같이 정리할 수 있다. 우선 추격국이 성공적인 추격을 달성하면 사후적으로 지식생산의 토착화와 다각화면에서 선진국 수준에 도달하는 양상을 보여준다. 또한 기술수명주기면에서는, 선진국은 기술수명이 긴 분야에 많이 특허를 보유한 반면에, 추격국은 기술수명이 짧은 분야에 많이 특허를 출원하는 정반대의 양상을 보여준다. 그래서 Lee(2013a)의 결론은 지식생산의 토착화와 다각화의 개선은 성공적 추격의 결과로서 나타나는 사후적 현상인 반면, 이러한 성공적인 추격을 이끈 정책수단변수 또는 이행변수(transition variable)는 기술수명주기라고 본다.

즉, 한국과 대만의 80년대 중반 이후의 기술발전 양상을 보면, 그 이전에는 섬유, 의류 등 수명이 긴 분야에 특화하다가 80년대 들어서서 자동차, 가전, 반도체, 통신장비, 디지털 TV 등 점점 기술수명이 짧은 분야로 진입하였으며 그 결과 다양한 산업분야에 진입하게 되는 다각화를 이루었고, 또한 동시에 지식생산의 토착화도 점점 늘어나는 양상을 보여왔다. 요컨대 기술수명이 짧은 분야로의 순차적 진입이 다각화를 낳았고, 수명이 짧기에 선진국 기술에 덜 의존하면서 지식생산의 토착화를 빨리 달성하였던 것이다.

여기서, 혹자는 당시에 정책 담당자들이 기술수명주기라는 개념을 의식하였겠

냐고 의문을 가질 수 있다. 당연히 그렇지 않았지만, 한국의 산업정책은 '이 다음은 무엇이 뜰까' 하는 향후 성장산업에 대한 집착을 항상 가지고, 그러한 유망산업을 먼저 인식하고 거기에 진입하려고 했다고 할 수 있고, 이런 인식은 바로 '짧은 기술수명주기'라는 기준과 일치한다. 반면에 남미 등의 국가들이 상대적으로 기술수명이 긴 의료, 바이오 등에 특허가 많고 그런 산업을 진흥하려고 하였으나, 경제성장에 성공하지 못하였다는 점은 만약 한국이나 대만이 그런 긴 수명주기 산업을 진흥하고자 산업정책을 폈다면, 많은 자원만 투입하고 실패하였을 가능성이 크다는 점을 시사한다. 즉, 그런 산업을 목표로 삼지 않았던 것 매우 다행이라고 하겠다.

이상의 측면이 추격형 국가혁신체제의 주요 내용이라 볼 수 있다. 즉, 한국과 대만 등의 성공적 추격국가는 기술수명이 짧은 분야에 특화하면서 추격을 달성하였던 반면, 상대적으로 지식생산의 집중도 및 독창성 확보면에서는 다른 개도국과 특별한 차이를 보이지 못했다. 즉, 지식생산의 집중도나 독창성 확보는 추격형 성장을 가능케 한 핵심요소가 아니었음을 보여준다. 그러나 이러한 측면도 앞으로 선진국형 국가혁신체제로의 전환의 과정에서는 개선되어야 할 필요가 있다고 볼 수 있다.

4. 선진국형 국가혁신체제로의 전환

선진국형 국가혁신체제와 추격형 국가들의 가장 큰 차이는 Lee(2013a)에서 보여주듯이 선진국에서는 기술수명이 긴 장수기술 분야(의학, 생명과학, 소재, 기계)에 특허가 많은 것이 경제성장과 유의미한 관계를 갖는다는 것이고, 또한 지식생산의 토착화 정도가 높은 것이 성장에 양으로 유의한 관계를 가지며 또한 지식생산의 집중도가 낮을수록 성장에 유의미하다는 것이다. 그렇다면 선진국으로 안착하기 위해서는 추격형 국가들도 기술수명이 긴 분야에 특허를 더 많이 내고 지식생산의 주체를 보다 다양화·분산화하고 지식생산의 토착화 정도를 더 높일 필요가 있음을 시사한다.

┃그림 5-1┃ 한국의 기술수명주기와 2개의 기술적 전환점

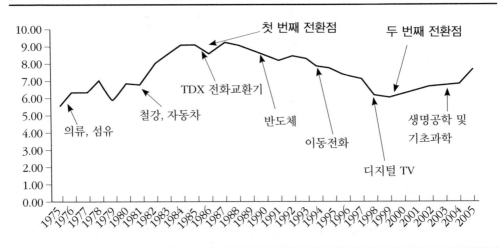

자료: 미국특허 통계자료를 이용하여 작성.

　　실제로 Lee(2013a)에서는 2000년대 이후의 한국과 대만의 특허를 조사해 보면, 기술수명이 많은 분야로 특허가 늘어나는 현상이 나타남을 지적한다(그림 5-1 참조). 그림 5-1에서 왼편의 숫자들은 평균기술수명주기인데, 가령 10이라는 숫자는 한국이 평균 10년 정도 오래된 특허를 인용하여 자신의 지식(특허)을 생산한다는 의미이다. 이 숫자가 짧을수록, 수명주기가 짧은 특허를 이용한다는 셈이 된다. 이 그림을 보면 성공적 추격국은 두 개의 전환점(turning point)을 통과하였다는 전환점 가설을 볼 수 있다. 첫 번째 전환점은 80년대 중반으로서 그 이전까지는 기술수명이 긴 분야에 특허를 많이 내다가 80년대 중반이라는 전환점부터 기술수명이 짧은 분야로 특허를 내기 시작하고 그래서 평균기술수명주기가 계속 하강하다가 이것이 2000년 부근에서 멈추며 그 이후에서는 다시 기술수명주기가 길어지는 두 번째 전환점 통과현상이 관측된다(그림 5-1 참조).

　　여기에서는 보다 구체적으로 2000년대 이후를 중심으로 한국을 독일, 일본, 대만과 대비하여 국가혁신체제를 분석하고자 한다. 우선 그림 5-2에서 보면, 한국의 기술수명주기는 2000년대 이후부터 긴 분야로 가기 시작하였으며, 전반적으로 일본보다는 기술수명이 짧은 분야의 특허를 더 많이 가지고 있음을 보여준다.

　　그 다음으로 기술다각화 지표를 보면, 한국과 대만은 다각화 정도가 비슷하나, 독일과 일본에 비해서는 아직 많은 차이가 존재하고 있음을 보여준다(그림5-3 참

▌그림 5-2▌ 주요국의 평균기술수명주기

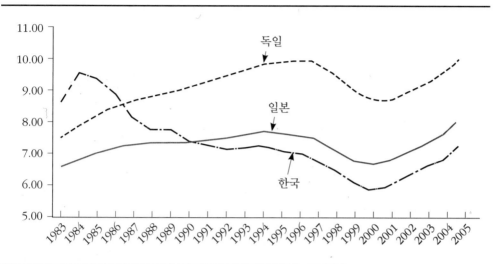

자료: 미국특허 통계자료를 이용하여 작성.

▌그림 5-3▌ 주요국의 기술적 다각화

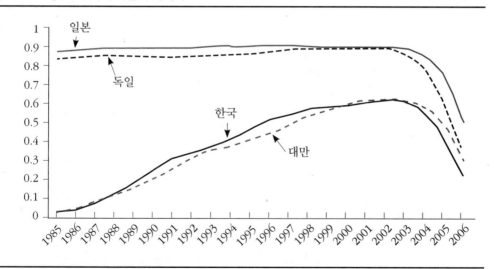

자료: 미국특허 통계자료를 이용하여 작성.

조). 다음 **그림 5-4**에서는 독창도를 보여주는데, 최근의 한국은 일본과 거의 근접한 수준에 도달하였으나 독일보다는 아직도 상당히 낮고 대만보다는 보다 높음을

┃그림 5-4┃ 주요국의 독창도

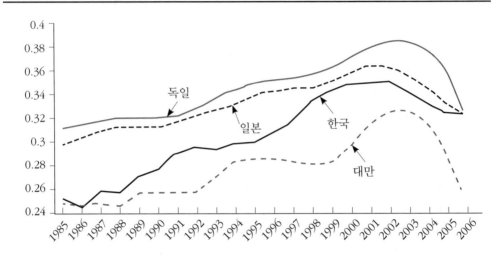

자료: 미국특허 통계자료를 이용하여 작성.

┃그림 5-5┃ 주요국의 지식생산의 집중도

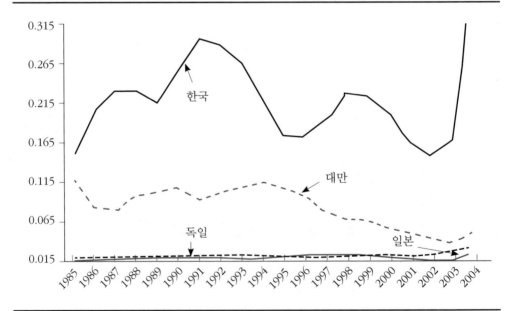

자료: 미국특허 통계자료를 이용하여 작성.

┃그림 5-6┃ 주요국의 지식생산의 토착화 정도

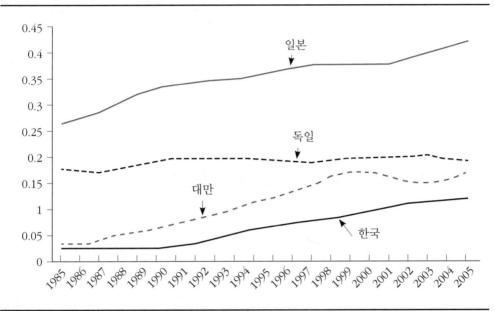

자료: 미국특허 통계자료를 이용하여 작성.

보여준다.

 그림 5-5는 혁신의 집중도가 한국이 다른 모든 나라에 비해서 과도하게 높음을 보여준다. 이는 한국의 지식생산, 즉 특허출원이 소수의 대기업에 집중되어 있는 데에서 나오는 것이다. 한국과 선진국(독일, 일본 등)은 엄청난 차이가 존재하며, 비슷한 추격국인 대만과 비교해서도 한국은 집중도가 과도하게 높다. 물론 대만은 Lee and Yoon(2010)에서 보여주듯이 특허생산이 다수의 중소기업들에 의해서 이루어지고 있다는 점에서 다르다.

 마지막으로 그림 5-6은 지식생산의 토착화 정도를 보여주는데, 일본이 압도적으로 예외적으로 높으며, 그 다음으로 독일, 그 다음으로 대만이고, 한국은 그 다음 밑임이 그려져 있다. 이 그림은 한국이 아직도 선진국으로 가기 위해서는 지식생산의 토착화 정도를 더 높여야 됨을 시사한다. 특히 대만에 비해서도 낮은 것은 대만은 국내기업들, 특히 중소기업들이 상호 간에 인용 정도가 높아서 지식의 확산이 활발한 반면에, 한국은 주요 대기업 중심의 지식생산체제이고 다른 대기업 집단 간에는 상호인용 정도가 낮아서, 지식확산 정도가 낮게 나타나는 데에 원인이 있다(Lee and Yoon, 2010).

이상의 결과를 보면, 한국이 선진국형 국가혁신체제를 갖추기 위해서 필요한 점은 여러 가지가 있겠으나, 특히 지식생산 주체의 과다한 집중도를 해소하고, 지식생산의 토착화와 다각화 정도를 더 높이고, 그리고 이미 시작된 기술수명이 긴 분야로의 전환을 좀더 가속화하는 점이 필요하다고 볼 수 있겠다.

5. 향후 국가혁신체제 전환을 위한 정책시사

지금까지의 분석을 보면, 한국은 80년대 중반 이후 제1기술적 전환점을 통과하면서 선진국과 차별되는 영역, 즉 기술주기가 짧은 분야에 특화 및 계속 진입함으로써 선진국과의 소득수준의 격차를 줄이는 추격을 상당히 달성하였다. 동시에 지식생산의 토착화 및 기술다각화도 어느 정도 진행되었다. 이후 한국은 2000년대 들어서서 기술수명이 긴 분야로도 진입하기 시작하면서 제2전환점을 통과하였으나, 아직은 미완성으로 보인다. 특히 2000년대 이후에 나타난 기술수명이 긴 분야로의 특허출원은 이 시기의 한국정부가 추진한 바이오 산업, 생명과학분야에 대한 집중지원의 결과로 보인다. 그러나 이러한 생명과학 산업 진흥정책은 어느 정도 특허를 내는 데에는 성공하였으나, 산업으로서 상업적 성공을 아직까지는 거두지 못하였다는 것이 일반적 판단이다.

혹자는 기술수명이 긴 분야가 진입장벽이 높고 후발자가 성공하기 어렵다면 왜 그 분야에 굳이 진입하여야 하는지 의문을 가질 수 있다. 그리고 한국이 현재 잘하고 있는 IT 등의 짧은 수명주기 산업에 계속 특화해도 되는 것이 아닌지 생각할 수 있다. 물론 현재 잘 되는 산업을 계속 발전시키는 것은 바람직한 일이지만, 문제는 기술수명이 짧은 분야는 우리가 빨리 추격하였듯이 중국과 같은 또 다른 후발자가 금방 쉽게 쫓아올 수 있는 분야라는 것이다. 현재 중국과 한국의 추격 속도를 검토해 보면, 중국의 추격이 가장 빠른 분야가 바로 기술수명이 짧은 분야이다. 상대적으로 자동차나 기계부품소재는 추격속도가 IT에 비해서는 느리다.

그래서 한국이 또 한번의 도약을 통해서 진입장벽이 높고 기술수명이 긴 부품소재, 의료, 바이오와 같은 분야에 성공적으로 안착한다면, 후발자의 추격에 대해서 덜 걱정하면서 좀더 안정적인 경제상황을 유지할 수 있다. 다만, 바이오 산업 같은 경우라 하더라도 의약과 같은 Red 바이오, 식품 등의 Green 바이오, 그리고 바이오 플라스틱 등의 White 바이오로 나눌 때, 그동안 시도한 Red 바이오는 상대적으로 더 어렵다는 것이 판단된 상황하에서 바이오 플라스틱과 같은 White 바이오 등이 더 적절한 선택일 수 있다. 그리고 그 외에 태양광, 풍력, 조력, 지열 등 신재생 에너지 산업에 지속적으로 들어가는 것이 필요하다.

기술수명이 긴 분야로의 진입이라는 과제 외에도, 한국은 지식생산의 토착화나 기술다각화 수준도 더 높일 필요가 있고, 과다한 집중도도 개선되어야 할 필요가 있다. 그런데 이러한 전환은 기존의 소수 대기업 주도의 혁신체제로는 어렵고, 중소기업 등 다양한 경제주체의 참여가 필요하다. 즉, 선도형 추격에서 동반형 추격으로의 전환 및 창조경제라는 화두가 어느 정도 적절함을 시사한다.

제 6 장

한국의 융복합기술, 장수기술, 암묵지기술

1. 들어가며

앞장에서 분석하였듯이, 한국은 그동안 고도 성장기에 기술수명이 짧은 분야, 즉 단명기술(short cycle time technology)에 특화하여 추격에 성공하였다. 1980년대 중반 이후 한국이 미국에 출원한 특허의 평균주기는 계속 하락하여 1990년대 말까지 계속 하락하였다. 그러나 선진국의 경우 긴 수명주기의 산업들이 주축을 이루고 있으며 한국도 2000년대 이후 평균기술수명주기가 길어지는 바람직한 현상이 발생하고 있다. 기술의 수명주기와 아울러 또 하나의 중요한 척도는 기술융합도라고 할 수 있다. 그동안 한국의 추격은 단품 위주의 또는 특정분야(IT분야) 위주로 추격에 성공하였다면 이제는 선진국 혁신체계에서처럼 다른 기술 간 융합 중심으로 갈 필요가 있다. 그리고 암묵도가 낮은 형식지 위주의 산업이 중심이었지만 이제는 중국과 같은 후발자가 추격하기 어려운 암묵지 산업을 중심으로 해야 할 필요가 있다. 즉, 과거의 한국경제 성장이 단품, 단명기술, 형식지 위주의 추격이었다면 향후에는 융복합기술, 장수기술(long cycle time technology), 암묵지기술 위주의 혁신으로 바뀔 필요가 있다.

본장에서는 한국이 출원한 미국특허 자료를 가지고, 한국기술의 기술수명, 융복합성, 암묵성 등을 분석하고 상대기술 비교 우위지수도 측정한다. 특히, 한국이 산업발전의 벤치마킹 대상으로 독일을 꼽는 경우가 많기에 독일의 산업기술과의 비교 · 분석도 수행한다.

2. 한국과 독일의 기술특성 비교

이미 많은 연구에서 국가, 산업, 기업 단위의 추격에 기술수명이 중요한 의미를 지닌다는 것을 증명하고 있다. 즉, 장수기술은 기술의 진입장벽이 높고 기술혁신의 누적성이 높아 일단 획득하면, 후발자의 추격에 대해 덜 걱정하면서, 안정적이고 장기적인 성장을 보장하는 기술이기에 한국의 추후 성장 동력으로써 적합하다고 평가할 수 있다. 앞장에서 보인 바 대로 2000년대 이후 한국의 기술수명주기의 평균이 길어지고 있다는 사실을 확인하였다. 여기서는 독일과의 상세 비교를 통해 한국산업기술의 특수성을 보이고자 한다.

이하에서는 한국의 기술혁신에 관한 분석을 위하여 미국에 출원된 특허를 통해 기술수명에 관한 연구를 우선 진행하였다. 미국특허 데이터의 신뢰성이 높고 전 세계의 주요 기업들이 미국에 특허를 대부분 출원하기 때문에 연구목적을 달성하는 것에 가장 적합하기 때문이다. 이를 위해 NBER에서 제공하는 2006년도까지의 미국특허 데이터와 자체적으로 확보한 2013년까지의 한국, 독일 특허 데이터를 통해 연구를 진행하였다.

기술수명은 일반적으로 평균 후방 인용시차(backward citation lag)를 통해서 측정한 다(Narin, 1994). 다음은 어떤 특허(i)의 기술수명을 구하는 방법이다.

$$\text{Backward citation lag of patent } i = \left(\sum_{j=1}^{NCITING_i} LAG_j \right) \Big/ NCITING_i$$

단, LAG_j = 인용하는 특허 i의 출원연도 − 인용된 특허 j의 출원연도,

$NCITING_i$ = 해당 특허가 인용한 특허의 총수

즉, 이는 인용하는 특허의 출연연도에서 인용된 특허의 출원연도를 뺀 값들의 평균으로 해당 특허가 얼마나 오래된 특허를 활용하여 만들어졌는지를 나타내는 지표이다. 이에 어떤 특허의 평균기술수명이 길면 상대적으로 오래된 기술에 의존하여 만들어진 특허이고, 짧으면 상대적으로 새로운 기술에 의존하여 만들어진 특허라고 평가할 수 있는 것이다.

정리된 NBER 데이터베이스는 2006년까지의 특허자료만 존재하기에 이 자료를

이용하여 2000년에서 2006년까지 등록된 모든 국가들의 미국특허의 기술수명을 구한 후 이를 미국특허 소분류 425개별로 구분하여 평균을 내어 각 425개 기술분야의 평균기술수명을 먼저 구하였다. 이를 토대로 기술수명이 상대적으로 긴 장수기술 분야와 짧은 단명기술 분야에 한국과 독일특허가 얼마나 있는지를 연도별로 살펴보아서 국가 간 차이를 분석하는 방법론이다. 2006년 이후에도 각 기술분야별 기술수명이 큰 변동이 없을 가능성이 높기에, 이 방법으로 국가 간 산업구조의 차이를 확인하는 것에는 문제가 없을 것으로 판단된다. 우선 기술수명이 10년 이상인 분야들을 장수기술 분야, 6년 미만인 분야를 단명기술 분야로 구분하고 분석을 진행하였다. 우선 장수기술, 단명기술 분야에 속하는 특허의 연도별 총수와 두 국가의 전체 특허 대비 장수기술 및 단명기술 특허의 비중을 살펴보았다.

그림 6-1은 한국의 장수기술 분류 특허가 2013년까지 아주 천천히 증가하고 있음을 보여준다. 2013년 장수기술 분류에 속하는 한국이 등록한 미국특허는 403개로 이는 독일의 2,098개 보다 적은 수치이다. 그림 6-2에서 보듯이 독일의 장수기술 분류 특허의 비중은 전체 특허 대비 15~20% 정도이나 한국은 매년 5%가 되지 못하여 3배 이상의 차이를 보이고 있다. 2006년까지 미국에 출원된 세계 전체 특허의 장수기술 분류 특허의 비중을 보더라도 그 비중이 독일은 10%가 넘지만 한국은 그 절반 수준일 뿐이다.

┃그림 6-1┃ 연도별 장수기술 분류에 속하는 특허들의 총수

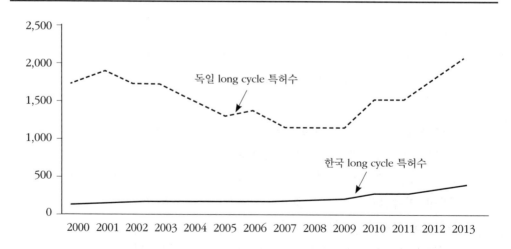

┃그림 6-2 ┃ 연도별 장수기술 분류에 속하는 특허들의 전체 특허대비 비중

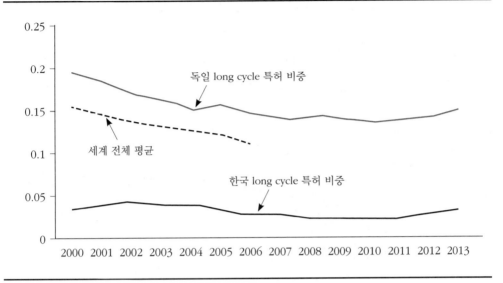

반대로 수명이 6년 미만인 단명기술 분야에 속하는 특허는 장수기술 분류와 전혀 다른 양상을 보인다.

그림 6-3에서 확인되는 것처럼 양국의 단명기술 분야 특허수는 2013년까지 증가추세이다. 그러나 한국이 독일에 비해 더 가파른 증가세인 것을 볼 수 있다. 그

┃그림 6-3 ┃ 연도별 단명기술 분류에 속하는 특허들의 총수

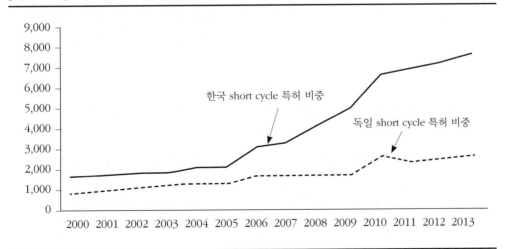

┃그림 6-4┃ 연도별 단명기술 분류에 속하는 특허들의 해당 국가 전체 특허대비 비중

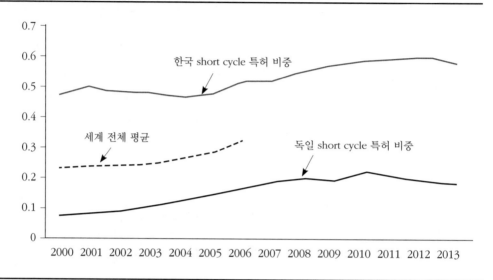

림 6-4는 연도별로 단명기술 분류에 속하는 특허들이 각국의 전체 특허 대비 비중을 보여주고 있다. 한국의 경우 단명기술 분류에 속하는 특허가 그 비중이 2013년 60%에 육박하나 독일은 그 3분의 1인 20%밖에 되지 않는다. 세계특허의 단명기술 분류 특허의 비중을 보아도 한국은 이보다 훨씬 위이고 독일은 아래인 것이 관찰된다. 요약하자면 한국은 단명기술 특허의 비중이 아주 높고 그 증가세가 높다. 반대로 독일은 상대적으로 장수기술 특허의 비중이 높고 단명기술 특허의 비중은 낮았다. 이는 한국이 보다 단명기술 산업에 특화되어 있음을, 반대로 독일은 한국에 비해 장수기술 산업에 특화되어 있음을 보인다. 이 결과는 양국의 산업구조의 확연한 차이를 설명하는 자료로 평가할 수 있을 것이다.

추가로, 양국의 기술 특화구조의 차이와 경쟁력을 명확하게 분석하기 위해, 양국의 RTA(Revealed Technological Advantage), 즉 '현시기술비교우위 지수'를 추정할 수 있다. 이 지수는 각 국가가 어떤 분야 기술의 비중이 높은지, 즉 상대적 기술우위가 있는지를 측정하는 도구이다. RTA는 다음과 같이 구할 수 있다.

$$RTA_{ij} = (P_{ij}/\sum^i P_{ij})/(\sum^j P_{ij}/\sum^i \sum^j P_{ij}), \ (i=기술영역, j=국가, P=특허의 수)$$

┃표 6-1┃ 한국, 독일 RTA 6개 영역

6대 기술 분야	2000		2001		2002		2003		2004		2005		2006		00~06 평균 RTA	
	한국	독일	한국	독일	한국	독일	한국	독일	한국	독일	한국	독일	한국	독일	한국	독일
1	0.66	1.53	0.618	1.53	0.73	1.51	0.8	1.51	0.82	1.54	0.75	1.54	0.78	1.66	0.72	1.55
2	1/81	0.37	1.69	0.42	1.5	0.45	1.43	0.48	1.32	0.47	1.3	0.53	1.27	0.54	1.46	0.47
3	0.19	0.83	0.22	0.82	0.23	0.82	0.26	0.78	0.27	0.85	0.22	0.78	0.22	0.81	0.23	0.81
4	1.76	0.92	1.85	0.86	1.74	0.88	1.7	0.96	1.63	0.97	1.57	1.04	1.53	1.05	1.68	0.95
5	0.59	1.64	0.59	1.67	0.64	1.65	0.63	1.57	0.53	1.6	0.64	1.6	0.63	1.58	0.61	1.62
6	0.36	0.9	0.3	0.9	0.41	0.94	0.4	0.96	0.49	0.99	0.47	0.93	0.44	0.99	0.41	0.94

즉, 한국특허에서 특정 기술영역의 비중을 세계 전체 특허에서 그 기술영역의 비중으로 나눈 것으로 일반적으로 RTA가 1이 넘으면 그 국가의 비교우위가 있는 기술영역으로 평가한다. 기술영역을 어떻게 규정하느냐에 따라 RTA는 달라질 수 있기에 먼저 NBER에서 대분류를, 다시 6개의 상위분류로 재분류한 기준으로 기술영역을 나누었다. 이 여섯 개의 기준은 화학(Chemical 1), 컴퓨터 & 통신(Computers & Communications 2), 제약 & 의학(Drug & Medical 3), 전기 · 전자(Electrical & Electronic 4), 기계(Mechanical 5), 기타(Others 6)이다. RTA를 구하기 위해서는 전 세계 특허 데이터가 필요하기 때문에 2006년까지 양국의 RTA를 구하였다.

그 결과 2000년에서 2006년까지 연도별 RTA의 변화는 크지 않으나 일관적으로 한국과 독일이 다른 양상을 보였다. 7년 평균 RTA를 보면 한국은 컴퓨터 통신과 전기 · 전자가 각기 1.46과 1.68의 RTA를 보이며 비교우위가 있는 영역으로 나왔다. 반면, 독일은 화학과 기계가 각기 1.55와 1.62의 RTA를 기록했다. 이는 양국이 명확히 다른 비교우위 분야를 가지고 있음을 의미한다. RTA가 높은 순서로 말하면 한국은 전기 · 전자, 컴퓨터 통신, 화학, 기계, 기타, 의약 순이다. 반면에 독일은 기계, 화학, 전기 · 전자, 기타, 컴퓨터 통신이다. 한국에서 높은 순위를 보이는 IT가 독일에서는 가장 순위가 낮은 점이 확인된다. 특히 주목할 점은 부품소재 산업이 주로 속하는 기계, 화학, 전기 · 전자에서 독일이 강하다는 점이다. 이는 독일의 산업구조가 중간재 산업인 부품소재 산업 중심이라는 것을 보여준다. 반대로 한국의 경우 컴퓨터 통신, 전기·전자 등 IT산업의 비교우위가 아주 큰 것으로 나타났다. 이는 직관적인 한국 산업에 대한 이해와도 일치되는 결과이며 IT가 대표적인 단명기술 중심의 산업인 만큼 단명기술 특허의 수와 비중이 높다는 앞선 분석결과와도 일치하는 결과이다. 결국 독일은 기계 및 화학산업이 경제성장의 주요 원동력이었다는 점과 한국의 경우 IT가 그간 성장의 주요 밑거름이었다는 것을 알 수 있다.

3. 부품소재 기술과 바이오 기술 비교

앞서 보았듯, 독일은 부품소재 산업이 발달되어 있다. 한국이 독일을 벤치마킹한다고 할 경우, 부품소재 산업은 향후 한국의 주력산업이 될 수 있기에 본 연구에서는 부품소재 기술의 동향을 분석한다.

부품소재 산업을 무엇으로 규정할지는 다양하게 논의될 수 있으나 일반적으로 화학, 금속, 특수섬유 등의 소재산업과 기계, 전기·전자 영역에서의 부품산업 등을 포함한다. 한국과 관련성이 큰 부품소재 산업이 무엇인지 보기 위해 2010년 지식경제부가 선정한 한국 미래성장을 위한 '20개 핵심부품소재'를 기준으로 삼았

┃ 표 6-2 ┃ 한국의 부품소재 산업 분류

분야	중분류 이름(번호)	기술수명	예시
화학	Coating(12)	8.88년	코팅 소재
	Resins(15)	8.74년	에폭시, 우레탄 소재
금속	Metal working(52)	9.37년	합금, 금속제련
전기·전자	Communications(21)	5.8년	무선통신패널, 모듈
	Electrical Lighting(42)	7.33년	디스플레이 패널
	Optics(54)	6.76년	광학
자동차	Motors & Engines + Parts(53)	9.03년	모터, 엔진
기계·조선	Power System(45)	7.88년	발전기, 충전기

┃표 6-3┃ 부품소재 분야별 한국이 출원한 미국특허의 총수

기술 분야	연도 이름	2000	2001	2002	2003	2004	2005	2006	2007	2008	2009	2010	2011	2012	2013
12	Coating	46	28	33	39	44	45	37	36	47	74	93	95	102	107
15	Resins	49	50	66	73	71	45	64	50	63	61	104	124	134	161
42	Electrical Lighting	85	120	149	238	270	218	254	343	389	477	545	457	401	391
45	Power Systems	109	157	133	142	158	157	195	223	271	378	551	615	603	763
52	Metal Working	49	91	68	61	48	58	61	57	48	56	74	89	108	90
53	Motors & Engines + Parts	40	57	89	89	98	86	97	95	101	83	103	131	170	176
54	Optics	75	53	58	69	81	116	171	182	206	146	171	164	172	178

다. 특허분석을 위해 NBER에서 정한 특허 중분류 37개 중 '20개 핵심부품소재'와 관련된 8개를 선정하였다. 그 결과는 **표 6-2**와 같다.

분야별 기술수명은 2000년에서 2006년 미국에 등록된 모든 특허의 기술수명을 중분류 분야별로 나누어 평균을 낸 값이다. 이 표에서도 확인할 수 있듯이 IT의 하부인 통신기술을 제외하면 부품소재 산업은 상당 분야가 8년이 넘어 기술수명이 긴 편인 것을 확인할 수 있다.

표 6-3은 한국의 부품소재 중분류에 속하는 특허들의 수를 연도별로 표시한 것이다. 여기에서 확인할 수 있는 점은 부품소재 산업분야의 특허가 전반적으로 증가하는 추세라는 것과 특히 Electrical lighting과 Power systems 등의 특허가 크게 늘었다는 것이다.

한편, 2000년대에 한국은 바이오의약 산업에 많은 투자를 해 왔다. 바이오의약은 미국특허 중분류 31(Drugs), 32(Surgery & Med Inst.), 33(Genetics), 39(Miscellaneous) 분야에 포함된다. 바이오의약 산업과 부품소재 산업을 비교하여 특허의 수를 비교해 그간의 성과를 보면 **그림 6-5**와 같다.

┃그림 6-5┃ 한국의 부품소재, 바이오의약 연도별 특허 등록수

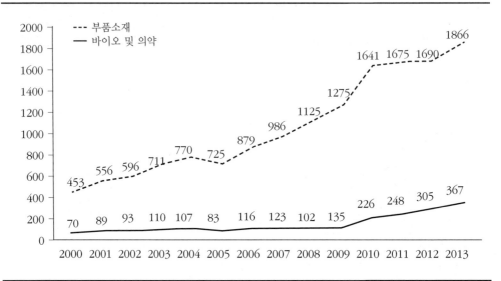

┃그림 6-6┃ 한국과 독일의 부품소재 산업, 바이오의약 산업 RTA비교

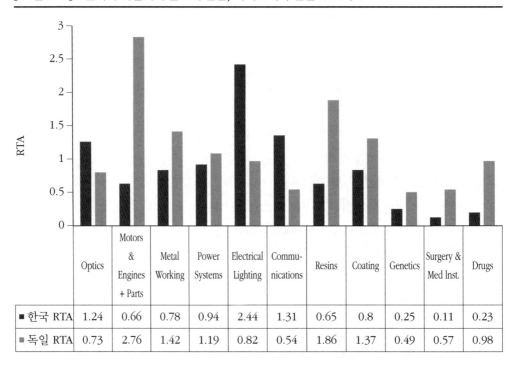

	Optics	Motors & Engines + Parts	Metal Working	Power Systems	Electrical Lighting	Commu-nications	Resins	Coating	Genetics	Surgery & Med Inst.	Drugs
■한국 RTA	1.24	0.66	0.78	0.94	2.44	1.31	0.65	0.8	0.25	0.11	0.23
■독일 RTA	0.73	2.76	1.42	1.19	0.82	0.54	1.86	1.37	0.49	0.57	0.98

그림 6-5는 통신분야를 제외한 부품소재 중분류에 속하는 한국의 특허등록수와 바이오의약의 중분류에 속하는 특허등록수를 연도별로 보여주는 자료이다. 부품소재 특허, 바이오의약 특허 모두 증가세를 보이나 부품소재 분야가 바이오의약 산업에 비해 압도적으로 가파른 상승세를 나타낸다. 부품소재특허가 2000년 453개에서 2008년 1,866개로 증가한 반면, 바이오의약은 70개에서 367개로 증가하였다. 이는 같은 장수기술 산업인 두 영역에서 부품소재 산업의 성과가 더 좋았음을 나타낸다.

앞서 언급한 RTA를 부품소재 및 바이오의약 중분류로 기술영역을 나누어 적용하여 두 영역의 비교우위를 보다 엄밀히 분석하였다. 비교를 위해 독일의 해당 RTA 역시 함께 구하였다.

그림 6-6의 그래프는 한국과 독일의 중분류별 RTA를 나타내는 것이다. RTA의 경우 2000년에서 2006년까지의 미국에 등록된 한국과 독일, 그리고 세계특허를 활용하여 구하였다. 각 영역 내에서 좌측에 있는 것이 부품소재 산업, 그리고 우측은 바이오의약 산업의 RTA를 보여주고 있다.

한국과 독일의 RTA를 비교해 보면, 우선 한국은 바이오의약에서 0.1~0.25이나 독일은 그 두 배 이상이다. 물론 독일이 부품소재에서도 전반적으로 RTA가 높고, 한국은 전기조명, 광분야에서는 독일보다 높다. 이는 한국의 부품소재 산업이 바이오의약 산업보다 상대적으로 더 높은 비교우위를 지니고 있으며 세계 평균보다 더 많은 또는 더 근접한 특허등록수를 보이고 있음을 의미한다.

지금까지 국가단위에서 분석이 주로 이루어졌다면 이제는 개별 특허를 출원하고 등록하는 주체가 누구인지에 대한 분석을 보자. 2000년에서 2006년 미국에 등록된 한국의 부품소재특허의 등록자를 대기업, 중소기업, 기관 또는 개인으로 나누어 분류하였다. 부품소재특허는 앞선 논의에서와 같이 NBER 중분류 12, 15, 21, 42, 45, 52에 해당되는 특허이며 이 특허정보를 나이스신용평가정보에서 제공하는 KIS value 기업정보와 연동하여 등록자를 식별하였다. 대기업, 중소기업 분류는 현행 「중소기업법」에 준하여 분류되었으며 기간 내 부품소재특허의 약 90%의 등록자를 식별할 수 있었다.

그림 6-7의 그래프에서 보듯이 대기업, 중소기업, 기관 모두 부품소재특허를 점점 더 많이 등록하고 있다. 특히 대기업의 등록비중이 크며 그 비중이 점차 증가 중이다. 기관이 대기업 다음으로 많은 특허를 생산하고 있으며 중소기업이 가장

┃그림 6-7┃ 부품소재특허 등록자 연도별 추이

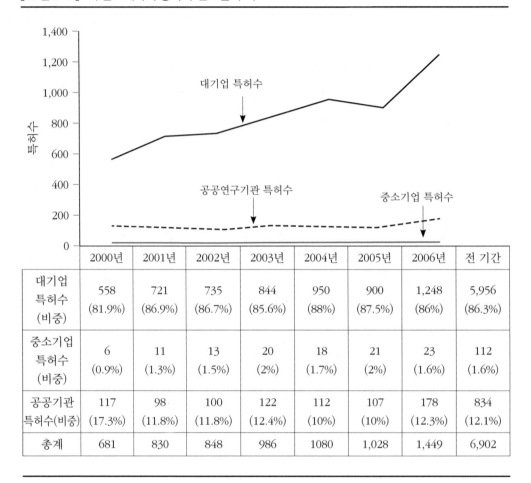

	2000년	2001년	2002년	2003년	2004년	2005년	2006년	전 기간
대기업 특허수 (비중)	558 (81.9%)	721 (86.9%)	735 (86.7%)	844 (85.6%)	950 (88%)	900 (87.5%)	1,248 (86%)	5,956 (86.3%)
중소기업 특허수 (비중)	6 (0.9%)	11 (1.3%)	13 (1.5%)	20 (2%)	18 (1.7%)	21 (2%)	23 (1.6%)	112 (1.6%)
공공기관 특허수(비중)	117 (17.3%)	98 (11.8%)	100 (11.8%)	122 (12.4%)	112 (10%)	107 (10%)	178 (12.3%)	834 (12.1%)
총계	681	830	848	986	1080	1,028	1,449	6,902

적다. 기간 내 전체 특허에서 대기업 특허의 비중은 86.29%, 공공연구소 등 기관 특허는 12.08%, 중소기업 특허는 1.62%를 차지한다. 출원자 유형별 특허출원의 비중은 연도별로 크게 차이가 나지는 않는다.

표 6-4는 부품소재특허의 등록자를 유형별로 나누어 가장 많이 등록한 상위 5개씩을 보여주고 있다. 삼성, LG 등의 IT 업계에 관련된 대기업들이 많은 특허를 등록하고 있는 것을 확인할 수 있다. 기관 출원자를 살펴보면 대학보다는 연구소에서 많은 특허를 등록하고 있는 것을 확인할 수 있었다.

이번에는 얼마나 많은 기업, 기관이 각기 부품소재특허를 출원하고 있는지를

┃ 표 6-4 ┃ 유형별 상위 5대 출원인

분류/순위	1위	2위	3위	4위	5위
대기업 (동계열사 제외)	삼성전자 (2,661개)	LG전자 (1,062개)	현대자동차 (348개)	하이닉스 (221개)	포스코 (56개)
대기업	삼성전자 (2,661개)	LG전자 (1,062개)	삼성SDI (613개)	현대자동차 (348개)	삼성전기 (234개)
기관 및 개인	한국과학 기술연구원 (97개)	카이스트 (95개)	한국화학 연구원(34개)	포항산업 과학연구원 (22개)	한국기계 연구원 (21개)
중소기업	미래산업 (31개)	도남시스템 (5개)	동아연필 (4개)	보암산업 (3개)	에스피에스 (3개)

┃ 표 6-5 ┃ 부품소재특허 출원자 유형별 분포와 추세

	대기업 특허수	대기업 수	단위당 특허수		중소기업 특허수	중소 기업수	단위당 특허수		기관 특허수	기관 수	단위당 특허수
2000년	558	28	19.93	2000년	6	5	1.2	2000년	117	19	6.16
2001년	721	45	16.02	2001년	11	8	1.38	2001년	98	19	5.44
2002년	735	40	18.38	2002년	13	8	1.63	2002년	100	17	5.88
2003년	844	54	15.63	2003년	20	13	1.54	2003년	122	22	5.55
2004년	950	55	17.27	2004년	18	10	1.8	2004년	112	26	4.31
2005년	900	52	17.3	2005년	21	17	1.24	2005년	107	27	3.96
2006년	1,248	56	22.29	2006년	23	21	1.1	2006년	178	40	4.45
전체 기간	대기업 특허수	한 번 이라도 출원한 대기업 수	평균 출원수	전체 기간	중소 기업 특허수	한 번 이라도 출원한 중소 기업수	평균 출원수	전체 기간	기관 특허수	한 번 이라도 출원한 기관수	평균 출원수
	5,956	141	42.24		112	65	1.72		834	84	9.93

살펴보았다. 부품소재특허 출원자를 연도별로 그 절대수를 보게 되면 대기업, 중
소기업, 기관 모두 증가하는 추세임을 볼 수 있다(**표 6-5** 참조). 단위당 출원특허수

는 대기업, 기관, 중소기업 순이며 2000~2006년 기간 내 한 번이라도 특허를 출원한 적이 있는 출원인 역시 대기업, 기관, 중소기업 순으로 많다.

4. 기술융합도 국제비교 분석

여기서는 기술융합도면에서 한국의 기술을 분석해 보자. 기술융합도는 해당 분야별로 융복합 특허의 비중으로 측정할 수 있다. 여기서 융복합 특허란 한국이 미국에 출원하여 등록된 특허 중 그 기술분류가 한 분야가 아니고 복수분야로 분류된 특허로 정의하고 그런 특허의 비중을 살펴보자.

사실 기술융합을 측정하기 위해서는 데이터의 선정, 기술의 분류체계, 융합의 식별방식에 대한 논의가 먼저 진행되어야 한다(최재영 외, 2013). 먼저 데이터는 기술변화를 나타내는 대표적인 지표인 특허데이터를 사용한다. 특허데이터가 일부 장점과 단점을 동시에 갖고 있기는 하지만(Lee, 2013a), 그 사용의 용이성 및 접근성은 우리가 기술융합의 특징을 확인할 수 있게 한다. 데이터의 출처는 미국의 특허청에 등록된 특허 중 1999~2013년 사이의 특허이다.

기술의 분류체계와 융합의 식별방식을 **그림 6-8**을 통하여 알아보자. 그림은 미국의 특허등록원부를 발췌한 것이다. 특허기술의 분류 중에서 Current U.S. Class는 미국 특허청의 기술분류를 나타낸 것이다. 제일 앞에 있는 숫자인 435/287.8에서 435가 Main 대분류를 나타낸 것이고 다음에 표시된 204, 435, 83가 Sub 대분류를 나타내고 있다.

사실 미국특허의 3-Digit Class(기술분야) 개수는 450여 개 이상이기 때문에 모든 분야 간 융합분석을 수행하기에는 어려움이 있다. 따라서 보다 상위의 분류기준이 필요하며, 본 연구에서는 NBER에서 정의한 기술분류를 사용하기로 한다. 앞선 기술수명 부분에서 언급하였듯이 NBER의 기술 대분류는 6가지 분야로 구성되어 있는데, 화학(Chemical), 컴퓨터 & 통신(Computer & Communications), 의약(Drugs & Medical), 전기 & 전자(Electrical & Electronic), 기계(Mechanical), 그리고 기타(Other)로 분류된다.

| 그림 6-8 | 미국의 특허등록원부(예)

Filed: February 27, 2002
PCT Filed: February 27, 2002
PCT No.: PCT/EP02/02116
371(c)(1),(2),(4) Date: March 15, 2004
PCT Pub. No.: WO02/076608
PCT Pub. Date: October 03, 2002

Main 대분류

Sub 대분류

Prior Publication Data

Document Identifier
US 20040142338 A1

Publication Date
Jul 22, 2004

Foreign Application Priority Data

Feb 28, 2001 [DE] 101 10 511

Current U.S. Class: 435/287.8 ; 204/456; 204/464; 435/287.7; 435/288.3; 435/7.1; 435/24; 435/527; 83/915.5
Current CPC Class: B01J 19/0046 (20130101); B82Y 30/00 (20130101); G01N 33/5436 (20130101); B01J 2219/00497 (20130101); B01, 2219/00513 (20130101); B01J 2219/00527 (20130101); B01J 2219/00585 (20130101); B01J 2219/00596 (20130101); B01,

┃그림 6-9┃ 한국이 등록한 미국특허 기술융합도 추이

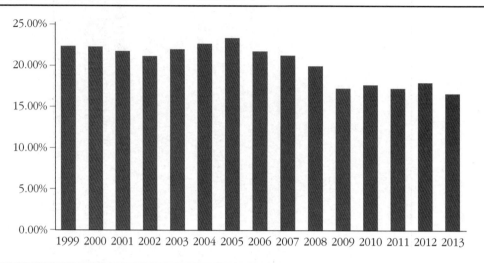

따라서 기술융합도는 아래의 식과 같이 정의할 수 있다.

$$기술융합도_{it} = \frac{t기의\ i섹터에\ 속한\ 융합\ 특허의\ 총개수}{t기의\ i섹터에\ 속한\ 특허의\ 총개수}$$

i=화학, 컴퓨터 및 통신, 의약, 전기 및 전자, 기계, 기타
t=1999, 2000, ⋯, 2012, 2013

미국에 등록된 특허 중 한국인이 특허권자인 특허들의 기술융합도 추이는 **그림 6-9**와 같다. 그림에 따르면, 1999년 이후로 기술융합도가 20%를 상회하고 있지만 2008년부터는 20% 아래로 떨어졌고 최근 5년간은 약 17% 수준에서 유지되고 있다.[1]

그리고 융합기술의 추이를 알아보기 위하여, 기술융합도뿐만 아니라 융합특허 개수의 현황을 정리하면 **표 6-6**과 같다. **표 6-6**은 1999~2013년 사이 미국에 등록된 한국특허 중 NBER 6대분야 기준으로 전체 특허수, 융합특허수, 특허수 증가율과 기술융합도를 나타낸 표이다. 1999년에 비하여 2013년의 전체 특허 개수는

---

1 국내 출원특허(1998~2010년)를 이용해 기술융합도 분석을 실시한 최재영 외(2013)의 연구에서는 2001년 이후 한국의 기술융합도가 계속 증가하는 것으로 나타났고, 대분류 기준으로 2010년 19.2%의 융합도를 보였다.

┃표 6-6┃ 한국의 융합특허 현황

연도	융합특허 개수(개)	증가율(%)	전체 특허 개수(개)	증가율(%)	기술융합도
1999	787		3,483		0.2260
2000	715	−9.15	3,181	−8.67	0.2248
2001	737	3.08	3,370	5.94	0.2187
2002	762	3.39	3,583	6.32	0.2127
2003	830	8.92	3,734	4.21	0.2223
2004	982	18.31	4,293	14.97	0.2287
2005	991	0.92	4,202	−2.12	0.2358
2006	1,260	27.14	5,750	36.84	0.2191
2007	1,323	5.00	6,223	8.23	0.2126
2008	1,509	14.06	7,529	20.99	0.2004
2009	1,517	0.53	8,778	16.59	0.1728
2010	2,076	36.85	11,685	33.12	0.1777
2011	2,159	4.00	12,311	5.36	0.1754
2012	2,370	9.77	13,231	7.47	0.1791
2013	2,420	2.11	14,530	9.82	0.1666
평균		8.92		11.36	0.2048

3,483개에서 14,530개로 4배 이상 증가했으며, 융합특허 개수는 787개에서 2,420 개로 3배 이상 증가하였다. 특히, 전체 특허 개수의 증가율(11.36%)이 융합특허 개 수의 증가율(8.92%)보다 높게 확인되어 상대적으로 융합도의 하락 추세를 이끈 것 으로 나타났다.

그림 6-10은 한국의 기술융합도를 분야별로 구분해 본 것이다. 1999~2013년 중 평균적으로 가장 높은 기술융합도를 나타낸 분야는 의약이며, 화학과 기타 분 야가 뒤를 잇고 있는 것을 확인할 수 있다. 전반적으로 급격한 증가추세는 보이지 않으며 연도에 따라 융합도의 증감폭이 매우 큰 형태를 보이고 있다. 분야별로 나 누어 보면, 의약은 평균 40% 정도, 기타 분야는 35% 정도, 화학과 기계는 약 30% 수준을 유지하고 있다. 이에 비해 컴퓨터 및 통신과 전기 및 전자분야는 15% 수준 에서 융합도가 매우 낮은 상태에 머무르고 있는 것을 확인할 수 있다.

┃ 그림 6-10 ┃ 한국의 섹터별 기술융합도

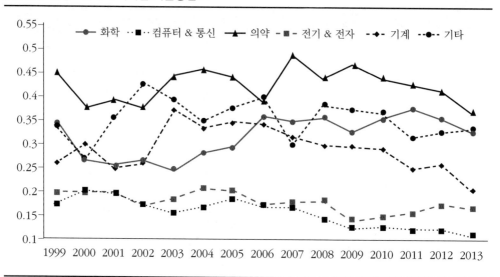

더불어 한국의 전체 기간과 최근 5년간을 비교한 **표 6-7**을 보자. 전반적인 현황을 보면, 전체 기간의 융합특허의 절대 건수는 전기 및 전자, 컴퓨터 및 통신, 화학, 기계, 기타, 의약 순이다. 그러나 최근 5년간의 융합특허 개수를 보면, 컴퓨터 및 통신, 전기 및 전자의 순위가 바뀌어 있는 것을 볼 수 있다. 그리고 최근 5년간

┃ 표 6-7 ┃ 한국의 기술융합도

전체 기간(1999~2013년)						
부문	화학	컴퓨터 및 통신	의약	전기 및 전자	기계	기타
융합특허 개수	2,597	6,255	975	6,492	2,166	1,953
전체 특허 개수	7,872	44,815	2,320	37,729	7,575	5,572
평균 융합도	0.3299	0.1396	0.4203	0.1721	0.2859	0.3505
최근 5년간 특허(2009~2013년)						
부문	화학	컴퓨터 및 통신	의약	전기 및 전자	기계	기타
융합특허 개수	1,451	3,417	555	3,290	886	943
전체 특허 개수	4,136	28,124	1,342	20,719	3,462	2,752
평균 융합도	0.3508	0.1215	0.4136	0.1588	0.2559	0.3427

의 절대 건수로 보면, 컴퓨터 분야의 최근 5년 특허수가 28,000개가 넘고 그 중에 3,417개가 융합특허여서 절대 건수로는 압도적이다. 반면에 이 분야의 융합도는 낮은 편이다. 반면, 의약분야는 최근 5년간 특허 개수가 1,342개밖에 되지 않으나 555개가 융합특허여서 가장 높은 융합도를 보인다.

한국의 기술 융합현상을 타 국가들과 비교하기 위하여 대만, 독일, 일본을 같이 살펴보도록 하자. 대만은 우리나라와 같은 후발자로서 그리고 독일과 일본은 선발자 국가로서 분류할 수 있다. 우선 전체 기간(1999~2013년)의 기술융합도를 살펴보면, 독일(24.31%)이 1위를 차지하고 있으며, 일본(23.85%), 한국(20.49%), 대만(20.25%)이 뒤를 잇고 있다. 모든 국가에서 1999년 이래로 기술융합도가 감소하는 것으로 나타났다. 특히 1999년에는 기술융합도가 일본, 독일, 한국, 대만이 각각 26.24%, 25.39%, 22.60%, 21.28%이었다. 그러나 2008년 이후에는 기존 순위에 변동이 발생하여 결국 2013년에는 독일, 일본, 대만, 한국 순으로 각각 22.75%, 20.18%, 18.18%, 16.66%로 나타나는 등 순위가 역전됨이 확인되었다.

또한 최근 5년 정도를 기간으로 하면, 독일이 22% 이상을 상회하며 일본이 21% 정도, 대만이 19% 정도이고, 한국이 17% 정도여서 비교 가능한 4대국 중 한국이 제일 낮은 비율을 보이고 있다.

▌그림 6-11 ▌ 국가별 기술융합도 추이

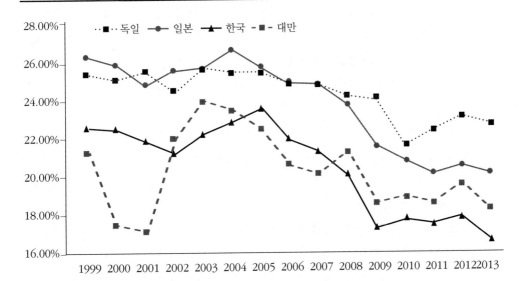

표 6-8 국가별 융합특허 개수 추이

특허등록연도	독일	일본	한국	대만
1999	2,056	8,123	787	446
2000	2,270	8,039	715	536
2001	2,574	8,249	737	626
2002	2,474	8,898	762	810
2003	2,664	9,136	830	885
2004	2,533	9,437	982	1,048
2005	2,128	7,815	991	892
2006	2,293	9,283	1,260	1,085
2007	2,052	8,419	1,323	1,055
2008	1,986	8,120	1,509	1,265
2009	1,979	7,776	1,517	1,217
2010	2,452	9,424	2,076	1,578
2011	2,462	9,456	2,159	1,675
2012	2,918	10,664	2,370	2,139
2013	3,175	10,711	2,420	2,084

그러나 이런 기술융합도 감소 추이와는 달리 융합특허 절대 개수는 증가하고 있는 것을 볼 수 있다. 특히 4개국 중 융합특허 최다 보유국인 일본의 경우 융합특허의 개수가 1999년의 8,123개에서 10,711개로 증가하고 있으며, 독일보다 더 높은 증가추세를 보이는 한국과 대만도 787개에서 2,420개로, 446개에서 2,084개로 각각 증가하였다.

미국특허를 대분류인 6대 산업분류, 즉 화학, 컴퓨터 및 통신, 의약, 전기 및 전자, 기계, 기타산업으로 분류해서 섹터 간 기술융합도를 살펴보자. 특허를 섹터별로 분류해서 살펴보면, 한 섹터 내의 기술이 다른 섹터의 기술과 어떻게 융합하고 있는지 확인할 수 있다.

표 6-9에 따르면 모든 국가에서 의약분야의 융합도가 가장 높아 40%를 유지하고 있고 한국도 동일하다. 그 다음으로 높은 순위인 기타산업을 제외하면 화학분야가 높은 순위를 차지하고 있다. 가령 독일은 24%, 일본은 30%, 한국도 35% 정

┃표 6-9┃ 최근 5년간 각 국가의 섹터별 기술융합도(단위: %)

최근 5년 평균 (09-13)	독일	일본	한국	대만
의약	43.39	39.78	42.39	34.69
기타	32.66	39.53	34.45	32.73
화학	24.04	29.63	35.01	33.43
컴퓨터 및 통신	20.02	16.64	12.25	15.93
기계	18.72	22.43	26.13	24.45
전기 및 전자	15.17	16.16	15.82	15.58

도이다. 그 다음으로는 전기 및 전자와 기계 순이다. 그런데 특이한 점은 한국의 경우 IT산업의 융합도가 12% 정도여서 제일 낮다. 이에 비해 독일은 IT가 20%이다. 상대적으로 한국은 독일과 일본에 비해서 전기 및 전자분야나 기계분야의 융합도가 평균적으로 20%를 상회해서 독일과 일본에 비하여 높은 편이다. 즉 요컨대 한국의 융합도의 특징은 IT 분야의 낮은 기술융합도 및 상대적으로 양호한 전기·전자, 기계, 화학분야의 기술융합도라고 할 수 있다.

다음으로 기술분야 간에 기술융합의 파트너분야를 확인하기 위하여 분야별 기술융합의 대상분야를 살펴볼 수 있다. 다음 **표 6-10**은 각국의 기술분야 간 융합의 특성을 융합대상 분야별로 비교하는 표이다.

한국의 경우, 융합도가 가장 높은 의약산업은 화학산업과 융합하고 있는 기술이 37.22%를 차지하고 있는 것으로 보아, 융합의 대상이 주로 화학으로 그 비중이 압도적이고 화학을 제외하면 다른 분야와의 융합은 미미한 실정이다.[2] 또한 컴퓨터통신의 경우 평균융합도가 12%로 매우 낮고, 이 융합기술 중 10% 정도가 전기 및 전자와의 융합이고 다른 분야와는 융합도가 매우 미미한 수준이다. 이 결과는 국내 출원특허를 이용한 최재영 외(2013)의 분석과도 일치하는데, 통신부문에서 전기부문을 제외한 타 섹터의 기술들과의 융합이 저조하고, 의약이 상대적으로

---

2 미국특허를 이용하여 융합관계를 분석한 Geum et al.(2013)의 연구는 BT 분야에서 Biomedical devices는 IT의 Electrical computing, Mobile telecommunications, and digital contents와 강한 연관관계를 갖고 있는 것으로 분석하였지만, 본 연구에서는 대분류 기준의 융합도를 측정하기 때문에 그들의 연구와 달리 Biomedical 장치가 IT 섹터와 융합하는지를 확인하는 것은 어려웠다.

▌표 6-10 ▌ 1999~2013년 국가별 융합대상 분야별 기술융합도 현황(단위: %)

주 분야 \ 대상분야		화학	컴퓨터 & 통신	의약	전기 & 전자	기계	기타
한국	화학	-	2.85	3.09	13.69	6.76	10.08
	컴퓨터 & 통신	0.47	-	0.17	12.79	2.59	0.79
	의약	37.22	1.17	-	1.98	1.87	2.54
	전기 & 전자	3.27	9.36	0.15	-	3.24	3.25
	기계	4.18	6.16	0.44	12.87	-	9.32
	기타	14.05	7.43	0.65	12.02	10.26	-
독일	화학	-	0.96	5.20	4.39	6.74	7.89
	컴퓨터 & 통신	0.73	-	1.10	14.33	10.44	1.92
	의약	42.44	1.12	-	2.10	1.87	2.33
	전기 & 전자	2.99	5.56	0.82	-	6.66	3.49
	기계	3.56	2.88	0.42	5.65	-	8.33
	기타	12.17	3.84	0.91	4.79	17.19	-
일본	화학	-	3.93	3.39	10.89	7.48	9.25
	컴퓨터 & 통신	0.82	-	0.29	13.42	5.53	1.44
	의약	37.13	1.33	-	2.83	1.67	2.66
	전기 & 전자	3.44	9.16	0.29	-	5.27	2.48
	기계	4.00	8.95	0.22	10.97	-	5.32
	기타	16.62	12.30	0.82	9.79	12.30	-
대만	화학	-	3.42	3.62	18.19	9.68	9.22
	컴퓨터 & 통신	0.67	-	0.17	15.25	3.24	1.42
	의약	28.34	0.36	-	2.05	3.11	3.76
	전기 & 전자	2.03	6.21	0.15	-	3.30	5.77
	기계	4.18	6.16	0.44	12.87	-	9.32
	기타	6.39	4.98	0.47	17.98	10.13	-

화학을 제외한 타 섹터와 융합이 저조한 점, 그리고 기계분야가 타 섹터와 다양하게 융합하고 있다는 점은 유사한 결과이다.

표 6-10을 통하여 파악할 수 있는 점은 한국의 경우 6대 산업분야를 통틀어 융합대상 분야로서는 전기 및 전자의 비중이 골고루 높다는 점이다. 즉, 화학분야

에 대해서도 전기 및 전자는 가장 높은 융합 파트너이며, 기계 및 기타산업에 대해서도 그렇다. 그 다음으로는 기계산업이 모든 분야에 골고루 융합 파트너로서의 역할을 크게 하고 있다. 이와 관련하여 한국에 출원된 한국의 특허정보(2014, 09~11)와 미국에 출원된 한국의 특허정보(1999~2011)를 이용하여 네트워크 분석을 실시한 진영현 외(2014)의 연구도 한국의 기술융합 현상은 전기부문을 중심으로 강화되고 있다는 유사한 결과를 나타내고 있다. 즉, 한국의 기술융합은 성장분야인 IT산업 분야 주도도 아니고 장수기술 산업의 대표인 의약 주도도 아니며 기계, 전기 및 전자, 화학의 부품소재를 매개로 하여 이루어짐을 보여준다.[3]

그러나 한국과 달리 독일은 융합현상에서 다른 특성들이 발견된다. 독일은 화학분야에서 전기 및 전자와의 융합도가 4.39%로 한국의 13.69%에 비해 상당히 낮지만 컴퓨터 및 통신분야의 기계와의 융합도가 한국의 2.59%에 비해 높은 10.44%이다. 또한 기계분야에서 전기 및 전자와의 융합도가 한국의 12.87%에 비해 5.65%로 낮은 것도 특징이다. 반면에, 일본과 대만은 융합도 값에서 차이가 보이긴 하지만, 독일보다는 우리나라와 유사한 형태의 기술융합도 유형을 보이고 있음을 확인해 볼 수 있다.

5. 소결

이제 한국은 혁신체계를 1단계 추격형에서 2단계 추격형 혹은 선진국형으로 전환할 필요가 있다. 주요 과제는 과거 짧은 수명, 단품, 형식지 위주의 기술에서 긴 수명, 융복합, 암묵지 기반 기술로의 전환이 필요하다.

현재 진행되고 있는 한국기술의 장수기술화는 중장기기술 분야 비중의 완만한 증가를 통해 나타나고 있다. 구체적으로 대표적인 장수기술 산업인 부품소재산업과 바이오의약 산업을 비교했을 때 RTA, 특허등록수 모두 부품소재 산업이 높은

---

3 2012년 중소기업청 융복합기술개발 사업에 신청한 409개 과제를 이용한 네트워크 분석에서 전기 및 전자, 기계분야의 기술이 다른 기술들과의 융합에서 핵심기술이며 다른 기술들과 융합 정도가 높다는 이광민 외(2014)와도 유사한 결과가 도출되었다.

점을 보건대 바이오의약 분야보다는 다양한 부품소재 분야의 성장으로 인해 장수
기술화가 주도되고 있음을 알 수 있다. 그러나 부품소재 산업의 경우 한국이 선도
적인 IT 대기업들이 출원한 특허들이 아직까지 많다. 새로운 성장동력으로써 부품
소재특허가 더 의미 있기 위해서는 기계와 화학과 같은 아직 한국에서 선도하지
못하는 영역에서의 부품소재특허가 더 많이 나와야 한다.

　결론적으로 지금까지의 연구가 시사하는 바는 한국이 선진국형 장수기술화로
가는 데 있어서, 2000년대 이후 다양한 부품소재 산업에서의 약진과 일부 바이오
의약 산업의 발전이 한국의 장수기술화를 이끌고 있다는 점이다. 부품소재 산업
은 암묵지가 높은 산업이며 융복합화 분석에서 보았듯이 여러 분야에 대한 융합
매개 산업이며 기술주기가 상대적으로 길다. 더욱이 기존 한국이 강한 IT 업계와
의 연관성이 이미 큰 만큼 IT를 기반으로 하되, 이를 약한 영역인 부품소재 산업으
로의 확장하는 것이 필요하다. 다행히 한국산업은 2000년대 들어 이 분야에 뚜렷
하게 성과가 있으며 부품산업의 만성무역적자가 흑자로 돌아서고 성과가 나타나
고 있다. 이에 장수기술 산업의 대표인 바이오의약뿐만 아니라 다양한 부품소재
의 투자를 통하여 점진적으로 탈추격형 장수기술 주도의 산업구조로 이동하는 것
이 현실성 있는 전략이라는 결론을 내릴 수 있을 것이다.

　기술융합도면에서도 한국은 독일의 22%, 일본의 20%, 대만의 18%에 비해서 낮
은 17% 정도에 머무르고 있다. 그런데 한국의 기술융합은 성장의 주역인 IT산업
분야도 아니고, 긴 수명산업의 대표인 의약 주도도 아닌, 기계, 전기 · 전자, 화학
등 부품소재를 매개로 하여 이루어지고 있다. 결국 한국의 부품소재 산업은 또한
암묵지가 높은 산업이라는 면에서 한국의 긴 수명 기술화, 융복합화, 암묵지화는
단기적으로 다양한 부품소재 기술의 주도로 이루어지고, 의약 · 생명과학 등 분야
가 주도하게 되기 위해서는 보다 장기적 접근이 필요한 것으로 보인다. 그런데 이
런 기술은 리스크가 크고 시간이 오래 걸리기에 대기업이 초기에 돌파구를 열어
주는 역할이 여전히 필요하다.

제 3 부
산업차원의 분석

제 7 장

산업주도권의 국가 간 이전과 추격사이클[1]

1. 들어가며

　자본주의의 역사를 돌이켜 보면 후발자(後發者, latecomer)가 선발자(先發者, incumbent)를 따라잡고, 선발자에서 후발자로 산업주도권이 이동하는 현상은 여러 산업에서 종종 관찰된다. 가령, 익숙한 휴대폰 산업에서 보면, 미국의 모토롤라가 휴대폰을 발명하고 산업을 주도한 이후 주도권이 핀란드의 노키아로 갔다가 최근에 한국의 삼성으로 넘어왔다. 철강산업도 대표적인 예이다(Ki, 2010; Lee and Ki, 2014). 1890년대 영국을 제치고 세계 최대 철강 생산국으로 올라선 미국은 1950년대 초까지 전 세계 철강 생산량의 40% 이상을 차지하였다. 이후 철강산업 주도권은 1960~1970년대 빠르게 성장한 일본으로 이동하였다. 1980년대는 포스코를 중심으로 한 한국 철강산업이 급속도로 성장하였고, 1990년대 후반 포스코는 일본 최대 철강사 신일본제철을 제치고 세계 최대 조강(粗鋼, crude steel) 생산량을 기록하기도 하였다. 2000년대에는 중국의 철강산업이 급속도로 늘어나는 내수를 바탕으로 빠르게 성장하고 있다.

　조선산업에서도 산업의 주도권 이동을 관찰할 수 있다. 1940년대까지 미국이 가지고 있던 주도권은 1950년대 영국, 1960~1990년대 일본, 그리고 그 이후에는 한국으로 이동하였다. 그러나 최근 들어서 중국의 조선사들이 빠른 속도로 성장하여 한국 조선사들이 차지하고 있는 주도권을 위협하고 있다. 자동차 산업에서도 비슷한 산업 주도권 이동이 있었는데, 독일에서 미국으로, 그리고 일본으로 주도권이 이동하였다. 최근에는 한국이 급성장하고, 이어서 중국이 부상하여 2009년부터 중국은 자동차 생산량에서 세계 1위에 등극하였다.

　일반적으로 선발자가 후발자보다 기술력이나 마케팅 능력면에서 더 뛰어나다

1　이 장은 단행본 이근 · 박태영 외(2014)의 주요 내용을 요약하고 재구성한 것이다.

는 점을 고려하면, 선발자가 산업주도권을 유지하는 것이 더 자연스럽게 보인다. 그러나 후발자는 선발자를 추격하여 산업주도권을 획득하고, 또 이 후발자는 새로운 후발자에게 추월을 당해 주도권을 빼앗기는 현상을 많은 산업에서 관찰할 수 있다. 왜 이와 같이 후발자가 선발자를 추격하고, 산업주도권이 반복해서 이동하는 현상이 발생할까?

여기서는 Ki(2010)에서 제기되고, Lee and Malerba(2014)에서 보다 체계적으로 제시되었듯이, 이 현상을 '추격사이클(catch-up cycle)'이라고 명명하고, 이를 설명하는 이론적 틀을 제시한 후, 이를 가지고 여러 산업분야를 다루어 보고자 한다. '추격'이란 표현은 Abramovitz(1986)의 유명한 논문 "추격, 추월, 그리고 추락"에서 처음 사용되었는데, 누가 추격한다는 것은 누군가가 추락하고 있다는 것을 의미하기에 추격과 추락은 상대적 개념이다(이근 외, 2013).

추격 또는 산업주도권 이동현상에 관련된 이론으로는 제품수명주기설(product life cycle theory, Posner, 1961; Vernon, 1966)과 이윤수명주기설(profit cycle theory, Markusen, 1985)을 들 수 있다. 그러나 이 이론들은 왜 산업주도권 이동이 발생했는지 부분적으로 설명할 뿐이다. 제품수명주기설은 선진국 기업이 생산시설을 생산비용, 특히 임금이 낮은 국가로 이동시켜 생산을 지속한다고 설명한다(Vernon, 1966). 그런데 거기서 그치고 있다. 후발국가의 토착기업이 해당 산업에 진입하여 생산을 확대하고, 선진국의 기업제품과 경쟁하여 시장을 획득하는 현상은 설명하지 못한다. 더구나 기업차원의 이론이어서, Mowery and Nelson(1999, 11, p. 13)에서 지적하는 바와 같이 산업차원이나 제도차원의 요소들 및 그들 간의 상호작용을 고려하지 않는다. 한편, 이익수명주기설은 한 국가(미국) 안에서 지역 간에 산업의 중심 이동을 설명하는 것이 목적이기 때문에 국가 간 산업주도권 이동을 설명하는 데 적합하지 않다.

후발국가의 기업이 단순히 성숙된 제품을 모방하는 데서 그치지 않고 보다 혁신적인 새로운 제품을 개발해 내게 되고, 결국 산업주도권을 잡은 현상을 어떻게 설명할 수 있을까? 산업주도권의 연속적인 변화를 설명하기 위해 우리는 '기회의 창(Windows of Opportunity)'이라는 개념과 Lee and Lim(2001)에서 제시된 추격의 3가지 유형(경로추종형, 단계생략형, 경로창출형)을 결합한 이론적 분석틀을 제시한다. 이 분석틀을 '추격 사이클이론(catch-up cycle)'이라고 명명한다.

기회의 창 개념은 Perez and Soete(1988)에서 도입되었는데, 새로운 기술 · 경제 패러다임의 등장이 후발자의 비약(leapfrogging)을 가능하게 하는 기회의 창으로의 역할을 한다는 것이다. 즉, 후발자는 새로운 패러다임의 등장을 기회로 활용하여 새로운 기술에 선제적으로 투자하여 기존의 기업(선발자)들을 추월한다는 것이다. Lee, Lim and Song(2005)의 연구에서는 이 개념을 이용하여 1990년대 소비자 전자제품 시장에서 후발자였던 한국기업들이 디지털 시대의 등장을 기회로 삼아 아날로그 기술을 붙들고 있다가 타이밍을 놓친 일본기업들을 추월했던 현상을 설명하였다.

두 번째 기회의 창은 경기순환, 특히 불황기를 들 수 있다. 경기가 불황일 때는 선발자는 고전하는 반면, 후발자는 평상시보다 낮은 진입비용의 이점을 누릴 수도 있다(Lee and Mathews, 2012; Mathews, 2005). 또 다른 기회의 창은 산업에 대한 정부규제의 변화 또는 정부의 개입으로 열릴 수 있다. Guennif and Ramani(2012)은 인도 제약산업에서 정부규제의 변화가 자국 기업에게 어떻게 기회가 되었는지 분석하였다. 중국 통신장비 산업(Mu and Lee, 2005), 한국과 대만의 하이테크 산업(Lee and Lim, 2001; Mathews, 2002)에서의 추격 사례에서도 정부의 역할은 두드러졌다. Lee, Mani and Mu(2012)는 중국과 한국의 전화 교환기 개발과정과 브라질과 인도의 개발과정을 비교하여 정부의 산업보호정책의 차이가 다른 결과를 가져왔음을 보였다. 정부가 일관된 토착기업 보호정책을 편 전자의 경우 개발 초기의 성공이 나중에까지 지속된 경우이고, 후자는 시장개방으로 토착기업이 경쟁에서 밀려 몰락하였다.

또한, 여기서는 개별 산업주도권 이동과정을 설명하기 위해 산업혁신시스템(Sectoral Systems of Innovation: SSI)(Malerba, 2004)의 개념을 차용한다. Malerba의 산업별 혁신시스템은 4가지 요소로 구성되어 있다: (1) 지식기술 체제, (2) 수요조건 및 시장체제, (3) 기업과 정부와 같은 경제주체의 역할과 그들의 상호작용, (4) 각종 규제와 제도(교육제도, 자본시장, 지적재산권 제도, 법, 문화 등)의 역할, 산업 내에서 이 요소들은 서로 상호작용하여 다양한 형태의 선별(selection)과 공진화(co-evolution) 양상을 나타낸다. 위에서 설명한 세 가지 기회의 창은 산업별 혁신시스템의 각 요소에 대응된다.

중요한 점은 새로운 기술·경제 패러다임은 항상 나타나기 마련이며, 경기순환에 따른 불황기도 반복해서 찾아온다는 점이다. 즉, 새로운 기회의 창은 항상 열린다. 따라서, 산업주도권의 이동과 후발자의 추격은 반복해서 나타날 수밖에 없음을 예상할 수 있다. 선발자의 특별한 실수 없이도 산업주도권이 이동하는 경향이 있다는 것을 여러 사례 연구에서 보이는데, 이를 통해 반복적인 산업주도권 이동과 후발자의 추격은 거의 법칙과 같이 발생함을 알 수 있을 것이다. 또한 기회의 창이 모든 후발자에게 동일하게 주어졌음에도 불구하고 왜 어떤 후발자는 기회를 활용한 반면, 다른 후발자들은 그렇지 못했는지에 대해서도 분석한다. 다음 절에서는 기존의 이론들을 고찰하고, 추격현상을 분석하는 데 더 유용한 새로운 이론적 분석틀을 제시한다.

2. 추격사이클 이론

1) 기존 이론 비판과 새로운 이론의 탐색

산업주도권 이동현상에 관련된 이론으로는, 제품수명주기설(product life cycle theory)(Posner, 1961; Vernon, 1966)과 이윤수명주기설(profit cycle theory)(Markusen, 1985)을 들 수 있다. 제품수명주기설은 제품도 인간처럼 수명주기(life cycle)를 가지며, 제품의 수명주기는 도입기-성숙기-표준화기로 이루어진다고 주장한다. 생산비용을 국가 간 비교우위 차이의 주요 결정요소라고 보고, 제품의 수명주기를 따라 생산지역이 선진국에서 개발 도상국으로 이동한다고 보았다. 구체적으로는, 선진국 기업이 생산시설의 입지를 생산비용, 특히 임금이 낮은 국가로 이동시키되 생산의 주도권을 계속 장악한다고 보았다(Vernon, 1966). 그런데 이 이론은 여기서 그치고 있어서, 후발국가의 토착기업이 해당 산업에 진입하여 생산을 확대하고, 선진국 기업 제품과 성공적으로 경쟁하면서 시장을 장악해 가는 현상은 전혀 고려하지 못하고 있다. 그도 그럴 것이 그의 생전에는 그런 현상이 나타나지 않았기 때문이다. 더구나, 후발국가의 기업이 직접 표준화된 제품이나 모방한 제품을 생산하는 단계를 넘어 혁신적인 새로운 제품을 개발해 내게 되는 것은 전혀 상상하지 못했다.

즉, 제품수명주기설은 산업주도권 이전을 설명하는 것을 주 목적으로 하고 있지 않으며, 단순히 생산기지의 이동을 설명하고 있다. 이 이론에 대한 Mowery and Nelson(1999, 11, p. 13)의 비판은 세 가지로 요약된다. 첫째, 제품수명주기설은 이론의 이름이 의미하는 것처럼 '제품'에 관한 이론이다. 하지만 한 산업은 수많은 제품을 포함하고 있다. 둘째, 이 이론은 한 제품 또는 기술의 '단 한번'의 수명주기(life cycle)를 설명한다. 그러나 대부분의 산업은 단 하나의 제품이나 단 한번의 기술 세대로 이루어진 것이 아니며, 새로운 제품/기술 세대가 반복해서 등장한다. 마지막으로, 이 이론은 산업과 제도적인 요소 간의 상호작용을 고려하지 않는다. 하지만 바로 이런 상호작용은 산업주도권 이전을 결정짓는 중요한 요소들이다.

이윤수명주기설(Markusen, 1985)은 미국 내에서 어떤 한 산업이 발전하여 감에 따라, 산업의 중심이 되는 지역이 이동하는 현상을 설명하는 이론이다. 이 이론은 혁신과 자본주의의 메커니즘에 대한 슘페터(Schumpeter)와 막스(Marx)의 이론, 제품수명주기설, 그리고 과점적 행동(oligopolistic behavior)에 관한 이론을 결합한 이론이다. 이 이론은 한 산업의 발전과정을 다섯 단계로 나타낸다: 무이윤(zero profit)-거대 이윤(super profit)-보통 이윤(normal profit)-약간의 이윤 또는 손실(normal-plus or normal-minus profit)-손실(negative profit). 그러나 두 가지 관점에서 이 이론은 산업주도권의 이동을 설명하는 데 적절하지 않다. 첫째, 이윤은 산업변화의 원인이라기보다는 기업활동의 결과이다. 둘째, 이 이론은 산업의 발전과정에서 과점의 영향에 초점을 맞추고 있다. 그러나 한 국가차원의 관점이 아니라 전 세계적 관점에서 산업을 고려할 경우, 다른 국가에서 해당 산업의 새 기업이 등장하는 현상은 과점과 관련지어 설명하기 어렵다.

위에서 언급한 기존 이론의 한계를 극복하는 새로운 이론은 하나의 제품 또는 기술을 설명하는 것에서 그치지 않고, 산업차원의 요소들과 국가차원의 제도, 또 이들 간의 상호작용을 포함해야 한다. 다시 말해서, 동일 산업 내에서 다른 국가에 속한 기업 간의 경쟁을 다루기는 하지만, 필요한 것은 기업차원이 아닌 산업차원의 이론이다. 그래야 기술적 특성, 시장수요 측면, 제도 및 다양한 경제주체들의 역할(기업전략, 정부정책 등)을 포괄적으로 고려할 수 있다. 국가 간 비교를 위해 산업차원의 변수와 성과를 비교하지만, 필요에 따라서는 기업차원의 변수, 특히 선도기업 차원의 변수를 국가 간에 비교할 수도 있다. 이와 같이 비교하는 차원을 유연하게 두는 것이 필요한 까닭은 국가의 규모가 크게 다른 경우는 산업차원의 비교가 적당하지 않을 수 있기 때문이다. 예를 들어, 한국과 중국은 국가규모가 크게 다르므로 이들 간에 철강산업 전체의 성과를 비교하는 것은 적절치 않으며, 그 대신 대표 혹은 선도 기업만을 비교할 수도 있다.

새로운 이론을 모색하는 시작점으로 국가별 혁신시스템(national innovation systems: NIS)과 산업별 혁신시스템(sectoral systems of innovations: SSI)을 삼을 수 있다. Malerba(2004, 2002)는 혁신시스템에 관한 연구(Edquist, 1997), 국가별 혁신시스템 연구(Freeman, 1987; Lundvall, 1992; Nelson, 1993), 기술체계라는 개념(Callon, 1992; Carlsson and Stankiewicz, 1991; Hughes, 1987)을 바탕으로 산업별 혁신시스템이라는 개념을 고안하였다. 이 이론에서 산업(sector)은 공통된 지식기반을 공유하는 경제활동들의 집합체 혹은 주어진 시장수요를 충족시키는 연관 제품군에 의해 묶어진 활동들의 집합체로 보았다. 동일 산업 내의 기업들은 일정의 공통점을 갖는 것과 동시에 학습과정이나 학습역량면에서 일정의 차이점을 갖는다. Malerba의 산업별 혁신시스템은 (1) 지식기술 체제, (2) 수요조건 및 시장체제, (3) 기업과 정부와 같은 경제주체의 역할과 그들의 상호작용, (4) 각종 규제와 제도(지적재산권 제도, 교육제도, 자본시장 제도, 법, 문화 등)의 역할로 구성된다. 이 요소들은 상호작용하며 다양한 양상의 선별(selection)과 공진화(co-evolution)를 일으킨다.

Malerba(2004)는 산업별 혁신시스템 분석틀을 선진국의 산업에 적용한 연구서이다. 이 분석틀 전체 또는 개념적인 구성요소를 개발도상국 또는 후발자의 경우에 적용한 사례로는 Lee and Lim(2001), Lee, Lim and Song(2005), Mu and Lee(2005), Mani(2005, 2007), Lee, Mani and MU(2012)를 들 수 있다. Lee, Mani and Mu(2012)의 경우 중국, 한국, 브라질, 그리고 인도의 통신산업의 사례를 연구하였다. 이상의 다양한 연구는 산업별 혁신시스템이 선진국과 개발도상국 모두에 적용할 수 있는 일반성을 가지고 있음을 알 수 있다. 이제 산업주도권의 반복적 이동을 설명하기 위하여, 산업별 혁신시스템의 각 요소와 후발 진입자에게 열린 기회의 창 간의 관계에 대해 살펴보기로 하자.

2) 세 가지 기회의 창

후발기업 혹은 추종기업에게는 선도기업을 따라 잡을 수 있는, 다음과 같은 세 가지의 기회의 창이 열릴 수 있다(Lee, Park and Krishnan, 2014).

첫째는 새로운 기술·경제 패러다임의 등장이다(Perez and Soete, 1988). 새로운 패러다임의 등장은 종종 선도기업과 추종기업이 같은 동일한 출발선상에 새롭게 경주를 시작한다는 것을 의미하기도 하고, 경우에 따라서는 선도기업은 자신들이 우위를 차지하고 있는 기존 기술을 최대한 활용하고 싶은 미련을 버리지 못해 주춤거릴 수 있고, 그러다가 새로운 패러다임 도입에 오히려 뒤처질 수도 있다. 선도기업이 기존의 패러다임에 더 오래 머무르고 싶어하는 경향은 일견 합리적이라고 볼 수도 있다. 기존 패러다임의 선도기업은 대부분 그 패러다임의 초창기에 많은 투자를 했고, 그동안의 투자비용을 충분히 회수하기를 원하기 때문이다. 한편, 새로이 등장한 패러다임에 대한 조심스러운 태도 역시 이해할 수 있다. 새로운 기술이 향후 기술적 우위성이나 시장성이 정말 있느냐에 대해서는 확단하기 어려운 불확실성이 존재하고, 오히려 신기술의 경우 처음에는 종종 고비용 기술이거나 저생산성 기술이기 때문이다. 이와 같은 선도기업의 태도는 일견 합리적이라고 볼 수 있는 측면이 있지만, 동시에 기존 선도기업이 빠지기 쉬운 일종의 '함정'이라고 볼 수도 있다. 즉 기존 패러다임에서의 승자는 해당 산업에서 자신들이 차지하고 있는 지배적인 위치에 도취되어 새로운 기술 또는 제품의 잠재성을 무시하거나 인식하지 못할 수 있다. 잘 알려진 것처럼 1990년대 아날로그에서 디지털 시대로의 전환기에 아날로그 기술의 선도기업인 일본기업들은 아날로그 기술을 더 발전시키고 싶어하였고, 그러다가 디지털 패러다임에 먼저 올라탄 한국 가전기업들에게 주도권을 넘겨주게 되었던 것이다(Lee, Lim and Song, 2005). 즉, 승자의 함정에 빠진 셈이다.

두 번째 기회의 창은 경기순환 또는 새로운 소비자층의 등장과 같은 시장수요의 갑작스런 변화이다. 이것은 산업별 혁신시스템의 두 번째 구성요소인 수요조건 또는 시장체제와 관련이 있다. 기술·경제 패러다임의 변화와 마찬가지로 경기순환은 반복해서 발생하며, 이러한 반복은 추종기업 혹은 새로운 시장 진입자에게 기회의 창이 된다. 경기순환은 경제학에서 오랜 연구 주제였음에도 불구하고, 경기순환과 기업, 특히 후발기업의 경기순환과 관련한 전략적 선택은 많이 연구되지 않았다. Mathews(2005) 및 이를 이은 Lee and Mathews(2012)은 경기순환이 후발자에게 기회의 창이 될 수 있음을 밝혔다. Mathews(2005)는 경기순환이 석유 시추, 화학, 조선, 반도체 산업 등 많은 산업에서 관찰되는 것을 확인하였다.

그 중에서도 반도체 산업에서의 빈번한 경기순환에 주목하였다. 이와 같은 산업들은 단시간 내에 대규모 투자를 해야 하는 산업이라는 특징이 있다. 이런 산업에서는 투자와 생산 간의 불일치, 공급과 수요 간의 불일치가 존재하고 이런 불일치가 경기순환을 발생시킨다. 이런 산업에서는 선발자와 후발자 모두 투자대상 기술과 그 시기 선택과 관련하여 전략적인 선택에 주의를 기울여야 한다. 실패할 경우 해당 기업의 침몰로 귀결되기 때문이다.

이러한 경기순환과 기업들의 부침과의 관계에 대한 생각은 Schumpeter(1942)로 거슬러 올라간다. Schumpeter는 경기순환과 혁신을 연결하여 설명하며, 경기순환도 "창조적 파괴(creative destruction)"라는 물결을 발생시키는 한 가지 요인으로 보았다. 슘페터의 통찰력에 근거하여, Lee and Mathews(2012)은 경기순환, 특히 불황기가 후발자로 하여금 산업에 지각변동을 일으킬 수 있는 기회로 작용할 수 있음을 주장하였다. 호황기에는 주로 기존에 잘 나가는 기업들 중심으로 이윤이 증대하고 생산·판매·고용이 확대된다. 그런데 불황기가 되어야 일부 상대적으로 부실한 기업이 파산하는 현상이 발생하고, 이에 따라 이런 적자 기업들로부터 잉여자원(자본, 노동, 토지 등)이 방출되는데, 살아남은 선발자 또는 해당 산업에 진출을 모색하던 후발자들은 이런 자원들을 싼 비용으로 이용할 수 있다. 이런 의미에서 Lee and Mathews는 호황기는 선도기업에게, 불황기는 후발자에게 기회임을 주장하였다.

"산업의 호황기는 경제적인 번영을 가져온다. 투자가 증가하고 생산, 고용, 수출의 증가가 뒤따른다. 호황기에는 선발자가 그동안의 투자에서 수익을 거두어들인다. 선발자의 전략적인 관건은 설비 확장의 시기를 결정하는 문제이다. 불황기는 '경제적인 정화(economic cleansing)'의 시간이자 후발자에게 기회의 시간이다. 불황기에 선도기업은 충분한 이윤을 거두지 못한다. 또한 싼 값에 잉여자원이 이용 가능해지고, 이는 신규 진입자 또는 후발자에게 기회를 제공한다. 더 중요한 것은, 기술이전과 지식획득이 더 쉬워지고, 더 저렴해진다는 것이다. 따라서 불황기는 빠른 추종자에게는 공급사슬을 구축하고, 업그레이드할 수 있는 기회가 된다(Lee and Mathews, 2012).

종합하면, 추격에 있어서 불황기의 역할은 비약(leapfrogging)의 기회를 제공하는 것이다. 이것이 바로 소위 비약가설(Perez and Soete, 1988)인데, 이는 기술·경제 패러다임의 변화기에 후발자는 기존 기술에 대해 투자하기보다는 새로이 등장하는 기술에 올라타는 기술적 비약을 추구할 수 있다는 점에서 패러다임 변화기가 기회의 창이 될 수 있다는 가설이다.

세 번째 기회의 창은 정부가 다양한 규제와 후발자에 대한 직접적인 지원을 통해 선발자와 후발자에게 비대칭적인 환경을 조성할 때 열릴 수 있다. 비대칭적인 환경의 의미는 정부가 세제(稅制), 산업 진입 허가 및 판매 허용, 보조금과 관련한 규제를 통해 선발자(주로 외국계 기업)를 자국 시장에서 불리한 위치에 놓이게 한다는 것이다. 이런 비대칭적인 환경은 후발자가 뒤늦은 시장진입에서 오는 비용적인 불리함을 상쇄할 수 있는 계기로 작용한다. 이와 같은 정부의 개입은 공정한 경쟁에 위배되는 바이지만 때론 정당화된다. 선발자도 불공정한 방법을 동원하여 후발자의 진입을 막는 경우가 종종 있기 때문이다. Kim and Lee(2008)는 동종 산업에 후발자가 진입하는 것을 막기 위해 선발자가 약탈적인 가격(매우 낮은 가격)을 책정하는 사례를 보고하고 있다. Mu and Lee(2005)는 중국의 통신산업에서 토착기업의 외국기업 추격에 있어서 정부의 역할이 지대했음을 주장하였다. Guennif and Ramani(2012)는 정부규제의 변화가 인도 제약산업의 성장에 어떤 기회의 창이 되었는지 잘 보여주고 있다.

3) 세 종류의 사이클, 네 가지 단계, 세 가지 전략

앞절에서 논의한 세 가지 기회의 창은 기업에게는 외부적인 요인이다. 반면, 열린 기회의 창을 인식하고 그것의 가능성을 현실화하기 위해 기회를 활용하는 것은 기업의 역할이다. 이런 측면에서 추격의 과정을 좀더 살펴보자.

제1단계는 진입단계인데, 후발 토착기업의 진입은 다양한 형태를 취한다. 가령, 초기에는 다국적 기업과 합작회사를 설립하였다가 나중에서 파트너의 지분을 인수하여 본격적으로 토착회사가 되는 형태가 있는데, 일본의 산요사의 합작기업으로 출발했던 삼성전자의 경우가 그러했다(Lee and He, 2009). 한편, 국영기업의 형태로 시작하거나(한국의 포스코나 중국의 많은 기업의 경우), 민간기업이 정부의 지원 속에 크게 성장하는 경우(한국의 현대차)가 있다. 후자에 해당하는 기업들은 많은 경우 외국계 다국적 기업에 대해 주문자 상표부착 생산방식(OEM)이나 하도급 계약으로 시작하였다. 현대차나 삼성 반도체 사업의 초기 시절이 이런 형태였다. 이런 기업들은 후발자의 장점(최신 기술과 설비를 채택, 낮은 노동 비용)을 통해 일정한 비용우위를 누린다. 이와 더불어 사업 초기 비용면에서 불리한 점(많은 고정비용 투자, 규모의 경제를 충분히 누리지 못하는 점, 학습효과가 부족한 점)은 그들이 어느 정도 성장할 때까지 정부의 보조금이 필요하다는 근거가 될 수 있다. 이런 방식으로 후발기업은 점진적으로 그들의 시장점유율을 늘려가고 이윤을 확보해 나가며, 이 이윤은 다음 기의 투자에 활용된다. 이런 단계가 바로 2단계인 점진적 추격단계라고 볼 수 있다.

이윤의 사내유보는, 배당을 선호하는 주주들보다는, 정부나 가족 경영자처럼 배당금 대신 기업의 성장을 위한 재투자를 선호하는 주주가 있을 때 가능하다. 이런 관점에서 성숙기의 기업 또는 선진국의 기업은 다소 불리하다. 그들은 이윤의 재투자보다 자본이득이나 배당과 같은 단기적인 이득을 선호하는 주주들을 직면하는 경우가 많기 때문이다. 이윤의 사내유보는 어떤 기회의 창이 갑자기 또는 조용히 열릴 때 신속하게 투자자금을 조달할 수 있는 계기가 되기도 한다. 때로는 새로운 기술에 대한 투자는 민·관 공동연구개발의 형태를 취하기도 한다. 한국 디지털 TV 기술의 초기 개발과정(Lee, Lim and Song, 2005), 메모리 반도체 개발에 대한 투자(Kim, 1997)를 예로 들 수 있다.

후발자의 추격과정을 보면 초기 비용 우위는 시장점유율 측면에서 점진적인 추격을 가져오지만, 어떤 시점에 새로운 기회의 창이 열리게 되고 이 시점에서의 신속하고 과감한 투자는 산업 주도권에 갑작스럽고 큰 변화를 일으키는 계기가 되는데, 이를 제3단계인 비약 혹은 추월의 단계라고 볼 수 있다. 이 단계에서 기존선발기업은 후발자에 떠밀려 추락을 경험하게 된다. 기술·경제 패러다임이나 기술의 세대교체는 언젠가 발생하기 나름이고, 자본주의 경제에서 경기순환은 빈번하기에 기회의 창은 언젠가 열리기 마련이라고 볼 수 있다. 따라서 산업주도권의 변화와 후발자의 추격은 반복적으로 발생할 수밖에 없음을 예상할 수 있다.

물론 모든 후발자가 항상 성공적으로 추격하고 주도권을 획득할 수 있다는 것은 아니다. 열린 기회의 창을 활용할 의지가 있고, 활용할 준비가 된 일부의 후발자에게 해당되는 이야기이다. 이 말은 동시에 갑작스런 추락도 가능함을 의미한다. 즉, 기존의 선발자의 추락은 언제든지 가능하며, 발생하기 마련이다. 선발자의 몰락은 꼭 그 선발자가 큰 실수를 하거나 못해서가 아니라, 상대적으로 후발자가 더 잘해서 발생하는 상대적 몰락이라는 양상을 띨 수도 있다. 또한 선발자가 지금의 성공에 자만하여 새 기술 또는 소비 패턴상에서의 변화를 놓친다면, 즉 '선

┃그림 7-1┃ 추격사이클: 4단계

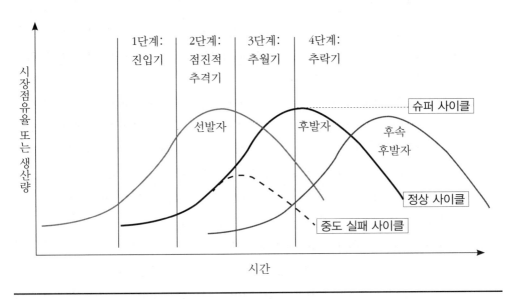

자료: 저자 작성: Ki(2010), Lee and Ki(2014) 등에도 제시됨.

발자의 함정'에 빠져 있다면 이 역시도 해당 선발자의 몰락의 주요 원인이 되기도
한다.

이상의 설명에서 보듯이, 후발자의 추격과정, 즉 하나의 추격사이클은 4단계로
이루어짐을 알 수 있다. 첫 번째 단계는 진입단계로서, 이 단계에서 후발자는 다양
한 방법을 동원해서 후발자의 불리함을 극복하는 동시에 후발자의 이점을 최대한
활용하여 산업에 진입하고자 노력한다. 두 번째 단계는 이 후발자가 시장점유율
또는 생산성 측면에서 점진적으로 추격하는 단계이다. 이 과정에서의 추격은 보
통 비용 우위에 기반한다. 그리고 이 단계에서는 투자자금을 점점 확보하기 시작
한다. 세 번째 단계는 추월의 단계이다. 이 단계는 새로운 기술·경제 패러다임 또
는 조직, 제품, 생산, 또는 시장과 관련한 급격한 혁신을 채택하거나, 불황기에 선
발자가 몰락하는 것을 기회로 삼아 후발자의 점유율이 선발자의 그것을 추월하는
단계이다. 네 번째이자 마지막 단계는 새롭게 리더로 올라선 후발자 역시 새로운
도전자의 부상(浮上)에 밀리거나 선발자의 함정에 빠짐으로써 추락하는 시기이다.
물론 일부 리더는 즉시 몰락하지 않고 주도권을 오래 유지하고, 더 나아가 기술이
나 수요체제와 관련한 새로운 패러다임이 여러 번 등장하는 과정에서도 계속 잘

올라탐으로써 주도권을 잃지 않는 슈퍼 사이클의 경우도 있다. 이상의 네 단계는 **그림 7-1**에 묘사되어 있다.

추격사이클의 각 단계마다 종종 다른 종류의 기회의 창이 활용된다. 한국의 철강산업의 경우 첫 번째 단계인 진입기에 정부의 역할이 매우 결정적이었다. 제철소를 건설하는 데 필요한 대규모 투자자금 마련을 정부가 다양한 방법을 통해 지원했기 때문이다(Ki, 2010). 그러나 TFT-LCD 산업의 경우(Mathews, 2005)와 한국의 철강산업의 경우(Ki, 2010)에서 불황기는 설비를 값싼 비용에 도입할 수 있는 기회를 제공함으로써 이들의 진입에 기회의 창으로 작용하였다. 불황기는 점진적인 추격단계(제2단계) 또는 추월단계(제3단계)에서도 기회의 창이 될 수 있다. 일부 선발자들이 불황기에 몰락하기 때문이다. 2008년 미국 금융위기는 세계 자동차 업계의 선도기업들을 파산시키거나 파산 직전까지 몰고 갔다. 선진국 시장을 주요 수요 기반으로 했던 GM이나 도요타가 어려움을 겪은 반면, 금융위기에 시장점유율을 높힌 기업은 신흥시장을 주 시장으로 했던 현대차였다.

점진적인 추격단계에서 외국계 선발자에 대한 정부의 규제는 자국의 후발자들이 시장점유율을 늘리는 데 도움이 될 수 있다. 이런 규제는 기업 간 경쟁에 있어서 비대칭적인 조건을 형성하기 때문이다. 이것은 중국 정부가 많은 전략산업에서 종종 사용하고 있다. 추월단계는 대부분의 경우 새로운 기술·경제 패러다임 등장, 기술 세대의 교체 또는 급진적인 혁신의 물결과 함께 열리는 경향이 있다. 예를 들면, 아날로그에서 디지털 기술로의 전환은 전자 업계의 후발자였던 한국 전자기업이 선발자였던 일본 전자기업을 추월하는 데 기회의 창이 되었다. 한편, 산업주도권의 변화와 추격의 장기적인 과정에서 둘 이상의 기회의 창이 동시에 또는 연달아 열릴 수 있다. 인도의 IT서비스 산업 사례에서 그런 경우였는데, 새로운 기술·경제 패러다임의 등장과 외국기업에 대한 규제의 변화가 자국 기업들에게 기회의 창이 되었다(Lee, Park and Krishnan, 2014).

마지막으로, 후발자가 새로운 리더가 되었을 때 어떤 리더는 그 위치를 오래 유지하는 반면, 또 다른 리더는 새로운 도전자에게 따라 잡힌다. 이런 몰락은 이 리더가 기술, 시장, 또는 규제의 변화에 제대로 대응하지 못할 때 발생한다. 예를 들어, 현대차가 전기차, 수소차 등 새로운 패러다임의 등장에 제대로 대응하지 못한다면 현대차는 부상하는 중국의 자동차 기업에게 추월당할 수 있다. 한편, 중도 실패한 추격(aborted catch-up)의 경우가 있는데, 이것은 추격의 노력이 점진적인 추격단계(제2단계)를 넘어서지 못해 추월단계(제3단계)로 이어지지 못한 경우이다. 이 경우 결국 급격한 혹은 점진적인 몰락의 길을 걷게 된다. 실제로 많은 후발자들의 추격 사례가 이 경우에 해당한다. 추월의 단계에 도달하는 데 가장 결정적인 장벽이 되는 것은 후발자들이 저부가가치 제품에서 고부가가치 제품 시장으로의 상향 이동하는 데 실패하는 것이다. 그래서 저부가가치 혹은 저급/저가 제품에 오래 머물다 보면, 비슷한 제품을 더 싸게 만드는 또 다른 후발자의 등장에 의해 점진적으로 몰락하게 된다. 가령, 1980년대 500개가 넘었던 봉제완구 산업의 한국의 주문자 상표부착 생산방식(OEM) 기업들은 대부분 자기상표 생산(Own Brand Manufacturing: OBM) 형태로 전환하지 못하고 점진적으로 몰락하였다(이근 외, 2008). 물론 이 중에서는 OBM을 시도하다가 실패하여 오히려 급격히 몰락한 기업들도 있었을 것이다.

이상의 논의는 세 가지 추격사이클 형태가 있음을 알려준다. 첫째, 정상 사이클(normal cycle)은 진입기에서 추락기까지의 4단계를 다 경험하는 것이다. 둘째, 중도 실패 사이클(aborted cycle)은 두 번째 단계인 점진 추격기 이후 점차 몰락하는 경우이다. 마지막으로, 슈퍼 사이클(super cycle)은 기존의 리더를 추월한 후에도 산업의 주도권을 오랫동안 유지하는 경우이다(그림 7-1). 이런 경우는 기존 리더가 새로운 기술을 신속히 대응 · 채택하는 경우에 발생하기도 하고, Tushman and Anderson(1986)이 간파한 것처럼 신기술의 성격 자체가 '파괴적(competence-destroying)' 혁신이라기보다는 '온존(溫存)적(competence-enhancing)' 혁신일 경우에 발생할 가능성이 크다. 캐논(Canon)이 아날로그 카메라에서의 우위를 디지털 카메라 시대에도 잘 이어갈 수 있었던 것은 그 기술 교체의 성격이 후자였다는 것과 밀접한 관련이 있다(강효석 · 송재용 · 이근, 2012).

이상에서 보듯이, 제품수명주기 이론과 다르게 추격사이클 이론은 한 제품의 입지 변화의 사이클이 아니라 기업 또는 한 국가의 산업 내의 기업군들이 진입기부터 추락기까지 거치는 각각 다른 단계를 묘사하는 것이다. 선발기업에 해당하는 하나의 사이클이 있다고 할 때, 새로운 시장진입 기업 또는 국가가 만든 사이클이 뒤이어 나타나면서 기존 사이클을 대체한다. 이후에도 새로운 사이클이 또 등장하여 기존의 사이클을 대체하는 과정이 반복된다.

그렇다면 이제 우리가 물어야 할 중요한 질문은 "무엇이 기업의 운명을 다르게 결정하는 것인가"이다. 즉, 어떤 기업이 정상 · 슈퍼 · 중도 실패라는 세 사이클 중에서 어떤 형태의 사이클을 따라가게 될지는 무엇이 결정하는가? 이에 대한 대답은 상당 정도 기업의 전략적 선택에 달려있다는 것이다. 즉, 우선 외생적으로 기회의 창이 발생하고, 이에 대응하여, 기업이 각 단계에서 선택하여 사용한 전략의 내용이 기술체제, 시장여건, 그리고 다른 제도적인 요인들과 상호작용하고, 이로 인해 해당 기업의 성과와 그에 따른 경로가 결정된다는 것이 추격사이클 이론이다. 이런 관점에서 추격사이클 모델은 특정 요소 결정론적이기보다는 외생적 요인과 주체적 요인, 즉 경제주체, 특히 기업과 정부의 역할을 강조하고 있다.

Lee and Lim(2001)에서 설명하였듯이, 후발기업의 전략적 선택에는 세 가지 추격전략, 즉 경로추종형, 단계생략형, 경로창출 추격전략이 존재하고, 기업들은 이들 간에 배타적으로 전략을 취하거나 혹은 시간에 따른 다른 배열을 선택하게 된다. 이때 '경로'는 기술경로를 뜻하고 '단계'는 이 경로상에 존재하는 각 단계를 뜻한다. 보통 점진적 추격단계에는 경로추종형 전략이 많이 선택될 것이다. 여기서 후발자는 선발자의 기술경로를 그대로 따라가기는 하되, 더 낮은 비용으로 생산하기 때문에 시장점유율을 늘릴 수 있다. 그러나 더 낮은 생산비용을 가진 새로운 후발자가 또 등장할 수 있기에 이 전략은 지속가능하지 못하다. 즉, 후발자는 선발자와 후속 후발자의 사이에서 샌드위치가 되는 위기에 곧 직면하게 된다. 성공적인 추격 사례를 보면, 이런 상황에서 후발자는 위험을 감수하고 비약 전략, 즉 단계생략 또는 경로창출 전략을 채택하기도 하며, 그것이 다행히 성공하는 경우 비약적 시장점유율 향상을 이루어 내며, 이를 통해 이런 위기를 극복할 뿐만 아니라 선도기업을 추월한다. 물론, 이런 모험이 실패하여 급속히 몰락을 자초하기도 한다.

결국, 다양한 전략적 선택들이 가능한데, 어떤 전략이 더 효과적인지 여부는 산업별로·단계별로·기술 및 시장체제별로 다를 수 있다. 어떤 기업조직 형태(예: 기업집단 또는 특성화된 중소기업)를 선택할 것인가 하는 것도 전략의 한 부분이다. 조직형태에 따라 기업을 둘러싼 환경과의 상호작용의 내용 및 귀결이 다르다(Kim and Lee, 2003; Park and Lee, 2006).

3. 주요 산업주도권 이전 사례 요약

여기서는 이상의 논의와 이론 틀을 가지고, 몇 개 산업에서의 주도권 변화를 간략히 정리해 보자.

1) 철강산업

철강산업 주도권 변화를 설명하면 다음과 같다. 미국에서 일본으로의 주도권 이전은 두 가지 새로운 공법의 출현 이후 이의 도입에 미국은 지체하는 반면에, 이를 빨리 도입한 일본이 주도권을 장악하는 과정이라고 설명될 수 있으며, 결국 기술 패러다임 변화가 기회의 창으로 작용하여 발생한 경로창출형 추격이었다. 반면에 일본에서 한국으로의 주도권 이전에서 한국에게 기회의 창은, 첫 번째 진입 및 점진적 추격단계(70년대)에서는 전 세계 철강산업의 불황에 따라서 철강설비를 싸게 구입할 수 있었다는 측면, 즉 비즈니스 사이클의 불황기가 기회의 창으로 작용하였고, 한국 철강산업의 도약기(80년대 중반)에는 역시 오일쇼크에 따른 불황기에 포스코가 가장 최신 공법 및 설계를 채택한 광양제철을 신설함으로써 단계생략형 추격을 한 것으로 설명할 수 있다.

2) 휴대용 음악재생기(MP3) 산업

휴대용 음악재생기 산업은 초기에 일본 소니가 '워크맨'이라는 상품을 통해 주도하고 있었다. 그 후 한국이 'MP3 방식'이라는 새로운 기술 패러다임의 등장을 기회의 창으로 활용해 플래시메모리 기반 MP3 플레이어 시장을 선점함으로써 일본을 추격하는 데 성공하였다. 한국기업은 MP3라는 새로운 기술을 통해 기존에 없던 새로운 음악재생기(새로운 경로)를 만들어 냈다는 점에서 경로창출형 추격전략을 사용했다고 볼 수 있다. 또한 한국기업이 추격에 성공했던 주요 요인으로는 MP3 플레이어의 최초 개발자(선발자)의 지위를 충분히 활용할 수 있었던 점, 레인콤이 자사의 브랜드를 가지고 미국 공급망을 개척한 점, 혁신적인 디자인을 지속화한 점, 글로벌 경영과 온라인 마케팅에 집중한 레인콤의 CEO 능력을 들 수 있다.

그 이후, 미국의 애플은 많은 양의 음악을 다운받을 수 있고 저장할 수 있는 소비자 욕구(시장체제의) 변화라는 기회의 창을 이용해 한국기업으로부터 주도권을 탈환하였다. 특히 애플은 단순히 '아이팟'이라는 음악재생 장치만을 제공한 것이 아니라 '아이튠즈'라는 온라인 뮤직 스토어를 함께 제공함으로써 소비자들의 욕구 변화를 확실하게 반영한 새로운 경로(새로운 비즈니스 모델)를 창출하였다. 한국 MP3 플레이어 기업처럼 선발자가 갖고 있지 않았던 제품과 서비스를 제공했다는 점에서 미국의 애플 역시 경로창출형 추격전략을 통해 한국기업을 추격했다고 볼 수 있다. 물론, 이외에 장기간 축적된 애플의 기술력과 혁신의 아이콘인 스티브 잡스의 역할을 들 수 있겠다.

MP3 플레이어는 한국이 First Mover로써 세계 최초로 개발한 몇 가지 안 되는 제품혁신 사례 중의 하나이다. 그럼에도, 애플에게 주도권을 놓쳤다는 것은, 기술적 선점이 시장에서의 영원한 성공을 보장해 주는 것은 아니며, 또한 선발자가 반드시 시장을 지배하는 것도 아니라는 것을 시사한다. 즉, 기회의 창은 시간이 흐르면서 변화되고 이 변화에 적응하지 못하면 최초로 기술을 개발한 기업이라도 쉽게 도태될 수 있다.

3) 자동차 선업

자동차 산업의 경우, 미국에서 일본으로의 주도권 이전에 있어서, 일본이 취한 기회의 창은 오일쇼크와 연료비용 상승에 따른 효율적이고 작은 차에 대한 수요 증가라는 수요측 요인이라고 볼 수 있다. 즉, 미국 자동차 산업은 상용차에 편중된 생산구조로 수요 환경변화에 따른 위험을 상시적으로 안고 있었다. 물론, 그 외에도 여러 가지 문제점이 오랜 기간 누적되고 복합되어 작용하여 왔다. 가령, 미국 자동차 기업들은 연구개발, 품질개선 등의 노력을 기울이기보다는 대마불사 및 자동차 산업의 정치적 속성을 이용하여 미국 정부의 보호 아래 원가절감에만 노력을 기울여 왔다. 이런 문제들의 부정적 영향이 일본 등 외국 자동차 기업의 성장, 국제유가 변동 심화에 따라 보다 증폭되어 나타난 것이 주도권 추락으로 귀결되었다. 또한, 자동차 평균연비 기준 향상, 수출자율규제와 같은 법 · 제도 변화가 오히려 미국 자동차 기업에 불리한 방향으로 수요를 변화시키고, 그들의 경쟁력을 약화시키는 결과를 낳게 되었다.

한국 자동차 산업의 경우, 아직 주도권 확보라고 보기에는 이르고, 일본에 대한 추격형 성장 요인이 주요 관심사이겠다. 즉, 한국은 일본보다 20~30년 뒤늦게 출발한 자동차 산업의 후발주자였지만, 1980년대 미·일 간 자동차 분쟁에 따라 북미 승용차 시장에서 생긴 틈새수요와 1980년대 중·후반 유가, 환율(소위 3저 현상 등 엔화 절상) 등이 기회의 창이었다. 여기에, 1970~1980년대 기화식 엔진에서 전자제어식 엔진으로 바뀌는 기술 패러다임의 변화라는 기회의 창을 한국정부와 기업이 잘 포착·활용하여 독자적 기술능력을 갖추는 '단계생략형' 추격전략을 택하여 추격한 것이다(Lee and Lim, 2001; 이근 2007).

최근 자동차 산업에는 전기차, 수소차, 하이브리드차 등 새 기술에 기반한 급진적 패러다임 변화가 시작되었고, 이를 기회의 창으로 활용하는 중국기업들이 새로운 강자로 등장할 가능성이 높아지고 있는 것이 새 관심거리이다.

4) 반도체 산업

DRAM 중심의 반도체 산업의 경우, 주도권이 미국에서 일본으로 넘어간 1차 주도권 이전과, 일본에서 한국으로 넘어간 2차 주도권 이전이 있다.

먼저 미국에서 일본으로의 1차 주도권 이전의 주요 원동력은 크게 네 가지로 요약될 수 있다. 첫째, 미국의 소규모 반도체 전문 기업에 공격적인 투자로 대항한 일본 대기업의 전략적 선택, 둘째, 미국의 경기침체, 셋째, 일본의 산·학협력을 통한 정부 주도의 64K DRAM 공동기술개발 프로젝트의 성공, 넷째, 미·일 반도체 협정을 들 수 있다. 한편, 일본에서 한국으로의 2차 주도권 이전 과정의 원동력은, 첫째, 한국 반도체 기업의 조립공장 역할을 통한 기술축적과 그를 바탕으로 한 단계생략형 추격, 둘째, 일본의 경기침체와 소극적 투자에 대비되는, 한국의 재벌형 구조의 이점을 활용한 공격적인 반도체 투자, 셋째, 정부주도하에 산·학이 협력하여 4M DRAM과 16M/64M DRAM의 공동개발 추진 등이다.

이러한 반도체 산업에서 일어난 두 번의 주도권 변화는 두 가지 중요한 시사가 있다. 첫째는 장기적인 안목을 가지고 경기 불황기를 오히려 기회의 창으로 활용하여, 적극적인 투자를 감행할 수 있는 결단력이다. 1970년대 말 일본은 경기불황으로 미국기업이 투자를 주저할 때 적극적인 투자를 감행함으로써 미국을 추격할 수 있었다. 한국 역시 경기불황 속에서 일본업체들이 새로운 설비투자에 주저하고 있을 때 적극적으로 투자함으로써 일본으로부터 주도권을 빼앗아 올 수 있었다. 둘째는, 정부정책이라는 '인위적' 기회의 창이다. 일본, 한국 모두 정부주도 아래 산·학이 협력하여 공동기술개발 프로젝트를 추진함으로써 기술격차를 극복하는 데 성공하였다.

이 산업에서 재미있는 현상은 삼성이 주도권을 잡은 지 25년이 다 되가는 데도 추가적 주도권 이전 현상이 일어나지 않고 있다는 점이다. 즉, 주도권이 계속 유지되는 '슈퍼 사이클' 현상이 관측된다는 점이다. 이는 삼성이 선두자로서 이 분야에서 계속 새로운 차세대 혁신을 스스로 주도해 나감으로써, 어떤 다른 기업이 파괴적 혁신형 새 기술로서 진입할 수 있는 여지 자체를 줄이는 슈퍼 사이클을 창출하였기 때문이라고 설명할 수 있다. 즉, 기존 선발자가 선발자의 함정에 빠지지 않는 최선의 선택은 스스로 향후 기술의 전개방향을 내생화하여 리드해 가는 것임을 삼성의 사례가 시사한다. 이런 경우 가령, 중국과 같은 차세대 기업이 주도권을 뺏아가기 힘들다. 물론, 이 산업의 경우, 수요변화가 극심한 소비재가 아니라 성능과 스펙이 결정적인 자본재라는 점도 작용하고 있다.

5) 휴대폰 산업

휴대폰 산업의 경우에는 미국의 모토롤라가 아날로그 패러다임에 기반한 최초의 휴대폰을 발명하여 산업을 일으켰으나 디지털 패러다임이 출현하면서 이를 먼저 개발한 유럽의 노키아가 새로이 주도권을 잡았고 최근에는 스마트폰 패러다임이 출현하면서 이에 더디게 반응했던 노키아가 몰락하고 애플과 삼성이 시장을 장악하는 것으로 설명할 수 있다. 즉, 모토롤라의 경우, 디지털 패러다임이 출현하고 이에 기반한 휴대폰이 나옴에도 불구하고, 오히려 아날로그 기술에 대한 투자를 증가시키는 전형적인 선발자 함정에 빠진 것이 주도권 추락의 원인이었고, 비슷한 함정 개념이 노키아의 추락에도 적용될 수 있다. 반면에 새로이 등장하는 차세대 후발자는 전형적으로 신기술을 채택한 제품을 내놓는 '경로창출형' 추격전략을 택하였다.

4. 향후 전망과 미래의 추격사이클에 대한 대응전략

이상에서는 산업주도권의 연속적인 변화를 설명하기 위해 본서는 '기회의 창'이라는 개념을 중심으로 이론적 분석틀을 제시하고 몇 가지 적용의 사례를 보였다. 기회의 창의 예로서는 새로운 기술혁신이나 새로운 기술·경제 패러다임의 등장, 경기순환(불황)과 시장수요의 변화, 정부나 규제의 역할 등을 고려하였다. 이런 기회의 창들이 후발자의 적절한 전략과 맞물릴 때 종종 급속한 시장역전과 비약(leapfrogging)이 발생한다는 것이다.

이런 시각에서 볼 때, 현재나 향후 등장할 새로운 기술패러다임은 무엇일까? 첫째, 기존의 에너지를 대체하는 태양광, 바이오 연료, 풍력 등 신재생 에너지 혁명을 꼽을 수 있고, 둘째, IT, BT, NT 등 여러 분야의 기술이 융합되어 산업의 새로운 돌파구를 여는 퓨전기술혁명을 꼽을 수 있다. 이런 새로운 기회의 창과 관련된 새 산업분야의 주도권을 선점하는 기업과 국가가 21세기의 새 리더가 될 것이다.

한편, 한국산업은 아날로그에서 디지털 기술로의 전환기를 기회의 창으로 삼아, 아날로그 시대의 승자로서 거기에 너무 오래 집착한 일본을 따돌리고 승자로 부상하였다. 반면에, 한국기업은 중국이라는 차세대 추격자로부터 도전을 받고 있다. 특히 중국의 도전이 중요한데, 지금까지 한국의 기업들은 선진국 기업 추격에만 집중하여 오다 보니, 자신이 이제 거꾸로 추격당할 수도 있고, 이에도 적절한 전략이 필요하다는 생각을 못해 온 것 같다. 이제 제대로 된 방어전략을 구사할 때가 되었다.

이하에서는 이런 시점에서 한국산업이 어떤 전략과 선택을 해야 할 것인가를 다룬다. 첫째로, 한국산업의 승자의 함정에 빠지지 말아야 한다. 과거 추격자였던 한국기업을 승자화하면서, '승자의 함정'에 빠질 가능성이 생겼다는 점이다. 그동안 한국기업은 항상 새로운 물결, 즉 시장이 출현하고 새로운 패러다임이나 산업이 등장할 때마다 빠르게 그 흐름에 올라타는 성공공식으로 성장해 왔다. 향후 미래에 추락이나 위기 발생 가능성을 논한다면, 그것은 새로운 비즈니스 모델이나 상품을 찾을 수 없을 때 발생하는 것이 아니라 지금까지 잘해 온 성공공식을 망각할 때 발생할 수 있다. 즉, 승자는 항상 새로운 패러다임을 반기기보다는 기존 상품, 기존 시장, 기존 패러다임이 지속되기를 바라기 때문에 위기를 맞을 수밖에 없다는 것이다.

즉, 한국의 성공공식은 더 큰 외국시장을 목표로 새 트렌드에 빨리 부응하는 상품을 남보다 더 빨리 효율적으로 만들어 온 것인데, 이런 성공공식을 잊지 말아야 한다는 것이다. 지금 한국시장에서 잘 나간다고 해서 혹은 기술적 우위만 믿고, 새롭거나 다른 트렌드를 무시하는 승자 함정에 빠지지 말아야 한다. 실례로 삼성의 경우, 일시적으로 스마트폰의 가능성을 무시한 아이폰 쇼크나, 현대자동차의 경우 초기 하이브리드나 전기자동차에 대한 미미한 반응, 외국의 전화방식에 대한 한국의 규제 등은 승자의 함정과 비슷한 사례라고 볼 수 있다. 과거 외국기업인 코닥의 경우 필름 전문회사였으나 디지털 카메라에 대한 대응 실패로 추락했으며, 폴라로이드 역시 그러했다. 반면에 중국의 BYD는 전기자동차 시장의 가능성을 보고 새로운 패러다임에 조기 합류했으며, 캐논의 경우도 필름카메라에서 디지털카메라 시대로 변화하는 시기에 능동적으로 대처하여 성공한 사례로 꼽을 수 있다.

즉, 한국기업은 특히 성공적인 기업일수록, 기존의 상품이나 시장에 계속해서 집착하기보다는 항상 새로운 시장과 제품을 찾아 움직이고 새로운 패러다임에 올라타야 한다. 무엇보다 작은 시장보다는 큰 시장을 목표로 하는 것이 중요한데, 그 이유는 한국의 표준이 반드시 세계의 표준은 아니기 때문이다.

둘째, 한국산업은 미래 혁신을 내생화하고 주도해야 한다. 한국산업이 선도자 함정에 빠지지 않는 것과 동시에 중요한 것은, 과거의 애플 쇼크와 같이 선발기업의 파괴적 혁신에 대해서 어떻게 해야 할까 하는 당황스러운 상황(후발자 상황)에 빠지지 말아야 한다. 즉, 다른 기업이 선도한 혁신에 어떻게 대응해야 할까 고민해야 하는 상황에 직면해서는 안 되고 미래의 혁신을 자신에게 유리한 방향으로 주도 및 내생화해야 한다. 즉, 혁신을 자신에게 유리한 방향으로 지속적으로 끌고 가는 것만이 산업주도권을 넘겨줘야 하는 상황을 피할 수 있는 최선의 길이다. 이러한 주도적 혁신의 예는 디지털 패러다임 등장 이후에도 계속 주도권을 유지하는 캐논(Cannon)과 같은 일본 카메라 산업의 예가 있다. 비슷하게는 반도체 산업의 메모리 분야에서 주도권이 미국의 인텔에서 시작하여 일본을 거쳐 삼성으로 온 이후 계속 유지되는 사례가 있다.

산업주도권을 계속 유지해 나가는 또 하나의 전략은 인수·합병(M&A)을 활용하는 것이다. 중국기업들이 외국기업을 M&A하여 기술이나 브랜드를 신속히 확보하는 추격전략으로 활용한 것은 잘 알려진 사실이다. 그런데 뒤집어 보면, M&A는 선도기업의 방어전략으로서도 활용가능하다. 쉽게는 잠재적으로 위협이 될 만한 기술이나 비즈니스 모델을 가진 신생기업을 일찍 인수하는 것은 잠재적 위협요 인을 제거하는 효과가 있다. 동시에, 이는 신기술을 확보하여 자신의 성장동력으 로 삼는 효과도 있다. 실제로, 구글이 전형적으로 M&A를 가장 많이 하면서 성장 한 기업인데, 바로 신기술 확보와 잠재적 경쟁자 제거라는 두 효과를 노렸다고 볼 수 있다. 이를 연장하면, 한국기업의 인수대상은 꼭 기술확보 목적의 선진국 기업 뿐만 아니라, 선제적 방어 목적으로 초기 성장단계의 중국기업을 인수하는 것이 될 수도 있다. 가령, 삼성이 샤오미 같은 기업을 초기에 인수하였을 수도 있는 것 이다.

셋째, 한국산업은 First Mover와 Fast Follower 사이의 중간 전략으로서 병행자 전략(Parallel Mover)을 적절히 구사해야 한다. 최근 한국기업은 이제 신속한 추격 자 전략(fast follower)을 버리고, 선점자(first mover) 전략으로 가야 한다는 소리가 많다. 그러나 맹목적인 선점자 전략은 위험한 선택이다. 과거 한국이 선점자가 아 니었던 것이 아니다. 예를 들면, 아이팟의 원형은 한국이 최초로 개발한 MP3 플 레이어였고, 스카이프라는 인터넷 전화도 새롬이 개발한 '다이얼패드'가 최초였으 며, 소셜네트워크의 원조 역시 한국의 '아이러브스쿨'과 '싸이월드' 였다. 스마트폰 도 애플 이전에 삼성과 노키아가 개발했으며, 4G이동통신 역시 LTE 말고 한국이 와이브로를 먼저 시작한 바 있다.

한국이 선점자가 되지 못하는 것이 문제가 아니라 최종 성공으로 연결짓지 못 하는 규제 등 다른 요인들이 문제이다. 여러 연구를 보면 선점자가 최종적인 승자 가 아닌 경우가 오히려 많다. 이는 선점자 전략이 내포하는 두 가지 리스크 때문 이다. 첫째는, 여러 선택 가능한 기술과 표준 중에서 어떻게 맞는 선택을 하느냐는 리스크가 있고, 둘째로 새 제품 및 기술에 대한 초기 시장이 존재하느냐 또는 시 장을 어떻게 창출할 것이냐 하는 리스크가 있다. 가령, 와이브로를 한국이 선택하 여 밀어부쳤지만, 시장에서 표준으로 확산되지 못한 사례는 위의 두 가지 리스크 모두에 걸린 사례이다.

그러면 한국에게 최적 전략은 무엇인가. 전략의 선택은 기술개발 능력의 강약 과 자신이 표준 설정을 선도할 수 있는 네트워킹 및 문화코드 주도 능력의 강약이 라는 두 요인에 의해서 결정된다. 미국기업의 경우 양자가 다 강하기 때문에 선점자 전략이 유효한 선택일 수 있고, 과거 한국은 양자가 다 약해서 빠른 추종자 전략이 적절한 선택이었다. 그런데 최근의 상황은 기술능력이 강해졌으나, 아직 표준 및 문화주도 능력은 약한 제3의 조합 상태이다. 이 상황에서 선점자 전략은 최적이 아니고 병행자(parallel mover) 전략이 유효할 수 있다.

한국의 디지털 TV 사례가 가장 적절한 예이다. 한국의 민·관 컨소시엄은 90년대 디지털 TV를 개발하던 시기에 선진국들의 표준 논의가 4개로 진행되자 이 4개에 대해서 각 다른 소그룹을 지정하여 병행적으로 개발을 진행하다가, 표준이 통합 결정되자마자 가장 빨리 이에 맞는 제품을 개발해 내는 선점자가 되었다. 현재, 현대차가 하이브리드, 전기차, 수소차라는 3개 기술을 동시에 진행하고 있는 것도 병행전략이다.

크게 보면, 최적의 전략은 빠른 추종자와 선점자 전략 사이의 적절한 균형이라고 할 수 있으며, 표준 및 시장형성 단계에서는 병행 추종자로서의 역할을 하다가, 표준이 정해지면 빠른 진입을 하는 선점자, 즉 'fast mover'가 되면 된다. 그리고 소비재와 중간재를 구분하면 문화 코드 등에 덜 민감하고 성능과 스펙이 중요한 중간재나 부품의 경우, 선점자 전략을 취해도 리스크는 적다. 반대로 소비재의 경우, 한국시장이 작다는 점, 비영어권이라는 점, 문화 및 코드에 있어서 선도국가가 아니라는 점 등을 고려할 때 선점자 전략에 대해 더욱 신중해야 한다.

또한, 선점자 전략이 적절한 시장이 있는 반면에, 중국·인도와 같은 미들엔드(middle end) 시장은 다르다. 미국 같은 하이엔드(high end) 시장과 또 다른 중간시장을 고려할 때도 다른 전략을 병행하는 것이 적절하다. 즉, 과거의 일본 모델이나 애플식 미국 모델이 성공을 보장하는 것은 아니다. 이를 단순 모방하기보다는 한국적인 오너-전문경영자라는 독특한 투톱(Two-top) 모델을 기초로, 오픈 이노베이션(open innovation)을 추가하는 등, 적절한 진화를 추구하는 것이 하나의 대안일 수 있다.

넷째, 미래 패러다임 변화에 대응하여야 한다. 즉, 한국기업은 기존의 제품판매라는 개념이 이제는 서비스 판매로 바꾸는 패러다임 전환과 이와 관련된 시장경쟁의 질적 변화에 대해 준비해야 한다. 예를 들어, MP3 플레이어의 판매와 음원서비스 판매의 경우, MP3 플레이어는 원래 우리나라 기업에 의해 개발되었다. 하지만 최종 승자는 시장을 한때 선점했던 아이리버가 아니라, i-Tune이란 서비스를 갖고 있는 애플의 i-Pod가 되었다. 한국기업은 단품 판매에는 강하나 서비스 판매에는 약하다. 서비스는 단순한 사업이 아니라 문화코드를 잘 이해해야 하는데, 우리나라는 상품을 통해 문화를 창출해 내는 역량이 부족하기 때문이다. 그런데 이런 변화는 여러 분야에서 일어나고 있다. IBM을 비롯하여 지멘스 등 전통 선진국 대기업들은 제조업 자체라기보다 제조업과 관련된 서비스 제공 기업으로 바뀌고 있고, 매출의 원천이 점점 서비스 중심이 되어가고 있다. 이는 매우 중요한 패러다임 전환이다.

그런데 이런 전환에 앞서 나가고 있는 것이 비단 선진국 기업뿐이 아니라는 점이다. 가령, 중국 스마트폰 시장에서 삼성을 넘어선 샤오미가 무서운 것은 이 기업의 비즈니스 모델이 단순히 휴대폰 판매가 아니라, 휴대폰 자체는 싼 값에 넘기고 거기에 부가되는 소프트웨어나 응용 앱 등 부가 서비스에서 매출을 창출하려고 하는 다른 패러다임을 시도한다는 점이다. 반면에, 삼성과 유사하게, 기술력에 기초한 제품 성능 자체로 승부하려는 화웨이는 샤오미보다 훨씬 오래된 기업이지만, 정작 삼성을 넘어선 것은 화웨이가 아니라 샤오미였던 것이다. 즉, 삼성에 진짜 위협이 되는 것은 삼성과 같은 방법으로 경쟁하려는 후발기업이 아니고 다른 패러다임을 갖고 치고 나오는 후발자가 더 무서운 법이다. 왜냐하면, 추격과 추락의 이론 차원에서 보면, 후발자가 선발자를 넘어설 정도로 되기 위해서는 단순히 모방이 아니라 이를 넘어서는 새로운 발상과 파괴적 혁신을 시도할 때 비로소 가능하기 때문이다.

추격사이클 개념의 예로써, 미국의 애플과 중국의 화웨이 및 샤오미라는 경쟁자에 둘러싸인 삼성의 전략을 생각해 보자. 우선 애플에 대해서 삼성은 자신의 강점이 휴대폰뿐만 아니라 카메라, TV, 복합프린터, 세탁기 등 다양한 가전제품을 만드는 다각화된 기업이라는 점을 충분히 활용하지 못하고 있다. 즉, 애플에 대해서 애플 방식으로 하나의 전선에서만 싸우려 하지 말고, 전선을 넓혀서 삼성 방식으로 싸워야 한다. 가령, 여러 삼성 제품 간에 연결성, 호환성 등을 극대화하고 IOT(internet of things: 사물 인터넷)까지 추가하여, 이런 다양성에 기초한 '범위의 장벽'을 애플에 대해서 쌓는 것을 통해서 애플을 넘어서야 한다.

한편, 중국기업들과 비교한 삼성의 우위는 더 이상 기술력이 아니고 삼성이 브랜드 파워를 가진 시장의 선점자 및 선발자라는 점인데, 이 점을 이용한 '방어의 장벽'을 쌓아야 한다. 가령, 금전적 이득에 민감하고 계산에 빠른 중국 소비자들에게 각종 삼성 제품을 살 때마다 '삼성 마일리지'를 제공하여 추가적으로 삼성 제품을 구매할 수 있는 인센티브를 주어야 한다. 동시에, 이런 마일리지 카드 가입시 확보되는 소비자 정보를 빅데이터화하여 계속 마케팅에 활용하여야 한다.

　이런 '삼성 마일리지' 제도는 미국시장에서 애플과 경쟁할 때도 이용할 수 있는데, 그것은 삼성만이 여러 다양한 가전제품을 생산·공급하는 다각화된 기업이기 때문이다. 현재 삼성은 그 많은 제품을 중국과 미국에서 팔아 왔으면서도 그런 소비자에 대한 정보를 축적·활용하지 않고 있다. 지금이라도 시작하여야 한다. 이런 정보의 확보는 가장 믿을 만한 진입장벽 구축의 관건이고, 앞에서 강조한 '제품 판매에서 서비스 판매'라는 패러다임 전환에 대처하기 위한 필수적 병기이다.

제 8 장

패러다임 전환과 추격형 비약:
디지털 TV의 사례[1]

1. 디지털 패러다임의 도래와 기회의 창

　과학기술 분야에서의 패러다임 전환의 가장 중요한 사례 중의 하나는 아날로그에서 디지털로의 전환이다. 디지털 기술의 기원은 1940년대의 이진법 계산 방식의 발명으로 거슬러 올라간다. 이에 기초해서 컴퓨터 및 다른 정보처리 기술이 등장하기 시작하였다. 1990년대 이후 '디지털 혁명'은 두 가지 방식으로 진행되었다. 첫째, 기존 전자제품이 디지털 기술을 구현한 제품으로 대체되었다. 즉, 장난감, 전화기에서 기계에 이르기까지 많은 아날로그 제품이 디지털 제품으로 바뀌고 있으며 지금도 이러한 현상은 계속되고 있다. 둘째, 인터넷, 소프트웨어, 통신, 전자, 컴퓨터들의 기술적 융합에 기반한 전혀 새로운 제품이 출현하였다. 즉, PDA, MP3 플레이어와 같이 기존에는 없었던 전혀 새로운 제품들도 등장했으며 소매품의 판매와 배달에 있어서도 전자상거래와 컴퓨터 데이터 프로세스에 대한 의존도가 점차 커지는 것이 지금의 추세이다. 다양한 과학적 발견들의 융합 내지는 응용이라는 측면에서 1990년대의 디지털 혁명은 여타의 '급진적인(radical)' 혁신들과는 다르다고 할 수 있다(Adner and Levinthal, 2002).

　이러한 디지털 기술의 등장은 '기술비약가설(leapfrogging thesis)'이 주장하듯이(Perez, 1988), 후발주자에게는 선발주자를 추격할 수 있는 새로운 기회의 창이 되고 있다. 1990년대 중반 이후 한국의 기업들은 여러 혁신적인 디지털 제품들에서 세계적인 리더로 등장하였다. 한국은 CDMA(Code Division Multiple Access)에 기

1　이 장은 이근(2007)의 9장을 약간 수정하여 전재한 것이다. 그 원 출처는 Lee, Lim, and Song(2005)의 내용을 축약 · 요약한 것이다.

반한 디지털 이동통신을 세계에서 처음으로 개발한 나라이다. 삼성과 LG는 이제 관련 디지털 기술영역에서 그 기술력과 라이선스에서 세계 최고의 지위를 누리고 있다. LG전자는 1997년에 디지털 TV에 필요한 핵심칩셋을 개발한 세계 최초의 기업이다.

여기서 특히 중시하고 있는 것은 패러다임의 전환기가 부여하는 가능성의 의미와 이에 수반하는 위험을 어떻게 극복하느냐이다. 구체적으로는 패러다임 전환을 이용하여 선도기업을 추격하고자 하는 기업이 당면하는 두 가지 위험에 주목한다. 첫 번째는 여러 개의 출현가능한 기술표준 중에서 어떤 기술표준을 선택할 것인가와 관련된 위험이며, 두 번째는 신규제품 생산기술을 선택하여 생산을 한 후 어떻게 초기시장을 형성할 것인가 하는 위험이다. 디지털 TV와 CDMA를 개발하였던 한국기업들도 이러한 위험에서 자유로울 수 없었다.

이 장에서는 한국기업들이 어떻게 이러한 위험을 극복하면서 기술비약을 이루어 내었는지를 살펴볼 것이다. 이를 위해 우선 기술 패러다임 전환기에 발생하는 후발국의 기술추격에 초점을 맞추어, 이를 이론적으로 설명하는 기술경제학의 주요 개념을 설명하고, 기술추격에 관한 이론적 가설과 모형 구축을 통해 후발국의 기술추격을 체계적으로 설명해 내고, 정부정책과 기업전략에 대한 시사를 도출하고자 한다.

2. 디지털 TV의 기술체제

한국기업이 어떻게 디지털 TV 개발에 성공할 수 있었는지를 살펴보기 전에 우선 디지털 TV의 기술체제를 확인할 필요가 있다. 디지털 TV는 영상, 음향, 데이터 등 모든 것을 디지털 처리한 후 디지털 전송방식에 의해 전송한다. 디지털 처리란 아날로그 신호를 0과 1로 구성된 디지털 신호로 전환하는 것인데, 이렇게 전환신호는 다른 정보들과 함께 압축되어 디지털 전송방식에 의해 전송된다. 전송된 신호는 수신기에서 원래의 영상과 음향으로 나누어지고 수신기에서 압축은 다시 풀린다. 즉 모든 정보는 숫자로 전환되어 전송되고 수신된다.

▌표 8-1▌ 미국의 연간 CDMA,디지털 TV 특허수

특허수	CDMA	디지털 TV	모든 분야
1991(A)	1	59	107,259
2002(B)	267	151	184,530
B/A	267.0	2.6	1.7

자료: USPTO(미국특허청) 사이트; Lee, Lim and Song(2005)에서 전재.
주: 1. 1991년: 한국기업이 미국에서 최초로 디지털 TV 특허등록을 한 연도.
　 2. 디지털 TV 수치: 초록에 '디지털'과 'TV, 텔레비전' 단어를 포함하는 특허수.
　 3. CDMA 수치: 초록에 'CDMA' 단어를 포함하는 특허수.

디지털 TV 기술의 기술체제는 (1) 기술적 기회, (2) 기술의 전유성, (3) 지식기반의 특성, 그리고 (4) 인프라 투자에 필요한 조건의 측면에서 살펴볼 수 있다.

디지털 기술은 혁신의 잦은 빈도라는 특성을 갖는 만큼 디지털 기술의 기술적 기회는 많다고 할 수 있다. 표 8-1은 CDMA와 디지털 TV의 두 기술분야에서 등록된 미국의 특허 수가 다른 기술분야에 비해 매우 빠르게 증가하였음을 보여준다. 기술적 기회가 무궁무진하다는 것은 바로 이 분야에서 더욱 치열한 경쟁이 있을 것임을 시사한다. 그러나 여기서 중요한 것은 혁신의 결과로 생겨나는 수익을 누가 가져가느냐, 즉, 전유성 조건(appropriability condition)이다.

정보기술분야에서 혁신성과에 대한 전유는 표준의 설정에 의해 영향을 특히 많이 받는다. 보다 지배적이고 성공적인 기술표준을 적용한 제품의 생산자는 다른 생산자들보다 더 쉽게 연구개발투자에 따른 수익을 누릴 수 있다. 표준설정 경쟁에서 제휴 형성, 파트너기업 육성, 호환성 확보는 매우 중요하다. 망외부성의 효과로 인해, 자사 상품의 경쟁력은 제품 자체의 가격과 성능뿐만 아니라 협력업체의 보완적 제품의 가격과 성능, 나아가 같은 기술표준을 공유하는 정부에 의해서도 영향을 받는다. 경쟁자보다 더 빨리 충분히 큰 시장을 형성하기 위해서, 그리고 연구개발비로 인해 패자가 입게 되는 엄청난 손실을 피하기 위해서 기업들은 자신들이 내놓은 제품이 시장에서 무정부적 경쟁에 빠지기 전에 미리 표준을 만들기를 원하게 된다.

디지털 TV 기술은 혁신이 매우 자주 이루어지고 표준설정과 보완재가 특별히 중요한 역할을 하기 때문에 재빠른 시장출시와 협력파트너 형성이 성공을 위해 필수적이다. 또한 디지털 TV의 성과는 방송시스템 같은 기반시설의 성격에 의해

크게 좌우되기 때문에 자사의 기술표준과 호환되는 기반시설을 갖추는 것은 디지털 TV 산업에서는 매우 중요하다고 할 수 있다. 그렇다면 디지털 TV가 갖는 이러한 기술적 특성이 후발기업의 추격에 주는 함의는 무엇인가? 우선 추격이 쉽지 않으며 위험은 또한 매우 크다는 것이다. 다시 말해, 추격기업이 시장에 빨리 진입할수록 그 위험도 역시 커진다.

이러한 위험을 상쇄시켰던 중요한 요소는 앞서 언급했듯이 여타 통신산업과 마찬가지로 디지털 TV도 시장이 형성되기 전에 이미 기술적 표준이 결정됐다는 사실이다. 초기에 CDMA 무선통신과 디지털 방송시스템에 대한 표준은 미국 또는 유럽에서 시장이 형성되기 전에 이미 확립되었다. CDMA의 경우, CDMA와 관련된 시장이 형성되기 전인 1993년에, 퀄컴사의 노력으로 통신산업협회(Telecommunications Industry Association: TIA)는 CDMA를 북미의 디지털표준으로 받아들였다. 유럽에서도 이와 비슷한 수순을 밟아 GSM을 유럽의 표준으로 채택하였다. 미국에서의 디지털 TV 기술표준은 1993년 이른바 'Grand Alliance'를 통해 만들어졌고 1997년 FCC에 의해 최종적으로 재가되었다.

이렇게 표준설정이 이루어지기 훨씬 전인 1980년대부터 일본기업들은 이미 아날로그 HDTV의 연구개발 활동을 주도해 왔다. 일본은 NHK와 JBC(Japan Broadcasting Corporation)의 주도 아래 1980년대에 세계 최초로 아날로그 HDTV 시스템을 개발하였고 1991년에는 HDTV의 국가적 표준으로 Hi-Vision/MUSE를 채택하였다. 그러나 미국기업인 GI가 디지털 텔레비전 신호전송의 실행가능성을 시연한 것은 겨우 1990년이 되어서이다.

그 이후, 미국 연방통신위원회(Federal Communication Commission: FCC)는 ACATS(Advisory Committee on Advanced Television Service)의 질의에 따라 HDTV 표준이란 이슈에 대해 검토하였다. 1991년에 HDTV 표준에 대한 6건의 제안이 있었다. 그 중 네 개는 디지털 HDTV 표준이었고, 나머지 2개는 아날로그 HDTV 표준에 관한 것이었다. 2개의 아날로그 표준 중 한 개는 NHK가, 다른 한 개는 필립스-톰슨-사르노프-NBC 컨소시엄이 제안한 것이었다. 네 개의 디지털 표준 중에서 두 개는 GI-MIT 연합에서, 나머지 두 개는 제니스, AT&T, 필립스-톰슨-사르노프-NBC 컨소시엄 연합에서 각각 제안한 것이었다. 1993년 봄에는 NHK가 자신들의 제안을 철회하였고 이후 소위 'Grand Alliance'가 나머지 세 팀에 의해 구성되었다(Grimme, 2002, p. 230). 1993년에 Grand Alliance는 ATSC(Advanced

Television Standard Committee)를 포괄하여 대규모 위원회로 발전하였다(Grimme, 2002, p. 230). 컴퓨터 업계의 사람들과 오랜 논의를 거친 끝에, 1997년 FCC는 디지털 TV 표준을 발표하게 된 것이다(Grimme 2002, pp. 230-231).

이렇게 표준이 시장에 앞서 결정되는 것은, 전통적인 산업분야와 대비되는데, 자동차 산업이나 기타 내구소비재 산업에서는 표준이나 지배적인 디자인이 시장에서의 경쟁의 결과로 생겨난다. '시장형성 이전에 표준이 결정'되는 특성을 고려할 때, 비록 기술진화의 초기단계라 할지라도 보다 쉽게 미래의 기술궤적을 파악할 수 있다. 이러한 특징은 초기 진입자의 위험을 줄이고 후발주자에 의한 추격을 가능하게 해 주는 경향이 있다. 좀더 복잡하고 구체적인 내용은 아래에 서술되겠지만, 한국기업과 같은 추격기업이 해야 하는 일은 표준과 호환되는 제품을 개발하는 것이다.

이제 한국기업들이 기술추격과정에서 직면하게 되는 위험들을 극복하고 기술비약에 성공할 수 있었던 요인들을 하나씩 살펴보자.

3. 한국기업들의 진입전략

1) 한국기업들의 초기 조건과 자원

비록 디지털 HDTV분야에서 GI와 제니스(Zenith)는 선도기업이었지만, 그들은 디지털 TV의 상업화 가능성을 증명할 필요가 있었다. 아날로그 TV와 다르게 디지털 TV 기술은 소프트웨어, 디지털 튜닝기술, 디지털 신호화 기술, 그리고 데이터를 변환·압축·송수신하는 전송기술 등이 모두 필요하다. GI와 제니스가 디지털 TV셋에서부터, 방송장비. 셋톱박스, 기타 부품들, 그리고 소프트웨어에 이르는 모든 것을 생산할 수 없다는 것은 확실했다. 이런 배경을 고려하면, 1990년에 제니스가 LG에게 지분의 15%를 허용한 것은 충분히 이해할 만한 것이었다. 다시 말해서, 풍부한 제조경험을 가진 다른 기업들에게는 이 풍부한 잠재력을 가진 시장에 뛰어들 만한 여지가 있었던 것이다. 케이블 TV 장비 생산업자인 GI 역시 1990년대 초반 디지털 TV의 원형을 개발하는 과정에서 삼성을 끌어들였다.

디지털 TV의 개발에 있어서 한국기업들의 큰 이점 중 하나는 한국이 일본에 비해 아날로그 기술면에서 뒤처져 있었기에 일본이 주도하는 아날로그 기술에 집착할 유인이 없었다는 점이다. 따라서, 한국기업과 정부가 디지털 TV의 등장을 일본을 추격할 기회로 간주함에 따라 한국은 디지털 TV 기술의 투자에 매우 발 빠르고 과감하게 임했다.

인적자원의 측면에서 볼 때, 디지털 TV 시장에 진입했던 1990년대 초에 한국기업은 상업적으로 성공적인 디지털 TV 상품을 생산하기에 충분한 인적자원을 보유하지 못하고 있었다. 한국은 또한 관련지식의 주요 원천인 미국과 유럽과도 거리가 있었다. 그러나 한국은 외국기업의 연구개발 동향을 분석하고 해외에서 생성된 지식을 디지털 TV 개발에 적용할 수 있는 정도의 인력은 보유하고 있었다. 또한 디지털 TV와 아날로그 TV는 그 생산공정의 60% 가까이가 유사하다는 점에서 한국기업들은 상당한 수준의 생산능력을 가지고 있었다고 말할 수 있다. 아울러 한국의 기업들과 정부는 TDX 개발에서부터 시작하여 256메가 비트 D-RAM 개발, 그리고 세계 최초의 CDMA 이동전화시스템 개발에 이르기까지 성공적인 민·관 연구개발 컨소시엄 경험을 갖고 있다는 사실을 놓쳐서는 안 된다. 디지털 TV 개발에도 위와 동일한 기업, 정부부처, 연구소들이 참여했기 때문에 이러한 프로젝트들로부터 축적된 지식과 경험이 디지털 TV의 경우에서도 분명히 유용했을 것이다.

디지털 TV 기술을 가진 인력이 부족했기 때문에 한국기업들은 새롭게 채용한 인력에 의존해야 했다. LG전자는 디지털 신호 송·수신, 영상 압축에 관한 지식을 갖고 있는 사람이 없었다. 그들은 일반적인 전자공학 지식이 있고 TV나 다른 전자제품을 개발한 경험이 있는 사람들을 내부적으로 선발하였다. 한국과 미국에서도 박사인력을 새롭게 선발하였지만 핵심 연구 그룹은 디지털 TV에 대한 지식을 압축적으로 흡수하고 연구개발 활동을 수행하였던 LG 내부의 사람들이었다. 삼성 역시 관련분야의 인적자원을 보유하고 있지 못했다. 삼성의 경우 연구팀이 구성될 때 프로젝트 책임자를 제외한 모두 연구원이 새롭게 채용되었다. 새롭게 채용된 핵심 연구인력들은 미국의 기업에서 일하고 있는 사람들이었다.

디지털 TV와 관련되는 지리적 이점도 한국에는 없었다. 국내 시장은 1998년 디지털 TV가 생산될 시점까지도 존재하지 않았다. 따라서 모든 제품은 해외시장용으로 생산되었고 국내시장은 연구개발 활동의 추진력이 되지 못했다.

지금까지의 논의들은 한국기업들이 이 새로운 산업에서 선도자가 될 만큼 충분한 능력을 갖지 못했음을 보여준다. 이제 다음 항에서 한국기업들이 이러한 어려움들을 어떻게 극복했는지 상세히 살펴보기로 하자.

2) 민·관 컨소시엄에 의한 진입

HDTV에 대한 한국기업들과 정부의 초기 태도는 아날로그 HDTV를 주도하고 있던 일본에 의해 주로 영향을 받았다. 일본은 한국인들이 과거에 그랬듯이 HDTV 분야에서도 자신들의 뒤를 따를 것으로 기대하며 1988년 서울 올림픽 게임 당시 한국에 와서 시연회를 가졌다. 한국정부도 HDTV가 엄청난 기술적·상업적 잠재력을 가진 차세대 소비재가 될 것이란 사실을 알았기 때문에 한국 정부는 1989년 처음으로 'HDTV 공동개발 위원회'를 구성하여 출범시켰다. 이 위원회에는 세 개 정부부처(산업자원부, 정보통신부, 과학기술부)와 민간기업을 포함한 17개의 기관, 정부출연 연구소(GRIs), 그리고 여러 대학들이 참여하였다. 이 위원회는 출범한 뒤 HDTV 개발을 위한 5개년 계획(1990.6-94. 7)을 수립하였다.

한국정부는 HDTV를 21세기의 가장 중요한 차세대 수출품의 하나로 만들고자 하였다. 정부주도의 연구개발 컨소시엄은 한국전자부품연구소(KETI)가 주도하였고 삼성, LG, 현대, 대우전자 및 다른 민간기업들이 참여하였다. 프로젝트는 처음에는 해외의 지식을 해석, 흡수하여 국내로 들여오는 것이었지만 궁극적으로는 HDTV 세트를 개발하는 것이었다. 5년 동안의 총 예산은 1,000억원(약 1억 달러)에 이르렀고 정부와 민간부문이 각각 절반씩 부담하였다.

한국이 프로젝트를 시작한 직후, 디지털 TV 기술에서 가장 앞서가던 GI가 1990년 디지털 TV의 가능성을 알리는 역사적인 시연회를 가졌다. GI 연구팀의 책임자가 바로 훗날 1998년 LG전자의 최고기술책임자로 부임한 한국계 미국인 백우현 박사였다. 1991년 봄, 이 사건을 계기로 한국의 연구 프로젝트의 목표는 일본과 유럽이 주도하던 아날로그 HDTV 대신 미국시장을 타깃으로 한 디지털 HDTV의 개발로 결정적으로 굳어지게 되었다. 그러나 문제는 그 때까지도 미국의 기술표준이 정해지지 않았다는 사실이었다. 이 점에서 한 가지 흥미로운 점은 한국의 여러 기업들이 각기 다른 표준개발의 책임을 지고 동시에 여러 개의 표준대안을 개발하기로 한 결정이다. 그 당시 미국에서는 네 개의 눈에 띄는 표준이 있었다. 결국 삼성은 GI-MIT연합의 표준을, LG는 제니스-AT&T연합을, 대우는 RCA를, 그리고 현대는 Farouja가 개발한 표준을 각각 담당하게 되었다.

　이러한 민·관 협력은 연구개발자금을 확보하고 기업, 대학, 정부출연 연구소의 연구자들 간에 네트워크를 형성함으로써 민간기업이 이 위험도가 높은 연구개발을 계속 수행할 수 있게 하는 요소로 작용했다. 프로젝트에서는 참여단위 간에 업무분담이 있었다. 전체 프로젝트는 디지털 신호(위성, 지상), 디스플레이(CRT, LCD, PDPP), ASIC 칩(응용 집적회로칩, 인코딩, 디코딩, 디멀티플렉서, 디스플레이 프로세서) 세 분야로 나누어진다. 각 연구단위들, 즉 정부출연연구소, 민간기업들은 서로 다른 업무를 부여받았고 동시에 의도적으로 약간씩 중첩되어 있었다. 즉, 연구 성과물의 독점화를 피하기 위해 한 개의 업무에는 두 개씩의 연구단위들이 배정되었다.

　각각의 연구단위들은 KETI(전자부품연구원)를 통해서 그들의 연구성과를 공유해야 했지만 민간기업들은 디지털 TV 기술의 여러 측면을 연구하면서 중요하고 핵심적인 발견을 외부에 알리지 않으려는 경향이 있었다. 비록 이러한 행위는 협력연구의 비용적 효율성(cost-effectiveness)을 떨어뜨릴 가능성이 있었지만, 어느 정도는 불가피하고 컨소시엄의 성과가 못지 않게 컸으며 나아가 동태적인 경쟁기풍을 보여주는 것이기도 하다.

　실제로, 삼성과 LG의 연구개발진들은 컨소시엄의 중요한 이점으로 특히 정부의 역할을 인정하였다. 정부주도의 컨소시엄은 민간기업들에게 프로젝트의 정당성(legitimacy)을 제공하는 효과가 있는데, 그렇지 않다면, 민간기업들은 수익전망이 불확실한 그러한 프로젝트에 계속해서 자금을 투입할 수 없었고 프로젝트는 중단되었을 것이다. 아울러 컨소시엄은 기업의 연구개발팀이 대학 및 다른 공공부문의 연구자들과 함께 일할 수 있는 기회를 제공하였다. 인터뷰 과정에서 연구개발 담당자들은 대학의 교수들, 특히 미국에서 디지털 기술분야의 박사학위를 받고 갓 귀국한 사람들과의 교류가 매우 중요하였음을 인정하였다.

　그러나 핵심적인 연구활동은 삼성과 LG 두 민간기업을 통해 이루어졌다. 특허 데이터에 따르면 미국에 등록된 한국의 디지털 TV 관련 특허의 90% 이상은 삼성 또는 LG에 의한 것이었다(표 8-2 참조).

▌표 8-2▐ 디지털 TV 특허(소유자의 국적별 통계)

Year	미국	일본	한국	삼성전자		LG전자		Zenith	
				Total	비한국인	Total	비한국인	Total	한국인
1991	26	13	1	1	0	0	0	0	0
1992	32	11	0	0	0	0	0	3	0
1993	35	8	5	5	0	0	0	8	0
1994	37	5	7	7	2	0	0	2	1
1995	29	7	7	5	2	0	0	2	0
1996	61	10	10	6	5	0	0	3	0
1997	51	13	10	6	2	1	0	3	0
1998	60	18	15	13	9	2	0	1	0
1999	49	19	15	15	9	1	0	1	0
2000	44	21	13	11	6	2	0	2	0
2001	50	27	28	17	6	11	0	1	0
2002	70	26	24	16	11	8	0	1	0
Total	544	178	135	102	52	25	0	28	1
				100.0%	51.0%	100%	0%	100%	3.6%

자료: USPTO, Trade Mark Office의 자료를 종합: Lee Lim and Song(2005)에서 전재.
주: 1. 숫자는 '디지털', 'TV'를 초록에 담고 있는 특허의 수임.
 2. '비한국인'은 한국에 거주하지 않는 사람들의 특허임.
 3. 1991년은 한국기업이 디지털 TV 특허를 최초로 미국에 등록한 해임.

4. 해외지식기반에의 접근과 내부지식기반의 육성: 첫 번째 위험의 극복

한국기업들은 GI를 비롯한 미국의 다른 선도기업들의 기술동향을 면밀히 주시하여 왔다. 삼성의 경우, 이미 1989년에 처음으로 디지털 TV 연구개발팀을 구성하고 뉴저지 프린스턴에 미국 지사(Advanced Media Lab: AML)를 설립하였다. 이해외 지사는 DSRC 및 RCA와 같은 미국기업으로부터 디지털 신호와 ASIC 설계의 지식을 가진 기술자들을 선발하는 등 미국의 지식원천에 접근할 수 있는 통로로서 역할을 수행하였다. 삼성의 국내 연구진과 관련, 한 가지 흥미로운 점은 1989년에 채용된 모든 기술자들이 아날로그 TV에는 경험이 없고 단지 디지털 신호 분야에서 국내외의 학위를 취득한 사람들이라는 사실이다. 이는 Nonaka(1988, 1994)가 주장한 학습기각(unlearning)으로 간주될 수 있는데, 즉 신규 프로젝트는 과거의 관행이나 선입견에서 자유로운 사람들과 함께 시작하는 것이 더 좋다는 것이다. 한국의 연구자들은 디지털 신호처리 분야의 기술을 배우기 위해 미국 지사로 파견됐다.

6개월 정도로 매우 짧긴 했지만 1991년에는 삼성과 GI 사이에 디지털 TV에 관한 공동 프로젝트가 있었다. 이러한 공동작업은 GI가 디지털 TV 원형을 개발할 파트너를 필요로 하고 있었기 때문에 가능했다. 그러나 삼성의 연구개발 담당자들은 이 공동작업이 공식적인 것이 아니었고 GI로부터도 많은 것을 배울 수 없었다고 지적한다. 즉, GI의 사람들은 삼성에 '곁가지'만 가르쳤을 뿐 전체적인 내용은 가르쳐주지 않았던 것이다. 그러므로 그들의 주된 역할은 GI의 연구개발활동에 단지 하드웨어적인 보조였을 뿐이다.

LG의 경우, 인터뷰에 따르면 내부의 디지털 TV 기술 연구팀은 1990년에 출범하였다. 1990년에 LG는 이미 15% 정도의 제니스 지분과 시카고에 위치한 연구소를 갖고 있었기 때문에 제니스에 연구원들을 파견할 수 있었다. 디지털 TV와 관련해서, 디지털 신호의 수신 및 복구파트를 제외하고는 이미 보유하고 있던 아날로그 TV 기술, 특히 모니터 기술은 그대로 사용할 수 있었다. 그러므로 디지털 TV의 원형 개발에서 한국기업의 연구는 디지털 신호 수신, 복구 및 관련 소프트웨어에 초점이 맞추어지게 되었다. 디지털 신호와 관련된 핵심기술, 즉 VSB 기술은 제니스가 소유하고 있었고 LG는 제니스에 대한 지분을 보유하고 있었기 때문에 특허권 침해에 대한 걱정 없이 제니스의 기술을 이용하고 도움을 얻을 수 있었다.

디지털 TV 기술의 기본표준을 만들기 위해 1993년 이른바 'Grand Alliance'가 만들어진 이후에는 한국기업들이 디지털 TV 원형의 세부명세를 확정하는 데 저해요소로 작용했던 불확실성이 더욱 줄어들었다. 그리고 마침내, 1993년 10월(이는 원래의 기한인 1994년 6월보다 8개월 빨리) 삼성과 LG가 사실상의 주도자였던 이 컨소시엄은 대전 엑스포(국제 박람회)를 통해서 디지털 TV 원형으로 디지털 TV 방송의 기술적인 가능성을 공식적으로 시연하기에 이른다.

이러한 성공에 이르기까지 삼성과 LG의 중요한 연구는 대부분 한국 내에서 이루어졌고 미국에서의 연구는 이를 보완하는 것이었다. 실제로 LG의 디지털 TV 관련 특허에서 해외거주자인 발명자는 없었으며 삼성의 특허는 약 절반 정도만이 해외 거주자에 의한 발명이었다. 이러한 사실은 삼성의 경우에는 해외 연구개발 센터가 어느 정도 그 역할을 수행한 반면, 단 한 명의 해외 발명가도 없었던 LG는 제니스가 보유하고 있던 특허 덕분에 해외 연구개발 센터가 필요하지 않았음을 말해 주고 있다.

그러나 인터뷰에 따르면, LG의 디지털 TV 세트 개발에 대한 제니스의 공헌도는 밖에서 보는 것처럼 그리 크지 않았다. 왜냐하면 LG가 제니스를 인수한 이후 제니스의 이전 연구자들이 대다수 제니스를 떠났기 때문이다. 또한 한국의 개발팀이 디지털 TV 원형 시연에 성공한 것이 1994년, 즉 LG가 제니스의 주식을 상당수 인수한 시점의 2년 전이다. 1996년이 되어서야 LG의 지분은 50%를 넘어섰고 2000년에는 마침내 100%가 되었다. LG의 관점에서 제니스 인수의 주된 목적은 핵심적인 VSB기술 및 기타 디지털방송표준과 관련된 특허를 이용하는 것이었다고 할 수 있다. 어쨌든 전체적으로 보면 해외 연구개발센터의 설립, 또는 해외기업의 인수를 통한 해외 지식으로의 접근은 매우 중요했다고 할 수 있다.

원형의 개발은 매우 인상적이었지만 단지 시작일 뿐이었다. 1993년 10월의 원형은 캐비넷만한 크기의 몇 개의 시스템들로 구성되어 있었기 때문에 시장출시가 가능한 제품이 아니었다. 그들이 해 낸 것은 단지 물리적 실현가능성에 대한 최소한의 증명이었다. 더욱 중요한 다음 단계는 이 모든 기능을 조그마한 ASIC 칩 내부에 압축해 넣는 것이었다. 다시 말해, 칩이 없이 상업화는 불가능했다. 그러므로 정부가 한때 프로젝트와 컨소시엄의 성공적인 마무리를 선언하고 싶어했음에도 불구하고, 민간기업들은 1단계 5개년 프로젝트가 끝난 바로 직후에 칩 개발을 위한 두 번째 단계의 프로젝트를 시작하도록 정부를 설득했다. 그리하여 ASIC 칩 개발을 위한 4년간의 새로운 프로젝트가 1995년 12월 출범하였다. 그리고 기업 간에 다시 업무분담이 이루어졌다. 예를 들어, LG는 비디오 디코더에 필요한 칩을 담당하였고 삼성은 오디오 및 채널 디코더칩에 대한 책임을 지게 되었다. 그러나 각 기업이 다른 기업에 할당된 칩들도 개발하였음은 나중에 밝혀지게 된다. 이러한 현상은 두 기업 간의 경쟁관계와 함께 컨소시엄의 한계를 다시 한 번 보여주는 것이었다. 어쨌든 두 기업은 1997년에 세계 최초로 칩 개발에 성공하였고 미국에서 다양한 테스트를 거쳤다. 테스트를 거친 이후에 삼성과 LG는 1998년 1월, CES(consumer electrics show)에서 시장출시용 제품(market-ready product)을 선보였다. 삼성의 브랜드는 55인치의 탄투스였고 LG는 제니스의 브랜드를 이용하여 64인치 크기의 제품을 내놓았다. 이 CES에서 일본기업들은 겨우 디지털 튜너가 장착되지 않은 예비 디지털 TV(digital ready TV)를 선보이는 데 그쳤다.

GI에서 1990년 최초로 디지털 신호의 실행가능성을 증명했던 백우현 박사는 1997년에 LG가 개발한 새로운 ASIC 칩을 보고 놀라움과 감탄을 금치 못했다고 한다. 1997년 ASIC 칩을 개발한 이후에 LG는 MPEG와 TV관련 소프트웨어의 개발로 연구개발의 방향을 변경했다. 백우현 박사가 1998년 최고기술책임자로서 LG에 영입된 것은 연구개발이 이렇게 마지막 단계에 이르렀을 때이다. 즉, 그는 시장출시용 TV세트 개발의 막바지 단계에서 그 역할을 맡게 된 것이다. 그 후에 LG의 연구개발센터가 트리베니란 이름으로 1999년 뉴저지에 설립되었는데, TV세트보다는 방송장비의 개발이 그 목적이었다.

요약하자면, 초기의 핵심기술은 미국의 기업들이 소유하고 있었지만(디지털 신호는 GI, 디지털 튜닝(VBS)은 제니스) 한국기업들은 ASIC 칩, HD수준의 MPEG, PDP/LCD 디스플레이, 그리고 TV에 내장되는 소프트웨어와 같은 보완기술(complementary technology)을 가지고 있었기 때문에 디지털 TV의 원형은 마침내 시장출시가 가능한 디지털 TV를 만들어 낼 수 있었다. 이들 두 기업은 당시 디지털 튜너를 내장한 '내장형' 디지털 TV, 그리고 디지털 튜너가 내장되지 않은 '예비형' 디지털 TV(셋톱 박스를 장착해야 디지털 TV 방송을 수신할 수 있음) 모두를 생산하였다. 두 단계의 연구 컨소시엄을 통해서 삼성과 LG는 디지털 TV 분야에서뿐만 아니라 TFT-LCD, 프로젝션 디스플레이, 플라즈마 디스플레이 같은 관련 디스플레이 기술에 있어서도 세계적인 선도기업으로 등장하게 되었다. 이들 기업은 디스플레이 방식이 다른 다양한 디지털 TV를 팔 수 있었다. 위에서 언급한 이러한 보완기술들은 초기의 원천 기술을 상업화하는 데 특히 중요하였다.

그러나 한국정부는 디지털 TV 방송의 기반설비를 만드는 데에는 발 빠르게 행동하지 못했다. 국내에서 디지털 TV가 생산되기 시작한 1998년에 이르기까지 정부는 디지털방송 표준을 발표조차 하지 못했다. 따라서 한국산 디지털 TV는 그 초기시장을 해외에서 찾아야 했고 이는 이 모험이 궁극적으로 성공하는 데 있어 매우 중요한 것이었다.

5. 시장에서의 선점자 이득 확보: 두 번째 위험 축소 전략

1998년 삼성과 LG는 국내시장보다는 미국·유럽시장을 겨냥하여 디지털 TV세트를 생산하였다. 국내시장은 2001년 디지털 TV 방송이 시작하기 전까지는 고려대상이 아니었기 때문에 1998-2000년 사이의 모든 생산품은 수출용이었다. 수출품들은 주로 디지털 TV 셋톱박스, 디지털 수신기가 없는 LCD-PDP TV였는데, 이들은 디지털 수신기 및 디지털 TV와 호환이 가능했다.

미국 FCC의 1997년 4월 21일 선언으로 인해 미국시장의 형성이 어느 정도 보장된 상태였기 때문에 초기시장 확보에 대한 위험부담은 상대적으로 적었다. FCC는 다섯 번째 보고서와 명령을 제출하였는데, 이는 상위 10개 방송사는 1999년 5월 1일부터, 10위에서 30위까지의 방송사는 1999년 11월 1일부터 디지털 방송을 시작해야 한다는 내용을 담고 있었다. 그리고 다른 모든 상업방송국들은 2002년 5월 1일까지, 비상업용 방송국들은 시장규모에 상관없이 2003년 1월까지는 디지털 방송을 시작해야 했다. 또한, FCC는 2006년을 아날로그 방송이 모두 종료되는 시점으로 설정하였다.

그러나 FCC의 조치에도 불구하고 디지털 TV 시장은 급속하게 팽창하지는 않았다. 시장은 여전히 초기상태였고, 소비자들의 반응도 시큰둥했으며, HDTV의 가격은 비쌌다. 이러한 상황을 고려하여 한국기업의 전략은 주로 셋톱박스와 디지털 수신기는 없지만 쉽게 장착할 수 있는 예비 디지털 TV를 판매하는 것이었다. 디지털 TV 방송을 시청하는 시청자가 최소한의 수준에도 이르지 못했기 때문에 '예비 디지털 TV'(디지털 수신기가 부착되지 않은 디지털 TV)를 판매하는 전략을 시행한 것이다.

또한 한국산 디지털 TV는 지속적인 판매가 인하를 통해 소비자를 끌어당겼다. 특히 한국기업들은 강력한 ASIC 칩의 개발과 새로운 디스플레이 장치, 그리고 기타 핵심부품의 성공적인 개발로 인해 다른 경쟁자들과의 가격경쟁에서 이길 수 있었다. RCA가 1999년에 판매하기 시작한 RCA P550이라는 이름의 후방영사형 (rear-projection) 55인치 디지털 TV는 6,999달러였다. 그러나 삼성은 불과 1년 만에 그와 유사한 동급 제품의 가격을 4,999달러까지 떨어뜨려 판매하였다. 1999년에 RCA의 61인치 후방영사형 디지털 TV(브랜드명: ProScan PS61000)는 7,999달러였으나 삼성의 65인치 디지털 TV 세트의 가격은 2000년 초에 6,999달러였다.

이때 이후로 한국의 디지털 TV 수출은 활기를 띠게 되었다. 전체 수출액은 2001년의 2억 6천 8백만 달러였던 데 반해, 2002년에는 9억 7천 4백만 달러까지 상승하였다. 수출은 주로 PDP와 프로젝션 TV가 주도했고 전체수출의 42%가 북미를, 28%가 유럽을 상대로 한 것이었다. 한국기업의 정확한 시장점유율은 알 수 없지만 유럽 조사기관인 GFK에 따르면 1999년 LG전자는 영국에서 전체 판매량의 16.7%에 해당하는 1,265대를 판매하여 시장점유율 1위를 달성하였다. 반면에, 필립스와 소니는 각각 1,001대, 939대를 판매하는 데 그쳤다. 2002년에는 한국의 컬러TV 수출 전체에서 디지털 TV가 차지하는 비중이 49.8%를 차지하였고 동년 8월에는 66%까지 이르렀다.

6. CDMA와의 비교 및 일본과의 비교

1) CDMA와의 비교

CDMA 이동전화 개발과 디지털 TV 개발 사례는 서로 비슷한 점이 많다. 우선, 두 산업의 기술체제는 모두 기술의 초창기이고, 높은 기술적 기회와 혁신, 그리고 불확실성을 지닌다는 특징이 있다. 그러므로 추격기업이 추격에 성공할 가능성이 상대적으로 낮았다는 점에서도 같다. 그러나 두 경우 모두 민 · 관 연구개발 컨소시엄이 위험부담에 참여하고 정당성과 자원을 제공하였고, 아날로그에서 디지털로의 산업패러다임 전환을 이용하였다. 이에 따라 일본(디지털 TV의 경우)이나 유럽(CDMA의 경우)의 선발기업들과는 다른 경로를 창출함으로써 성공적인 기술비약을 달성하게 되었다. CDMA의 경우, 유럽의 선발주자들은 TDMA 기반의 GSM을 기술표준으로 선택하였고, 디지털 TV의 경우에는 일본 · 유럽기업 모두 초기에 아날로그 표준를 선택했다. 이 점에서, 한국의 두 사례 모두 선발기업의 기술궤적을 따르는 경로추종형 추격이라기보다는 경로창출형 추격으로 생각될 수 있다.

또한 두 사례는 공히 해외의 지식기반으로의 접근(또는 기초기술: seed technology), 그리고 신규기술 활용과 생산설비에 대한 투자를 통한 **빠른** 제품개발과 상업화가 얼마나 중요한지 보여준다. CDMA의 경우, 퀄컴과 같은 중소기업이 한국기업들에게 원천기술을 제공하였고, 이 기업이 한국기업과 함께 상업화가 가능한 CDMA 이동시스템을 공동 개발하였다. 디지털 TV의 경우에도 선도기술(pioneering technology)은 GI라고 불리는 당시 작은 기업에 의해 개발되었고 핵심기술은 제니스가 보유하고 있었다. 한국의 기업들은 기술출현 초창기부터 이들 기업과 교류하였으며, 나중에는 이들 기업 중의 하나(제니스)를 인수하였다.

초기시장 형성의 측면에서, 한국의 정부가 CDMA를 배타적인 국가표준으로 선언하였기 때문에, 한국의 시장이 초기시장으로서 역할을 하였다. 비슷하게 디지털 TV의 경우, 미국의 표준이 아날로그 TV가 아닌 디지털 TV로 결정되었기 때문에, 미국의 시장이 한국기업에게 초기시장으로서의 역할을 하였다. 두 경우 모두 기술표준이 시장형성 이전에 결정되었다는 공통의 특징을 갖는다. 요컨대, 디지털 TV와 CDMA 이동전화의 사례는 후발기업도 마케팅, 연구개발 활동, 표준설정 등에서 외국의 파트너와 협력함으로써 다양한 어려움들을 극복해 낼 수 있음을 보여준다.

CDMA와 디지털 TV에서 나타난 기술추격의 공통된 패턴은 Lee and Lim(2001)에 의해 제기된 가설과 일치한다. 즉, 이 가설에 따르면, 혁신의 빈도가 적고, 기술궤적이 덜 유동적인, 그래서 추격의 대상이 좀더 분명하고 상대적으로 쉬운 산업의 경우에는 경로추종형 추격이 대부분 민간주도로 이루어지는 반면에, 이 디지털 TV 경우와 같이 관련 기술이 좀더 유동적이며 위험이 큰 산업인 경우에는 민·관 협력에 의한 경로창출형 추격이 이루어지기 쉽다.

2) 일본의 실패요인 분석

일본의 디지털 TV 제조업체들이 한국에 비해 뒤처졌던 이유는 다음과 같이 정리할 수 있다. 첫째, 디지털 TV 기술이 1990년대 초반부터 등장하였음에도 불구하고, 일본은 1980년대 이래로 독자적으로 추진해 온 아날로그 HDTV에 얽매여 있었다. 일본은 NHK와 JBC(Japan Broadcasting Corporation)의 주도 아래 1980년대에 최초의 HDTV 시스템을 만들었고 1991년에는 Hi-Vision/MUSE를 HDTV의 국가표준으로 채택하였다. 일본정부는 1994년에 디지털 TV로 전환하려고 시도하였으나, 이는 아날로그 TV에 묶여 있던 기업들의 저항으로 인해 좌절되었다. 일본정부가 1994년에 디지털 TV로의 전환을 제안하였을 때, NHK 및 제조업체들은 격렬하게 저항하였고, 일본정부는 이런 노력을 포기할 수밖에 없었다(Steel, 1999). 특히 아날로그 HDTV에 13억 달러를 투자했던 NHK와 제조업체들은 디지털 기술로의 전환에 거부감을 갖고 있었다(EIA Korea, 2003). 일본이 디지털 방송을 도입하겠다는 계획을 발표한 것은 1997년이 되어서이다(Grimme, 2002: 248). 일본은 1994년에 한국보다 3년 늦게 공식적으로 디지털 TV 개발에 착수하였다.

둘째, 일본기업들의 초기전략은 디지털 장치와 호환가능한 아날로그 HDTV를 만드는 것이었기 때문에 그들의 연구개발은 DVD, 디지털 캠코더, 디지털 방송장비 등 넓은 범위의 디지털 장치에 걸쳐 분산되었다. 이는 디지털 TV 시장이 느리게 성장할 것이라는 예상에 기초하고 있었고, 일본기업은 디지털 신호의 수신 및 해독 기술의 연구개발에 적극적이지 않았다. 결국, 일본기업들은 디지털 튜너가 부착되지 않은, 그러나 DVD에는 연결이 가능한 예비 디지털 TV만을 생산해서 판매하였다. 1999년의 라스베가스 CES(International Consumer Electronics Show)에서 일본의 기업들은 예비 디지털 TV와 홈네트워킹 제품, 그리고 DVD를 선보였고 디지털 튜너를 장착한 디지털 TV를 선보인 기업은 오직 삼성밖에 없었다.

어쨌든, 일본기업들의 보다 빠른 출발과 얽매임(lock-in)의 역사는 기술 선발자의 위험과 불리함에 대해 말해 준다. 일본은 HDTV에 대한 주도권을 획득한 선발자였지만, 아날로그 기술궤적을 따라갔다. 그러나 미국과 다른 나라들이 디지털 TV를 표준으로 선택하고 후발주자들마저 이들을 따라가기로 결정함에 따라 선발자의 이점은 오히려 짐이 되고 말았다. 이러한 측면에서 볼 때, 이 사례는 기술 패러다임의 전환이 선발주자에게는 불리하게 작용하는 한편, 후발주자들에게는 기회의 창(window of opportunity)이 된다는 사실을 웅변적으로 말해 주고 있다.

제 9 장

기술패러다임 전환의 상반된 효과:
기회의 창인가 추가적 진입장벽인가

1. 들어가며

　본장에서는 기술추격에 대한 몇 가지 쟁점에 대해서, 특허자료를 이용해서 수행한 실증분석 결과를 소개한다. 그 첫째 쟁점이란 "여러 기술분야 중에서 도대체 어떤 분야에서 더 기술추격이 잘 일어날 수 있는가" 하는 의문이다. 바꾸어 표현하면, 후발추격국이 선진국과 경쟁하면서도 추격을 성취할 수 있는 가능성이 더 높은 분야가 있는가 하는 중요한 의문이다. 이 질문에 대한 답의 한 예로서 저자가 수행한 실증분석의 결과를 하나 제시하면, 기술이 빨리 빨리 변하고 따라서 기술변화 주기가 빠른 분야에서 한국과 대만이 추격을 더 달성하였다는 것을 우리는 발견하였다. 기술변화의 주기는 특허자료에서는 그 분야의 최근 특허들이 그 분야에서 얼마나 오래된 특허들까지 인용하는가 하는 정도로 표현되는데, 주기가 짧다는 것은 옛날 특허가 별로 중요하지 않아서 인용할 필요가 없다는 이야기이고, 이렇게 보면 바로 이런 점이 후발국에게 유리하다는 것이 직관적으로 이해가 간다. 사실 이 가설은 Lee(2013a)가 수행한 여러 차원의 실증분석의 핵심 가설인데, 그 시초는 Park and Lee(2006)이다.

　이 가설의 의미는 기술수명이 짧고, 혁신이 빈번할수록 기존 기술의 유효성이 금방 소멸되기 때문에 후발자로서는 그러한 기존 기술의 학습 및 확보에 덜 얽매여도 된다는 점에서 후발자에게 상대적으로 유리하다는 의미이다. 그런데 이러한 짧은 수명기술, 즉 단명기술의 속성은 후발자의 기술역량 수준에 따라서 양면의 칼이 될 수도 있다. 이것이 두 번째 쟁점이다. 즉 기술패러다임의 빈번한 교체는 어느 정도 수준 이상의 역량을 갖춘 후발자에게는 진입장벽을 낮춰주는 기회의 창의 역할을 하지만, 그런 준비가 안 된 낮은 역량만을 갖춘 후발자에게는 기술의 빈번한 교체는 오히려 장애요인이 될 수 있다는 것이다. 일찍이 Lall(2000)에서는 '학습중단(truncation of learning)'이라는 개념을 사용하여 후발주자가 기존 기술을 학습하고 있는데 그것이 새로운 기술로 대체된다면, 다시 새로운 기술을 배워야 한다는 점에서 기술이 빈번히 교체되는 분야가 오히려 후발주자에게는 학습 및 소화에 어려운 분야가 될 수 있음을 지적한 바 있다. 본장에서는 기술의 빈번한 교체, 즉 짧은 주기 특성이 이런 상반된 효과를 가짐을 검증하고자 한다.

이 가설을 검정하기 위해서 국가 그룹을 둘로 나누어서 한국이나 대만과 같은 어느 정도 기술역량을 갖춘 그룹과 기술수준이 이에 못 미치는 중진국 8개국 그룹으로 나누어 비교·분석을 수행한다. 이 후자 그룹에는 말레이시아, 태국, 인도, 중국의 아시아 4개국과 브라질, 멕시코, 아르헨티나, 칠레의 남미 4개국이 포함된다. 구체적 실증가설은 한국과 대만의 전자 그룹은 기술수명이 짧은, 즉 단명기술 분야에서 특허를 많이 출원하는 성향을 나타내고, 초기 기술수준이 처지는 후자 그룹에서는 단명기술 분야에서 별 성과를 내지 못할 것이라는 가설이다.

본장의 2절에서는 기술체제의 여러 특성을 특허자료를 이용하여 계량화한 8가지 지표를 소개한다. 가령, 누적성, 외부기술에 대한 접근, 기술기회 등의 변수들을 실제로 어떻게 계량적 지표로 표시할 수 있는가를 소개한다. 이 8가지 지표는 Breschi et al.(2000) 등 기존 문헌에서 제기한 네 가지 기술체제 요소에 추가하여, 기술추격 현상 분석에 중요하다고 생각되는 추가적 특성 변수 네 가지를 추가한 것이고, Lee(2013a) 및 Park and Lee(2006)에서 소개된 바 있다.

그 다음에 3절, 4절, 5절은 본장에서 수행할 회귀분석 방법론과 국가그룹별 분석결과를 이근(2007), Lee(2013a) 및 Park and Lee(2006)에 근거하여 소개한다. 이 부분은 이 8가지로 표시된 기술체제 특성 중 어떤 특성을 가진 분야에서 추격이 발생하는지를, 한국과 대만 및 기타 중진국으로 나누어 계량분석한 것이다. 즉, 기술체제의 어떤 요소가, 기술추격의 발생가능성, 기술추격의 속도 및 기술능력 수준에 어떤 영향을 주는지를 알아볼 것이다. 여기서, 상정하는 기간은 1980~1995년으로서 이는 한국과 대만이 가장 활발한 기술추격을 달성한 기간을 선택한 것이고, 미국특허 자료의 이용가능성도 고려한 것이다.

이상을 내용으로 하는 실증분석 결과에 대해서 그 자세한 기법이나 내용은 Lee(2013a) 및 Park and Lee(2006) 논문을 참조하는 것이 좋을 것이고 여기서는 이 논문의 주요 내용을 보다 간략한 형태로 제시한다.

2. 8가지 기술체제 지표

기술체제를 수량화하여 표현하려는 문헌은 상당히 많다. 아래에서는 기존 문헌에서 주로 선진국을 관심의 대상으로 하여 사용된 네 가지 지표와 본 연구에서 후발국을 전제로 하여 관심을 가져 새로 고안한 네 가지 새 지표를 소개한다. 실제로 이 지표들을 미국특허 자료를 이용하여 계산한 결과는 아래에 **표 9-1**로 제시되어 있다.

1) 기존 문헌의 네 가지 지표

■ 기술기회

기술기회란 혁신활동에 대한 투자가 실제로 성공적인 혁신을 낳을 가능성을 의미한다. 쉽게 표현하면, 앞으로 혁신이 얼마나 많이 발생할 것인가 하는 의미에서 얼마나 유망한 기술분야인가 하는 점이다. 기술기회가 높다면 기업들은 이 분야에 대해서 보다 높은 혁신 인센티브를 가진다고 볼 수 있으며, 이는 그만큼 혁신 성공의 가능성이 크다고 할 수 있다(Breschi et al., 2000). 계량적으로 특허자료를 이용하는 경우, 기술기회 정도는 해당 분야 특허 수의 매년 증가율들의 특정기간 동안의 평균으로 정의할 수 있다.

$$특정\ 기술분야의\ 기술기회\ 정도 = \sum_{t=t_s}^{t_f} G_t / T$$

G_t: t기의 특허 수 증가율
T: 전체 기간(연도 수): 시작연도가 t_s, 마지막 연도가 t_f 라면 $T = t_f - t_s + 1$

이 지표는 각 기술분야의 특허등록으로 측정된 혁신활동의 빈도라고 보면 된다. 기술기회가 높으면 그만큼 더 많은 혁신자들이 참여를 원한다는 면에서는, 후발업체에게 불리하다고 생각할 수도 있다. 그러나 동시에 야심적인 후발업체의 경우에는 이 잠재적으로 수익성(혁신가능성)이 높은 산업에 뛰어들고 싶어할 것이

라고 추론할 수도 있다. 이런 의미에서 이 변수가 추격가능성에 미칠 영향의 방향
은 양(+)과 음(−) 다 가능하며, 실제 회귀분석에 의해서 판명될 것이다.

■ 누적성

누적성은 기술체제의 한 중요한 특성으로서, 현재의 혁신가능성이 과거의 경험
에 영향을 받는 정도를 말한다. 예를 들면, 이미 그 분야에서 성공한 기존 혁신자
들이 신참자보다 유리한 정도가 클수록 누적성이 크며, 반대이면 그 기술은 누적
성이 적다고 말할 수 있다. 누적성이 중요한 경우는, 과거의 성공적 혁신을 발판으
로 삼아 추후 점진적인 개량을 통해 후속 혁신을 창출할 수도 있고, 관련분야 혁
신에 사용될 수 있는 새로운 혁신을 창출할 수도 있기 때문이다. 누적성이 높으면
혁신활동의 연속성이 높고 규모의 경제가 작용한다고 본다(Breschi et al., 2000). 일
반적으로 누적성은 조직수준(기업 또는 연구소: 성공한 기업이 추후에도 성공할 가능
성이 높은 경우), 시장수준(한 시장에서의 성공이 또 다른 성공을 낳는 경우), 기술분야
나 산업분야의 수준 등 여러 수준에서 정의한다. 여기서는 주로 각 분야별 기술의
특성에 관심이 있으므로, 이 누적성을 기술분야의 수준에서 정의한다. 즉, 그 분
야 기술이 얼마나 누적성이 높은가 낮은가 하는 것이 우리의 관심거리이다. 따라
서 그 정의식은, 해당 분야 총특허 중에서 지속적 발명자(특정 기간 내에 지속적으
로 매년 한 건 이상 특허를 등록한 출원인)들이 등록한 특허의 비중으로 하여 누적성
을 측정하기로 한다.

$$\text{특정 기술분야의 누적성} = \sum_{t=t_s, j=1}^{t_f} \sum_{j=1}^{n} P_{i,j,t} \Big/ \sum_{t=t_s}^{t_f} P_{i,t}$$

$P_{i,j,t}$: 지속적 발명자/출원인 j가 기술분야 i에서 t연도에 등록한 특허의 수

n : 특정 기간 내에 지속적으로 매년 한 건 이상 특허를 등록한 출원인, 즉 지속
　적 발명자의 수

$P_{i,t}$: 기술분야 i에서 t연도에 등록된 모든 특허의 수의 합

시작연도 = t_s, 마지막 연도 = t_f

만약 누적성이 낮다면 새로운 혁신자의 불리함이 낮아서 상대적으로 진입이 쉬
운 산업이라고 할 수 있으며(Winter, 1984), 시장구조도 독과점적이기보다는 경쟁
적이 될 가능성이 높다. 그러므로 누적성이 낮을수록 후발국 기업이 늦게 진입하

더라도 기존 기업들과의 경쟁에 있어서 상대적인 불리함이 적은 분야이어서 추격 성공가능성이 높을 것이라고 상정해 볼 수 있다.

■ 전유가능성(appropriability)

전유가능성이란 자신의 혁신결과나 성과를 타인의 모방으로부터 지키고 금전적 이익을 확보할 수 있는 정도를 뜻한다. 전유가능성이 높다는 것은 모방으로부터 혁신의 결과를 지킬 수 있는 수단이 존재한다는 것을 의미한다. 반면, 전유가능성이 낮다는 것은 외부성이 광범위하게 존재하여 혁신성과가 타인들에게 쉽게 확산될 수 있는 기술 및 경제환경을 뜻한다(Breschi et al., 2000). 사실 특허 데이터는 금전적 이익을 직접적으로 보여주지는 않기에 위와 같은 의미의 전유가능성을 특허 데이터를 통해 측정하는 것은 한계가 있다. 이런 한계에도 불구하고, 여러 기존 논문에서 전체 특허 인용 중 자기인용의 비율을 전유가능성의 지표로 사용하고 있다(Jaffe et al., 1993; Stolpe, 2002).

자기인용이란 어떤 기업 A가 특허를 출원하면서 자기 자신이 출원했던 과거의 특허를 인용하는 것을 말한다. 후속 특허가 그 전 시기의 발명의 아이디어를 반영하는 경향이 있고 이러한 후속 발명이 이익 전유의 통로가 된다는 점에서 자기인용을 전유가능성의 지표로 사용하는 것은 어느 정도 합리성이 있다고 볼 수 있다. 그러므로 후속 개발이 기업 내에서 일어나는 비율이 높을수록 원 발명자의 이익의 전유가능성은 더 높아진다(Trajtenberg et al., 1997). 동일한 출원인에 의한 특허 간의 상호 인용은 같은 혁신자 안에서 내부화된 지식의 이전으로 볼 수 있고, 서로 다른 출원인 사이의 특허 인용은 순수한 스필오버의 개념에 가깝다고 볼 수 있다(Hall et al., 2001). 기존 문헌들의 전유가능성 개념이 한계가 있기는 하지만, 본 연구에서도 전유가능성을 전체 인용된 특허 중 동일한 출원인이 등록한 특허인용의 비율, 즉 전체 인용 중 자기인용의 비율로 정의한다.

$$전유가능성 = \sum_{t=t_s}^{t_f} SC_{i,\,t} \Big/ \sum_{t=t_s}^{t_f} TC_{i,\,t}$$

$SC_{i,\,t}$: 기술분야 i에서 t연도의 자기인용의 횟수

$TC_{i,\,t}$: 기술분야 i에서 t연도의 총인용의 횟수

한편으로 모든 발명자들은 전유가능성이 높은 분야에 투자하기를 원할 것이고 이것은 후발자라도 마찬가지라고 생각할 수 있다. 또한 높은 전유가능성이란 다른 기업의 지식에 의존해야 할 필요가 적음을 의미하기 때문에 후발자 입장에서 그것을 이점으로 여길 수 있다. 따라서 후발국 기업들이 전유가능성이 높은 분야에 투자하리라는 추론을 할 수 있다. 그러나 다른 한편으로 개발도상국들, 특히 매우 낮은 수준의 기술력을 가진 개발도상국의 경우는 실제 혁신을 수행하기보다는 기존에 있는 기술을 모방하는 데 그치기 때문에 그 경우 전유가능성은 크게 중요하지 않을 수도 있다.

■ 지식기반의 특성: 독창성(originality)

지식기반의 특성은 기업의 혁신활동을 뒷받침하는 지식의 특성과 관련이 있다. 기술적 지식은 3장에서 설명하였듯이, 복잡성 · 특수성 · 암묵성 · 명시성 등의 여러 측면에서 포착할 수 있다. 지식기반의 특성의 한 측면인 독창성이란 해당 기술이 얼마나 다양한 기술분야의 지식에 의존하고 있는가로 측정할 수 있다 (Trajtenberg et al., 1997; Hall et al., 2001). 구체적으로는 다음과 같이 정의된다.

$$\text{기술분야 } j\text{의 독창성} = 1 - \sum_{i=1}^{n_i} \left(\frac{NCITING_{i,j}}{NCITING_j} \right)^2$$

$NCITING_{i,j}$: 기술분야 j의 특허가 기술분야 i의 특허를 인용하고 있는 횟수
$NCITING_j$: 기술분야 j의 특허의 총인용 횟수

위의 정의식에 사용된 숫자 값들의 제곱의 합은 허핀달 지수(Herfindahl Index)라고 불리며 경제학에서는 시장집중도를 측정하는 데 주로 사용된다. 이 값은 시장 내에 기업 수가 적을수록, 점유율의 집중도가 높을수록 커지는 경향을 가지는데, 여기서는 1-(허핀달 지수) 형식으로 되어 있으므로 인용한 기술분야의 수가 많을수록, 여러 분야 기술을 골고루 인용할수록 이 독창성 지수값은 커지게 된다. 이와 같은 독창성 지표의 정의에는 해당 특허의 바탕이 되는 지식의 원천이 되는 기술분야가 넓게 퍼져 있을수록 그 특허의 독창성이 높다는 가정이 깔려 있다. 여러 가지 다른 분야의 아이디어의 종합일수록 그런 지식이 독창성이 높고 기초적인 연구일 가능성이 높다(Trajtenberg, et al., 1997). 만약에 어떤 특허가 좁은 범위

의 기술분야의 특허들만 인용할 경우 독창성은 낮게 나타나게 되고, 넓은 범위의 기술들을 인용하면 독창성이 높아진다.

후발국의 입장에서는 독창성이 높을수록, 즉 여러 분야의 아이디어가 들어간 독창적인 기술일수록 추격하기가 어려울 것이라고 추론할 수 있다. 반대의 경우는 추격이 상대적으로 쉬울 것이라고 추론할 수 있다. 하지만 많은 경우 후발국이 그 기술이 기반하고 있는 다양한 기술 모두를 습득해야 하는 것이 아니라, 그 기술의 결과만을 흉내내면 되므로 반드시 독창성이 높다고 해서 추격이 어렵다고 말할 수는 없는 측면도 있다.

2) 네 가지 새 지표

■ 외부지식에 대한 접근가능성

선진국에 대한 대부분의 기술체제 관련 문헌들은, Bell and Pavitt(1993)과 Laursen and Meliciani(2002) 등의 예외를 제외하고는, 기술체제의 구성요소 중 대부분 기술기회나 지식기반의 특성에 관심을 두고 있다. 하지만 추격국의 입장에서 본다면 선진국 기술에 대한 접근가능성이 매우 중요한 요소가 될 수 있다. Hu and Jaffe(2003)이 주장한 대로, 선진국의 경우 지식스톡을 창출하는 것이 주 임무라면, 후발국의 경우 선진국의 지식을 활용하는 경향이 있다. 그러므로 선진국으로부터의 스필오버의 크기는 추격에 있어 매우 중요한 역할을 하게 되며, 그만큼, 선진국 지식에 대한 접근가능성은 후발국의 추격에 큰 영향을 미칠 것이라고 예상할 수 있다.

외부지식에 대한 접근가능성은 해당 기술분야의 특허의 총인용 건수 중 G7(선진 7개국)이 아닌 국가가 G7 국가의 특허를 인용한 횟수의 비율로 구한다.

$$i \text{분야 기술의 접근가능성} = \sum_{t=t_s}^{t_f} \overline{C}_{i,t} \Big/ \sum_{t=t_s}^{t_f} C_{i,t}$$

$C_{i,t}$: i기술분야에서 t연도의 총인용 횟수
$\overline{C}_{i,t}$: i기술분야에서 t연도에 G7이 아닌 국가가 G7국가의 특허를 인용한 횟수

추격국의 입장에서는 외국의 지식기반과 첨단기술에 접근하는 것이 중요하다.

따라서 접근가능성이 클수록 추격이 용이하다는 가설을 세울 수 있다.

■ 초기지식스톡

추격국의 입장에서는 선발국과의 지식격차가 중요하다. 그 격차가 크면 클수록 추격은 어렵다. 하지만 기존에 축적된 지식스톡이 많다는 것은 후발국이 이용할 수 있는 지식이 많다는 것을 의미할 수도 있다. 물론, 기술의 성격에 따라 축적된 지식스톡의 역할은 달라질 수 있다. 여기서, 초기지식스톡은 특정 분야의 과거(기존)의 특허 수를 모든 분야 특허 수의 합으로 나눈 것으로 측정한다. 여기서는 초기에 존재하는 특허 수에 관심이 있기에, 연구의 관심이 특정 기간에 일어난 기술추격 현상이라면 초기지식스톡 수의 계산에는 이 관심기간 이전에 존재하는 지식스톡을 구하는 방식으로 추산을 해야 한다. 본 연구에서는 1980~1995년간의 기술추격을 실증분석하므로 초기지식스톡 계산에는 그 이전인 1975~1980년간의 지식스톡을 아래와 같은 공식에 의해 사용하였다.

$$i\text{기술의 초기지식스톡} = \sum_{t=t_s}^{t_f} P_{i,\,t} \Big/ \sum_{t=t_s}^{t_f} P_t$$

P_t: t연도의 총특허 수
$P_{i,\,t}$: t연도 i기술영역의 총특허 수
시작연도(t_s) = 1975; 마지막 연도(t_f) = 1980

■ 불가측성(uncertainty)

각각의 기술영역에서 기업이 직면하는 불확실성 정도는 다르다. 어떤 분야는 기술의 미래 전개방향이 매우 예측하기 어려운 반면, 어떤 분야는 예측이 상대적으로 쉬운 분야도 있다. 이를 여기서는 불확실성 혹은 불가측성이라 표현하기로 하고, 그 정도를 수량화하고자 한다. 대개, 불가측성은 기술의 나이와도 관련이 있다. 기술의 초기단계에서는 기술이 어떠한 방향으로 변할 것인지 예측하기 어렵고 따라서 불가측성이 높다고 말할 수 있다. 반면, 보다 성숙한 기술에서는 기업들이 좀더 안정적인 환경에 직면하게 된다. 여기서는 불가측성을 어떤 특정 기간 동안에 특허가 어느 해에는 많이 나오다가 어느 해에는 급격히 그 수가 줄어주는 정도, 즉 얼마나 매년 생산되는 특허 수가 들쑥날쑥 하는가 하는 정도로, 아래와 같

이 측정한다.

i분야 기술의 불가측성 $= (\max_i - \min_i)/AVG_i$

$\max_i$: 전체 기간 중 특허등록이 가장 많았던 연도의 특허등록 수
$\min_i$: 전체 기간 중 특허등록이 가장 적었던 연도의 특허등록 수
AVG_i: 연간 특허등록 수의 평균

이렇게 불가측성을 정의하게 되면 연도별로 특허 수의 변동이 클수록 불가측성이 높게 된다. 불확실성을 좋아하는 기업은 없겠지만 기업의 조직에 따라 그 적응능력에 있어 차이가 있을 수 있다. 다각화된 대기업과 전문 중소기업이라는 두 가지의 조직을 상정한다면, 불가측성이 클수록 한국의 재벌과 같은 대기업은 상대적으로 더 어려움을 겪을 것이고, 반면 대만과 같은 국가의 중소기업들은 한국의 대기업에 비해 보다 유연하므로 불가측성을 큰 어려움으로 생각하지 않을 것이다. 이런 점을 다음 절에서는 실증분석으로 구명한다.

■ 기술수명주기

지식의 중요한 특성 가운데 하나는 시간이 갈수록 진부화한다는 점이고 그 속도는 지식분야마다 다르다. 진부화의 속도는 추격에 영향을 미칠 수 있다. 만약 기술의 수명이 길다면 그 만큼 오래된 과거의 기술도 계속 중요하다는 뜻이므로, 그 기술영역에서 추격은 어려울 것이라고 추론해 볼 수 있다. 반대로 만약 기술수명이 짧다면 추격국이나 선발국이나 비슷한 출발점에서 시작한다고 볼 수 있다는 점에서 추격국의 불리함이 적다고 볼 수 있다. 이러한 측면은 특허의 기술주기로 표현할 수 있다. 기술주기는 올해 출원된 특허가 얼마나 옛날의 특허까지를 인용하는가로 표현된다. 구체적으로는, 인용하는 특허와 피인용된 특허의 출원연도의 차이에 의해 계산할 수 있다(Jaffe and Trajtenberg, 2002). 단, 각 기술영역 사이의 상대적 비교를 위해, 모든 분야 특허의 평균적인 기술주기와 해당 기술영역 특허들의 기술주기의 비율로써 기술주기를 상대적으로 정의하여 실증분석에 사용한다.

기술영역 i의 기술주기 $= Average(TCT_{i,t})/Average(TCT_i)$

$TCT_{i,t}$: 기술영역 i에서 t기에 등록된 특허들의 기술주기

TCT_i: t기에 등록된 모든 특허들의 평균기술주기

이 지표가 1보다 크다면 상대적으로 긴 기술수명주기를 나타내는 것이고 따라서 그 분야 기술의 지식기반이 천천히 바뀐다는 것을 의미한다. 반대로 1보다 작다면 빠른 속도로 지식기반이 변한다는 것을 의미한다. 긴 기술주기는 오래된 지식도 중요하다는 것을 의미하고, 따라서 후발자의 입장에서 보면 더 오래된 지식까지 습득해야 할 필요가 있다. 하지만 기술이 매우 빨리 변한다면 후발자의 불리함은 작아지게 된다. 따라서 기술주기가 짧을수록 후발자가 추격가능성이 높아진다는 가설을 세울 수 있다. 이러한 추론은 기술패러다임의 전환기에는 누구나가 초심자가 되기 때문에 전환기가 추격자에게 새로운 도약의 기회의 창이 된다는 Perez and Soete(1998)의 기술비약가설과도 상통한다.

3) 이 지표를 이용한 주요 기술부문의 기술체제의 특성

아래 **표 9-1**에는 위의 여덟 가지 지표를 이용하여 미국특허 376개 기술분야에 대해서 기술체제의 특성을 계산한 것 중 대표적인 8개 기술분야만의 결과가 제시되어 있다. 이를 이용하여 주요 기술의 특성을 간단히 설명해 보고자 한다.

우선, 한국이 추격을 성공적으로 달성한 메모리나 통신분야의 기술수명이 모든 분야 평균인 1.1보다 많이 작은 0.7대 수준이어서 기술이 빨리 변하는 분야일수록 한국과 같은 후발자에게 유리하다는 가설과 일치함을 알 수 있다. 그러나 동시에 이 분야는 기술기회가 평균인 10%보다 훨씬 높은 13% 및 18%대에 있어서 누구나 들어가고 싶어할 분야라는 점에서 경쟁도 치열하고 또 누적성도 높기에 민간기업이 쉽게 뛰어들어서 성공하기 쉽지 않음도 짐작할 수 있다. 실제로 바로 그런 이유에서 앞장에서 설명하였듯이, 이 두 분야에서는 정부와 민간의 공동연구개발 전략이 주효하였다고 볼 수 있다.

반면에, 의류나 자동차 같은 전통적인 성숙산업의 경우 특허가 많이 나오지 않아 기술기회가 평균 밑임이 나타나 있다. 그러나 자동차는 의류에 비해 누적성이 꽤 높은 30%이어서 기존의 진입자가 계속 암묵적 지식을 쌓아가는 형태의 지식이 중요함을 반영한다. 자동차 분야는 기존의 지식스톡도 많고 접근가능성도 평균 정도이고 불가측성도 평균보다 많이 낮다는 면에서 진입 자체는 그리 어려운

| 표 9-1 | 1985~1990년간 미국특허를 이용한 주요 기술부문의 기술체제 |

US PTO Class No.		기술 기회	누적성	전유 가능성	독창성	불가측성	초기지식 스톡	기술 주기	접근 가능성
2	의류	7.6%	0.0%	45.7%	0.23	3.59	12.3%	1.18	4.2%
180	자동차	5.0%	29.8%	19.2%	0.33	3.58	45.9%	0.89	4.8%
424	의약품	13.1%	8.5%	14.5%	0.36	2.97	66.7%	1.01	4.8%
435	생명공학	13.4%	13.0%	11.3%	0.25	2.81	66.6%	0.98	6.2%
455	통신	13.0%	25.4%	11.8%	0.36	3.79	38.5%	0.74	6.6%
711	메모리	18.6%	49.6%	12.0%	0.44	5.27	8.3%	0.79	2.3%
712	PC 제품	16.1%	27.7%	11.7%	0.46	4.59	5.3%	0.84	2.3%
376개 부문 평균		10.2%	9.9%	20.5%	0.33	6.24	26.5%	1.10	5.8%

주: 미국특허 자료를 이용하여 계산. 각 변수 설명은 아래와 같음.
기술기회: 해당 분야 특허의 연평균 증가율
누적성: 지속적 발명자의 특허 점유율
전유가능성: 자기인용 비중
독창성: 다양한 분야 의존도(＝1－허핀달지수)
불가측성: 기간 중 최대와 최저 특허 수 차이를 평균특허 수로 나눔
초기지식스톡: 초기(75~80년간) 특허의 비중
기술주기: 기술의 평균수명(1을 기준으로)
접근가능성: 총인용 중 비G7이 G7 인용한 비중

산업이 아니나 누적성이 꽤 높고, 독창성도 평균 정도인 0.33이라는 면에서 진입 후의 추격의 속도가 빠를 수는 없다고 추론할 수 있고, 한국의 현대자동차의 경우 시장에서 상당히 잘하고 있지만 아직도 도요타 등에 비해 기술상의 격차가 남아 있다는 사실과 부합한다.

　의약품·생명공학 제품은 기술기회, 누적성, 초기지식스톡 등에서는 평균 이상이고, 독창성·기술주기·접근가능성 등에서는 평균 수준 정도인 반면, 불가측성·전유가능성에선 평균 이하이어서 추격이 쉽다고 어렵다고도 말하기 어려운 중간적 성격의 기술분야라고 할 수 있다. PC기술도 이런 면에서는 의약품과 성격이 비슷하다.

　이상의 설명은 기술체제의 지표를 가지고 각 기술분야의 성격을 살펴보는 대략적 수준의 고찰이고 엄밀한 분석을 여러 요인을 계량적으로 통제하고 보는 중회

귀분석을 수행하여야 어떤 기술분야가 추격에 유리한지 불리한지를 제대로 분석할 수 있다. 이어지는 절에서 이를 다룬다.

3. 기술추격의 결정요인 분석 방법

1) 회귀모델의 개념 구조

이 부분에서는 기술체제 개념과 관련된 기술추격 현상을 설명하기 위한 실증분석 모델을 세운다. 이 회귀모델은 특허자료를 이용하여 각 기술분야의 기술체제의 특징을 표시하는 8가지 지표 변수들을 만들고, 이를 통해 추격이 일어나기 쉬운 기술부문의 특성을 구명하는 것이다. 여기서 기술추격은 후발자의 기술능력의 향상 속도가 선발자 혹은 비슷한 수준을 가진 그룹의 그것보다 빠른 것으로 정의되며, 여기서 한 국가의 특정 부문의 기술능력은 그 기술부문의 전체(미국) 특허 중 해당 국가의 특허가 차지하는 비율로 측정되었다. 본 실증분석에서 기술추격 결정요인 분석은 첫째, 각 분야 간 기술추격의 발생가능성 분석, 둘째, 각 분야 간 기술추격 속도의 결정요인 분석, 그리고 셋째, 앞의 두 단계의 귀결로서 각 분야 간 기술능력 수준의 결정요인 분석이라는 세 단계를 통하여 이루어진다.

우선, 첫째 단계의 분석은 기술추격은 모든 기술부문에서 골고루 일어나는 현상이 아님에 유념한 것이다. 다시 말하면, 추격국 경제의 일부 기술부문에서는 상당기간 동안 특허등록이 없거나 특허 수가 증가하지 않는, 즉, 전혀 추격현상이 발생하지 않을 수도 있다는 점을 인식하는 것이 중요하다. 따라서 기술추격 발생가능성의 결정요인이 무엇인지부터 알아보도록 하자. 기술추격의 '발생'은 특정 기술부문의 전체 특허 중 해당 국가의 특허가 차지하는 비중의 증가(0에서 양으로, 혹은 어떤 양의 값에서 더 큰 양의 값으로)로 정의한다. 우리가 기술추격의 '발생'에 주목하는 원인은 기술추격 현상의 중요한 특징 중의 하나가 점차 특허가 등록되는 분야 수가 늘어가는 현상이기 때문이다. 즉, 기술능력 증가는 기술적 다양성의 증가를 수반한다는 점이다.

　따라서 우리가 물어야 할 첫 번째 질문은 어떤 기술체제적 특성을 가진 분야에서 추격현상이 발생할 가능성이 높은가 하는 것이다. 이 물음에 대한 해답은 다음과 같은 함수의 회귀분석 모형을 통해 얻을 수 있다.

　　　기술추격의 발생가능성＝F(기술체제)

　위의 회귀분석 모형을 이용하여 발생에 대해서는 1의 값, 비발생에 대해서는 0의 값을 주는 이원 종속변수(binary dependent variable)를 추정하는 프로빗 모형(probit model)을 구성하여, 어떤 기술체제적 특성을 가진 분야에서 추격이 발생할 가능성이 높은가를 밝히는 것이다.

　둘째 단계에서는, 실제로 기술추격 현상이 발생한 부문들만 뽑아 무엇이 기술추격의 속도에 영향을 미치는지에 대해 알아본다. 기술추격의 속도는 1980년과 1995년 사이 해당 국가(분석에 따라 한국 혹은 대만 또는 다른 중진국)의 특허점유율의 변화분으로 나타낸다. 이 두 번째 질문에 대한 해답은 아래의 회귀분석 모형을 보통최소자승법(OLS)으로 추정하여 얻는다.

　　　각 부문의 기술추격 속도(한국이나 대만에 의한)＝F(기술체제)

　마지막인 셋째 단계에서는, 최종적으로 각 기술부문의 기술능력 '수준'의 결정요인을 분석한다. 즉, 어떤 기술분야에서는 후발 추격자가 더 높은 기술능력(해당 부문에서의 더 높은 특허점유율)을 달성하는가 하는 질문이다. 지금까지 우리가 따라온 논리에서 보면, 특정 분야에서 후발자가 높은 기술능력 수준(특허점유율)을 달성하기 위해서는 우선 그 분야에서 기술추격 현상이 발생해야 하고(즉, 특허가 발생해야 하고), 이어서 추격의 속도가 빨라야 한다(특허의 증가율이 빨라야 한다). 반대로 어떤 기술분야에서 후발자가 일정수준의 기술능력을 달성하지 못한다면 그것은 그 분야 자체가 여러 본질적 특성 때문에 추격 자체의 발생가능성이 낮거나, 추격의 속도가 느릴 수밖에 없는 기술분야이기 때문이라고 생각할 수 있다. 이 문제는 아래의 회귀분석 모형을 보통최소자승법(OLS)으로 추정하여 분석한다.

　　　기술역량 수준＝F(기술체제)

개념적으로 보면, 사실 기술능력 수준은 추격발생과 추격의 속도의 함수라는 아래와 같은 관계가 내포되어 있다고 볼 수 있다.

추격국이 도달한 기술역량 수준=F(추격의 발생, 추격속도)

기술능력 수준은 해당 국가의 각 기술부문 특허점유율로 나타내었다. 위의 관계식은 추격이 일어나지 않은 부문이 많을수록 추격경제가 달성하는 기술능력 수준은 낮아짐을 암시한다. 또한 추격이 일어난 기술부문 사이에서도 차이가 발생할 수 있는데, 이는 이 기술들의 추격속도가 서로 다르기 때문이라는 것이다.

위에서 설명한, 추격발생, 추격속도, 기술역량 등 주요 변수들의 나라별·그룹별 기본 통계량은 표 9-2에 정리되어 있다.

▌표 9-2 ▌ 각 변수의 기술통계량

국가	추격발생의 평균	추격속도 평균	추격수준 평균
G5(선진국)	0.348	−2.246	8.804
한국 & 대만	0.814	3.677	2.164
8개 중진국	0.151	0.030	0.080
아시아 4개 중진국	0.140	0.059	0.041
남미 4개 중진국	0.162	0.000	0.120
중국	0.226	0.106	0.061
인도	0.170	0.066	0.059
말레이시아	0.096	0.035	0.024
태국	0.066	0.028	0.019
아르헨티나	0.130	−0.015	0.078
브라질	0.276	−0.008	0.211
칠레	0.059	0.023	0.020
멕시코	0.181	0.002	0.170

자료: Lee(2013a)의 표 4–5.

4. 기술변화가 기회의 창이 되는 경우: 한국과 대만

1) 추격발생 확률 결정요인

먼저 어떤 분야에서 기술추격이 발생할 확률이 높은지에 대한 분석결과를 제시한다. 이를 위해서 우리는 발생을 1, 비발생을 0으로 하는 이원 종속변수 모델에 대한 프로빗 회귀분석을 수행하였다. 즉 여기서 종속변수는 기술추격이 일어났는지 아닌지의 여부를 나타낸다. 기술추격의 발생이라는 사건은 한 국가의 전 세계가 출원한 미국특허에서의 점유율이, 시작 연도인 1980년(실제로는 1979, 1980, 1981년 이 세 연도의 평균치로 계산)과 마지막 연도인 1995년(실제로는 1994, 1995, 1996년 이 세 연도의 평균치로 계산) 사이에, 증가하였는가 아닌가를 가지고 정의하였다. 만약 증가하였다면 그 증가의 크기에 상관없이 무조건 종속변수에 1의 값을 부여하였고 그렇지 않을 경우 0의 값을 부여하였다. 이 기준에 따라 보면, 1980년과 1995년 사이에, 한국은 292개 기술부문에서 기술추격 현상을 실현하였고, 84개 부문에서는 기술추격이 일어나지 않았다. 한편, 대만은 한국보다 더 많은 320개 부문에서 기술추격 현상을 실현하였고, 56개 부문에서는 기술추격이 없는 것으로 나타났다. 실증분석은 이 추격현상이 발생한 부문들의 특성이 무엇이라고 일반화하여 표현할 수 있는가 하는 중요한 문제에 대한 해답을 제공한다.

두 추격국가들(한국과 대만)에 대해서도 회귀분석을 수행하였고, 이 두 나라의 특허를 병렬적으로 합쳐서 정의한 가상적 단일 추격국가에 대해서도 회귀분석을 수행하였다. 바꾸어 말하면 이 가상 추격국가는 한국과 대만의 혼합물이라 할 수 있겠다. 이렇게 하여, 한국·대만 및 가상 추격국가라는 세 가지 추격 사례로부터 공통적인 추격 결정요인들을 찾아내자는 것이다. 회귀분석의 자세한 설명은 Park & Lee(2006)를 참조하고 본서에서는 일부 결과표만 **표 9-3**으로 제시하고, 여기서는 그 주요 결과만을 설명한다.

먼저, 기술추격 발생의 가능성 결정요인으로서는 두 요소, 즉, 기존 지식스톡과 기술주기가 가장 안정적으로 유의한 결정변수로 판명되었다. 이는 기술주기가 짧고 기존의 존재하는 지식량 스톡이 많은 부문일수록 추격이 일어날 가능성이 높다는 것을 의미다. 이러한 결과는 빠른 기술변화가 틈새를 만들어 주어서, 후발 추격국 기업이 성과를 낼 수 있는 여지를 만들어 줌을 의미한다. 또한 누적된 지식스톡이 많다는 것은 지식스톡이 하나의 창고와 같이 후발자가 이를 이용하여 기술혁신을 달성하는 데 유리하게 작용함을 의미한다. 이러한 결과는 Albert(1998)의 연구와도 상응하는 것이다. 즉, 그는 대만과 한국의 특허는 일본의 특허보다 기술주기가 짧은 경향이 있고, 과학에 기반한 분야보다는 경험 및 맥락적 지식에 기반한 분야에 특허들이 많으며 정보기술의 빠른 상업화라는 양상을 보이고 있다고 분석하였다. 또한 Mathews(2005)도 특허자료가 경기변동과 같은 주기적 순환을 나타내는 기술분야가 새로운 시장 진출자들에게 더 많은 기회를 제공함을 발견하였다.

2) 추격속도의 결정요인

다음으로는 추격이 일어난 기술부문들만 뽑아 과연 무엇이 추격의 속도를 결정하는지에 대해 알아보도록 하자. 이 회귀분석에서의 종속변수인 기술 추격속도는 1980년과 1995년 사이 한국(292개 부문), 대만(320개 부문), 그리고 가상 추격국가(345개 부문)의 특허점유율의 변화분으로 나타내었다. 이 회귀분석 결과는 역시 부록에 제시되어 있는데, 그 주요 발견은 다음과 같다.

첫째, 가장 빠른 추격속도를 보이는 기술분야는 전유가능성이 높고 외부지식에 대한 접근이 쉬운 기술분야라는 것을 발견하였다. 이 같은 결과는 지식접근성이 높은 기술일수록 추격이 쉬워진다는 해석과는 일치하나 전유가능성의 긍정적인 효과를 설명하기는 쉽지 않다. 우리가 전유가능성을 자기인용(self-citation) 정도로 정의했음을 고려할 때, 하나의 가능한 해석은 자기인용이 많은 분야일수록 다른 기업 등 외부지식에 의존할 필요가 없다는 점에서 후발기업에 유리하다는 것이다.

이상의 회귀분석들은 기존 지식스톡이 많고 그리고 기술주기가 짧을수록 추격이 일어날 가능성이 높고, 일단 추격현상이 발생하기 시작한 이후의 추격의 속도는 지식의 전유가능성과 외부지식에 대한 접근성에 의해 결정됨을 말해 준다. 이 결과의 흥미로운 점은 추격 자체의 발생(0 혹은 1)의 결정요인과 추격속도의 결정요인이 다르다는 점이다. 즉, 회귀분석에서 접근성과 전유가능성은 모두 기술 추격속도에 유의한 영향을 미치지만, 추격의 발생에는 별로 유의한 영향을 미치지 못하였다. 이는 어느 정도 기대된 흥미로운 중요한 결과이다. 이는, 예를 들면 과거에 특허가 많이 등록된 부문에서 추격이 일어나기 쉽지만 그렇다고 바로 그 부문에서 추격 시간이 쉽게 단축되지는 않는다는 것을 시사한다. 다시 말하면, 누적된 지식스톡이 많다는 것은 진입장벽이 낮다(추격의 발생 회귀분석에서 양의 부호를 띰)는 것을 의미하지만, 만약 진입 후 계속적으로 증가하는 지식스톡에 안정적으로 접근하지 못한다면 추격속도에 역효과(추격속도 회귀분석에서 음의 부호를 띰)를 미칠 수도 있다는 것이다.

3) 기술능력 수준의 결정요인

지금까지 우리는 기술체제의 어떤 요소들이 추격가능성과 추격속도를 결정하는지에 대해 분석하였다. 그럼 이제는 부문 간 기술추격의 발생가능성과 추격속도의 차이로 인한 최종적 귀결로서 도달된 각 부문의 기술능력 수준에 대해 알아보도록 하자. 즉, 기술능력 수준은 추격발생과 추격속도의 함수라고 설정되어 있다. 여기서 기술능력 수준은 해당 국가의 각 기술부문의 특허 비중(1980~1995년 평균치)으로 나타낸다.

기술능력 수준 결정요인에 대한 회귀분석 결과를 보면, 예상했던 바와 같이, 기술능력 수준의 결정요인은, 추격발생 가능성의 결정요인과 추격속도의 결정요인의 두 회귀결과를 혼합한 것과 비슷하다. 앞에서와 마찬가지로 우리의 관심은 두 추격국가와 한 개 가상 추격국가에 대해 공통적으로 나타나는 패턴을 찾자는 것이고, 이 결과를 더 설득력 있고 비교가능하게 하기 위해, 선진국을 대상으로 해서도 회귀분석을 함으로써, 추격국의 결과의 차이를 부각시키려고 하였다. 선진국 회귀분석은 G7국가를 대상으로 하는데, 여기서 미국과 일본은 분석대상에서 제외되었다. 미국이 제외된 것은 우리가 사용한 특허자료가 모두 미국특허이므로 미국과 다른 국가와의 직접적인 비교가 불가능하기 때문이다. 일본을 제외한 것은 일본이 다른 나라와 비교해서 엄청나게 높은 특허 경향을 보이는 일종의 특이관측치이기 때문이다. 이렇게 되어 선진국은 G5, 즉 독일, 프랑스, 영국, 캐나다, 그리고 이태리로 구성되었다.

기술능력 수준 결정요인에 대한 회귀분석 결과를 요약해 보면 다음과 같다. 우선, 후발 추격국 경제의 기술능력 수준 결정에 통계적으로 유의한 영향을 미치는 변수는, 누적성(−), 기술주기(−), 전유가능성(+), 접근성(+)인 것으로 나타났다. 이에 반해 선진국의 기술능력 수준에 유의한 영향을 미치는 변수들은, 누적성(−), 기술주기(+) 및 불가측성(−)이었다. 여기서, 흥미로우면서도 중요한 발견은 기술주기의 영향이 추격국과 선진국에서 서로 반대로 유의하게 나타났다는 점이다. 추격경제는 기술수명이 단기적인 부문에서 더 높은 수준의 기술능력을 달성한 반면에, 선진국들은 보다 장기적 수명주기를 가진 분야에서 높은 기술능력을 달성하였다. 앞에서 분석하였듯이 기술주기는 추격가능성과 추격속도에도 유의한 영향을 미친다. 기술지식에서의 짧은 주기나 보다 신속한 변화는 기술적 틈새와 추격경제가 두각을 드러낼 수 있는 여지를 만들어 줌으로써 추격이 일어나도록 하며 후발국들의 기술능력의 형상을 촉진한다는 일관된 결과가 나온 것이다.[2] 이는 특정 기술이 사장되고 새로운 기술이 출현하는 사이클이 짧을수록 후발자에게 유리하다는 면에서, Perez and Soete(1998), 그리고 Freeman and Soete(1997)의 기술비약에 대한 논의와 유사하다. 즉, 그들은 기술패러다임의 변동이나 새로운 기술패러다임의 출현이 후발국에게는 기회의 창이 되어 주고 개발도상국이 비약할 수 있도록 허용해 준다고 주장하였다. 이는 이 책의 8장에서 분석된 CDMA 무선기술 및 디지털 TV 사례에 의해서도 검증된 바 있다.

다음으로, 선진국에는 유의한 영향을 못 미치나 추격경제에 유의한 영향을 미치는 다른 두 변수인, 지식접근성과 전유가능성에 대해서 언급해 보자. 특히 지식접근성은 추격경제의 기술능력 수준에 유의한 양의 영향을 미치는 것으로 나타났으나 선진국의 기술능력 수준에는 유의하지 않은 부의 영향을 미치는 것으로 나타났는데, 이는 선진국은 지식접근에 민감하지 않은 반면에 추격국가는 지식접근에 민감함을 나타낸다.

전유가능성 변수 또한 선진국의 경우에 유의미하지 않다. 하지만 추격경제에는 유의미하고 긍정적이다. 전유가능성은 추격속도 회귀분석에서도 유의한 정의 영향을 미치는 것으로 나타났는데, 앞에서 설명된 바와 같이, 자기인용도 높다는 것으로 정의된 이 전유가능성이 높다는 것은, 바로 다른 외부기업으로부터 얻는 지

---

2 Albert(1998)도 짧은 기술주기가 일본, 한국, 대만의 특징이라고 주장하였다. 그의 연구에 따르면 대만은 자동차와 정보기술 산업에서, 그리고 한국은 정보기술 산업에서 높은 성과를 보이는 것으로 나타났다.

┃표 9-3┃ 기술추격과 기술능력의 결정요인 분석결과: 한국과 대만 대 선진 G5국

변수	기술추격의 발생		기술추격 정도		기술능력		
	한국,대만	가상 추격국가	한국,대만	가상 추격국가	선진국 (G5)	한국,대만	가상 추격국가
기술기회							
누적성					(−)**	(−)**	(−)**
전유가능성		(+)***	(+)***	(+)***		(+)***	(+)***
독창성							
불가측성							
초기지식스톡	(+)***	(+)***					
기술주기	(−)***	(−)**		(−)**	(+)***	(−)***	(−)***
접근가능성			(+)***	(+)***		(+)**	(+)**

자료: Lee(2013a)의 표 4−6A 및 Park & Lee(2006)의 표를 요약 제시함.

식에 대한 의존도가 낮아도 된다는 의미에서 후발기업에게 유리한 환경이라는 해석이 가능하다. 또 달리 해석하면, 후발국 기업은 제한된 R&D 자원만을 가지고 있기에, 혁신의 열매를 더 쉽고 안전하게 즐길 수 있는 부문, 즉 전유가능성이 높은 부문에 특화하려는 경향을 보인다는 것이다. 이는 중소기업들이, 자신들의 혁신성과를 대기업에게 빼앗기거나 대기업에 의해 먼저 상업화될까봐 우려하는 경향이 있다는 필자의 다른 연구결과와도 일치한다(Lee et al., 2003).

대기업과 소기업 간의 이러한 비교는 선진국 기업과 추격국 기업 간의 비교에도 비슷하게 적용될 수 있다고 본다. 또한 이 연구에 따르면 한국의 중소기업들은 R&D 성과를 상업화하는 면에서 대기업들보다 더 성공적인데, 이는 제한된 R&D 자원으로 가지고 움직이는 중소기업이 대기업보다 R&D 프로젝트의 상업화에 더 민감할 수밖에 없다는 해석과 일관된다. 따라서 중소기업들은 성공 기회와 전유가능성이 높은 프로젝트의 선택에 더 민감하다는 것이다. 실제로 대만과 한국을 별도로 분석한 추격의 발생가능성 회귀분석에서 전유가능성은 중소기업 위주인 대만에서만 유의하게 나타났다(Park and Lee, 2006).

5. 빈번한 기술교체가 오히려 장애가 되는 경우: 중진국 8개국의 경우

아래 **표 9-4**는 G6(미국 제외 6대 선진국), 한국과 대만 평균, 중진국 8개국 평균, 아시아 4개국 평균, 남미 4개국 평균 및 이들 개별 국가들이 출원한 미국특허 수를 나타낸다. 중진국 8개국 그룹에는 말레이시아, 태국, 인도, 중국의 아시아 4개국과 브라질, 멕시코, 아르헨티나, 칠레의 남미 4개국이 포함된다.

▌표 9-4▐ 각 국가별 미국특허 등록 수

국가	미국특허 수 평균			
	1975년 이전	1985	1995	1975~1995(합계)
G6(선진국)	29,203.2	4707.7	7,885.7	113,706.3
한국 & 대만	67	161	2,163.5	10,155.5
중진국 8개국	163.5	15.1	37.4	415.6
아시아 4개 중진국	68	8.5	36.3	282.5
남미 4개 중진국	259	21.75	38.5	548.8
한국	53	70	2,092	8,048
대만	81	252	2,235	12,263
중국	88	13	63	557
인도	166	14	51	406
말레이시아	11	3	19	106
태국	7	4	12	61
아르헨티나	241	15	35	466
브라질	182	31	60	789
칠레	46	3	9	91
멕시코	567	38	50	849

자료: Lee(2013a)의 표 4-2.
주: 미국특허를 이용하여 계산하였음. 1975~1995년 기간 중 지속적인 특허출원이 없거나 특허출원의 연평균 성장률이 마이너스인 경우는 제외함. 평균 성장수치는 복리연평균변화율(compound annual growth rate)로 계산함.

이 표를 보면, 1985년에 한국과 대만은 평균 161개의 특허를 출원하였고, 같은 해 그 외 중진국 8개국 평균은 15.1개, 아시아 4개국 평균은 8.5개, 남미 4개국 평 균은 21.75개이다. 즉, 80년대 초까지만 해도 남미 4개국이 비슷한 수준의 아시아 4개국에 비해 더 많은 수의 특허를 출원하고 있었다. 그러나 이들 두 그룹을 합친 중진국 8개국의 평균은 한국, 대만 평균의 10분의 1 수준에 불과하다. 그리고 한 국과 대만이라는 두 추격 선도국과 기타 중진국과의 격차는 90년대에 들어 더 확 대됨을 보여준다. 즉 한국과 대만은 두 나라 평균 미국특허 출원 수가 2천 개를 넘 어서는 반면에, 나머지 중진국 8개국은 40개가 채 못되어 격차가 50대 1로 확대되 었다.

그리고 아시아 4개국과 남미 4개국 간의 격차는 없어져서, 상대적으로 아시아 중진국들의 남미 중진국 추격 내지 남미의 정체를 보여준다. **표 9-5**에서는, 남미

┃표 9-5┃ 국가그룹별 연평균 미국특허 등록 증가율

국가	연평균 미국특허 등록 증가율		
	1975~1985	1985~1995	1975~1995
G6(선진국)	2.40	4.13	3.25
한국& 대만	21.29	34.07	27.44
중진국 8개국	3.71	11.43	7.42
아시아 4개 중진국	6.96	15.69	11.11
남미 4개 중진국	0.46	7.18	3.73
한국	21.23	43.27	31.79
대만	21.34	24.87	23.09
중국	23.45	9.35	16.19
인도	0.00	13.76	6.66
말레이시아	1.34	20.81	10.65
태국	9.6	20.02	14.69
아르헨티나	−4.25	9.50	2.40
브라질	3.84	9.95	6.85
칠레	7.18	6.49	6.83
멕시코	−2.98	3	−0.03

자료: Lee(2013a)의 표 4-3.

의 정체의 원인이 추격속도에서의 차이임을 보여준다. 즉, 아시아 4개국의 추격속도 평균은 6%인 반면, 남미는 0%이다. 추격의 발생면에서는 남미가 아시아보다 근소하게 잘하고 있어, 다양한 분야에 특허를 내는 것이 문제가 아니라, 해당 분야에서 특허를 내는 속도를 못 내고 있는 것이 남미의 문제임이 나타났다.

회귀분석을 통해서 한국과 대만이라는 선도 추격국가와 기타 중진 8개국 간의 성과 차이의 원인을 회귀분석을 통해 살펴보기로 하자. 이 분석에 사용된 변수의 주요 기본 통계량은 앞 표 9-2에 정리되어 있고, 회귀분석 결과는 다음 표 9-6에 나와 있다. 우선 얼마나 다양한 기술분야에 특허를 출원하는가를 나타내는 추격의 발생(occurrence)을 보면, 상대적 기술수명주기 변수의 회귀계수가 음(−)으로 유의하여, 후발 중진국 8개국들도 주기가 짧은 기술분야에 특허를 이 기간 중에

┃표 9-6┃ 기술추격의 결정요인: 아시아와 남미 중진 8개국 분석결과

변수	기술추격의 발생			기술추격의 속도			기술역량		
	중진국 8개국	아시아 4개국	남미 4개국	중진국 8개국	아시아 4개국	남미 4개국	중진국 8개국	아시아 4개국	남미 4개국
기술기회	(−)*		(−)**	(+)**		(+)**			
누적성	(−)**		(−)*				(−)**		(−)**
전유가능성				(+)**	(+)***		(+)***	(+)***	(+)*
독창성				(+)*	(+)**			(+)*	
불가측성									
기존 지식스톡	(+)***	(+)***	(+)***	(−)***	(−)***	(−)***			
기술주기	(−)**	(−)**		(+)***		(+)***			
지식접근성									
국가더미	yes	yes	yes	yes	yes	yes	yes	yes	yes
LR ratio / 조정된 R2	275.492	125.915	155.578	0.189	0.224	0.217	0.045	0.021	0.039
F통계량	0.108	0.104	0.117	8.010	6.481	7.100	10.517	3.863	6.601
관측치	3,008	1,504	1,504	453	210	243	3,008	1,504	1,504

자료: Lee(2013a)의 표 4-6B의 요약 제시.
주 1 : 누적성 = 지속적인 발명인들이 등록한 특허의 비중
불가측성 = (등록특허최대값 − 등록특허최소값)/연간 특허등록평균값.

내기 시작하였음을 보여준다. 그러나 선도 추격국가와 8개국 후발 추격국가의 차이는 추격속도 결정 회귀식에서 나타난다. 같은 표의 가운데 부분에 있는 추격속도 결정 결과를 보면, 기술수명 변수의 회귀계수가 이제는 양(+)으로 유의한 것으로 바뀌었다. 여기서 추격속도라는 것은 특허의 증가율을 의미하므로, 기술수명 주기 변수의 계수가 양이라는 것은 이들 후발 중진국들은 오히려 기술수명이 긴 분야에서의 특허 증가율이 빠름을 보여준다. 즉 주기가 짧은 분야에서의 증가율은 오히려 느리다는 것이다.

최종적으로 추격의 발생과 추격의 속도를 합한 결과는 표의 가장 우측 부분의 기술역량 결정식에서 보여준다. 여기서 기술역량이란 해당 국가 그룹이 차지하는 각 기술분야에서의 특허 수 기준의 점유율을 말한다. 이 부분의 결과를 보면, 기술수명 변수의 계수는 전혀 유의하지 않다. 이런 결과는 예상된 것인데, 기술역량은 앞에서 분석한 추격의 발생과 추격의 속도의 결과이기 때문이다. 즉 추격발생에서는 부호가 음(-)으로 유의했고, 추격속도에서는 회귀계수의 부호가 양(+)으로 유의해서, 이 두 과정을 합친 결과 기술역량 변수 회귀식에서는 유의하지 않게 된 것이다. 즉 후발 중진국 8개국은 주기가 짧은 기술분야에서 기술점유율을 높이지 못하였다는 것이다. 이 결과는 바로 앞에서 제시된 한국과 대만이라는 선도 추격국의 결과와는 완전히 상이하다. 이들 선도 추격국의 경우에서는 주기가 짧은 기술분야에서 점유율이 급속히 상승하여 회귀계수가 음(-)으로 유의하였다.

이 두 그룹이 상이한 결과를 낸 것은 그 중간과정인 추격속도 결정식이 그 원인을 제공한 것으로 보인다. 즉, 후발 중진 8개국, 특히 남미 4개국은 기술수명이 짧은 분야에서 추격속도가 오히려 떨어지는 현상에 직면하였다. 이 결과는 결국 기술의 빈번한 교체가 기술역량이 낮은 후발국에게는 오히려 장애요인이 된다는 본 장에서 제시한 가설과 일치하는 것이다. 즉 빈번한 기술교체는 한국과 대만에게는 기회의 창이었고, 그 밑의 후발 중진국에게는 추격의 장애요인이었다. 이는 크게 보아서 기술패러다임의 변화가 아무에게나 다 기회의 창이 되지 않음을 보여준다. 동시에 비약(leapfrogging)전략이 가지는 위험성(risk)을 보여준다. 즉 비약전략은 아무나 택할 수 있는 것이 아니고, 그 전 단계에서 어느 정도 기술역량을 갖춘 추격자만이 채택할 수 있는 전략임을 보여준다. 이런 계량분석 결과는 제8장에서 제시된 디지털 패러다임을 이용한 한국기업의 TV 부문에서 비약전략을 다룬 사례 분석 내용과 일관된다.

6. 소결

　　본장에서는 산업 혁신체제의 한 구성요소인 기술체제와 기술추격과의 관계를
실증분석하여 보았다. 그 기본 생각은 다양한 기술체제라는 환경이 후발국에게
추격의 가능성면에서 어떠한 시사를 주는가이다. 여기서는 기술환경, 즉 기술체
제를 기술수명주기, 전유성, 누적성, 해외기술에의 접근성, 불가측성, 기존 지식의
스톡 등 8개의 변수로 나누어 표시하고, 어떤 특성을 가진 기술분야에서 후발자가
보다 나은 기술추격 성과를 내고 있는지, 또는 그렇지 못하는지를 분석하였다.

　　기술추격 현상을 실증적으로 설명하기 위하여 이를 추격의 발생과 추격속도라
는 두 가지 현상으로 나눈 후 다시 추격경제가 달성한 기술능력 수준의 부문 간
차이를 추격의 발생과 추격속도의 연합효과로 설명하였으며, 선진국과의 비교도
수행하고, 성공적 추격국(한국 · 대만)과 기타 중진국과의 비교도 수행하였다. 그
결과, 추격이 일어나기 쉬운 기술부문과 그렇지 않은 기술부문을 확인하였으며
무엇이 추격속도에 영향을 미치는지 분석하였다.

　　이런 방법으로 대표적 추격경제인 한국과 대만에서의 기술추격의 결정요인을
먼저 파악한 그 결과, 기술체제의 여러 측면의 요소들이 기술추격, 그리고 이에
따른 기술능력의 형성에 서로 다른 영향을 미친다는 기본 가설을 확인하였다. 그
중 가장 안정적이면서도 흥미로운 발견 중의 하나는 기술수명이 짧을수록 추격가
능성과 추격속도, 그리고 나아가서는 추격경제가 달성한 기술능력 수준이 더 높
다는 것이다. 기술이 빠르게 노후화될수록, 이것이 후발기업에게는 기회의 창으로
기능한다는 사실은 기술패러다임의 변화가 기술비약을 낳는다는 기술비약(Perez
and Soete, 1988) 가설과 일치하는 것이다. 또한 본 연구는 기존 지식스톡이 많고
기술수명이 단기인 부문에서 추격이 일어나기 쉬우며 일단 이런 부문에서 추격이
일어난다면, 추격의 속도는 전유가능성과 외부지식에의 접근 가능성에 따라 달라
짐을 발견하였다. 즉, 추격의 발생가능성과 추격속도의 결정요인이 다소 다르다
는 점은 재미있는 발견이라고 볼 수 있다. 즉, 기존 지식스톡과 기술주기가 기술추
격의 가능성에는 유의한 영향을 미치지만 추격속도에는 유의한 영향을 미치지 못
한다는 것이다. 선진국과 추격경제의 비교에서는, 단기적 기술주기를 지니고 지식

접근성이 쉬우며 전유가능성이 높은 부문에서 추격이 성과가 있었던 반면, 선진국들은 이와 정반대되는 부문에서 높은 수준의 기술능력을 달성하였음을 발견하였다.

한편, 본장의 핵심적 문제의식인 기술패러다임의 상반된 효과와 관련하여, 이를 성공적인 한국과 대만을 덜 성공적인 기타 중진국과 대비하는 부분에서도 재미있는 결과가 나왔다. 즉, 여기서 가장 핵심변수인 기술수명주기의 효과에 대해서 후발자의 초기 기술수준에 따라서 상반된 결과가 나옴을 확인하였다. 즉 한국, 대만과 같은 좀더 우수한 그룹은 단명기술 분야에서 추격을 잘 하고 있는 반면에, 그렇지 못한 기타 중진국 8개국들은 단명기술 분야에서 성과를 오히려 내지 못하고 있음을 규명하였다. 이런 결과는 기술패러다임의 변화가 후발자에게 기회의 창이 된다는 가설이 항상 맞는 것은 아니고 후발자의 초기 기술수준에 따라서 달라질 수 있다는 점을 보였다는 의의가 있다.

즉, 기술패러다임의 변화는 기술역량면에서 준비가 되어 있던 한국과 대만에게는 틈새를 여는 긍정적 기회의 창으로 작용하였고, 그렇지 못한 기타 중진국에 대해서는 추가적인 장애나 진입장벽으로 작용하였다. 이런 결과는 기술변화라는 기회의 창이 가지는 '양면성'이라는 추격의 역설 중의 하나이다. 즉, 여기서 역설이란, 기술패러다임의 변화를 기회의 창으로 활용하려고 하다가 이에 부수되는 리스크를 잘못 관리하여 실패하면, 더 급격한 실패의 나락으로 이어지기도 하고, 반면에 이런 기회를 활용할 만한 기본역량도 준비가 안 된 후발자에게는 오히려 학습에 장애가 되는 어려움을 준다는, 측면을 포착하는 단어이다.

제 4 부
기업차원의
분석

제10장

후발국의 추격형 기업을 보는 시각: 대기업 집단을 중심으로

1. 들어가며

해방 이후 한국경제의 성장은 재벌이라고 불리는 대기업의 성장과 연관되어 인식되어 왔다. 실제로 한국은 나라 규모가 작음에도 불구하고 세계적 대기업의 기준인『포춘』글로벌 500에 상당 수의 기업을 올렸고(Lee et al., 2013), 이들 기업은 세계적 기술수준을 가지고 있는 것으로 여겨지고 있다. 한국은 미국특허 출원기준으로 일본과 독일을 제외하고 큰 차이 없이 프랑스와 공동 4위 자리를 경쟁할 정도로 기술 강국이다 그런데 매년 출원하는 약 2,000여 개의 미국특허 중의 60% 이상이 상위 5대 재벌기업이 출원한 것이라는 점은 한국의 기술능력이 이들 소수 기업 위주의 성장이며 동시에 이들 기업의 기술능력 수준의 높이를 시사한다.

그런 의미에서 한국의 경제성장을 주도해 온 소위 재벌이라고 불리는 대기업 집단을 어떻게 볼 것인가는 중요한 문제이다. "외형적으로는 독립되어 있지만 실질적으로는 1인 또는 그 가족에 의해 소유·지배되어 자금, 인사, 경영 등 모든 면에서 일관된 체계하에서 복수의 시장에서 활동하고 있는 다수의 비관련 대규모 독과점적 기업들의 집단"으로 표현되는 재벌 혹은 대규모 기업집단은 해방 후부터 1950년대 말까지의 원조경제기에 형성되었다. 한국이 아시아의 4마리 용들 중의 하나로 시작하여 선진국 클럽인 OECD에 가입할 정도로 비약적인 경제성장을 하게 된 배경에서 재벌이 차지하는 역할은 컸다.

삼성, 현대, 엘지, SK 등 주요 재벌들이 경제성장에 기여한 것에도 불구하고 이들 기업은 동시에 외환위기의 주범으로 상당한 비난에 직면하기도 하였다. 구체적으로는 오너(owner)라고 불리는 창업자와 그의 가족들이 대주주와 경영진의 역할을 동시에 맡아 기업을 경영하는 독단적이고 투명하지 못한 의사결정 과정과 기업 소유지배구조는 경제발전 과정에서 점차 문제가 있는 것으로 지적되어 많은 비판을 받아왔다. 소유와 경영이 창업주와 그 가족에 집중되어 있었지만 이들 오너를 견제할 수 있는 기업의 내부통제 및 감시구조가 약했기 때문이다. 이를 좀더 살펴보면, 1997년 말부터 1998년 사이의 외환위기 이전에는 전문경영인과 주주 간의 이해관계를 일치하게 하는 주식매수권 청구제도(stock option)와 같은 인센티브제도나 전문경영인을 감시하는 사외이사제와 같은 내부통제구조가 미약했고 인수/합병과 같은 외부통제구조도 거의 작동하지 않고 있었다. 또한 기존 경영진에게 유리한 제반 제도들로 인해서 금융기관과 같은 기관투자자들이 기업의 경영진을 통제할 수 있는 수단도 거의 존재하지 않았다.

1997년 말에 닥친 외환위기에 뒤 이은 국제통화기금(IMF)의 구제금융 및 경제개혁은 그 이전까지 성장 일변도의 경제상황과 기업경영환경을 크게 바꾸어 놓았다. 외환위기가 일어난 원인에 대해서는 음모설 등 다양한 의견이 있지만, 우리 기업들의 과잉투자와 과도한 부채 의존도, 기업 투자의 장기적 측면과 어울리지 않는 단기적 자금조달로 인한 자금 수급상 만기구조의 불일치, 그리고 불건전한 재무구조를 가능하게 만든 투명하지 못한 기업지배구조 문제 등이 외환위기 발생에 빌미를 제공한 것은 부정하기 힘들다. 이러한 인식하에 한국정부는 구조조정이라는 이름 아래 회계기준을 국제수준으로 강화하여 기업회계정보에 대한 투명성을 확보하고, 부채비율을 낮추도록 유도하고, 사외이사제를 도입하여 이사회 중심의 경영감시가 가능하도록 하며, 소액주주권을 강화하는 등 여러 가지 개혁조치를 도입하였다. 외환위기를 겪은 지도 어언 15년이 지난 현 시점에서 이러한 개혁조치의 성과인지는 불분명하지만 한 가지 확실한 것은 2000년대의 성과를 볼 때 위기를 겪고 살아남은 재벌기업들의 성과가 매우 좋은 것으로 나타나고 있다는 점이다.

위에서 기술한 바와 같이 한국의 재벌, 즉 우리 기업집단의 성과는 장기간에 걸쳐 다이나믹하게 변화한 것으로 보인다. 본장에서는 이런 한국의 대기업 집단의 존재와 그 진화를 후발국 출신의 추격형 기업이론의 관점에서 정립하고, 그 존재와 성과에 대한 이론적 분석을 수행하고자 한다. 여기서는 대표적 기업이론으로서, 펜로즈의 자원에 기반한 기업이론(resource-based theory of the firm), 윌리암슨의 거래비용경제학(transaction-cost economics) 및 재무이론에 입각한 지배구조이론을 검토한다. 그러나 이들의 이론은 발달된 자본시장 혹은 충분한 자원을 배경으로 한 선진국적 상황을 전제로 나온 이론이다. 반면에 후발 추격국의 경제에서 시장제도는 불완전하고, 기업의 역량이나 내부자원도 빈약하다. 기업이 탄생하거나 성장하는 내/외부적 상황이 선진국 기업과는 완전히 다른 후발 추격국에서 기업이 어떻게 탄생하고 발전했는지에 대해 설명하는 데는, 위 이론들이 그만큼 한계를 가질 수밖에 없다. 따라서 본서에서는 이런 기존이론의 내재적 변용과 극복을 통해 선진국 기업중심이 아닌 후발추격국 기업을 잘 설명할 수 있는 이론적 기초를 마련하고 이 관점에서 한국의 대기업 집단의 성과를 조명해 보고자 한다. 특히, 후발국적 상황, 즉 자원의 부족과 시장의 부재 조건하에서 왜 어떻게 기업 집단이 탄생하는가를 보고, 이어서 성장과 다각화를 본다. 그리고 시장제도가 성숙하고 개방됨에 따라, 기업집단의 존재이유 및 우위는 감소하는지 그래서 결국 소멸해야 하는 기업조직인가에 대한 질문을 던지고자 한다.

2. 기업이란 조직의 탄생과 진화[1]

지구 최대의 베스트 셀러인 『성경』은 "태초에 빛이 있었다"라고 시작한다. 그런데 태초에 시장이 있었다는 관점에서 시작하는 책이 있다. 바로 거래비용 경제학이라는 경제학 분야를 발전시켜, 2009년 노벨경제학상을 받은 윌리암슨(Williamson)의 『시장과 위계제』(*Markets and Hierarchies*)라는 책이다. 그렇게 시작하는 이 책은 태초에 시장만이 있었는데, 왜 기업(firm)이라는 조직이 출현하게 되었는지를 잘 설명한다. 우리는 현재 존재하는 것들을 당연시하는 경향이 있다. 그런데 너무나 당연시하는 가족이라는 제도도 그 근원이 있는 것이고, 마찬가지로 기업 역시 원시시대에는 없었고, 어떤 특정 시기에 지구상에 출현한 것이다. 도대체, 행복하게 잘 살고 있는 이 지구에 왜 기업이라는 괴물이 출현하여, 노동자와 자본가를 갈라놓고 싸움을 붙이기 시작한 것일까? 기업이 없으면 안 되나? 이런 질문에서부터 시작해 보자.

단순한 물물교환만이 이뤄지는 원시시대를 상상해 보자. 이는 교환 위주의 시

---

1 이 절은 이근(2010)의 8장 1절의 내용을 일부 수정하여 전재한다.

장경제의 원형이라고 볼 수 있다. 사실, 기업이라는 곳에서 일어나는 경제행위도 교환관계인 측면이 많다. 단지, 원시시대의 물물교환보다는 훨씬 복잡하다는 차이가 있는데, 사실은 이 복잡성 때문에 기업이라는 제도가 필요하게 된다. 기업 내에서 상사는 부하직원에게 이런저런 일을 시키고, 그런 여러 일에 대한 보상은 포괄적으로 한 달, 또는 1년마다 월급, 연봉으로 지급된다. 그런데 이런 식의 일정한 간격을 둔 보상이 아니고, 매 특정한 일을 할 때마다 이 일을 하면 얼마 준다는 식으로 계약을 맺을 수도 있다. 이런 식의 계약이 가능하다면 기업이라는 조직은 필요 없는 셈이며, 시장만 있게 된다. 실제로, 속칭 '노가다'라고 불리는 일용노무자 시장은 그렇다. 매일 아침, 그 날 일용노무자를 필요로 하는 사람(수요자)과 노무자(공급자)가 만나서, 어떤 일에 얼마라는 식으로 합의가 되면 그 날 일을 하고, 끝나는 것이다.

　그런데 일이 하루에 끝나는 것이 아니고 며칠, 몇 달, 아니 몇 년씩 가는 일이라면 수요자측에서 볼 때 매일 아침 시장에 나와서 사람을 찾는 일은 귀찮은 일일 것이다. 또, 그 중에는 일을 아주 잘하여 계속 자기 곁에 두고 싶은 사람도 있을 것이다. 그럴 경우 일을 시킬 사람은 그 노무자에게 내가 앞으로 너에게 얼마 동안 어떤 대우를 해 줄테니 내 밑에서(아니면 좀더 멋있게, 나와 같이) 일하자는 제의를 할 것이다. 노동자측에서 볼 때도, 매일매일 나와서 자기를 써줄 사람을 기다리는 것도 귀찮고 하여, 이런 제의를 받아들일 수 있다. 그러면 장기적 계약, 즉 기업이 성립되는 것이다.

　여기서 요점은, 같은 일을 매일매일 시장에서 처리하는 것이, 너무 귀찮아서(즉, 비용이 많이 들어서), 대신 장기적 관계를 갖는 기업이라는 제도가 출현한다는 것이다. 즉, 윌리암슨은 시장에서는 다양한 성격의 거래가 이뤄지는데, 그 성격과 특성에 따라 그 거래를 완수하는 데 필요한 비용, 즉 거래비용이 달라지며, 시장에서의 현장 거래방식보다 더 싸게 그 거래를 수행하는 하나의 대안적 방식으로서 기업이라는 내부조직(internal organization)이 존재할 근거가 성립된다고 보았다 (내부조직은 윌리암슨이 기업과 같은 조직체들을 칭하는 말임). 위의 일용직 시장의 예에서 알 수 있듯이, 대개 그 '거래가 반복적이거나 장기적'일수록 시장거래보다는 기업이 더 효율적인 해결책이 되는 셈이다. 즉, 해당 거래를 가장 저렴한 거래비용으로 해결할 수 있는 방식이 채택된다는 것이고, 이는 적자생존이라는 시장경제의 경쟁원칙과도 잘 맞아떨어진다.

그러나 불행하게도, 기업이라는 조직은 하나의 작은 명령경제요, 독재체제이다. 기업을 둘러싸고 있는 시장이라는 환경은 피차 간에 이득이 될 때만 자율적으로 거래가 이뤄지는 평등한 사회인 데 반해, 기업내부는 명령을 내리는 자와 이를 수행하는 자가 나눠져 있는 불평등한 계급사회이다. 실제로 마르크스 경제학에서는 자본주의의 대표적 조직인 공장제 기계공업을 근간으로 하는 기업이라는 조직은 그것이 가지는 효율성 때문에 탄생한 것이 아니라, 자본가가 노동자들에 대한 통제상의 편의를 우선적으로 고려한 조직적 선택이라고 본다. 반면에, 크게 보아 주류경제학의 한 쪽 편에 들어간다고 볼 수 있는 거래비용중심의 윌리암슨의 신제도경제학에서 보면, 이러한 계급성과 지배, 피지배 문제는 관심 밖이고, 효율성 원칙만 가지고 기업을 바라본다. 어떻게 보면, 윌리암슨이 본 기업은 단지 거래의 기간이 길다는 면 등이 조금 다를 뿐이지 또 하나의 평등한 교환관계이다. 이런 면에서 거래비용 경제학도 기업이라는 블랙박스를 충분히 해부하고 있지는 않다.

기업에서 발생하는 지배, 피지배라는 권력문제는 고용계약이 가지는 포괄성에서 연유한다. 고용계약이란, 너는 내가 주는 월급을 받는 대신 이 기간 동안에는 내가 시키는 대로 하라는 굉장히 포괄적인 거래이다. 어디까지가 나의 의무인지는 상당한 정도 암묵적 · 관습적으로만 정의되는 것이고, 이를 자세히 사전에 다 열거하는 것은 불가능하다. 이는 우리가 사전에 미래가 어떻게 전개될지 알 수 없기 때문이고, 사전에 가장 합리적인 선택을 한다는 것 자체가 불가능하다. 이런 면에서 우리의 경제행위는 제한적으로만 합리적일 수밖에 없다(이를 제한합리성(bounded rationality)의 문제라고 한다). 가령, 회사에 취직한 여직원에게 커피를 타오라고 시켰을 때, 이 여직원은 내가 그런 일을 하려고 회사에 들어온 것은 아니라고 느낄지도 모른다. 이런 경우에서 보여지듯이, 문제의 원천은 대개의 경우, 사전에 회사 내에서의 의무는 커피 타오는 것을 포함하는지 포함하지 않는지를 명시하지 않는다는 것이다. 이런 명시가 없었더라도, 그 여직원은 밉게 보이는 것이 불리할 것 같다는 생각에서 불만을 참고 커피를 타오기도 할 것이다.

즉, 기업을 이런 측면에서 보면, 고용계약을 맺는 순간 거래가 끝나는 것이 아니라, 그때부터 진정한 거래가 시작되는 복잡한 조직이라고 할 수 있다. 이렇게 보면, 기업이 왜 태어났느냐 보다, 기업을 가지고 무엇을 어떻게 잘할 수 있느냐는 측면이 더 중요함을 알 수 있다. 이런 식으로 기업을 보면, 기업은 역량(capability 혹은 resource)의 집합이 되는 것이고 그 기업의 특성은 그 기업이 가지고 있는 주

특기, 즉 핵심역량(core competence)에 의해 규정된다.

이렇게 볼 때, 기업은 경제학 교과서에 통상적으로 다루듯, 단순히 투입과 산출관계로 표현되는 생산함수만 가지고는 그 본질을 파악할 수 없는, 훨씬 복잡한 실체로 우리에게 다가선다. 기업을 생산함수로만 보면, 그 생산함수 속에서 무엇이 일어나는지를 설명하지 않는 한 그것은 영원한 해명되지 않는 블랙박스로 남는다.

각 기업의 블랙박스에 담긴 핵심역량은 다 다르다. 따라서 기업을 다 똑같은 것으로(동질적인 것) 취급해서는 안 된다. 핵심역량이란, 상당한 정도 기업 내의 조직원들의 지식(knowledge)에 근거한 것이다. 그런데 이런 내부 지식들은 외부에서는 파악이 잘 안 되고 문서화되기도 힘든 암묵적(tacit)인 것이 많아서 쉽게 이전되거나 모방되지 않는다. 바로 이런 이유 때문에 모든 기업이 가장 효율적인 어떤 대표 기업을 따라 결국 똑같아진다고 보는 교과서적 접근에 대해 신중해야 한다. 한국의 재벌들은 일정 정도 똑같은 특징들을 공유하는 것 같으면서도, 그들 간에도 여전히 중요한 차이가 존재한다. 가령, 전자에 강한 삼성은 자동차에서 상용이건 승용이건 결국 다 실패했으며, 중공업에 강한 현대의 전자부문은 제일 취약한 계열사였다. 몰락한 재벌인 대우의 핵심은 역시 금융(대우증권)과 무역((주)대우)이었다.

그러면 한국의 대표적 기업형태인 재벌이라는 기업집단의 공통된 핵심역량은 무엇이었기에, 그렇게 눈부신 성장을 달성하였으며, 동시에 97년 위기의 주범 내지 공범이라고 비난을 받았는가. 이것이 본장이 던지는 화두이다.

3. 한국의 대기업 집단의 진화과정[2]

한국경제하면 제일 먼저 생각나는 이름이 삼성, 현대일 정도로 재벌은 국제적으로 유명한 말이 되었다. 그래서 한국의 것으로서 한국이름이 그대로 영어에서도 보통명사처럼 쓰이는 것은 경제분야에선 chaebol(재벌)이 가장 대표적이 아닌

2 본절은 이근(2010)의 8장 2절에 근거한 것이다.

가 한다. 경제조직상으로 구분하면 재벌은 기업집단에 속한다. 기업집단이란 여러 기업들이 묶여져 있되, 이 관계가 단순히 단기적 협력관계 이상이어야 하고, 종종 상호 간 일정의 지분관계로 묶여 있으나 완전히 결합하여 하나의 기업이 되지는 않은 상태를 말한다.

미국에서 나온 경영학 교과서에도 나올 정도로 유명해진 LG그룹의 다각화와 집단화 과정은 재벌의 형성과정을 시장의 불완전성 내지는 시장부재와 관련하여 이해하는 데 도움이 된다. 대충의 줄거리는 이렇다. LG는 화장품 사업을 처음으로 시작했다. 그런데 당시 플라스틱 케이스를 생산하는 기업이 없었다. 그래서 직접 플라스틱을 생산하다보니 빗과 칫솔까지 생산하게 되었다. 그런데 플라스틱 사업은 곧 석유정제 사업이었고 그래서 석유정제 사업과 유조선 사업에 뛰어들게 되었다. 그런데 석유정제 산업에 필수적인 보험산업이 당시에 존재하지 않았기 때문에 역시 스스로 이 사업을 할 수밖에 없었다. 즉, 한국에서 특정 상품을 제대로 생산하는 기업이 없다보니 자기 상품을 잘 만들어 팔기 위해서 이것저것 하게 되었다는 것이다. 그 새로운 영역이 자기가 가지고 있는 어떤 핵심능력을 이용하는 것이냐 아니냐보다는(소위 관련 다각화냐 아니냐의 문제), 그 분야에 해당 기업이 없으니 아예 내가 할 수밖에 없었다는 시장부재가 중요한 다각화 원인 중의 하나다.

즉, 미국경제를 전제로 태초에 시장이 있었다는 것을 상정하여 기업분석을 시작하는 미국의 경우와는 달리, 한국에서는 태초에 시장과 기업은 없었고 정부만 있었다는 것이 적절한 전제이다. 그래서 한국 재벌의 성장은 시장기구가 불완전했다는 시장부재(시장실패)와 그런 상황에서 정부가 나서 기업도 키워 주고 시장도 만들어 갈 수밖에 없었다는 것을 전제로 이해해야 한다. 경제 내에 자본도 없고 기업도 없는 상황에서 정부는 조금 있는 자본을 소수의 기업에게 몰아주어 이것들이나마 먼저 키우는 것은, 뒤늦게 출발하여 선택의 여지가 많지 않았던 추격경제 상황에서는 일리가 있는 선택이었다.

소수의 대기업을 키우기 위한 정부의 지원은, 경제이론에서 지대(rent)라고 불리는 일종의 특별이윤을 보장해 준 것으로 보면 된다. 즉, 시장에서 형성되었을 이자율보다 싸게 대출을 해 줌으로써 그 차액만큼의 특별 이윤인 렌트를 준 것이다. 또한 국내 시장의 문을 닫아놓고 재벌들에게 해외에서의 출혈수출을 국내에서의 독점가격으로 보상해 주는 보호정책을 편 것이다. 물론 정부가 이런 식으로 보호한다고 기업들이 잘한다는 보장은 없다. 그러나 비슷한 보호정책을 편 사회주의나 다른 국가와는 달리 이들 보호받은 대기업은 공기업이 아니라 사기업들이었기에 아주 강한 사적 이윤동기에 의해 추동되었다. 정부와 소수 대기업 간의 성장동맹이라고 부를 만한 협조는 한국경제를 단기간에 급성장시키는 데 성공하였다. 이러한 '압축성장'을 하다보니, 정경유착이나 정치적 독재 등 여러 부작용도 많았던 것이 사실이고 국민들은 우선 잘살고 보자는 성장 이데올로기를 수용하면서 그런 부작용을 일단 감수하였던 것이다.

소수의 수출품목을 대량생산하는 방법으로 단가를 떨어뜨려 가격경쟁력을 갖추는 이러한 수출주도의 성장환경과 전략하에서 재벌이라는 기업체제는 잘 작동하였다. 정부는 경제개발계획에 따라 발전단계마다 새로운 산업을 주도 산업으로 선정하였고, 그때마다 재벌들은 그 새 분야로 민첩하게 진입하여야 성장과 이윤이 보장되었다. 이런 면에서 보면 재벌의 다각화나 문어발식 팽창전략은 계속 새로운 성장주도 산업을 발표, 육성한 정부의 산업정책이 조장한 측면이 있다. 이런 환경하에서는 신속한 정보력과 의사결정 및 추진력, 그리고 대정부 교섭력 등이 중요했고(즉, 이것들이 기업성장에 중요한 핵심능력이 되어야 했고), 상대적으로 전문적 경영능력은 덜 중요했기에 오너중심의 재벌경영체제는 효과적인 기업모델이었다.

이와 같이 긴밀한 정부–기업 관계는 이 둘 간이 완전 분리되어 서로 간에 교감이 없는 시장관계적 정부–기업 관계 모델에 비해, 앞절에서 설명한 거래비용의 관점에서 유효한 모델이라고 볼 수 있다. 왜냐하면, 정부와 기업 간의 관계의 성격이 한 번 거래하고 헤어지는 성격이라기보다는 반복적으로 부딪히는 장기적 관계였기 때문이다. 즉, 정부는 산업정책의 수행을 위해 재벌을 필요로 하고, 재벌은 기업성장을 위해 계속 정부를 필요로 하는, 그런 관계였기에 둘 간에는 한 번 만나고 끝나는 시장식 관계보다는 장기적 네트워크 관계가 더 적절하였다. 또한 이런 관계를 통해 정부는 민간부문에 대한 정보를 계속 수집할 수 있었다.

재벌내부를 보면, 회장 비서실 또는 기조실 같은 중앙 기구가 산하의 계열사들을 총괄 조절한다. 이러한 체제는 나름대로의 합리성을 가진다. 원론적으로 말하면, 시장기구가 불완전하여, 특히 주가의 변동으로 기업을 감시하는 주식시장, 더 크게 보면, 투자자본을 배분하는 자본시장의 역할이 불완전할 때, 기조실은 그룹차원에서 그룹 내의 자본이나 기타 자원을 효율적으로 배분하고 조정하는 기업내부에 존재하는 '자본시장'과 같은 역할을 했다고 보는 견해들이 있다. 이러한 관점이 재벌의 효율성을 주장하는 논리 중의 하나인 '내부자본시장'론이다. 즉, 그룹내부에서 자본시장이 작동했다는 것이다.

이러한 재벌 기업의 효율성은 비재벌계 기업에 비해서 우수했다는 실증분석도 나왔다(Chang & Choi, 1988). 이런 실증분석이 대개 70년대 또는 80년 초반까지의 자료를 쓴 연구결과들인 반면, 90년대 자료를 쓴 연구결과들은 오히려 비재벌계 기업이 더 효율적으로 나오고(Ferris et al., 2003), 다시 2000년대 이후 자료를 쓰면 재벌계 기업이 다시 우월한 성과를 보이는 것으로 나온다(Lee et al., 2010). 이런 역전과 재역전은 어떻게 해석할 수 있을까.

우선, 90년대의 상황은 외부환경의 변화에 대해 재벌들은 변화하지 않아 그 경영 효율성이 떨어졌다고 볼 수 있다. 무엇보다도 정부가 특정 산업이나 기업을 선별적으로 육성·지원하는 산업정책은 WTO(세계무역기구) 협정에서 불공정행위로서 금지되었다. 또한 80년대, 90년대 지속적으로 관세가 인하되고 수입개방이 되어 국내시장의 보호막이 없어져 외국기업이 많이 들어와 경쟁이 치열해졌다. 그 결과, 국내기업들의 이윤율은 80년대 말을 정점으로 하여 97년 위기 직전에 마이너스가 될 때까지 지속적으로 추락하였다. 그 이전에는 중소기업보다 높았던 재벌중심의 대기업의 이윤율이 중소기업 밑으로 떨어지는 역전 현상이 90년대 들어 발생했다. 실제로 97년 위기는 몇 개 재벌들의 도산과 함께 시작되었다. 경영 차원에서도 단순히 중저가품을 소품종 대량생산하는 것이 아니라 중국과 동남아의 후발개도국과는 차별화된 여러 종류 제품을 소량생산해야 할 필요가 커짐에 따라 대량생산에 적합한 대기업 체제의 변용이 필요해지고, 정부에 대한 로비력보다는 전문적 경영능력 및 기술지식이 중요한 경영자의 자질로 등장하고 있다. 그리고 밀어붙이기 식의 공격경영만 가지고는 복잡하고 개방적인 경제환경에서 한계가 있었던 것이다.

그러나 외부환경의 변화에 맞게 자신을 스스로 유연하게 변화시키지 못했던 한국의 재벌들은 97년 외환위기 이후 변화의 필요성을 절감하고 과감한 구조조정을 하고, 과잉투자를 제어하고, 글로벌화하였으며 경쟁력을 제고하여 갔다. 실제로, 30대 재벌 가운데 10개 이상이 문을 닫는 상황을 겪었고, 살아남은 재벌들은 많은 적자사업을 팔아치우고, 핵심역량 부문에 집중하는 구조조정을 행하였다. 이런 여러 차원의 구조조정 중에서도 기업 내의 권력관계를 재조정하여 소유경영자에 대한 감시와 견제 체제를 갖추고 보다 투명한 경영을 하자는 기업지배구조

(corporate governance: 기업 내의 권력의 배분 체제) 개혁이 핵심 사항으로 등장하였다. 이런 노력의 귀결로 재벌은 매우 경쟁력 있는 기업들로 재탄생하였다. 그 결과, 최근 2008년 이후의 또 한 번의 위기상황과 이어지는 침체상황에서 한국경제를 다른 어떤 나라보다 먼저 재기하게 하는 선봉장 역할을 하고 있다. 딱 15년 전에 위기의 주범으로 몰렸던 상황과는 정반대의 상황이 나타난 것이다.

위에서 설명한 재벌의 그야말로 다이나믹한 진화과정은 경제이론 관점에서 어떻게 해석될 수 있는가. 기존 이론으로 충분히 설명이 가능한가. 아니면 새로운 이론이 필요한가. 이 중요한 질문에 답하기 위해, 다음 절에서는 기존의 기업이론을 검토해 보자.

4. 기존 기업이론의 검토

기업에 관한 이론은 Berle & Means(1932), Coase(1937) 등의 이론에서 출발하여, Penrose(1959), Williamson(1975), Aoki(1984), Milgrom & Roberts(1992) 등으로 발전되어 왔다. 이들을 기업이론이라고 보는 이유는, 이들은 그 이론적 입장의 차이에도 불구하고, 공통적으로 기업을 단순한 블랙박스로 보는 신고전파 경제학과는 달리, 기업이 무엇이며, 기업의 존재이유, 법과 제도와의 관계 등에 관하여 관심을 가지고 있기 때문이다. 여기서는 두 대표적 기업이론으로서, 펜로즈의 자원기반이론(resource-based)과 윌리암슨의 거래비용이론(transaction-cost)을 중심으로 다룬다. 물론 이들 이론은 발달한 자본시장 혹은 충분한 자원을 배경으로 한 선진국 경제에 기반한 기업을 전제로 하고 있다.

1) 펜로즈(Penrose)의 자원에 기반한 기업이론

신고전파 경제학의 입장에서는 주어진 생산물에 대한 균형산출량으로서의 기업의 균형을 설명한다. 이러한 균형은 완전한 시장과 상대가격 체계하에서 파레토최적인 자원배분의 가정을 전제한다. 그들의 입장에서는 기업의 정의나 기업의 존재이유는 별의미가 없다. 기업은 생산함수로 단순화되어 표현되며, 외생적인 기술을 전제로 주어진 가격에 반응하는 기계와 같고 그 내부는 알 필요가 없는 블랙박스에 불과하다.

이와 대비하여, 펜로즈에 있어서, 기업은 자원의 집합체이다. 즉 기업은 "관리적 조정과 권위적 소통에 의해서 묶여진 생산적 자원(역량)의 집합(collection of resources)"으로 정의된다(Penrose, 1995, p. 24). 그녀가 말하는 자원에는 공장, 설비, 토지, 천연자원 등의 유형자산과 노동력, 숙련된 경영진 등 인적자원도 포함된다. 기업을 역량, 지식, 자원(resource)의 저장창고(보유자)로 보기 때문에, 기업 간 이질성, 성장과 균형에 대한 접근 또한 다르게 전개된다,

우선, 그녀는 생산적 자원의 집합으로서의 기업이라는 정의를 기초로 하여, 규모의 경제와 대비되는 성장의 경제(economy of growth)라는 개념을 제시한다(Penrose, 1995, p. 99). 즉, 기업을 정해진 생산물에 대한 가격 및 수량의 결정자로서가 아니라, '성장하는 조직'으로 보기 때문에, 신고전파에서 이야기하는 균형산출량 자체는 의미가 없다. 기업은 기존의 생산물이나 그 생산량에 묶여 있지 않고, 끊임없이 성장을 추구한다고 보는 것이다, 펜로즈의 기업이론의 핵심은 바로 기업의 성장과 확장에 있다.

기업은 자원으로부터 최대의 서비스를 이용하려 하기 때문에 기존 자원이 효율적으로 사용되지 않거나 놀고 있다면, 이를 효율적으로 활용하기 위해, 기업은 확장하려는 동기를 가지게 된다. 여기서, '최소공배수의 원칙'이 등장하게 된다. 이 원칙이란, 불가분의 여러 생산적 요소가 존재할 때 이들 모두를 충분히 사용하기 위한 최소 생산량은 투입되어야 하는 자원의 최소 가용 단위의 최소공배수가 되어야 한다. 그런데 여러 자원이 존재할 경우, 항상 어디선가 남아도는 자원이 있기 마련이기에, 기업의 최적 생산량은 끊임없이 커지게 되고 따라서 기업은 성장을 추구할 수밖에 없다는 것이다. 이것이 바로 규모의 경제와 구분되는 성장의 경제 개념이다. 기업의 목적에 대해서, 펜로즈도 기업은 이윤을 추구한다고 본다. 그러나 단기적인 이윤이 아니라, 성장을 통한 장기적인 이윤추구이고, 또 이를 위한 성장추구이다. 기업의 동기는 매우 동적이며, 상황의존적이다.

독점과 경쟁, 시장구조, 산업집중도가 주 연구 관심사인 신고전학파 경제학에서는, 인수 · 합병을 경쟁을 제한하고 독점적 지배력을 강화하는 수단으로 보았다. 반면, 펜로즈는 인수 · 합병을 기업의 성장전략으로 보고 있다(Penrose, 1995,

p. 153). 즉, 내부적 팽창보다 인수가 보다 싸게 먹힌다면, 기업은 인수를 통한 팽창을 추구한다는 것이다. 기업의 다각화도 결국 기업내부의 사용되지 않은 자원을 새롭게 활용하기 위한 확장이라고 본다. 시장수요 등 외부적인 확장유인에 의해서도 기업은 확장할 수 있지만, 궁극적으로 확장의 방향은 내부에 존재하는 자원의 성격과 존재량에 의해 결정된다고 본다. 마찬가지로, 기업의 확장 혹은 성장이 제한되는 이유에 있어서도, 생산물과 요소시장, 불확실성과 위험 등 외부조건이 작동하지만, 결국 이런 외부조건은 내부역량에 의해서 변화가능하다는 의미에서, 내부자원과 경영진의 능력 등이 더 중요하다고 보았다.

2) 윌리암슨(Williamson)의 거래비용 경제학

윌리암슨 경제학의 첫 번째 관심은 기업의 존재이유이고(1975, p. 20), 둘째는 기업의 외연적 경계(boundary)이다. 일찍이 기업이 왜 존재하는가에 대해 코즈(Coase, 1937)는 시장을 통한 거래에서 일정한 비용이 발생하기 때문이라고 보았다. 이러한 코즈의 이론을 윌리암슨은 거래비용경제학으로 발전시켰다. 그는, 기업이 무엇인가 하는 질문보다는 왜 기업이라는 제도가 태어났는가 하는 이유, 즉 존재의 이유에 대한 질문에 중심을 둔다. 즉, 기업은 거래비용를 절감시키는 제도로서 이해된다(Williamson, 1975, p. 8). 이때, 거래비용이란, '합의를 이끌어내고, 협상하고, 계약을 보호하는 데 드는 비용'(사전적), 그리고 '계약상의 차이, 오차, 누락 및 예상하지 못한 교란으로 인한 계약 집행상의 잘못된 설정에서 발생하는 부적응 및 조정의 비용'(사후적)으로 정의된다.

거래비용을 발생시키는 요인으로서 인적요인과 환경적 요인으로 나눈다. 인적요인으로서 제한된 합리성, 기회주의를 고려하고, 환경적 요인으로 자산특수성, 불확실성, 소수자 상황(시장거래의 수요 · 공급 양측에 다수의 거래자가 존재하지 않고 소수의 거래자가 존재하는 상황. 예로, 독점) 등을 고려한다(Williamson, 1975, p. 20). 불확실성과 복잡성은 제한된 합리성과 상호작용하여, 거래비용을 높이는 시장실패 상황을 낳고, 이에 따라 기업이라는 위계제가 등장하여 그 거래를 대신하게 된다는 것이다. 한편, 거래 양측 혹은 한 측이 소수에 의해 좌지우지되는 상황(소위 hold-up되는 상황)과 거래 당사자들의 '기회주의'가 만나는 상황도 거래비용을 증대시켜, 시장실패 요인이 된다. 이런 상황에서, 이기적인 개인들의 다양한 유인문제를 해결하기 위해서 시장조정보다는 기업(위계제)에 의한 조정(coordination)이 보다 효율적일 수 있게 되고 그래서 기업이 출현했다는 것이다. 가령, 소수의 부품 공급자가 독점력을 행사하는 경우, 이들에게 휘둘리기보다는, 이들을 아예 수직적 으로 통합하여 내부화하려는 유인이 최종조립자에게는 존재한다는 것이다. 이러 한 문제 의식은 단순하게는 '직접 만드느냐 사냐(make or buy)'의 선택 문제로 종 종 표현되어 왔다.

윌리암슨은 거래비용 발생의 핵심적 요건은 자산특수성(asset specificity)이라고 보았다. 계약을 통해 일단 생산이 시작되고 협조적 생산의 당사자들이 관계적 특 수 자산에 투자를 해 버린 이후의 상황은(즉 사전적으로 시장 양측의 다수 거래자 상 황에서, 이제는 소수자 상황으로 바뀜), 계약 이전과는 완전히 다르게 되기 때문이 다. 상호 간에 보유하는 자산의 관계적 특수성을 무기로 하여 계약 상대방을 위협 (hold-up)할 수 있고 위협당할 수 있게 된다. 당사자들은 억류(위협)당하기 쉬운 투자는 꺼리게 되고, 극단적으로 생산을 위한 계약 자체를 기피하게 되고 시장거 래는 실패하게 된다. 이런 경우, 이 양측을 동일한 통제하게 놓게 하는 것이 기업 이고, 이런 상황이 기업이 탄생하는 본질적 근거가 된다고 한다. 결국, 윌리암슨 에 따르면, 기업의 장점은, 첫째, 거래비용의 절감, 둘째, 전문화로부터의 이득, 셋 째, 시장정보 및 다른 환경적인 정보들과 의사결정을 중앙 집중화함으로써 충격 에 잘 적응할 수 있다는 점 등이다.

펜로즈와 달리, 윌리암슨은 기업의 성장에는 별로 이론적인 무게를 두고 있지 는 않았다. 기업조직의 변화 혹은 진화를 얘기하지만, 기업이 성장하는 데 필요 한 내적 역량, 성장과 기업조직 간의 관계 등에 관하여는 이론적 전개를 하지 않 고 있다. 기업조직의 변화를 자산특수성이나 거래비용적 관점에서 바라볼 뿐이다. 대신, 윌리암슨은 기업의 경계에 관한 이론에 관심을 두고, 주로 기업통합 문제에 집중한다. 기업의 성장과 다각화도 이러한 입장에서 설명된다. 윌리암슨의 입장에 서 기업의 성장은 거래비용을 축소시키기 위한 기업의 선택으로 볼 수 있다. 시장 을 통해 거래하는 것보다 조직의 인수 및 통합을 이용하는 것이 적은 거래비용을 발생시킨다면 인수통합을 선택한다는 것이다. 다각화의 목적과 방향도 거래비용 차원에서 설명가능하다. 즉 전방 혹은 후방통합이 요구되는 상황이나 기업의 인 수 · 합병도 거래비용 절감 차원에서 이해한다.

윌리암슨 이론의 중요한 공헌 중의 하나는 현대 자본주의의 대표적 기업형태인

다사업부제 기업, 즉 소위 M-form(multidivisional form) 기업의 출현을 설명한 것이다. 즉, 19세까지의 대기업들은 단일사업부형 기업(U-form: unitary form)이었는데, 20세가 초반 GM이나 듀퐁 등 대기업들이 M-form기업으로 조직혁신을 한 이유를 거래비용 관점에서 잘 설명한 것이다(Williamson, 1975, p. 154). U-form기업이란 기업 내 부문이, 생산·영업·연구개발 등 기능별로 분할되어 있는 데 반해, M-form기업이란 기업이 제품 혹은 사업부별로 분할되고, 각 사업부 안에 기능적 분할이 존재하는 형태이다. 가령 자동차 기업이라면, 승용차·버스·트럭 등으로 분리된 기업이다. 이전의 U-form형태에서는 기업의 규모가 커짐에 따라, 최고경영자가 처리해야 할 정보와 거래의 양이 과다하게 되는데, 이를 다사업부제로 변경하여 각 부문장에게 일상적 조업을 맡기고, 최고경영자는 각 부문장들하고만 상대하게 함으로써 정보와 거래처리비용을 줄일 수 있었다는 것이다. 기업의 최상부에 최고경영자를 보좌하는 기업본부를 두고, 이들이 각 사업부를 통제하고, 각 사업부는 독자적 회계와 그에 따른 보상을 주어서 인센티브 효과가 최대화하는 조직혁신이라는 것이다. 이런 다사업주형 기업 혹은 그 다각화된 변형인 Conglomerate기업이 가지는 이점은 각 사업부에 대한 기업본부의 경영지원 차원뿐만 아니라, 내부 인센티브제나 자원배분의 변화 등 여러 면에서 나올 수 있다고 보았다.

이러한 M-form 이론은 거의 그대로 기업집단에도 적용가능한데, 기업집단의 각 소속회사를 사업부라고 보면 되는 것이다. 즉, 오너 경영자를 돕는 그룹 기조실이나 비서실은 M-form기업의 본부와 대응되고, 최고경영자의 부담을 줄이고 각 자회사의 통제와 인센티브를 극대화할 수 있다는 이점 등이 그대로 적용되는 것이다. 나아가, 외부 자본시장의 실패 정도가 클 경우, 내부 자본시장이 이를 일정 대체하는 기능을 한다는 식의 기업집단의 존재이유에 대한 이론적 설명도 가능하다. 즉 정보가 불완전한 상황에서 내부의 자본시장이 기존의 외부 자본시장보다 효율적일 수 있다는 것이다. 가령, 기업 경영진은 하위 사업부서의 성과나 역량에 관한 정보에 대해 쉽게 접근할 수 있지만, 자본시장의 개별 투자자들은 이러한 정보에 접근하기 어렵다. 따라서 내부 자본시장이 외부 자본시장, 즉 시장을 통한 주주와 사업부 간의 연결을 내부적 연결로 대체한 것으로 볼 수 있다.

그런데 이런 여러 이점을 가진 기업이라는 조직이 시장을 완전히 삼킬 정도로 무한히 커질 수 없는 데에는 그 자체가 가지는 역시 거래비용 차원의 한계가 있기 때문이다. 즉, 조직 내에서 부패 등 거래의 왜곡가능성, 의사소통의 왜곡가능성, 조직의 관료화와 경직성 등 여러 새로운 비용 등이 나타난다(Williamson, 1975, p. 131).

3) 자원기반이론과 거래비용이론의 장단점

펜로즈의 자원기반이론은 기업의 존재이유(why)에 대한 해석이 아니라, 과연 기업이 무엇인지(what)에 대한 규명을 통해 많은 후속 연구가 가능하게 되었다. 하지만, 펜로즈는 기업을 자원의 집합으로 보며, 자원은 모두 기업내부에서 조달된다고 전제하고 있다. 그러나 현실 기업은 필요한 자원을 외부에서 얼마든지 조달하고(out sourcing), 기업의 경계와 무관하게 시장에서 여러 자원을 조달한다. 기업이 가지는 자원의 양은 항상 기업내부에 있어야만 하는 것은 아니고, 인수 · 합병, 전략적 제휴, 각종 네트워크 형태를 통한 자원공유, 브랜드공유 등을 통해서도 조달가능하다는 점이 빠져 있다.

기업의 성장과 조직의 변화는 매우 동적이다. 펜로즈에서는 성장 단계별로 어떻게 자원을 확보하고 공유할 수 있는지에 대한 설명이 부족하다. 바로 이런 이유에서, 선진국 기업과는 달리 후발 추격국 기업이 내부자원도 부족하고 시장제도도 불완전한 상황하에서 어떻게 태생 · 성장 · 발전하는가에 대해 직접적 설명력을 갖는 데 한계가 있다.

펜로즈의 기업이론의 또 다른 한계는, 기업 경영자는 항상 기업을 위해 최선을 다하는 헌신자(steward)로 가정되어 있어, 가령 주주에 대한 대리인으로서 발생할 수 있는 대리인 문제나 인센티브 제도에 대한 이야기가 없다. 즉, 기업의 구성원, 예를 들어 경영진과 주주 간의 관계에 대한 설명이 없다. 기업의 구성원에 대한 인센티브 기제와 통제 및 감시는 기업시스템의 중요한 부분이다. 기업시스템과 기업지배구조는 국가별로도 다르며, 정치와 법제도에 영향을 많이 받기도 한다(Roe, 2003). 펜로즈의 기업이론은 기업의 주인과 경영진 간의 대리인비용 문제(principle–agent problem)를 간과하여, 오늘날 기업지배구조와 관련된 논의와 연결되기 어렵다.

한편, 윌리암슨의 거래비용이론은 그동안 신고전경제학에서 다루지 안했던 개념들을 주류경제학으로 끌어들이는 공헌을 하였다. 가령, 제한된 합리성(bounded rationality), 정보단절(information impactness), 기회주의(opportunism)라는 개념을 통해 거래와 계약이 왜 거래비용을 갖는지 보여준다. 나아가 결과 위계조직으로의 기업의 존재이유에 대해서는 잘 설명한다. 기업이라는 위계의 형성을 통해 시장의 실패를 극복하는 경제주체의 선택을 잘 보여준다. 그러나 윌리암슨은 위와 같이 거래비용의 발생, 자산특수성, 억류(hold-up), 기회주의라는 측면에서만 기업의 존재이유를 설명함으로써, 기업의 내부적 역량과 자원에 근거한 기업조직의 선택과 변화를 간과하였다. 기업의 전략적 행위는 단지 유인문제 해결을 위한 소유권 확보 때문만이 아니라, 장기적인 생존력의 강화를 위한 동기도 있다. 그에 따르면, 거래비용적 측면에서 가장 효율적인 제도만이 살아남을 것이다. 그러나 기업은 단지 단기·정태적인 효율성만 추구하는 조직이 아니라, 장기적인 성장을 도모하는 동태적 조직이다.

기업분석은 정태적인 측면뿐만 아니라, 동태적인 측면까지 함께 고려하여야 한다. 기업의 성장단계에 따라 발생하는 거래비용도 달라진다. 부담하여야 하는 거래비용의 양도 기업이 내부자원을 얼마나 확보하고 있느냐에 따라 얼마든지 달라질 수 있다. 즉, 기업차원의 역량이 어떻게 변화하고 커 가느냐 하는 데에 따라, 외부환경에 대한 기업의 대응도 달라질 수 있다. 즉 거래비용이론은 외부환경적 요인을 중시한 나머지 기업내부의 역량과 주체적 대응이라는 측면을 보지 못하는 경향이 있다.

5. 한국의 대기업 집단을 보는 세 가지 이론적 시각

그러면 여기서는 이상의 논의에 이어서, 한국에서 재벌이라는 기업집단이 왜 탄생하고 어떻게 성장하는가에 대한 몇 가지 이론적 시각에 대해 검토한다.

1) 시장불완전 가설과 기업집단의 존재이유

기업집단에 관한 연구의 시작은 개도국과 같이 시장기구가 불완전한 곳에 이런 시장의 불완전성을 기업집단이 운용하는 내부시장으로 보충하기 위해 기업집단이 출현한다는 시장불완전 가설이다(Leff, 1978; Goto, 1982). Khanna와 Palepu(1997)는 자본시장과 노동시장이 제대로 작동하지 않고 제도적 공백(institutional voids)이 많은 개발도상국에서는 기업집단이 내부 노동시장과 내부 자본시장의 역할을 하기 때문에 기업집단 소속 기업이 경영 효율성을 높일 수 있다는 주장을 하였다. 이런 관점들은 현재의 시장제도에 존재하는 불완정성에 기인한 비용, 즉 거래비용을 중시한다는 면에서 윌리암슨의 거래비용 경제학과 궤를 같이한다.

Stein(1997)은 외부자본이 실패하는 경우, 기업 내부자본 시장이 이를 대체하여, 경영인들은 수익성이 높은 분야에 더 많은 자본을 공급하고 수익성이 낮은 분야에는 자금공급을 중단하여 기업의 효율성을 높일 수 있다고 주장하였다. Chang and Choi(1988)는 기업집단이 불완전한 자본시장을 대체할 수 있는 방법으로 비관련 다각화를 통해 내부 자본시장을 형성하고 중간재 시장의 불완전성을 대체하기 위한 수단으로 수직적 통합을 수행해야 시장의 불완전성에 의한 거래비용의 최소화를 시도한다고 주장하였다.

한국의 재벌에 관해, Shin and Park(1999)은 30대 대규모 기업집단에 소속된 기업과 독립기업을 구분하여 연구해 볼 때 독립기업은 내부 현금흐름에 투자가 많은 제약을 받지만 대규모 기업집단에 소속된 기업은 내부 현금흐름의 제약을 받지 않고 성장가능성이 큰 사업에 투자를 한다는 주장을 하면서 내부 자본시장이 긍정적인 역할을 한다는 결과를 제시하였다. 물론 이러한 주장은 경영진들이 기업 전체나 기업가치를 극대화한다는 전제가 필요하다.

한편, 재벌의 성장과정에서 대표적인 방식이 수직통합이나 다각화인데, 기업의 다각화는 자산의 활용이나 재무위험의 분산을 위한 중요한 전략일 수 있으며 범위의 경제를 가져오기도 한다. 한국의 경우 1980년대 초기부터 상위 대기업 집단은 이미 상당한 다각화를 이루고 있으며 30대 기업집단의 1999년 현재 평균 계열사 수는 22.9개, 평균 진출업종 수는 18.4개의 다각화형태를 보여주고 있다(이근 외, 2007). 또한 다각화 과정에서 주목할 만한 것은 계열기업 내부에서 영위 업종의 범위를 확대하기보다는 계열기업의 신설을 통한 다각화를 추구하였으며 비관련 다각화의 비중이 높다는 데 있다.

기업이 다각화를 하는 동기에 대한 설명은 시장지배력 관점, 자원기반 관점, 대리인 비용 관점 등 여러 가지가 제기되고 있다(Montgomery, 1994). 다각화의 효과에 대해서도 여러 가지 평가가 있지만 크게 보면 기업의 효율성 증대를 강조하는 입장과 경제력 집중을 통한 비효율성에 주목하는 입장으로 나눌 수 있을 것이다. 다각화의 동기를 직접 관찰한다는 것은 곤란하므로 다각화나 다각화와 관련된 변수가 경영성과와 어떤 연관관계를 가지는지를 검정함으로써 간접적으로 관찰하는 방법이 사용된다. 그런데 다각화와 경영성과 간의 관계가 유의적으로 (-)의 결과를 보인다면 중복과잉투자, 비관련 다각화와 같은 비효율성이 지적될 수 있다. 한국기업을 대상으로 한 연구에서는, 1990년을 기점으로 양자의 관계는 변화를 보이고 있는데, 그 이전의 기간을 대상으로 한 연구들이 다각화가 경영성과에 (+)의 영향 또는 불분명한 결과를 나타내는 데 반해, 그 후의 기간에 대한 연구들은 대부분 반대의 결과를 보여준다는 것이 일반적 설명이다. Chang & Hong(2002), Khanna(2000) 등의 연구에서는 기업집단의 효과가 개발도상국에서 중요하다는 점을 강조하는 결과를 보고하고 있다.

2) 기업지배구조와 대리인 비용 가설 및 기업집단의 성과

1997년 금융위기 이후의 개혁 논의에서, 한국의 재벌계 대기업의 소유경영구조 개선과 관련하여 전문경영인체제의 확립이 많이 논의되어 왔다. 사실 우리나라 재벌기업에 전문경영인들이 없는 것은 아니다. 오히려 대다수의 CEO(사장)들은 이미 오너가족이 아니라는 면에서 전문경영인이다. 문제는 이들의 권한이 제한적인 반면에 소위 오너라는 황제가 그 위에 군림은 하되 책임은 지지 않는 구조라는 점이다. 이런 면에서 전문경영인체제를 강조할 것이 아니라, 오너로 하여금 실질적으로 책임을 지도록 CEO를 맡기는 것이 한 대안이 될 수 있으며 실제로 97년 위기 이후 구조조정 방안 중에서 이 방안이 강조되던 때도 있었다. 그런데 이 방안도 해결책이 되기에는 문제의 본질이 너무 복잡하다.

우선 문제의 접근에 있어 '오너체제냐 전문경영인체제냐'라는 이분법에서 벗어날 필요가 있다. 97년에 기아차가 부도가 났을 때 "봐라 전문경영인체제는 우리 현실에는 맞지 않는 열등한 체제가 아니냐"라는 말을 하는 이가 많았다. 그러나 실제로는 그때 많은 재벌기업들도 부도가 났으며, 이는 양쪽 체제 똑같은 문제를 안고 있음을 시사한다. 그래서 많은 논자들은 '기업지배구조'가 문제의 본질이라고 보았다. 기업지배구조란 기업운영과 관련되는 여러 이해당사자(주주, 대부자, 경영자, 종업원) 간의 책임과 권한의 구조를 뜻하는 말로서, 간단히는 기업의 권력구조라고 볼 수 있다. 즉, 기아차의 경우, 총수의 독단을 견제하고 감시할 지배구조가 부실했다는 면에서 또 다른 황제경영이었던 것이었다.

그러면 바람직한 지배구조란 무엇인가? 이에 대한 미국의 재무 관련 학자들, 특히 하버드대학의 슐라이퍼나 비쉬니 교수 등의 답은 '효율적 지배구조'란, 투자자들이 투자(지분)에 대한 수익을 제대로 회수할 수 있는 구조이고, 동시에 이는 기업통제자(한국의 경우 재벌총수)의 비정상적인 사적 이득(예: 자가용 비행기, 과다한 판공비 등)을 최소화하는 구조라고 한 바 있다. 또한 이들은 효율적 지배구조를 가져오기 위한 조건으로서 일정 정도 이상의 지분을 가진 대주주들의 존재(또는 대출을 많이 해 준 대부자)를 들었다. 분산화된 소액주주들은 근본적으로 자기 지분이 작아서 감시의 동기가 약하거나 남의 감시에 무임승차하려 하고 정보수집비용도 부담하려 하지 않는다는 것이다. 이러한 대주주의 존재에 추가하여 필요한 또 하나의 조건은 당연하게도 소액주주 권익에 대한 보호장치이다. 즉, 감시의 유인을 가진 대주주의 존재와 대주주의 횡포에 대한 소액주주 보호장치의 병존이 효율적 기업지배구조의 조건이라고 본 것이다.

그러면 이런 전제하에서 어떤 기업들이 이 조건을 충족시키는가를 생각해 보자. 우선, 은행이라는 대주주가 감시자 역할을 하는 독일과 일본의 기업들을 들 수 있다. 그렇다면 현재 대주주가 없으면서도 최고의 성과를 내고 있는 미국식 기업들은 어떤가? 영ㆍ미식처럼 주주구성이 다수의 소액주주로 분산화된 소유구조의 기업도 이 조건을 충족시킨다고 볼 수 있는데, 단지 대주주가 상시적으로 존재하는 것이 아니라 필요할 때 M&A나 차입에 의한 기업매수(leveraged buyout)조합 등의 형태로 등장하는 소위 '상태의존형 대주주(contingent large share-holder)'라는 점만이 다르다는 것이다. 이렇게 보면 영ㆍ미식과 일본이나 독일식의 기업지배구조는 대주주의 존재형태만 조금 다를 뿐, 소액주주 권한 보호면에서 다른 후진국보다 훨씬 나은 선진형 기업지배구조라는 점에서 동일하다는 것이다.

보통 기업을 분류할 때, 대주주(창립자)가 직접 경영하는 집중화된 소유구조의 기업과 분산화된 소유구조의 전문경영자 통제기업으로 나눈다. 전자의 경우, 전문경영인의 '대리인 비용'(agency costs: 대리인이 주인보다는 자신의 이익을 챙기는 경향 때문에 생기는 주인측의 손해비용)이 없는 반면, 소유자의 독단에 의해 소액주주가 피해받기 쉽다. 후자의 경우에는 대리인 비용을 부담하는 반면, 전문경영자의 전문적인 경영능력의 도움을 받을 수 있다. 보통, 한국의 재벌에는 오너가 있다는 사실에서 전자형으로 보기 쉬운데, 사실 한국의 재벌은 위의 어떤 유형도 아닌 제3의 유형인 '소수자 통제(controlling minority structure)'기업에 속한다. 소수자 통제 기업이란 하버드 법대의 벱척(Bebchuck) 교수가 제기한 이론으로 통제자가 실제 지분은 적으면서도, 피라미드형 지분구조, 교차주식 소유, 우선주(의결권이 없는 주식) 발행 등에 의해서 실제 지분(배당권)보다 훨씬 많은 통제권을 행사하는 기업유형을 말한다. 재벌총수와 친족들의 지분 합이 대개 5%도 채 안 되면서도 100%에 가까운 통제력를 발휘한다는 점에서, 한국의 재벌기업은 바로 이 소수자 통제기업 유형에 속함은 쉽게 알 수 있다. 바로, 이런 제3의 유형이라는 사실에서 제1유형의 단점인 소유자의 독단과 제2유형의 단점인 전문경영인의 대리인비용을 다 안고 있는 유형의 기업이라는 것이다.

　실제로 90년대 이후에 기업지배구조에 대한 논의가 활발해지면서, 재벌과 같은 기업집단의 부정적 측면에 관한 연구가 많아졌다. Bennedsen and Wolfenzon (2000)는 피라미드형 소유구조를 가진 기업집단은 기업지배구조가 독립기업보다 취약하여, 경영자들이 기업의 자원을 유용하기 쉽다는 이론적 근거를 제시했다. Scharfstein and Stein(2000)은 기업내부의 자본시장이 외부 자본시장보다 비효율적으로 자원을 배분한다고 주장했다. 국찬표 · 박영석 · 이영진(1997)은 우리나라 50대 기업집단에 대한 설문조사를 통해 기업집단의 경영목표가 주주이익 극대화가 아닌 외형극대화에 있다는 조사 결과를 제시하였다. Lang and Stulz(1994) 및 Berger and Ofek(1995)는 미국 사례에서 기업다각화가 기업의 역량을 분산시켜 기업가치를 떨어뜨린다는 주장을 했다. 조동성(1990)은 우리나라 50대 재벌 기업의 수익성, 생산성, 안정성 비율이 해당 기업이 속한 기업경영분석 자료상의 업종 평균과 비교해 볼 때 기업집단 소속 기업이 상대적으로 열위에 속함을 보여주었다. Joh(2003) 및 Ferris et al.(2003)도 이런 연장선에 서 있다.

　외환위기 직후에는 대기업 집단의 기업지배구조 문제를 지적하고 거기로부터 이들 기업들의 과잉투자를 비판하는 이런 이론적 시각들은 전성기를 맞았다. 그러나 미국의 월가를 진앙으로 발생한 2008년 세계 금융위기는 이런 상황을 완전히 바꾸어 놓았다. 즉, 미국기업에서도 또 다른 차원의 문제가 있었음이 드러난 것이다. 이 세계경제의 격변기에 영 · 미식 기업모델의 우수성은 성과면에서 치명상을 입었다. 가령, 2008년 당시 위기에 처하여 수십억 달러의 공적자금을 수혈받아 생존한 GM의 사장이 헬리콥터를 타고 청문회에 왔다고 욕을 먹듯이 도덕적 우위도 사라졌다. 반면에 이전 위기를 넘긴 한국의 재벌기업들은 2000년대에 성과가 매우 좋았다. 그 이전에 한국기업에 대한 여러 실증연구들은 주로 재벌이 왜 과다한 투자를 하게 되는가를 소유지배구조와 관련된 대리인 비용 중심으로 비판적 시각에서 설명하였다. 그러나 이런 대리인 비용적 이론에만 한정하여서는 외환위기를 살아남은 재벌기업들이 왜 현재와 같이 우수한 성과를 내는지를 설명하지 못한다. 이들 기업들은 구조조정에도 불구하고 과거와 본질적으로 같은 가족 지배적 소유지분구조를 가지고 있기 때문이다. 실제로 Lee, Kim, Lee(2010)의 실증분석에서는 80년대 이후 현재까지를 세 기간으로 나누어, 90년대에는 상대적으로 처졌던 재벌기업들의 성과가 외환위기 이후, 특히 2001년 이후의 자료를 이용하면 비재벌에 비해 유의하게 우수함을 논증하고 있다. 이러한 사실은 재벌기업의 역량(capability)에 대한 보다 종합적이고 균형적인 분석이 필요함을 시사한다.

3) 자원/역량에 기반한 기업이론과 기업집단의 성장

재무경제학적 시각에서 대리인 비용 이론으로 재벌을 보는 연구들이 과잉투자 등 주로 부정적 측면을 설명한다면 재벌의 역량 형성 과정을 보는 데는 펜로즈가 제기한 자원에 기반한 기업이론이 보다 효과적이다(Penrose, 1959, 1995). 기업을 자원(역량)의 집합으로 보는 이 이론에서는 기업의 성장이란 기업이 조달할 수 있는 경영자, 기술능력 등 각종 자원(resource)의 양에 의해 제약된다고 본다.

이런 이론적 시각으로 후발 추격국 기업을 분석한 논문도 많다(Kock and Guillen, 2001; Guillen, 2000). 특히 Amsden and Hikono(1994)는 초기 후발국기업들이 별다른 기술혁신 역량은 없는 반면, 자꾸 다각화를 하는 과정에서 '사업수행능력(project execution capability)'을 획득·축적하게 되고 그렇게 때문에 이를 더 자꾸 이용하게 되는 순환적 효과가 있음을 주장하였다. 또한 이런 자원에 기반한 기업이론의 시각에서 보면 재벌 계열사 간의 자원공유도 기업성장에 있어 제약요소가 되는 자원을 조달하는 효과적인 방법이라고 해석한다.

이런 관점에서 보면, 한국의 재벌 계열사들은 상호 간에 우수한 인적자원을 공유하고 금융자원을 적시에 조달할 수 있으며 기술, 디자인, 브랜드, 광고 등 핵심적인 무형자산들을 이용할 수 있는 프리미엄, 즉 '재벌효과'를 누리고 있다고 볼 수 있다.

기업집단이 갖는 긍정적 측면에 대한 선행연구의 연장선에 있는 Chang & Hong(2002)은 Rumelt, Schendel, and Teece(1991)의 방법을 원용하고 분석기간을 1985~1988년, 1989~1992년, 1993~1996년으로 나누어 재벌효과를 측정하였다. 이들의 분석결과, 재벌그룹에 소속되는 경우 자본의 이용이나 인적자원, 또 브랜드나 기술 같은 무형자산의 공유를 통해 규모와 범위의 경제를 가져오는 효과가 있음을 발견하였다. 이런 발견은 계열사 간의 자원공유에 있어 유·무형자원 모두가 경쟁우위와 기업성과의 궁극적 원천으로 강조되는 자원기반이론과 일치한다. 이들의 분석은, 금융자산, 연구개발 등 기술적 무형자산 및 광고, 브랜드 충성도 같은 무형자산으로 유형자산을 구분하고, 이들 자산을 개별과 그룹차원에서 측정하여, 개별 기업의 성과에 그룹차원의 무형자산이 유의한 영향을 줌을 발견한 것이다.

6. 후발국의 대기업 집단에 대한 통합적 이론

1) 세 이론 간의 보완성과 통합의 필요성

바로 앞 절에서는 기업집단을 설명할 수 있는 세 가지 이론, 즉 거래비용경제학, 재무적 대리인 비용론 및 자원기반한 기업론 등을 소개하고 이를 가지고 기업집단의 탄생과 성과에 대해 설명을 시도하여 보았다. 이상의 설명에서 드러나는 바는 어떤 한 이론만 가지고는 기업집단의 탄생과 장기적 진화를 다 설명할 수 없고, 세 이론 간의 보완성이 존재한다는 것이다.

우선 거래비용경제학은 본장의 2절에서 설명되었듯이, 기업이라는 제도의 탄생에 대해서 설명력이 좋을 뿐 아니라 후발국에서 왜 기업집단이 탄생하고 선진국에서 보다 더 많이 존재하는가를 잘 설명해 준다. 거래비용경제학적 설명에 의하면, 개도국과 같이 시장제도가 불완전한 곳에서는 시장거래의 비용이 크므로 이를 절약 대체하기 위해 기업집단이 탄생한다는 것이다. 그런데 이 이론을 연장하면, 시장실패가 큰 환경이나 시점 내에서는 한시적으로 기업집단이 여러 면에서 우위를 가질 수 있으나, 시장제도가 성숙·개방되면 그런 우위는 사라지기에 기업집단은 궁극적으로 사라질 존재로 본다. 실제로 97년의 아시아 위기시 상당수의 기업집단의 몰락은 이에 대한 증거로 받아들여졌다. 그런데 실제로는 상당수의 한국의 기업집단이, 외환위기 이후 시장이 개방되고 더 성숙해진 시장환경 속에서도, 여전히 건재하고 있고, 오히려 더 성과가 좋아졌다. 즉 이 거래비용론만으로 기업집단이라는 현상의 전체를 설명하기에는 한계가 있다. 이 이론은 외부환경에 너무 무게를 둔 나머지, 기업의 성과가 단순히 외부환경에 의해 결정된다는 식의 외부(시장)환경결정론으로 흐른 감이 있다.

다음으로 재무이론에 입각한 대리인 비용론은 기업집단의 기업지배구조가 대리인 비용면에서 문제가 커서, 과잉투자를 하는 경향이 있는 등 성과가 나쁘다는 예측을 한다. 즉, 기업집단하의 가족경영은 실제 지분은 작으나 거대한 제국은 소액주주를 무시하고 독단적으로 경영하는 데 나오는 기회주의적 대리인 비용이 커서 열등한 성과를 낸다는 것이다. 실제로 이러한 이론들의 기대대로 많은 기업집단들이 지난 위기 때 사라졌지만, 또한 이 순간 많은 재벌들이 건재하고, 새로이 탄생하고 또 다각화하고 있다. 시장이 개방되고 성숙되었음에도 불구하고 말이다. 이런 사실은 앞의 서구 아니 정확히는 영·미권 중심적 이론에 대한 중대한 반례이다. 그러면 이들 이론이 놓친 것은 무엇일까. 이들은 한국의 재벌들이 안정적 소유권에 힘입어 신속하고 과감하고 장기적인 의사결정으로, 꾸준히 기술과 연구개발에 투자하여 선진기업에 근접하는 혁신역량을 구축하여 왔다는 사실을 간과하였다. 이는 기업지배구조만으로는 기업의 성과를 다 설명할 수 없다는 것이고, 이 이론은 기업을 끊임없이 진화하는 유기체로 보지 못하는 정적인 이론이라는 한계를 노출하였다.

마지막으로, 펜로즈(Penrose) 전통을 이은 자원에 기반한 기업성장론은 그 동학적 특성 때문에 기업이 왜, 어떻게 성장하는지를 역량의 관점에서 설명한다는 점에서 한국의 재벌기업의 장기간에 걸친 역량획득 구축 및 그 성장을 설명하는 데 매우 적절하다. 그러나 이 이론은 앞서도 설명하였듯이, 기업과 내·외부에 존재하는 다양한 주체(주주, 경영자, 노동자, 지역사회, 대부자) 간에 존재하는 유인(인센티브)문제를 전혀 고려하고 있지 못하는 단점이 있어, 성과 설명에 한계를 가진다.

가령, 왜 기업집단 기업들의 성과가 오히려 나쁘거나 망하는지를 설명하지 못한다. 나아가서, 성장의 설명에 있어서도, 내부자원 중심으로 성장을 설명하다 보니, 자원이 부족한 후발국 기업이 어떻게 성장할 수 있었는지를 설명하는 데 일정 한계가 있다.

그러면 본서의 입장은 무엇인가? 첫째, 세 이론은 모두 일정의 타당성이 있기에 모두 다 필요하고 통합되어야 한다. 둘째, 그 통합의 출발은 기업집단의 탄생의 설명에는 거래비용설이 적절하고, 정적인 성과는 대리인 비용설, 장기적 성과는 자원기반론이 적절하다는 것이다. 셋째, 세 이론은 동시에 각각의 한계를 가지고 있기에, 이를 좀더 후발국 기업상황에 맞게 수정되어야 한다는 것이다. 특히, 거래비용경제학이나 그 연장에 선 시장실패론은 기업집단의 발생 및 존재를 설명하는 데 좋은 논리를 제공하나, 기업집단을 단순히 환경에 대한 수동적 반응으로만 인식하고 이런 조직형태가 후발자의 추격에 적합한 조직이라는 측면, 즉 추격을 위해서 이런 조직을 의도적으로 선택할 수 있다는 측면은 고려하고 있지 않다.

제1부와 제2부에서 논의되었듯이, 후발자에게 중요한 고려 사항은 어떻게 선발자가 이미 장악하고 있는 시장에 진입할 것인가 하는 것이고, 수명이 짧은 기술분야가 유리하다는 것도 바로 진입장벽을 낮추는 역할을 한다는 의미에서 후발자에게 기회의 창인 것이다. 이런 논리를 기업조직의 차원으로 가져오면 바로, 집단형 조직이 후발추격자에게 유리한 조직형태인 이유는, 초기 진입시에 부담해야 할 손실이나 비용을 계열사 간에 분담함으로써 도산의 가능성을 축소하면서 버티어 나가는 데 유리한 조직인 것이다. 물론 외부 자본시장에서 이런 신규사업에 대한 자금조달이 안 될 때 내부시장으로 활용한다는 이점도 이와 같은 시각이다. 잘 알려져 있듯이, 삼성 그룹의 최대 수익원천인 반도체 사업도 초기 진입 이후 8년 동안 적자를 내었으며 이를 다른 계열사들이 메꾸어 주지 않았더라면 오늘날의 성공은 있을 수 없었을 것이다. 이런 입장에서 본서는 기업집단을 단순히 환경에 의해서 결정된 조직이란 식으로 환경결정론적 시각에서 보는 데 그치지 않고, 이런 조직이 추격이라는 목적에 가장 적합한 기업조직 형태라는 측면에 주목한다.

이하에서는 이 세 가지 입장에서 출발하되 어떻게 하면 재벌기업의 행태와 성과를 잘 설명할 수 있을까 하는 관점에서 제시된 통합적 이론의 대강을 설명하고자 한다.

2) 성과측면의 강약점에 대한 설명: '소수자 통제형'과 '쌍두마차형' 기업지배구조

기업지배구조란 기업운영과 관련되는 여러 이해당사자 간의 책임과 권한의 구조를 뜻하는 말로서, 간단히는 기업의 권력구조라고 볼 수 있다. 기존 문헌들에서는 효율적 지배구조의 조건으로, 감시의 유인을 가진 대주주의 존재와 대주주의 횡포에 대한 소액주주 보호장치의 병존을 꼽았다. 그러나 이런 식의 파악은 너무 주주 관점에서 정의한 효율성이고, 주주 외에 경영자, 노동자, 그 외 지역사회의 역할을 무시한 측면이 크다. 즉, 관계자 중시형(stakeholder) 지배구조론에서 보면 비판할 여지가 많다.

위에서 지적한 대로, 한국의 재벌은 제3의 기업유형인 '소수자 통제' 기업에 속한다. 이런 구조는 소유자의 독단과 전문경영인의 대리인 비용을 다 안고 있는 최악의 구조일 수도 있으나, 동시에 고도 성장기에는 과감하고 신속한 추진력과 공격적 경영이라는 장점으로 나타날 수도 있다. 가령, 90년대는 부정적 측면이 지배적이었다고 한다면, 80년대의 성장기에는 긍정적 측면이 지배적이었고 최근 2000년대도 비슷하다고 할 수 있다.

2008년 금융위기시 한국경제 자체는 불행하게도 지난 97년과 비슷한 외환시장의 위기를 겪었지만, 대기업들의 행보는 10년 전과 천지 차이였다. 97년 외환위기 당시, 한국의 대표 재벌들은 과잉투자와 외환위기의 주범의 하나로 인식되었고, 동아시아 모델의 몰락과 더불어 사라질 기업형태로 인식되었다. 그러나 동아시아 모델이 급격한 자유화로 해체의 과정을 밟았는지 몰라도, 재벌은 찬란히 부활하였다. 2000년대의 자료를 이용한 실증연구에서는 일관되게 재벌계 기업의 성과가 상대적으로 더 우수하게 나온다. 더욱 재미있는 것은 그 많은 기업지배구조 중심의 개혁 조치를 다 받아들였음에도 불구하고, 여전히 가족 지배하에 남았고, 여전히 다각화를 유지하고 있다는 면에서 본질은 변한 것이 없는 것 같다. 그렇다면, 똑같은 지배구조하에서 어떻게 성과가 좋아졌는가. 이 질문은 동시에 지배구조의 중요성에 심각한 의문을 던지는 것이고 다른 이론적 시각이 필요함을 의미한다. 즉, 우선 오너체제냐 전문경영인체제냐 라는 이분법에서 벗어날 필요가 있다.

그동안 경제학에서 소위 표준적인 기업모델은 영·미식의 소유와 경영이 분리되고 전문경영인에 의해서 운영되는 기업이었다. 그런데 사실은 전 세계 국가 수로 보면 가족경영이나 기업집단형 기업이 지배적인 나라가 더 많다. 그럼에도 불구하고, 전자는 자본주의 종주국의 기업유형이었기에, 이와 다른 기업집단형은 다르다는 이유만으로 열등한 기업모델로 치부되었다. 기업집단을 열등시한 또 하나의 이론은 재무이론에 기초한 대리인 비용이론이다. 여기서는 기업집단하의 가족경영은 실제 지분은 작으나 거대한 제국은 소액주주를 무시하고 독단적으로 경영하는 데 나오는 기회주의적 대리인 비용이 커서 열등한 성과를 낸다는 것이다.

실제로 이러한 이론들의 기대대로 많은 기업집단들이 지난 위기 때 사라졌지만, 또한 이 순간 많은 재벌들이 건재하고, 새로이 탄생하고 또 다각화하고 있다. 시장이 개방되고 성숙되었음에도 불구하고 말이다. 이런 사실은 앞의 서구 아니 정확히는 영·미권 중심적 이론에 대한 중대한 반례이다. 그러면 이들 이론이 놓친 것은 무엇일까. 이들은 한국의 재벌들이 안정적 소유권에 힘입어 신속하고 과감하고 장기적인 의사결정으로, 꾸준히 기술과 연구개발에 투자하여 선진기업에 근접하는 혁신역량을 구축하여 왔다는 사실을 간과하였다.

이런 강점을 굳이 기업지배구조 차원에서 파악하자면, 한국재벌에게는 그들만의 독특한 지배구조가 작동하고 있었다고 볼 수도 있다. 그것은 '투톱(two top)' 혹은 '쌍두마차'형 지배구조라고 명명할 수 있다. 즉, 오너-총수와 전문경영자라는 쌍두마차이다. 총수는 안정적인 소유구조에 기초하여, 과감하고 신속한 투자결정을 하고 기업의 장기적 성과를 중시하고, 이런 목적함수를 전문경영자에게 부과하되 강력한 성과 보너스와 성취동기를 부여하는 구조이다. 이런 쌍두마차 구조의 강점은 전문경영자에 대한 감시 및 통제면에서 미국식의 시장에 의한 통제보다 훨씬 직접적이고, 정보비대칭성을 보다 잘 극복하는 구조라고 할 수 있다. 즉, 같은 상황을 미국식 재무이론에서 보면 '소수자 통제형 지배구조'이지만, 이를 잠재적 강점 측면에서 파악하면 '쌍두마차형' 지배구조인 것이고, 이 두 측면을 같이 봐야 한국 재벌의 성과와 그 행태는 제대로 이해가 된다.

이의 연장선에서 보면, 현재 한국의 대기업 집단의 본질은 무엇인가. 그 주요 특성을 요약하면, 이들 기업에서, 이제 외국의 투자자들이 주요 주주로 참여하고 있고, 전문경영자들에게 거액의 강력한 보너스를 주고, 해고 및 고용도 유연해져서 영·미식 특성이 정착된 반면, 아직도 실질적 최고 의사결정은 여전히 가족경영자가 하고 있고, 계속 매트릭스형 소유구조를 가지고 가족중심 통제를 유지하고 있다는 면에서는 동아시아형인, 일종의 '영·미식 외피와 동아시아식 가족경영'의 혼합형(hybrid) 기업조직이라고 규정할 수 있다.

3) 대기업 집단의 다각화에 대한 설명

펜로즈에 의하면, 새로운 제품을 생산할 기회는 기업 내의 생산기술과 지식의 변화, 외부적인 공급과 시장조건의 변화와 관련되어 있고(Penrose, 1995, p. 111), 다각화는 이러한 기회를 활용하여 기업의 성장을 도모하는 것으로 이해된다. 또한, 기업내부에 사용되지 않은 서비스 혹은 자원이 존재할 경우, 기업은 이를 활용하여 기업을 확장시키기 위한 동기가 생겨나고, 그 과정에서 새로운 자원의 결합, 즉 혁신을 유발하게 된다. 이것이 바로 '성장의 경제'라는 개념인데, 여기서 확장, 즉 다각화의 방향은 덜 사용되고 있는 생산적 자원(unused productive service)에 의해 결정된다. 따라서 다각화는 전문화되고 특수화된 확장이 중심이 된다. 이러한 확장은 시장의 불확실성과 위험에 노출되기 때문에 제한적일 수밖에 없다. 반면, 윌리암슨의 입장에서는 시장제도의 존재를 전제로 하고, 다각화는 이런 외부 여건에 대한 거래비용 및 기업의 조직차원에서의 대응이라고 설명된다. 이는 기업내적인 역량이나 자원이 기업조직의 변화, 즉 다각화로 연결된다고 보는 펜로즈와는 달리 자산특수성이나 거래비용적 관점에 기업형태의 변화를 설명한다.

하지만, 기업의 능력(내부)/시장여건(외부)과 다각화의 관계에 대해 이들 기존의 이론으로는 후발추격국 기업의 다각화를 설명하는 데 한계가 있다고 본다. 기존의 이론은 다각화에 대하여 기업의 능력 활용과 지식의 변화 및 시장여건(외부)에 적응한다는 측면에서 이론을 전개했다. 그러나 기업의 능력과 시장여건을 갖추지 못한 후발추격국 기업이 왜 어떻게 다각화를 감행하는가 하는 근본적 질문에 대해 기존 이론들은 만족할 만한 답이 없다. 근본적으로, 후발국기업들은 역량이 많아서 다각화하는 것이 아니라 그 반대로 역량을 갖추기 위해 다각화도 하고 국제화도 한다. 즉 다각화를 하는 가운데 새로운 것을 학습하고 새로운 역량을 갖추기도 한다.

기업의 능력은 크게 물적자본, 인적자본, 경영자본, 기술자본, 브랜드 자본(physical capital, human capital, managerial capital, R&D capital, brand capital) 등으로 구성된다. 펜로즈의 이론에 따를 때, 다각화는 전문화되고 특수화된 확장이 중심이 된다. 하지만, 후발추격국 기업은 자원이 부족하고, 기술기반이 약하기 때문에 오히려 자원을 확보하기 위한 수단으로서 다각화를 택하는 일면이 있다. 개별 기업의 브랜드 파워도 미미하다. 이러한 상황하에서 이윤의 기회가 존재하는 영역이면 어디든지 진출하는 등 지대추구행위(rent-seeking)를 추구할 수 있다. 즉, 전문화되고 특수화된 역량을 갖춘 선진국 기업들의 경우, 새로운 영역으로의 진출, 즉 다각화의 기회비용이 상대적으로 큰 반면(Maksimovic & Phillips, 2002), 역량 자체의 수준이 낮고 덜 전문화되어 있는 후발국 기업의 경우, 특정 방향으로 새로 진출하는 행위의 기회비용은 별로 크지 않다. 즉, 이리 가나 저리 가나, 자기의 비교우위는 별 차이가 없기 때문이다. 바로 그런 이유 때문에 다각화를 하는 데 있어 큰 '고민'을 하지 않아도 된다.

따라서 후발추격국 기업의 다각화에 대한 이해는 완전히 다른 시각에서 접근해야 함을 의미한다. 전문화되고 특화된 분야에 진출을 시도하는 선진국 기업의 다각화의 방향과 달리 후발추격국 기업은 능력과 진출방향은 무관하다고 볼 수 있다. 다각화에 따른 높은 비용(위험)을 부담하는 선진국 기업과 달리, 후발추격국 기업이 비관련 다각화를 통해 오히려 파산의 가능성과 관련 비용(위험)을 줄일 수 있어 더 유리하다. 이러한 후발추격국의 기업집단은 다각화를 통해 여러 생산 분야의 위험을 최소화하는 기업조직이라고 볼 수 있다.

기업내부 자원이 부족한 후발추격국 기업으로서는, 오히려 능력을 완전히 갖추지 않고도 수익이 예상되는 분야에 진출한 후, 거기서 번 이윤으로 사후적으로 자원과 역량형성에 투자함으로써 새로운 역량을 갖추어 나간다. 이 과정에서 얻어진 새로운 역량을 기존 역량과 결합하여 기존 분야를 확대하는 데 쓰거나 또 새로운 분야로 진출하는 데 사용한다. 즉, 후발추격국 기업은 다각화 과정에서 경영전략과 기술을 배우고 축적함을 통해서 '사업수행 능력(project execution capability: Kock and Guillen, 2001)'을 형성한다. 이런 사업수행 능력이 일단 형성되면 그 다음에는 이를 자꾸 활용해야 할 이유가 생기므로 그 결과 다각화된 기업집단이나 다사업부제 기업으로의 성장 방향성이 강화된다고 볼 수 있다. 즉 윌리암슨 식으로 다사업부제 기업의 출현은 거래비용을 절감하기 위한 것이 아니라, 이와 상관없는 이유로 사후적으로 발생된 현상이라는 점이다.

4) 장기적 성장과정에 대한 설명

경제추격을 중시하는 본 연구의 입장에서 보면 어떤 특정 시점의 성과보다는 장기적 성과변화가 더 중요하다. 추격은 오랜 시간이 걸리는 현상이기 때문이다. 한국기업의 장기적 진화과정을 본다는 전제하에서 출발하면, 여러 제 이론적 시각 중에서 상대적으로 기업의 역량의 변화과정을 중시하는 자원에 기반한 기업이론이 더 적절성이 크다. 이렇게 볼 때 한국기업의 장기적 역량형성 과정에 대한 설명은 아래 **표 10-1**과 같다.

한국기업은 초기단계(60~70년대)에는 별다른 핵심역량이 없었고 정부주도의 규제와 보호가 제공하는 렌트(특혜적 대출, 사업권, 외화 대출 등)에 의존하면서 성장하였다. 이렇게 렌트가 존재하는 불특정 사업부문에 진출하는 과정에서 새로운 프로젝트를 자꾸 수행하다 보니 이런 새 프로젝트를 기안, 추진, 관리, 자재조달, 집행 및 감독하는 것과 관련한 일정의 능력을 축적하게 된다. 이를 Amsden and Hikino(1994) 등의 문헌에서는 '사업수행 능력(project execution capability)'이라고 불렀는데, 쉽게는 그냥 추진력이라고 볼 수 있다. 이런 것이 제2단계라고 할 수 있는 70~80년대 상황이라면, 이런 여러 비관련 혹은 관련 부문에 진출하다 보니 그 진출한 부문 상호 간에 일정한 시너지효과를 기대할 수 있게 되는 것이 제3단계이다. 이 단계는 수직적 통합 또는 수평적 통합이라고 부를 수 있는 새로운 차원의 능력을 획득함을 의미한다. 가령 삼성의 경우 전자산업에서는 삼성전자, 삼성SDI, 삼성전기, 삼성코닝 간에 효과적인 수직적 통합관계가 70년대 초에 수원을

┃표 10-1 ┃ 한국 대기업 집단의 능력형성의 단계와 과정

	1단계 (60~70년대)	2단계 (70~80년대)	3단계 (90년대)	4단계(위기 이후) 및 2000년대
능력 (capability)	매우 미미	사업수행 능력	수직적/ 수평적 통합	실질적 혁신능력
행동 (behavior)	지대 추구적 (rent-seeking)	관련/비관련 다각화	지역적 다각화/ 복제	전문화/특화
분야 특수성 (specificity)	불특정 (random)	약하게 부문 특수적	부문 특수적/ 몇 개의 핵심부문	기술-특수적

기반으로 하여 형성되기 시작하여 80년대에는 공고화되고 90년에는 멕시코, 동남아, 중국 등 각지에 똑같은 수직적 통합구조가 이들 네 핵심회사의 현지 진출 자회사들 간에 형성된다(Lee and He, 2005).

그래서 삼성의 디스플레이 사업의 경우 이 4대 전자 계열사 간의 시너지효과에 힘입어 급변하는 수요변화에도 불구하고, 중간재 수급 걱정 없이, 남보다 빨리 새로운 제품을 내놓을 수 있었다. 반면에 소니는 LCD패널 공급을 삼성에 의존해야 했다. Lee and He(2005)는 이러한 한국대기업의 능력형성 단계와 과정이 중국에 진출한 한국대기업 자회사들이 성공적으로 성장하는 데 그대로 적용될 수 있다는 점을 보여주고 있다. 다른 선진국 기업에 비해 중국에 늦게 진출하였음에도 불구하고, 한국대기업이 빨리 성공할 수 있게 된 이유는 '사업수행 능력' 보유와 수직적 통합(vertical integration)이라는 관점에서 설명이 가능하다. 즉, 삼성이 삼성전자를 중심으로 축적된 사업수행 능력을 기반으로 하여 관련 계열사(삼성 SDI, 삼성코닝, 삼성전관) 간에 수직적 통합을 통해 최상의 자원공유(resource sharing)와 조정(coordination)에 의해 내놓은 성과라는 것이다.

즉, 한국재벌에게 90년대는 지역적 다각화 및 복제시기라고 볼 수 있으며 몇 개 부문에 특화하는 핵심능력이 형성되었다고 볼 수 있다. 사업이나 기술 간의 경계가 허물어지는 기술 퓨전(융합)의 시대에 여러 분야에 다리를 걸치고 있는 집단형 기업의 우위는 더 있어 보인다. 실증연구에서도 기술적 다각화와 성과 간의 관계는 유의한 것으로 나온다. 또한 불확실성이 크거나 급변하는 환경 속일수록, 계열사 간의 역량 공유와 시너지효과가 매우 유효한 경쟁우위의 원천이 될 수 있다.

한편, 자체적인 연구개발 능력은 80년대의 초기단계를 거쳐, 90년대에 심화되며, 마지막 단계인 2000년대에 들어서서는 일부 대기업의 경우 세계적 수준에 도달하게 된다. 이런 기업들의 경우, 외환위기에도 불구하고 살아남을 수 있었던 것은 이들 기업의 제품들이 이미 단순한 비용우위에 기초한 것이 아니고 연구개발력에 기초한 제품차별화와 신제품에 있었기에 가능하였던 것이다. 삼성전자가 매출액이나 기업가치면에서 소니를 앞선 것은 2000대 중반의 일이지만, 특허의 양이나 질면에서의 추월은 그 10년 전에 발생하였다(Joo and Lee, 2009). 즉, 기업가치면에서 추격 훨씬 이전에 기술역량면에서의 추격이 이뤄졌던 것이다. 그리고 한국재벌이 90년대에 과잉투자를 하였다고 하지만, 한편에서는 이를 기반으로 역량의 축적이 이뤄지고 있었던 것이고 그것이 2000년대의 성과와 유의한 관계가 있음을 Lee et al.(2010) 연구는 이를 실증분석으로 검증하였다. 물론 이런 본원적 역량 구축을 게을리한 기업은 지난 외환위기 때 도산하였다.

2000년대 이후 소수의 대기업집단은 이제 특정 기술에 전문화하여도 자신을 가질 수 있는 단계에 도달하였다고 볼 수 있다. 이에 따라, 일부 재벌은 몇 개의 좀 더 전문화된 독립적 기업집단으로 분리되는 것도 가능해졌다. 가령, LG 그룹은 LG와 GS로 분화하고, 현대는 현대와 현대차그룹, 현대중공업으로 삼분되고, 삼성은 이미 그동안 제일제당 그룹 등 몇 개 그룹으로 분리된 바 있다. 즉 매우 많은 부문으로 다각화된 단일 집단 구조에서 소수 부문에 특화하는 다수 집단 구조로 분할 변신하게 되는 것이 가능한 것은 그만큼 특정 분야의 기술력에 자신감이 생겼기 때문이라고 볼 수 있다.

이상에서 기술한 장기간에 걸친 다양한 역량형성 과정은 Lee and Temesgen (2009)에서 분석한 여러 개도국 기업의 성장 결정요인 실증분석에서 나온, 역량이 낮은 단계의 기업성장에는 물적 및 인적자본이 상대적으로 중요한 반면, 성장역량이 높은 단계의 기업이나 선진국 기업의 경우는 경영자본, 브랜드, 기술자본이 더 중요하다는 결과와 일치한다.

7. 소결

후발국에서 많이 존재하는 대기업 집단을 어떻게 볼 것인가. 본장이 제시한 답은, 대표적 세 이론이 모두 다 필요하고 통합되어야 한다는 것이다. 즉, 기업집단의 탄생 설명은 거래비용이론이, 정적인 성과 설명에는 대리인 비용이론이, 장기적 성과 설명에는 자원기반론이 적절하다는 것이다. 그러나 동시에 이 세 이론은 각각의 한계를 가지고 있기에, 이를 좀더 후발국 상황에 맞게 수정되어야 재벌기업의 행태와 성과를 제대로 설명할 수 있다고 보았다. 특히, 거래비용경제학이나 그 연장에 선 시장실패론은 기업집단의 발생 및 존재를 설명하는 데 좋은 논리를 제공하나, 기업집단을 단순히 환경에 대한 수동적 반응으로만 인식하고 이런 조직형태가 후발자의 추격에 적합한 조직이라는 측면, 즉 추격을 위해서 이런 조직을 의도적으로 선택할 수 있다는 측면은 고려하고 있지 않다. 이런 입장에서, 본장은 후발추격국 기업의 한 유형으로서, 한국 대기업 집단에 대한 다음과 같은 설명을 제시하였다.

첫째, 기업지배구조 차원에서 파악하자면, 한국재벌은 오너-총수와 전문경영자라는 쌍두마차 구조이다. 이런 쌍두마차 구조의 강점은 전문경영자에 대한 동기부여 및 통제면에서 미국식의 시장에 의한 통제보다 훨씬 직접적이고, 정보비대칭성을 보다 잘 극복하는 구조라고 할 수 있다. 즉, 한국 재벌은 문제가 많은 '소수자 통제형 지배구조'인 동시에 이런 강점을 가진 '쌍두마차형' 지배구조인 것으로 보아야, 그 성과와 그 행태가 제대로 설명이 된다.

둘째, 기존의 이론은 다각화를 기업이 기존에 가진 능력을 활용한다는 측면에서 설명하나, 재벌 등 후발국기업들은 역량이 많아서 다각화하는 것이 아니라 그 반대로 역량을 갖추기 위해 다각화도 하고 국제화도 한다. 즉 다각화를 하는 가운데 새로운 것을 학습하고 새로운 역량을 갖추기도 한다.

셋째, 그래서 한국의 대기업 집단은 초기에 별다른 역량 없이 인위적 지대를 추구하며 성장하다가, 2단계에는 비관련 다각화를 추구하는 가운데, '사업수행 능력'이라는 역량을 처음으로 확보하고, 3단계에는 일부 계열사 간에 시너지효과에 기초한 수직/수평적 통합을 핵심역량으로 가지게 되고, 최종적으로 소수의 분야에 특화할 수 있는 혁신역량을 가지게 되는 식으로 성장하였다.

마지막으로, 현 단계 한국의 대기업 집단의 본질은 '영·미식 외피와 동아시아식 가족경영'의 혼합형(hybrid) 기업조직이라고 규정하였다. 즉, 이제 외국의 투자자들이 주요 주주로 참여하고 있고, 전문경영자들에게 거액의 강력한 보너스를 주고, 해고 및 고용도 유연해진 면에서는 영·미식 기업인 반면, 아직도 실질적 최고 의사결정은 여전히 가족경영자가 하고 있고, 계속 매트릭스형 소유구조를 가지고 가족중심 통제를 유지하고 있다는 면에서는 동아시아형 기업이다.

제11장

후발추격형 기업과 선발기업의 실증분석: 한국기업 대 미국기업[1]

1. 들어가며

경제성장이 주로 민간기업에 의해 주도된다는 것을 감안할 때 기업의 성과는 과연 어떤 요소에 의해 결정되는지 밝히는 것은 경제추격 연구에 있어서 중요한 이슈이다. 이를 밝히는 데 있어서 본장의 연구는 선진국의 기업과 후발국의 기업이 그들의 역량이나 행동 등 여러 측면에서 다르다는 것을 출발점으로 하고 있다. Mathews(2002)는 후발기업(latecomer firms)을 정의하기를, "부족한 자원을 지니고 뒤늦게 산업에 진입하였으나 저비용 등의 초기 경쟁우위를 가지고 있는 기업"으로 한 바 있다. 본 연구에서는 특히, 자원(역량)의 부족 혹은 부재를 후발국 기업의 가장 두드러지는 특징으로 보고 있다. 이에 따라 후발국 기업의 주요 과제는 현재 존재하는 자원을 효율적으로 활용하는 것뿐만 아니라 부족한 자원을 획득하고 축적하여 그 활용도를 높이는 것에 있는 것으로 본다.

그러면 이로부터 자연스럽게 후발국 혹은 추격국 기업의 특징은 단기 수익성이 아니라 장기적 성장을 추구하는 것으로 추론할 수 있다. 이는 선진국 기업들이 단기 수익성을 추구하여 그것을 주주들에게 배당해야 하는 요구를 받는 것과는 대조되는 특성이다. 이렇게 성장성이냐 수익성이냐가 추격국 기업과 선진국 기업의 특성을 비교하는 주요 관점이지만 다른 차원의 특성 또한 추격의 맥락에서 비교될 수 있다. 본 연구에서는 그 다른 차원을 바로 기업의 지식기반, 즉 혁신시스템이라는 측면에서 살펴볼 것이다.

기업 간 이질성, 지식 등의 개념은 슘페터학파의 기업이론에서 핵심을 차지하

---

1 이 장은 Lee(2013a)의 5장을 요약·정리한 것이다.

고 있다. Nelson(1991, 2008)과 Winter(2006)는 기업의 이질성을 강조하면서 그러한 이질성의 원천이 지식과 불완전한 학습에 있다고 하였다. Nelson(1991, 2008)은 재무정보와 같이 통상적으로 많이 이용되는 변수만 가지고는 기업 간의 이질성을 중심으로 하는 성과와 행동을 설명하는 데 충분하지 않다고 보았다. 이러한 측면에서 보면 단순히 기업의 재무정보가 아니라 기업의 지식기반을 나타내는 몇몇 정량적인 변수가 추격형 기업과 성숙기업 간의 이질적인 성과와 행동을 설명하고 예측하는 데 기여할 수 있다고 본다.

기존의 몇몇 연구는 여러 나라의 기업조직의 차이를 비교한 바 있다. 그러나 이러한 기존 연구들은 개발도상국과 선진국 기업의 차이를 명시적으로 고려하지 않았다. Lee and Temesgen(2009)이 몇몇 개발도상국 기업에 초점을 맞추어 다양한 기업 자원, 즉 인적자본, 경영자본, 연구개발 자본 등의 효과에 대해 밝혔지만 그 연구는 개발도상국 기업을 선진국 기업과 비교한 것은 아니다.

기존의 연구와는 다르게 본 연구는 후발국의 기업과 선진국 기업을 비교한다는 점이 특징이다. 나아가서, 본 연구가 기존 연구와 추가로 다른 점은 기업의 혁신시스템을 표시하는 여러 측면을 다룬다는 것이다. 이 혁신시스템, 즉 지식기반은 독창성, 기술주기(수명), 기술적 다양성, 보유특허의 질적인 측면으로 규정된다. 미국 특허청 데이터로부터 얻은 자료를 바탕으로 이러한 변수를 만들고, 이 변수들이 추격기업으로서의 한국기업과 선진국 기업으로서의 미국기업 간 어떻게 다른지를 비교한다. 이 과정을 통해서 기업의 지식기반과 혁신시스템이 기업의 성과에 미치는 영향에 있어서 어떤 차이를 보이는지를 밝히고자 한다.

2. 이론적 배경과 가설

1) 추격기업과 성숙기업에 관한 문헌

이 연구는 Penrose(1995)의 연구에 그 이론적 기초를 두고 있다. 펜로즈는 기업의 성장에 관해서 '자원에 기반한 기업성장이론'을 제시하였다. 이 이론은 매우 큰 영향을 미쳤고, 여러 종류의 이론으로 발전되었는데, 그 예로는 역량에 기반한 기업이론, 지식기반 기업이론, 진화론적 기업론 등이 있다. 펜로즈는 기업의 역할이란 "재화와 용역을 시장에 공급하기 위해 인적자원을 비롯한 기타 자원을 습득하고 조직하여 수익을 내는 것"이라고 하였다. 또한 기업을 "여러 자원이 하나의 관리적 통제하에 묶여져 있는 집합체"로 정의하였고, 기업의 경계는 "행정적인 조정과 권위적인 의사소통이 작동하는 곳 까지"라고 보았다. 바로 이 부분에서 자원에 기반한 기업성장이론이라는 명칭이 붙은 것이다. 이 이론의 주요 아이디어는 기업이 활용할 수 있는 다양한 자원의 종류와 양에 의해 기업의 성과와 성장이 결정된다는 것이다.

이와 같은 자원에 기반한 기업성장이론을 후발국 기업에 적용한다면, 선진국 기업과는 기본적으로 매우 다른 후발국 기업의 특성을 발견하게 된다. 그것은 성장에 중요한 자원들이 기업내부 혹은 주변에 충분히 존재하지 않는다는 점이고, 따라서 후발국 기업의 주요 과제는 기존에 존재하는 자원을 효율적으로 활용하는 것도 있지만 그보다는 오히려 부족한 자원을 습득하고 그것의 활용성을 지속시키는 데 있다. 그 결과 수익이 발생하여도 그것은 단지 주주들에게 배분하기보다는 향후 기업의 확장을 위해 재투자된다. 이를 달리 표현하면 기업의 회계적 수익성은 이러한 '성장비용'의 지출로 인해 낮게 나타날 수 있다는 것이다. 이 성장비용에는 노동자, 경영자 등의 역량을 증가시키는 비용과 연구개발 비용, 브랜드 역량을 구축하기 위해 드는 비용 등이 포함된다. 물론 이러한 비용들은 선진국 기업에게도 해당된다. 그러나 비용부담의 크기에 있어서 후발국 기업이 상대적으로 더 클 것이다. 왜냐하면 후발국 기업은 시장의 불완전성이 보다 더 심하고, 보다 열악한 기업환경에 노출되어 있기 때문이다(Tybout, 2000). 이러한 논의에 기초하여 후발국 혹은 추격국 기업으로서의 한국기업은 선진국 기업으로서의 미국기업에 비해, 단기 수익성보다는 성장성을 더 추구할 것이라는 가설을 설정할 수 있다.

그리고 위의 논의를 가지고 선진국 기업과 후발국 기업의 차이를 표로 정리하면 아래 표 11-1과 같다. 이 표에 보면, 선진국 기업은 R&D, 브랜드파워, 경영자 자원 등까지 다 갖춘 상태여서 주어진 자원을 어떻게 하면 최적화하여 사용할 것인가가 관건인 반면, 후발국 기업은 이런 고급자원들은 부족하고 대개 물적자본이나 기초적 인적자본만을 가지고 있기에 향후 어떻게 하면 이런 고급자원을 획득 · 육성할 것인가가 더 관건이다. 그래서 선진국 기업은 성장보다는 이윤을 추

│ 표 11-1 │ 선진국 기업과 후발국 기업의 비교

선진국 기업	후발국 기업
고역량 기업(R&D, 브랜드, 경영자원 위주)	저역량 기업(물적 및 인적자원 위주)
모든 자원/역량이 존재	많은 자원/역량이 결핍
기존 자원의 최적화	부족한 자원의 획득/육성
배당을 위한 이윤극대화	재투자된 이윤을 가지고 성장을 극대화
성장보다 이윤성 중시	이윤성보다 성장 중시

가하여 이를 주주에게 배당하는 것이 목적이라면, 후발국 기업은 단기적 이윤보다 장기적 성장이 주 관심사이며, 이윤은 성장을 위해 재투자되어야 하고, 그것이 이윤을 내야 하는 이유이다.

성장성과 수익성을 비교하는 것이 선진국 기업과 후발국 기업의 차이를 보는 출발점이지만 더 나아가 추격의 맥락에서 더 많은 차원의 비교도 가능하다. 기존 문헌들은 사회적·물리적·인적·경영적·연구개발, 브랜드 자본 등 기업의 성과와 성장을 결정하는 다양한 자원들을 분석하고 있다. 관련하여 기존 문헌이 다루었던 내용으로는 먼저 이론적으로 Lucas(1988) 이후 인적자본과 행동에 의한 학습이 개발도상국 경제성장의 한 요소로 인식되어 왔다는 점을 들 수 있다. 이러한 이론의 바탕에서 Kim and Kim(2000)은 일반적인 인적자본과 특수한 인적자본을 구분할 필요성이 있다고 보았다. 실증적으로 Jensen and McGuckin(1997)은 미국 데이터를 이용하여 기업성과 변동에 영향을 미치는 요인으로 전통적으로 관측되는 변수보다는 관측되지 않고 상대적으로 변하지 않는 기업의 특성이 더 중요하다는 것을 지적하였다. Griffith, Redding, and van Reenen(2004)은 연구개발과 인적자본이 기업의 성과나 생산성에 통계적으로 유의한 요소라고 분석하였다.

Lee and Temesgen(2009)은 8개 개발도상국의 6,600개 제조기업을 대상으로 세계은행이 실시한 투자환경조사 데이터를 이용하여 인적자본, 물적자본, 경영자본, 연구개발 자본이 기업의 성장에 미치는 효과를 연구하였다. 그리고 그 연구의 결과를 국가의 경제발전 수준, 기업역량의 수준에 따라 해석하였다. Lee and Temesgen은 상대적으로 역량이 낮은 기업에서는 기업의 성장이 매우 기초적인 자본, 즉 물적자본이나 인적자본에 의해서 결정되는 데 반해, 상대적으로 역량이 뛰어난 기업에서는 경영자본이나 연구개발 자본 등 고급 자본에 의해 기업성장이

결정됨을 보였다. 더 나아가 저성장 기업과 고성장 기업의 차이는 보유한 자원의 절대적인 양이 아니라 관련 자원의 한계생산성, 즉 갖고 있는 자원을 어떻게 효과적으로 사용하느냐에 달려 있음을 보였다.

본 연구는 기업이 보유한 자원에 대한 기존 연구의 연장선에 있으나, 차별성을 갖는 부분은 기업차원의 혁신체제와 지식 관련 변수들을 강조한다는 점이다. 이런 변수들을 특허 데이터와 특허 인용 데이터를 가지고 만들어서 분석하는데, 이러한 부분은 기존 연구에서는 다루어지지 않았던 부분이다.

2) 비교 1: 한국의 기업집단 소속 기업과 미국의 독립기업

후발국 기업과 관련하여 기업집단에 대한 연구는 중요한 위치를 차지한다. 기업집단은 상호 연결된 주식소유와 중앙 집권화된 가족경영체제하에 있는 기업들의 집합으로 정의되는데, 이러한 기업집단은 후발국가에서 보다 많이 나타난다. 그리고 그것은 후발국 경제에 존재하는 시장의 실패를 반영하는 것으로 인식되었다(Goto, 1982; Leff, 1978). 기업집단의 존재와 그 성과는 경제학과 경영학 연구의 중요한 주제가 되어 왔고, 따라서 *Journal of Economic Literature*에 실린 Khanna and Yafeh(2007)의 대표적인 서베이 논문을 비롯하여 많은 연구들이 진행되었다. 기업집단은 다양한 국가에서 조금씩 다른 형태로 나타나는데, 한국과 일본에서는 각각 재벌과 계열(keiretsu)로 불리고 이들은 해당 국가의 경제성장의 상징이다. 물론 다른 국가에서도 기업집단은 중요한 역할을 담당한다.

기업집단과 관련된 초기연구는 기업집단이 왜 존재하며 그들의 성과가 독립기업에 비해 어떻게 다른지 등의 전통적인 질문에 머물러 있다. 그러나 최근 연구는 기업집단의 행동 특성에 대해 보다 체계적이고 이론적인 설명을 시도하고 있다. 예를 들어 Ferrris, Kim and Kitsabunnarat(2003)은 1990년대 한국 재벌기업에 대한 실증연구에서, 기업집단 소속 기업의 가치가 이와 비슷한 독립기업에 비해 낮게 평가된다고 밝혔다. 이렇게 저평가되는 이유로 기업집단이 이윤극대화보다는 이윤의 안정성을 추구하고, 과대투자를 하며 교차보조와 다각화 등의 행동 특성 때문이라는 가설을 검증하였다. Lee, Kim and Lee(2010)에 따르면 1990년대에는 한국 재벌이 이윤극대화보다는 이윤의 안정성을 추구하였고, 수익성이 낮은 사업에 과다 투자하였으며, 그룹 내 실적이 좋지 못한 기업을 성과가 좋은 기업이 도와주었고, 많은 부채를 보유하고 이로 인해 세금부담을 낮추었다. 그러나 2000년 대에는 기업집단이 과대투자와 교차보조를 줄여서 높은 수익성을 나타내었고 또한 부채를 줄이고 세금부담은 독립기업과 비슷해졌다는 결과를 보였다.

Cheong, Choo, and Lee(2010)는 수리적 모형을 설정하여 기업집단에 속한 기업의 행동과 성과를 예측하고 그것을 실제 한국기업 데이터를 바탕으로 검증하는 시도를 하였다. 그 모형은 펜로즈에 의해 제시된 자원에 기반한 기업성장이론에 기반하고 있으며, 그 주요한 아이디어는 어떤 종류의 자원은(가령, 브랜드, R&D 등) 덩어리 형태로 되어 있고 나누어질 수 없기 때문에 특정 규모로만 구입되거나 설치될 수 있다는 것이다. 그런데 기업집단은 계열사 간에 이러한 덩어리 형태의 자원을 획득·구축하는 비용을 공유할 수 있다는 장점을 갖는다. 소위 '자원공유(resource sharing)'라는 이러한 이점은 후발국형 시장의 실패가 시장경제의 성숙에 따라 사라지더라도 여전히 유효한 집단형 기업의 장점이 될 수 있다. 이러한 관점에서 볼 때 독립기업이 불리한 점은 외부금융 조달을 할 수 없다는 데서 오는 것이 아니라, 이런 공유가 필요한 자산을 효과적으로 구축하지 못하고 구축하더라도 최대한으로 활용하지 못하는 데서 오는 것이다. 위 3인의 모형은, 독립기업과 비교했을 때, 기업집단에 소속된 기업이 높은 매출을 달성하기 위해 더 많이 투자하고, 노동 대비 고정자산 비율이 높으므로 높은 성장성을 보이고 매출액 대비 이익률은 높으나 투자 대비 이익률은 낮은 경향을 보일 것으로 예측하였다.

Cheong et al.(2010)은 한국기업 데이터를 사용하여 이러한 예측을 확인하였는데, 본 연구는 이런 이론적 분석을 한국과 미국기업의 비교라는 차원에 놓고자 한다. 본 연구에서 한국기업 데이터는 1992년부터 1995년 사이에 미국에 특허를 출원·등록한 기업에 한정되어 있다. 미국에 특허를 출원하는 한국기업이 대부분 대기업 집단임을 감안할 때 본 연구의 분석은 결국 기업집단에 소속된 기업에 대한 분석이라고 할 수 있다. 이와는 대조적으로, 주식시장에 상장된 미국기업은 소유지분이 분산된 독립기업이 대부분이다. 따라서 한국과 미국기업의 비교는 단지 추격국 기업과 선진국 기업의 차이를 비교하는 것뿐만 아니라 기업집단 소속 기업과 독립기업을 비교하는 것이기도 하다. 후발국가에서 기업집단 소속 기업이 경제에 큰 영향을 미치는 것을 감안하고, 선진국 경제에서는 비교적 독립기업들의 영향이 큰 것을 고려할 때 이러한 비교·분석은 중요한 의미를 지닌다고 볼 수 있다.

3) 비교 2: 추격국 기업과 선진국 기업 간 지식기반의 차이

지식기반 경제가 도래하면서 지식은 기업의 중요한 투입요소로 자리잡았다. Winter(2006)와 Nelson(1991, 2008) 등에서 나타났듯이, 슘페터학파의 기업이론은 기업 간 이질성을 강조하고 그 이질성의 원천으로 지식요인과 불완전한 학습을 중시한다. 본 연구는 기업을 투입과 산출을 연결하는 블랙박스로 보는 것이 아니라 기업 내의 지식기반에 대한 심층분석을 수행한다. 지식기반의 다양한 측면을 정량화하여 나타낸 몇몇 변수를 통해서 한국과 미국기업의 행동과 성과의 차이를 보다 새로운 방법으로 묘사하고 예측할 수 있을 것이다.

기업의 지식기반을 표현할 수 있는 방법은 무엇인가? 기업의 지식기반이란 각 기업이 혁신과 여타 기업활동을 위해 활용하는 지식의 풀을 의미한다. 이 지식기반의 특성은 기업차원의 혁신체제와 관련이 있다. 기술지식의 특성에는 그 기술의 특수성의 정도, 암묵성, 복잡성 등이 포함되며 기술마다 그 특성이 매우 다를 수 있다. 이러한 구분은 다른 산업에 있는 기업 간에 더 중요하게 나타난다. 이 연구에서는 이러한 지식의 특성이 선진국 기업과 추격기업 간에 어떤 차이가 있는지를 다룬다.

먼저 생각해 볼 변수는 기술주기(수명)이다. 이 변수에 관심을 갖게 된 계기는 Park and Lee(2006)의 논문이다. 그 논문에서는 짧은 기술주기를 지니고 있는 분야에서 추격이 발생할 확률이 더 높다고 분석하였고, 더 나아가 선진국은 기술주기가 긴 분야에 보다 많은 특허를 출원하는 것으로 나타났다. 기업차원에서 분석을 실시하는 현재 연구에서는 위의 분석결과를 수정하여 다음과 같은 추론을 할 수 있다. 즉, 성공적인 추격형 기업은 기술주기(수명)가 짧은 분야에 더 특화하며, 이런 단명기술에 특화하는 기업일수록 성과가 더 좋다는 것이다. 따라서 추격기업의 경쟁력은 새로운 시장에 빨리 진입하여 높은 수준의 제품을 생산하고 통합적인 디자인을 사용하여 새로움을 창출하는 능력에 달려 있다. 이러한 논의는 매우 흥미로움에도 불구하고 이와 관련한 기업수준의 연구결과는 현재 없다. 이런 점에서 이 연구의 기여가 있다고 본다.

다음으로는 특허의 자기인용 비율이다. Trajtenberg et al.(1997)의 논문에서는 자기인용 비율이 해당 산업부문의 전유성(appropriability)을 대표한다고 하였다. 전유성이란 '기업이 자신의 혁신 성과가 다른 기업에 의해 복제당하는 것을 방지하며 독점이익을 더 많이 얻을 수 있는 역량'을 의미한다. 그러나 기업차원의 논의에서는, 자기인용 비율이 그대로 전유성을 표시하는 변수로 해석하기는 곤란하다. 왜냐하면 전유성이란 궁극적으로 상업적 성과의 측면을 포함해야 하기 때문이다. 따라서 자기인용 비율에 대한 보다 직접적인 해석은 한 기업의 혁신이 얼마나 그 기업이 기존에 축적한 지식 풀에 의존하고 있는지의 정도로 보는 것이 더 적절하다. 일반적으로 기업이 더 성숙하고 기업의 나이가 많을수록 이 비율은 높을 것이라고 추론할 수 있다.

예를 들어, 과거 삼성전자의 자기인용 비율은 15%인 소니에 비해 매우 낮았다. 그러나 1980년대 후반 이후 삼성전자의 자기인용 비율은 증가하는 추세를 보였고, 2000년대 중반에는 소니를 따라잡았다(Joo and Lee, 2009). 삼성전자가 한국에서 가장 성공적인 추격기업임을 감안한다면 추격기업과 성숙기업에 있어서 이 자기인용 비율이 상당한 차이가 있을 것으로 추론해 볼 수 있다. 이와 더불어 자기인용 비율이 기업의 성과에 미치는 영향에 대해서도 검증할 수 있다. 만약 자기인용 비율이 기업내부에서 얼마나 통합적이고 독립적인 지식을 창출할 수 있는지의 정도를 반영한다면 이 자기인용 비율과 기업의 성과변수 간에 일정한 상관관계가 존재할 것으로 추론할 수 있다. 이 가설은 본서의 4장에서 소개된, Lee(2013a)의 3장에 있는 국가단위 분석에서, 선진국에서는 국가의 자기인용 비율이 1인당 국민소득 증가와 중요한 관련을 보이지만 개발도상국에서는 그렇지 않은 결과를 보인 것과 일관된다.

본장에서는 기업차원의 지식기반의 '독창도'와 '기술분야별 집중도'에 대해서도 분석한다. 미국 주식시장에 상장된 미국기업이 보다 선진기업임을 고려하면, 그들의 지식기반은 독창도가 더 높을 것으로 추론할 수 있다. 즉 독창도면에서 미국기업이 한국기업보다 더 높을 것이라는 가설을 설정할 수 있다. 더 나아가 독창도가 기업성과에 미치는 영향을 분석한다. 지식기반 경제가 도래한 이후 많은 문헌들이 독창성과 창의성에 대해서 강조해 왔지만 어떠한 논문도 이러한 독창도의 역할을 검증한 적이 없다. 그러나 이 독창도가 총자산 이익률이나 기업가치와 같은 기업의 전형적인 성과변수와 유의한 관련이 있을지는 아직 확인된 바 없다. Lee(2013a) 3장의 국가단위 회귀분석에서는 독창도가 경제성장에 통계적으로 유의한 중요성을 갖지 않음을 보인 바 있다.

종합하면 기업단위 추격의 분석에서 이 연구는 다음과 같이 기업의 성과가 그

기업이 보유한 지식 관련 특성과 기타 전통적인 변수에 의해 결정된다고 설정한다.

$$기업의 성과(혹은 추격) = F(지식 관련 변수들, 기타 통제변수들)$$

이 회귀분석 모형의 설정은 기업의 혁신성과가 기업차원의 혁신시스템 혹은 지식기반에 의존한다는 신슘페터학파의 생각을 반영한다. 기업의 지식기반은 명시적인 지식과 암묵적 지식을 다 포함하고 있다. 그러나 암묵적 지식을 정량화된 변수로 나타내는 것이 본질적으로 어렵기 때문에 이 연구는 명시적 지식의 대리변수로 특허 데이터를 활용한다. 이러한 변수들에 있어서 한국의 추격기업과 미국의 선진기업 간에 어떤 차이가 있으며 어떤 변수들이 기업의 성과에 미치는 영향을 분석하게 될 것이다.

3. 변수측정과 데이터

1) 종속변수

기업단위에서 추격을 정의하고 측정하는 것이 쉬운 일은 아니다. 추격성과의 측정치로 적절한 첫 번째는 매출액 혹은 시장점유율의 증가이다. 시장점유율은 추격의 개념과 가장 가까운 변수이며 몇몇 추격에 관한 연구는 이를 사용하여 추격현상을 분석하였다. 그러나 많은 경우 기업이 활동하는 시장의 범위를 정의하기 어려울 뿐더러 여러 나라의 시장에서 활동하는 기업을 대상으로 한다면 시장점유율을 측정하는 것은 더욱 어려워진다. 이번 연구에는 대안적으로 매출액 증가율을 사용한다. 이 매출액 증가율은 기업성장 문헌에서 많이 사용되어 왔다. 매출액 증가율을 쓰는 것이 합리적인 이유는 그것이 시장점유율과 밀접한 관련을 가지기 때문이다. 또 다른 장점은 후발국 기업들이 추격단계에서 수익성보다는 성장성을 추구하며 이는 선진국 기업들이 주주 중심의 전략을 추구하는 것과 대비될 수 있다는 점에 있다. 이번 연구에서 기업의 매출액 성장률을 1차적 분석의 대상으로 한다.

추격성과를 나타내는 또 하나의 변수는 1인당 매출액 혹은 노동생산성이다. 노동생산성이 좋은 성과변수인 이유는 다른 국가 간 비교할 때에도 쉽고 명확하게 측정될 수 있기 때문이다. 더욱이 추격은 종종 높은 부가가치를 생산하는 방향으로 가치사슬의 사다리를 올라가는 것으로 인식되고 그 성과는 기업의 노동생산성 증가로 나타나기 때문이다(Rabellotti, 2006).

이 연구에서는 그 외에 추가적 종속변수로, 수익성을 나타내는 총자산이익률(당기순이익/총자산)과 매출액이익률(당기순이익/매출액)을, 기업가치를 나타내는 지표로서 토빈의 큐(Tobin's Q)를 사용한다. 토빈의 큐는 가장 간단히 측정한다면 기업의 주식의 시가총액과 부채의 장부가치의 합을 총자산의 장부가치로 나누어 준 값을 사용한다.

2) 독립변수

회귀분석에서 독립변수로 사용된 변수는 기업의 기본적인 통제변수와 지식기반을 나타내는 변수로 구분된다.

먼저 기본적인 통제변수로는 근로자 수와 같은 기업규모, 총부채를 자기자본으로 나누어 준 부채비율, 노동의 자본장비율, 투자율을 사용하였다. 한국기업에서 노동의 자본장비율은 건설 중인 자산을 제외한 총유형고정자산을 근로자 수로 나누어 준 값으로 정의되며, 미국기업에서는 유형고정자산을 근로자 수로 나누어 준 값으로 정의된다. 투자율은 기초 유형자산 대비 기말 유형자산 증가분을 기초 유형자산으로 나누어 준 값으로 정의된다. 산업 더미 변수의 경우 한국기업은 한국표준산업분류 세 자릿수 기준으로 지정하고, 미국기업은 두 자릿수 SIC 코드 기준으로 지정하였다.

이에 더하여 이 연구의 핵심 변수인 기술주기(수명), 독창도, 지식기반의 다양성(기술분야별 집중도의 역수), 자기인용 비율 등이 설명변수로 포함된다. 이와 더불어서 각 기업의 해당 연도 특허출원 개수와 특허의 질적인 측면을 나타내는 평균영향력 지수(=상대화된 총피인용 횟수)도 기초적 변수로 고려하였다. 평균영향력 지수는 해당 특허가 인용을 얼마나 많이 받는지를 같은 기술분야의 평균에 대비한 값으로 정의한 지수이다.

독창도는 Hall et al.(2001)과 Trajtenberg et al.(1997)의 연구에 따라 정의되었다. 이 정의의 의미는 해당 특허가 더 넓은 분야의 특허를 인용할수록 그 특허는 독창성이 더 뛰어나다는 것이다. 이 변수는 미국특허에 대해 Jaffe and Trajtenberg(2002: 431)가 만든 것이 있으며 NBER에서 제공하는 자료로부터 직접 얻을 수 있다. 각각의 특허에 대해 존재하는 이 값을 추출하여 기업별 · 출원연도별 평균값을 계산하였다.

다음으로 평균 기술주기(수명) 변수는 해당 특허와 그 특허가 인용한 특허의 출원연도 차이를 평균한 값으로 정의되며 이를 기업별 · 출원연도별로 다시 평균한 값이다. 이 변수 또한 NBER에서 제공하는 자료로부터 직접적으로 사용이 가능하다. 기술주기가 길다(기술수명이 길다)는 것은 기술의 지식기반이 변화하는 속도가 느리다는 것을 의미하며 기술주기가 짧다(기술수명이 짧다)는 것은 그만큼 기술 지식기반이 변화하는 속도가 빠르다는 것을 의미한다.

지식기반의 다양성은 두 가지 방법으로 측정될 수 있다. 하나는 기업이 출원한 특허의 분야 수를 계산하는 것이다. 다른 방법은 허핀달-허쉬만 지수(이하 HHI)를 계산하는 것이다. i기업에 대해 t연도의 HHI는 다음과 같이 정의된다. 이 지수가 높을수록 특정 분야에 특허가 집중되어 있다는 것이며, 따라서 지식기반의 다양성이 낮다고 할 수 있다.

$$HHI = HHI_i = \sum_{j_s} (P_{ijt}/P_j)^2$$

여기서 P_{ijt}는 기업 i가 t연도에 j기술분야에 출원한 특허의 수이며 P_{it}는 기업 i가 t 연도에 출원한 특허의 수이다.

3) 데이터

미국기업의 재무자료는 북미 COMPUSTAT 자료를 사용하였고, 한국기업 자료는 KIS Value자료를 사용하였다. 이 두 자료는 통상 많은 문헌에서 기업자료로 활용되고 있다. 특허 데이터는 Jaffe and Trajtenberg(2002)의 연구로 NBER에서 제공하는 미국 특허자료(The NBER Patent Citations Data File: Lessons, Insights and Methodological Tools, NBER working paper, 2001(www.nber.org/papers/w8498))를

┃ 표 11-2 ┃ 기업 수, 특허출원 개수, 피인용 횟수

연도	기업 수		총특허출원 개수		기업별 평균 특허출원 개수		총피인용 횟수	
	한국	미국	한국	미국	한국	미국	한국	미국
1988	23	623	114	13,835	4.96	22.21	623	117,401
1989	37	576	317	15,044	8.57	26.12	1,494	126,565
1990	31	550	400	14,706	12.90	26.74	1,932	124,971
1991	41	561	656	16,308	16.00	29.07	3,113	147,914
1992	45	539	779	17,600	17.31	32.65	4,209	169,636
1993	57	533	904	18,020	15.86	33.81	4,476	194,877
1994	78	516	1,330	19,324	17.05	37.45	6,600	211,304
1995	94	509	1,863	22,581	19.82	44.36	8,614	267,054

자료: Lee(2013a), 표 5-1.

사용하였다. 이 자료는 인터넷상에서 다운로드가 가능하다. 이 자료는 특허의 출원기업을 COMPUSTAT상의 기업과 연결할 수 있는 코드를 제공한다. 한국기업에 대해서는 이러한 연결작업을 기업의 영문 출원인명과 KIS Value상의 영문 기업명을 맞추어 연결하였다.

분석연도의 범위는 1988년부터 1995년까지이다. 각 연도별 기업 수와 특허출원 개수, 피인용 수는 **표 11-2**에 나타나 있다. 예를 들어, 1995년도에는 94개 한국기업이 출원한 1,863개의 특허와 8,614개의 인용자료에 대해서 분석한다. 분석대상에 포함된 기업은 해당 연도에 적어도 하나 이상의 특허를 출원하였으며 주식시장에 상장되어 있는 기업이다. 한국기업의 재무자료와 해당 기업이 미국에 출원한 특허자료를 연결하여 가공을 하였으므로, 표본에 포함된 한국기업의 숫자는 꽤 적다. 따라서 이 표본에 포함된 기업을 한국의 대표적인 기업으로 간주할 수는 없지만 성공적인 혁신과 추격을 달성한 기업을 대표하는 기업으로 간주할 수는 있다. 그리고 바로 이러한 기업이 이 연구의 분석대상이기도 하다. 기초통계량은 다음의 **표 11-3**과 같다.

┃표 11-3┃ 기초통계량

변수	평균	표준편차	최소값	최대값
미국기업				
매출액 성장률(%)	8.78	25.82	−100.00	335.59
총자산이익률(%)	9.31	10.37	−55.03	52.21
매출액이익률(%)	4.67	56.18	−2479.19	51.04
1인당 매출액(백만 달러)	0.19	0.11	0	0.81
기업가치(Tobin's Q)	1.75	1.14	0.46	11.93
특허출원 개수	21.47	52.09	1.00	509.00
기술분야별 집중도(HHI)	0.51	0.35	0.02	1.00
독창도	0.42	0.18	0.00	0.89
기술수명(연)	14.01	7.44	1	46.68
자기인용 비율	0.12	0.13	0.00	1.00
근로자 수	16,282.52	50,616.23	23.00	775,100.0
투자성향(%)	0.99	5.72	−69.29	74.23
부채−자본 비율(%)	267.97	6,609.26	−63,150.0	387,388.1
노동의 자본장비율(백만 달러)	0.06	0.09	0.00007	1.37
한국기업				
매출액 성장률(%)	11.94	17.08	−12.69	103.97
총자산이익률(%)	8.19	4.91	−4.98	31.74
매출액이익률(%)	9.92	7.03	−24.69	44.22
1인당 매출액(천원)	231,740.00	175,300.90	5,408.26	1,277,812.00
1인당 매출액(백만 달러)	0.29	0.22	0.01	1.66
기업가치(Tobin's Q)	1.01	0.13	0.71	1.43
특허출원 개수	9.98	30.39	1.00	219.00
기술분야별 집중도(HHI)	0.71	0.35	0.05	1.00
독창도	0.30	0.24	0.00	0.83
기술수명(연)	11.76	7.09	0	40.50
자기인용 비율	0.04	0.11	0.00	1.00
근로자 수	6,836.07	11,005.36	25.00	60,898.00
투자성향(%)	2.57	7.12	−11.73	31.41
부채−자본 비율(%)	301.71	366.58	−3,620.92	2,671.22
노동의 자본장비율(천원)	120,041.30	154,853.20	1,954.74	1,170,768.00
노동의 자본장비율(백만 달러)	0.15	0.19	0.002	1,46

자료: Lee(2013a), 표 A5−1.

4. 기업별 혁신시스템과 기업의 성과

1) 기초적인 비교

아래의 **표 11-4**를 보면 일반적으로 미국기업은 근로자 수를 기준으로 했을 때 그 규모가 한국기업에 비해 평균적으로 두 배 정도 더 크다. 흥미로운 점은 한국기업은 미국기업보다 노동의 자본장비율이 더 높다는 것인데, 이는 아마도 이 표본에 속해 있는 한국 대기업이 주로 자본집약적인 산업의 기업이 많기 때문일 것이다. 노동의 자본장비율에 있어서의 이러한 한 · 미 간의 차이는 한국기업이 왜 미국보다 높은 1인당 매출액을 가지는지를 설명해 준다.

자본에 대한 투자가 더 많고 규모에 비해 부채가 더 많기 때문에 한국기업은 낮은 수준의 총자산이익률(8%)과 기업가치(1.01)를 나타낸다. 이에 비해 미국기업은 9%의 총자산이익률과 1.76의 토빈의 큐 값을 보이는 것을 알 수 있다. 그러나 한국기업의 매출액이익률은 10%로 미국기업의 매출액이익률인 5%보다 더 높게 나타나며 이는 Cheong et al.(2010)의 예측 및 실증과 일치한다. 한편, 한국기업의 성장성을 추구한다는 것은 한국기업의 높은 투자성향(한국 3%, 미국 1%)과 매출액성장률(한국 12%, 미국의 9%)로도 나타난다.

종합하면 이 비교결과는 Cheong et al.(2010)에 기초한 가설, 즉 추격하는 국가의 기업집단 소속 기업은 성장을 추구하는 반면, 선진국 혹은 영 · 미식 기업은 수익성 혹은 주식시장에서의 기업가치를 추구한다는 가설과 일관된다.

다음으로 **표 11-5**에서 보면 지식과 관련한 특성에 있어서는 미국기업은 지식기반이나 기업혁신체제에 있어서 전반적으로 한국기업보다 우월함을 보인다. 미국기업은 평균 특허출원 개수가 18.5개로 9.6개인 한국기업보다 높고, 피인용 횟수로 정의된 특허의 질적인 수준은 1.14번으로 0.73번인 한국기업보다 높다. 또한 독창도는 0.42 대 0.30으로 미국기업이 높으며 기술분야별 집중도(HHI)는 미국 대 한국이 0.51 대 0.71로 미국기업이 더 낮아서, 더 다양한 분야에 특허를 출원하고 있음을 보여준다. 미국기업은 한국기업보다 자기인용 비율이 12% 대 3%로 더 높다. 이러한 높은 자기인용 비율은 미국기업의 지식 생산이 스스로가 쌓아온 지식

│표 11-4│ 기업의 기초적 특성 비교: 평균값과 중위수 비교

(a) 표본 평균값의 비교				
변수명	미국	한국	차이(미국−한국)	t-통계량
근로자 수(명)	13,719.57	6,857.53	6,862.04	7.634**
1인당 매출액(천 달러)	187.11	294.47	−107.35	−7.445**
총자산이익률(%)	9.3	8.2	1.1	3.232**
매출액이익률(%)	4.7	9.9	−5.2	−5.228**
기업가치: 토빈의 큐	1.76	1.01	0.74	34.171**
매출액성장률(%)	8.8	12.1	−3.3	−2.788**
투자성향(%)	1.0	2.6	−1.6	−3.356**
부채비율(%)	266.1	302.7	−36.6	−0.342
노동의 자본비율(천 달러)	60.24	153.91	−93.67	−7.251**

(b) 표본 중위수의 비교			
변수명	미국	한국	차이(미국−한국)
근로자 수(명)	3,499	3,323	176
1인당 매출액(천 달러)	158.97	232.36	−73.40
총자산이익률(%)	0.10	0.08	0.02
매출액이익률(%)	0.08	0.09	−0.01
기업가치: 토빈의 큐	1.39	0.99	0.40
매출액성장률(%)	0.05	0.09	−0.04
투자성향(%)	0.01	0.01	0.00
부채비율(%)	0.99	2.78	−1.80
노동의 자본비율(천 달러)	35.86	86.71	−50.85

자료: Lee(2013a), 표 5−2.

참고: 모든 변수는 저자가 계산한 결과이다. 변수들의 명목값은 2000년도 기준의 GDP 디플레이터 값으로 실질화하였다. 한국 원화값을 해당 연도의 시장평균 환율을 적용하여 달러값으로 변환하였다. 투자성향은 건설 중인 자산을 제외한 유형자산의 증가량을 전년도 유형자산으로 나누어 준 값이다. 노동의 자본장비율은 건설 중인 자산을 제외한 유형자산을 근로자 수로 나누어 준 값이다.

통계적 유의성 수준: $**p < 0.01$; $*p < 0.05$, $+p < 0.1$

┃ 표 11-5 ┃ 지식변수의 비교: 평균값과 중위수 비교

(a) 표본 평균값의 비교				
변수명	미국	한국	차이(미국-한국)	t-통계량
특허출원 개수	18.5	9.56	8.94	4.592**
특허의 질(상대적 피인용 수)	1.14	0.73	0.41	6.821**
특허의 기술분야 수	6.9	4.15	2.75	5.044**
기술분야별 집중도(HHI)	0.51	0.71	−0.2	−8.808**
독창도	0.42	0.3	0.12	7.662**
기술수명(연)	14.05	11.91	2.15	4.39**
자기인용 비율	0.12	0.03	0.09	18.001**
(b) 표본 중위수의 비교				
변수명	미국	한국	차이(미국-한국)	
특허출원 개수	4	1	3	
특허의 질(상대적 피인용 수)	1.02	0.48	0.51	
특허의 기술분야 수	3	1	2	
기술분야별 집중도(HHI)	0.44	1	−0.56	
독창도	0.43	0.31	0.12	
기술수명(연)	12.69	10.35	2.34	
자기인용 비율	0.09	0	0.09	

자료: Lee(2013a), 표 5-3.

풀에 의존하는 정도가 더 높다는 것을 의미하며 이는 선진기업의 특성을 보이는 것으로 간주될 수 있다. 반면에, 특허의 기술주기로 본 평균 기술수명은 미국기업이 14년 정도로 한국기업의 12년보다 길고 이는 이 연구의 가설과 일치한다.

위에서 언급한 한·미 기업 간의 차이는 T검정 결과 통계적으로 유의하다. 중위수를 비교한 결과 또한 평균값 비교결과와 질적인 측면에서 동일하다. 따라서 선진국 기업과 추격국 기업 사이에는 각종 지식변수면에서 통계적으로 유의한 차이가 나타난다.

2) 지식변수가 성과에 미치는 효과: 회귀분석 결과

지식변수가 성과에 미치는 효과에 있어서 미국기업과 한국기업의 차이를 나타내기 위해 회귀분석을 실시하였다. 미국기업에 대한 회귀분석은 1988년부터 1995년 표본을 대상으로 하였고, 한국기업에 대한 회귀분석은 연도별 표본 기업 수가 충분히 존재하는 1992년부터 1995년을 대상으로 하였다. 통상최소자승법, 고정효과 모형, 임의효과 모형으로 모두 추정하였고 고정효과 모형과 임의효과 모형 중 하우스만 검정(Hausman test) 결과에 의해 채택된 결과를 중심으로 해석하였다. 표

┃ 표 11-6 ┃ 회귀분석 결과의 요약: 특허출원 수만 포함한 벤치마크 결과

종속변수	미국기업				
	매출액성장률	총자산이익률	매출액이익률	1인당 매출액	기업가치
설명변수					
특허출원 개수	(−)	(+)*	(+)	(+)**	(+)**
근로자 수	(+)	(+)*	(−)	(−)**	(−)*
투자성향	(+)**	(+)**	(+)**	(−)**	(+)**
부채비율	(−)	(+)	(−)	(−)	(+)
1인당 노동장비율	(−)**	(+)**	(−)**	(+)**	(−)**
관측치수	3,475	3,479	3,478	3,479	3,362
종속변수	한국기업				
	매출액성장률	총자산이익률	매출액이익률	1인당 매출액	기업가치
설명변수					
특허출원 개수	(+)**	(+)*	(+)+	(+)**	(+)
근로자 수	(−)	(−)	(−)	(−)	(−)
투자성향	(+)+	(−)	(+)	(−)	(−)*
부채비율	(+)	(−)+	(−)**	(−)	(+)
1인당 노동장비율	(+)	(−)**	(−)**	(−)+	(−)**
관측치수	239	240	240	240	127

자료: Lee(2013a), 표 5-4A.

참고: 통계적 유의성 수준: +(10%),*(5%), **(1%). 패널 임의효과 모형과 고정효과 모형 중 하우스만 검정(Hausman test)을 통해 선택된 결과에 의한 것이다. 산업 더미를 포함하여 분석한 결과이며 삼성전자는 제외되었다.

11-6은 주요 결과를 요약한 것이다.

표 11-6에서는 우선 특허출원 수만을 기타 통제변수와 함께 포함하여 분석하였다. 일반적으로 특허출원 개수는 다양한 차원에서 기업성과에 영향을 미치는 중요한 변수이다. 문헌의 결과와 일관되게 특허출원 개수는 한국과 미국기업 모두의 노동생산성에 통계적으로 유의하게 나타난다. 특허출원 개수는 수익성 지표인 총자산이익률과 매출액이익률에 대해서도 통계적으로 유의하게 나타난다. 기업가치인 토빈의 큐를 종속변수로 한 회귀분석에서는 흥미롭게도 기술적으로 활동적인 기업이 미국에서만 더 높은 가치를 평가받는다는 결과를 보인다. 이는 한국기업에서는 발견되지 않는데, 그 이유는 1990년대 한국기업의 주식시장이 충분히 발달하지 못한 것에 있는 것으로 보인다. 한국의 주식시장은 1997년 외환위기 이후 개방과 구조조정을 실시한 이후에야 비로소 외국인 투자도 활성화되는 등 글로벌화되었다(Choo et al., 2009).

특허출원 개수 이외에 고정자산 투자는 미국기업의 모든 성과지표에 대해서 매우 중요한 것으로 나타난다. 반면, 한국기업에서는 성장성에만 유의하고 수익성이나 기업가치에 대해서는 유의하지 않은 것으로 나타나 이는 1990년대 한국기업이 공격적이고 때로는 과잉투자에 의해 높은 성장성을 추구한 반면, 효율성이나 가치측면에서는 좋은 성과를 보이지 못한 결과와 일관된다(Ferris et al., 2003). Lee, Kim, and Lee(2010)는 1990년대 한국기업의 과잉투자 경향을 검증하였고, 이러한 성향이 1997년 외환위기를 겪으면서 2000년대 와서는 교정되었음도 보였다.

특허출원 개수에 대한 이러한 결과는 놀랄 만한 것은 아니며 한국기업과 미국기업에 대한 결과 사이에도 큰 차이가 보이지 않는다. 즉, 특허출원 개수는 한·미기업 모두에게 있어서 매출액성장률, 수익성, 생산성에 대해서 그 중요성이 비슷하게 나타났다. 따라서 특허출원 개수 이외에 다른 지식변수를 사용하여 한국과 미국기업의 차이를 분석하여 보자. 그래서 이하에서는 특허출원 개수와 다른 변수(기업 규모, HHI)와 상관관계가 높다는 점을 고려해서 특허출원 개수를 빼고 대신 다른 지식변수를 넣고 회귀분석을 실시하였다.

지식변수들 중 중요한 변수를 선별하기 위해서 우리는 특허출원 개수 대신 다른 지식변수를 하나씩 넣고 다른 통제변수와 함께 각각의 성과변수에 대해 회귀분석을 실시하였다. 그 결과 기술주기는 미국기업에 대한 회귀분석에서 어떤 성과변수에 대해서도 통계적으로 유의하지 않았다. 그러나 자기인용 비율은 생산성과 성장에 대해서 유의하였다. 그런데 자기인용 비율은 한국기업에 대해서는 어떤 성과변수에 대해서도 유의하지 않았다. 반면, 기술수명 변수는 한국기업의 수익성에 대해서 유의하게 나타난다. 독창도와 기술분야별 집중도는 몇몇 모형에서 유의하게 나타난다.

┃표 11-7┃ 관련되는 지식변수를 포함한 회귀분석 결과 요약

종속변수	미국기업				
	매출액성장률	총자산이익률	매출액이익률	1인당 매출액	기업가치
설명변수					
기술분야별 집중도	(+)*	(−)	(+)	(−)**	(−)
독창도	(+)	(+)	(+)	(+)**	(+)
자기인용 비율	(+)+	(−)	(−)	(+)*	(+)+
근로자 수	(+)	(−)+	(−)	(−)**	(−)+
투자성향	(+)**	(+)**	(+)**	(−)**	(+)**
부채비율	(−)	(−)	(−)	(−)	(+)
1인당 노동장비율	(−)**	(−)**	(−)**	(+)**	(−)**
관측치수	3,468	3,472	3,471	3,472	3,355

종속변수	한국기업				
	매출액성장률	총자산이익률	매출액이익률	1인당 매출액	기업가치
설명변수					
기술분야별 집중도	(−)	(+)	(+)	(−)+	(−)
독창도	(−)	(+)	(+)+	(−)	(+)
기술주기	(+)	(−)*	(−)*	(+)	(+)
근로자 수	(−)	(−)	(+)	(−)	(−)
투자성향	(+)+	(−)+	(+)	(−)	(−)
부채비율	(+)	(−)**	(−)**	(−)+	(+)
1인당 노동장비율	(+)	(−)+	(−)**	(−)	(−)+
관측치수	231	232	232	232	122

자료: Lee(2013a), 표 5-4B.

참고: 통계적 유의성 수준: +(10%),*(5%), **(1%). 패널 임의효과 모형과 고정효과 모형 중 하우스만 검정(Hausman test)을 통해 선택된 결과에 의한 것이다. 산업 더미를 포함하여 분석한 결과이며 삼성전자는 제외되었다.

　　따라서 본 연구의 최종 단계에서는 미국기업에 대해서는 어떤 성과변수에 대해서도 유의하지 않았던 기술수명 변수를 제외한 다른 세 가지 지식변수를 사용하고, 한국기업에 대해서는 어떤 성과변수에 대해서도 유의하지 않은 자기인용 비율을 제외한 나머지 세 가지 지식변수만을 사용한다. 이렇게 분석한 결과가 표 11-7에 나타나 있다.

　　먼저 미국기업에 대해서 자기인용 비율은 성장성, 생산성, 기업가치에 대해서 양(+)의 유의한 효과를 보인다. 독창도는 생산성에만 중요하다. 기술분야별 집중도는 성장에는 양(+)으로 유의하며 생산성에는 음(−)으로 유의한 효과를 보인다.

　　다음으로 한국기업에는 짧은 기술주기가 수익성에 양(+)의 영향을 미친다. 독창도는 매출액이익률에 대해 중요하며 기술분야별 집중도는 생산성과 음(−)의 관련성을 가진다.

　　세 번째로, 고정자산투자는 미국기업에 대해서 성장성, 수익성, 기업가치에 대해 중요한 변수이지만 한국기업에 대해서는 성장성과 수익성에 대해서만 중요한 변수이다. 미국기업의 생산성 결정요인으로 세 지식변수 모두가 중요하게 나타났으나 한국기업에는 그렇지 않다. 한국기업의 기업가치에 대해서는 어떠한 지식변수도 중요하게 나타나지 않고 자기인용 비율은 미국기업의 가치에만 중요한 요소로 나타난다.

　　요약하면 회귀분석 결과를 통해 우리가 가장 중요하게 알 수 있는 것은 미국기업에 있어서 지식기반을 대표하는 변수 중 가장 중요한 것은 자기인용 비율이며, 한국기업에 있어서는 기술수명 변수라는 것이다. 바꾸어 말하면, 미국기업에 있어서 자기인용 비율, 독창도, 기술분야의 다양성은 하나 이상의 성과지표에 중요하게 작용했지만 한국기업에 있어서는 기술주기만이 중요하게 작용했다. 따라서 이러한 기업차원의 분석결과는 짧은 기술주기 분야에서 추격국가의 성과가 강하다는 Park and Lee(2006)의 분석결과와 그 맥락을 같이한다.

　　비록 엄밀하게 인과관계를 증명하지는 못했으나 미국기업에 있어서 자기인용 비율과 성과 간에 매우 유의한 상관관계가 존재한다는 것, 그리고 한국기업에 있어서 기술주기와 성과지표 간에 유의한 상관관계가 존재한다는 것은 매우 흥미 있고 중요한 발견이다. 본 분석에 사용된 한국기업의 산업별 분포를 보면 표본 기업들은 여러 산업에 다양하게 분포되어 있는데, 그 중에서도 화학산업 비중이 가장 크다. 따라서 이 결과는 정보통신산업과 같이 짧은 기술주기를 지닌 산업에 속한 기업들로부터 나온 것이 아님을 알 수 있다. 그리고 삼성전자와 같은 극단치도 회귀분석에서 제외되어 있다.

5. 소결

이상에서 추격형 기업으로서의 한국기업과 성숙기업으로서의 미국기업의 기본적 특성을 비교한 결과 추격기업은 높은 부채비율과 높은 투자성향을 보이는 등 성장을 추구하는 반면, 성숙기업은 낮은 부채율, 낮은 투자성향에 기반하여 수익성과 주식시장에서의 기업가치를 추구한다는 점이 규명되었다.

기업차원의 지식기반의 기본적 특성에 있어서도 큰 차이가 나타났다. 추격기업으로서의 한국기업은 많은 측면에 있어서 미국기업에 비해 열등하다. 즉 특허의 수, 특허의 질, 독창성, 다양성 등에서 그러하다. 그러나 재미있는 것은 한국기업은 미국기업에 비해 기술수명이 짧은 분야에 특허를 많이 가지고 있다는 점이다.

다음으로 성장성, 수익성, 기업가치, 생산성 등의 기업성과에 미치는 지식변수의 효과에 대해서 분석한 결과 다음과 같은 점을 발견할 수 있었다. 미국기업에 대해서는 기업내부의 지식창출과 확산을 의미하는 자기인용 비율이 성과지표와 중요하게 연결되어 있는 반면, 기술주기는 전혀 그렇지 않았다. 이와는 대조적으로 한국기업에 있어서는 단명기술 분야에 특화하는 것이(이윤성) 성과에 밀접한 관련을 갖고 있지만 자기인용 비율은 그렇지 않았다.

추격의 전략으로서 기업이 사이클이 짧은 기술에 집중하는 전략의 중요성은 Lee(2013a)의 3장 국가차원의 분석결과, 4장 산업차원의 분석결과와 일치한다. 기업내부의 지식창출과 확산(자기인용 비율)이 한국과 미국기업에서 대조적인 결과를 보인 것은 3장에서 국가차원 회귀분석 결과, 즉 국가 내의 지식창출과 확산이 선진국에서만 중요했던 결과와 유사하다. 따라서 이 변수가 한국기업에서 통계적으로 유의한 중요성을 갖지 않는 것은 한국기업 내부의 지식창출 메커니즘이 약하다는 것을 뜻하고 이는 한국기업의 자기인용 비율 값이 3%로 미국기업의 12%에 비해 매우 낮은 것으로 확인된다.

한편 짧은 사이클 기술분야에 특화하는 것은 향후 자기인용 비율을 높일 수 있는 가능성이 있다는 좋은 점이 있다. 왜냐하면 짧은 기술주기의 기술에 특화한다는 것은 기존에 다른 기업이 보유한 지식기반에 의존하는 정도가 낮다는 것이며, 결과적으로 자기인용 비율을 보다 빠르게 증가시킬 수 있기 때문이다. 삼성전자의 자기인용 비율은 시간에 따라 빠르게 증가하였다. 이 표본에 속한 한국기업 또한 자기인용 비율이 시간이 지남에 따라 꾸준히 상승하였다. 선진기업 성과에 있어서 자기인용 비율이 매우 중요한 변수임을 감안할 때, 이 결과는 추격기업의 향후 과제가 궁극적으로는 기업내부의 지식창출과 확산 메커니즘을 확고히 하는 것임을 의미한다.

마지막으로 짧은 사이클 기술에 특화하는 것이 매출액성장률에는 영향을 미치지 않고 단지 수익성에만 양(+)의 영향을 미치며, 반면에 매출액성장률은 고정자산 투자로부터 양(+)의 영향을 받는다는 것은 매우 재미있는 결과라고 볼 수 있다. 이 발견은 추격형 기업은 고정자산 투자로 성장을 추구하는 반면, 짧은 사이클 분야를 선택함으로써 최소한의 이윤성을 확보했음을 시사한다. 공격적 투자와 기업성장과의 관계는 기존 연구에서도 많이 보여졌지만, 한국기업이 어떻게 선발기업과의 시장경쟁에서 이윤을 확보할 수 있었는지에 대한 연구는 없다. 본 연구는 그것이 짧은 사이클 분야에의 특화라는 틈새확보 전략에 있음을 최초로 보였다. 즉 짧은 사이클 기술분야에 특화하는 것은 후발기업들이 틈새시장을 노려서 수익성을 추구하는 것이라고 볼 수 있다. 더욱이 기술주기가 짧은 분야는 후발기업들이 기존에 존재하는 지배적인 기술에 의존하는 정도가 낮기 때문에 경쟁에 있어서 선발기업의 독보적 우위성을 덜 느끼고, 진입장벽이 낮은 분야이다. 현 기술의 유효성이 금방 사라지는 한편, 기술사이클이 짧다는 것은 새로운 기술이 빈번하게 출현한다는 것이고, 그럴수록 선발기업들의 기술적 우위가 오래 가기 힘들다는 것을 뜻한다. 오히려 새로운 기술이 자주 출현하기 때문에 선발기업들은 기존 기술에 계속 안주할 것인가 아니면 이를 버리고 새로운 기술로 빨리 갈아타야 할 것인가 하는 고민에 빠지기 쉽다. 이런 고민 끝에 기존 기술에 안주하기로 한다면 그것이 바로 '선발자의 함정' 상황이며, 이는 후발자에게는 기회의 창이 된다. 즉 기존 기술에 안주할 필요가 없이 자유로운 후발기업은 새 기술에 빨리 올라타서 기술적 비약(leapfrogging)을 추구함으로써 선발자보다 시장을 선점하는 상황을 창출할 수 있는 것이다.

제12장

후발 중소기업의 추격: OEM에서 OBM으로[1]

1. 들어가며

경제추격론의 문제 의식에서 기업차원의 추격을 볼 때 그 전형적 현상은 후발국 기업이 선발국 기업을 자기 국내시장에서 혹은 해외시장에서의 시장점유율이나 매출액면에서 추격하는 현상이다. 즉, 기업차원에서 추격이란 시장점유율면에서의 추격을 주로 말한다. 많은 한국기업들이 이런 추격을 달성하였다. 그러나 기업 간 추격현상 자체는 매우 일반적인 현상이어서, 한국기업 간에도, 선진국 기업간에도 발생한다. 앞의 10장에서는 주로 대기업 집단을 중심으로 대기업의 역량형성 과정에 대해서 주로 다루었다면, 본장에서는 중소기업에 대해서 다루고자 한다.

Mathews(2002)는 후발국 기업이 선진국 기업과 어떤 면에서 다른지를 분석하면서, 후발기업을 정의하기를, "부족한 자원을 지니고 뒤늦게 산업에 진입하였으나 저비용 등의 초기 경쟁우위를 가지고 있는 기업"으로 한 바 있다. 즉, 자원(각종 역량)의 부족이 후발국 기업의 핵심적인 특징인데, 그 부족함의 정도가 더욱 심한 경우가 후발국의 중소기업이어서, 사실 후발 중소기업이 선진국 기업을 성공적으로 추격·추월하는 경우는 극히 드물다. 한국정부도 과거 몇 수십 년 동안 중소기업 지원정책을 폈으나, 그 성과는 더디거나 미미하였다. 그래서 대부분의 중소기업은 대기업의 하청기업으로 지속하거나, 소위 OEM(own equipment manufacturing)이라는 주문자상표부착 생산방식의 기업으로 남는 것이 대부분이었다.

그럼에도 불구하고 극히 소수의 중소기업들이 세계시장에 성공적으로 선진국 기업과 경쟁하면서 자기 브랜드(own brand manufacturing: OBM)으로 안착하는 사례가 발생하고 있다. 가령, 봉제완구 분야에 1980년대 500여 개 이상의 OEM기업

---

1 이번 장은 단행본인 이근 외(2008)의 주요 내용을 요약한 것이다.

이 있었는데, 현재 이 중에 10개 이내가 ODM(own design manufacturing)을 하고 있고, 오로라월드라는 단 한 개의 기업이 OBM으로 성공적으로 이행하였다. 그 비결은 무엇인가가 당연히 궁금하지 않을 수 없다.

본장에서는 성공적인 중소기업 사례만을 모아서 볼 때, 공통적으로 보이는 어떤 패턴과 유형이 존재하는가 하는 문제를 던진다. 즉, 후발 중소기업의 성공적 추격의 필수조건의 이론화를 시도하고자 있다. 우리의 주요 발견은, 성공적 추격에는 종종 후발기업이 선발기업이 밟아온 경로와는 다른 새로운 경로를 창출하거나 차별화된 제품이 등장한다는 것이고, 또한 기술상 혹은 마케팅상에 새로운 트렌드나 패러다임의 등장이 종종 추격의 기회를 제공한다는 점이다. 또한 이런 추격에 대해서 종종 선발기업의 방어와 견제가 발생하며, 일단 추격에 성공한 후 이를 공고히 하기 위해서는 어떤 방어전략을 취하여야 하는가도 중요하다. 이런 발견들은 추격의 유형론을 가능케 한다.

이하에서는 락앤락, 오로라월드, 한국도자기, 쿠쿠밥솥, 선스타, 주성엔지니어링 등 소비재와 생산재를 아우르는 여러 분야의 중소기업들의 사례 연구를 통해 중소기업의 추격은 언제, 어떻게 발생하고, 추격의 달성 후의 방어는 어떻게 하는가를 살펴본다. 그 전에 바로 이어지는 2절에서는 중소기업 분석의 개념적 틀에 대해서 간단히 논의한다.

2. 후발 중소기업을 보는 시각: OEM 함정과 OBM으로의 도약

본장은 기업차원의 추격과 경쟁을 다룬다. 그러나 기업차원의 경쟁 양상도 기업들이 속한 산업부문의 특성에 영향을 받는다는 점에서 산업별 혁신시스템의 틀이 여전히 의미를 가진다. 해당 산업의 지식과 기술의 특성, 그리고 이와 관련된 시장체제는 해당 산업 내에서 성공하기 위해서는 어떻게 경쟁해야 하는지 그리고, 해당 산업에서의 추격의 가능성과 어려움의 정도에 영향을 미친다. 따라서, 여기서도 우리는 슘페터학파적 접근을 취하여, 혁신시스템, 즉 지식과 기술의 특성에 대한 논의로부터 시작한다.

1) 지식의 특성과 기술체제

지식과 기술은 혁신과 생산에 있어서 중요한 역할을 한다. 어떤 기업이 가지고 있는 지식이나 기술은 상당한 정도 기업 특유의 것이며, 자동적으로 전파되지 않고 기업 간에 자유롭게 공유되지 않는다. 또한 기업별로 장기간에 축적된 차별화된 능력에 따라 차별적으로 모방·흡수된다(Malerba, 2002). 지식과 기술의 속성에 따라 시장진입, 연구개발 전략, 추격의 가능성들이 달라진다. Breschi et al.(2000)가 제시한 바에 따르면 기술체제는, '기술혁신의 빈번성, 혁신결과의 전유가능성, 기술발전의 누적성 및 지식기반의 특성' 이렇게 네 가지 기본 요소로 구성된다. 이근(2007)은 이 외에도 기술발달 경로의 예측가능성, 기술수명주기의 장단, 외부지식기반에의 접근성, 초기 가용지식 풀의 크기 등을 추가하였다.

기술체제의 각 요소들은 다음과 같은 성격을 갖는다. 첫째, 기술혁신의 빈번성은 종종 기술기회의 크기와 비례하고 이 경우 이 분야의 기술이 유망함을 표시하기에, 그 경우 기업이 해당 분야 기술 관련 혁신활동을 수행할 인센티브를 높인다. 투자에 따른 기술개발의 기대값이 크기 때문이다. 또한 기술발달 경로가 불확실성이 적고 예측가능성이 높을수록 후발주자로서는 연구개발을 통해 비교적 빠르게 선점자를 추격할 수 있다.

둘째, 혁신의 전유성이란 자신의 혁신결과나 성과를 타인의 모방으로부터 지키고 금전적 이익을 확보할 수 있는 정도를 뜻한다(Breschi et al., 2000). 전유성이 높다는 것은 모방으로부터 혁신의 결과를 지킬 수 있는 수단이 존재한다는 것을 의미하고 기업의 기술에 기반을 둔 독점력이 잘 보장된다는 뜻이다. 따라서 특정 발명자들, 특히 중소기업은 전유가능성이 높은 분야에 투자하기를 원할 것이고 이것은 후발자라도 마찬가지라고 생각할 수 있다(이근, 2007).

셋째, 기술발전의 누적성은 새 기술을 개발할 때 과거나 기존의 지식이 얼만큼 필요한가를 나타낸다. 따라서 후발주자가 선두주자를 추격하려 할 때 누적성이 높을수록 추격은 힘들 것으로 예상된다.

마지막으로, 지식기반의 특성이란 원래 해당 분야 기술이 얼마나 과학의 외생적 발달에 의존하느냐 아니면 현장에서의 경험에 기초한 지식에 의존하느냐 하는 구분으로부터 시작되었으나, 추격의 관점에서는 이런 지식에 대한 접근성이 높은지 낮은지가 중요하다. 지식의 접근가능성은 산업 내부차원과 외부차원으로 나누어 볼 수 있다. 우선, 지식의 접근가능성이 높으면 산업 내 집중현상이 감소할 것은 자명하다. 지식의 산업내부적 접근성이 높은 경우에는 혁신자의 새로운 상품과 공정에 대한 지식을 경쟁자가 쉽게 얻을 수 있고 모방할 수 있다는 점에서 혁신의 전유성이 낮아진다. 지식의 산업 외부적 접근성은 주로 과학과 기술혁신에 대한 접근으로 대표된다. 유전공학처럼 책과 과학을 토대로 하는 분야에서는 특정 과학기술을 소유한 인적자본 혹은 최신의 연구시설 확보를 통해 관련 지식에 접근할 수 있다. 하지만 지식의 암묵성이 큰 성격을 갖고 있다면 과학을 통한 사전적 기술개발보다는 현장에서의 시행착오를 통해 해당 지식에 접근할 수 있으며 그것은 오랜 노하우를 요구한다. 즉, 지식의 암묵성은 혁신의 전유성을 높인다.

보통 소비재 산업은 기술의 전유성과 누적성이 낮은 것으로 여겨진다. 하지만 기술집약적인 소비재의 경우에는 일반적인 생각과는 달리 전유성과 누적성이 높아 추격이 쉽지 않다. 이러한 성격을 가진 소비재로 본장에 다룰 악기, 전기밥솥, 헬멧의 예를 들 수 있다. 제품 자체를 어떻게든 만드는 것은 어렵지 않지만 자체적 기술개발력 없이는 첨단기능과 경쟁력 있는 상품이 되기 어렵다. 컴퓨터와 IT 산업의 발달에도 불구하고 여전히 어떤 분야의 제품들은 과학적 계산에 의하여 만들어지는 것이 아니라 시행착오에 의한 암묵적 지식의 축적이 결정적인 역할을 한다. 따라서 기술이 누적성이 높고 어느 수준에 도달하면 후발자가 쉽게 쫓아 올 수 없는 성격을 가지고 있다. 기술발달 경로나 궤적이 예측하기 어렵지 않다고 해서 추격이 쉬운 것은 아니고, 그 기술이 연구기관을 이용하거나 구입을 통해 얻을 수 없는 성격이라면, 즉 외부 지식기반에 대한 접근가능성이 낮다면 추격은 어려워진다. 이런 경우, 후발주자가 추격을 할 때는 어렵지만 한 번 추격에 성공하여 선두에 올라서면, 선두자리를 지키는 것이 상대적으로 오래 갈 가능성이 높다.

2) 수요조건: 시장체제

기술 다음으로 시장체제, 즉 수요조건을 고려하여야 한다. 수요체제란 기업이 판매시장을 개척하고 지속적이고 장기적인 수요를 창출하는 데 영향을 미치는 제반 환경을 의미한다. 해당 분야의 수요체제는 소속 기업이 그 분야에서의 생산과 혁신의 과정에서 직면하는 문제들의 성격을 규정하고, 특정한 행동과 조직에 대한 유인과 제약의 타입을 결정한다. 각 산업은 상이한 수요체제를 갖고 있고 그에 따라 기업의 능력과 행동, 조직 역시 영향을 받는다(Malerba, 2002). 후발국 소비재 중소기업은 종종 시장개척과 경영전략 구축에서 큰 어려움을 겪는다. 가령, 주문자상표 부착방식(OEM)에 따라 안정된 바이어와의 계약에 안주하지 않고 스스로 자체 브랜드로 물건을 팔고 유통망을 확보하겠다고 나서는 OBM으로의 결단은 중소기업에게 대단한 위험이 따르는 결정이다. 종종, 덤핑 공세와 같은 기존 대기업들의 후발주자의 진입을 막으려는 시도도 이루어진다. 그리고 충분한 재정적 여유를 갖지 못한 중소기업으로서는 마케팅이나 경영전략 구축이 어려우며 A/S (After-sale Service)와 같은 체계적인 사후관리 시스템을 도입하는 것 역시 어렵다. 특히 악기, 전기밥솥, 헬멧처럼 제품의 사용주기가 길거나 안전성과 관련된 제품에 있어서는 소비자들은 조금 더 높은 가격을 지불하더라도 이름 있는 대기업의 제품을 선호하는 경향이 있다.

수요체제에서 일반적인 경쟁우위의 원천은 비용우위, 제품차별화 우위, 혹은 선점자의 우위라는 세 가지로 구분할 수 있다(Lee and Lim, 2001). 비용우위란 경쟁기업보다 낮은 생산비용 구조를 가지고 있어 가격으로 소비자를 확보하는 방안이다. 낮은 생산비용은 생산력 향상에 기인하기도 하지만 주로 낮은 인건비에 기초한 경쟁우위의 원천으로 후발주자 초기 추격의 전형적인 형태가 된다. 차별화는 제품의 기능과 디자인 등의 측면에서 차별화된 제품을 개발하여 소비자들의 다양한 기호를 만족시키는 방안이다. 선점자의 이득은 선발주자가 해당 산업에 처음 진입함으로써 먼저 구축해 놓은 노하우, 판매와 유통의 네트워크, 브랜드 가치, 시장주도 능력 등에서 나오는 경쟁우위로 주로 선진국 기업들의 주된 경쟁우위이다.

한국의 중소기업의 성공은 대개 위 세 가지 요소 중 차별화를 통한 경쟁우위의 확보와 관련되어 있다. 비용우위는 이미 중국, 베트남과 같은 신흥 개도국들에게 빼앗긴 상태이며, 비용우위만으로는 장기적인 성장이 어렵다. 반면, 기존의 산업에서 기술적으로 완전히 새로운 제품을 만들거나 새로운 산업분야를 개척한다는 것은 매우 어려운 일이라는 점에서 선점자의 이득 역시 중소기업에게는 리스크가 크다. 따라서 한국의 중소기업은 어느 정도의 기술수준을 갖추면 틈새를 노려볼 수 있는 차별화를 통해 경쟁우위를 확보하고 시장진입 후 계속적으로 기술과 브랜드를 구축하여 입지를 강화시켜야 한다. 개발도상국과 선진국 사이에 끼어 있는, 소위 '샌드위치 경제'라 불리는 한국의 경제상황에 가장 알맞은 방안이라고 할 수 있다. 현 상황에서 한국의 중소기업이 단순한 OEM 공급자로 시장에 남아있는다면 위에서 언급한 경쟁우위의 세 가지 요소를 모두 잃을 수밖에 없다. OEM 공급자는 바이어의 주문에 전적으로 의존하는 저부가가치 생산을 하기 때문에 연구·개발에 투자할 충분한 자본이 없고 차별화의 기회를 갖지 못한다. 게다가 시간이 지날수록 국내 인건비 상승 및 후발개도국의 추격으로 기존의 비용우위 경쟁력을 상실하게 된다. 이러한 'OEM 함정'(이근 외, 2005)에서 빠져 나오지 못한다면 더 이상의 기술추격 또한 어려워진다.

OBM으로의 전환에는 기술개발뿐만 아니라 그 기술력이 산업에서 사업화될 수 있는 것인지에 대한 판단과 OBM으로 전환의 시점을 결정하는 전략 또한 중요하다. 시장을 확보한 뒤에는 노하우와 축적된 기술을 바탕으로 장기적인 경영시스템을 체계화시켜 장기적인 관점에서 다른 후발주자의 추격을 견제해야 한다. 내수시장에서의 시장점유율 확보가 가능해진 전문화 생산 단계의 중소기업은 수출시장을 확보하기 위해 내수시장에서보다 더욱 싼 가격에 공급이 가능하도록 가격절감을 목표로 한 기술연구와 소비자에 따라 디자인과 규격을 달리하며 마케팅에도 많은 투자를 하는 것이 필요하다.

3) OEM에서 OBM으로

중소기업의 OBM으로의 도약도 2장에서 소개된(표 2-2 참조), 추격의 세 유형의 관점에서 볼 수 있다. 즉, 후발기업이 선발기업의 경로를 똑같이 따라가는 것이 경로추종형 추격이고, 선발자의 경로를 따라가다가 어떤 단계를 생략하여 추격의 시간을 절약하는 단계생략형 추격이 있는데, 그 세 번째 유형인 경로창출형 추격이 특히 관련이 깊다. 즉, 경로창출이란 후발기업이 고유한 기술발전 경로를 탐색해 나가는 것을 의미하는데, 이런 종류의 추격은 후발자가 선발자의 경로를 일정 정도 따라가다가 길을 바꾸어 새로운 경로를 창출할 때 일어난다. 이 세 가지 유형 중에 첫 번째 유형은 전통적인 것인 데 반해, 다른 두 유형은 비약의 측면들을 가지고 있다. 물론 각 유형들이 반드시 배타적으로 일어나는 것은 아니다. 혼합된 유형이 있을 수 있다. 가령 경로추종형 기술추격으로 가다가 단계생략형 추격으로 바꿔타는 것도 가능하다. 한편, 단계생략형과 경로창출형 모두 Perez and Soete(1988) 등이 주장한 비약(leapfrogging)가설과 관련된다. 그들은 새로 등장하는 기술·경제적 패러다임의 관점에서는 모든 국가가 똑 같은 초심자일 수 있음을 지적했는데, 몇몇 후발주자들이 구기술들을 뛰어 넘고, 기존 기술에 대한 투자를 생략하는 대신 새 기술에 집중투자하여 선진국을 따라잡을 수 있다는 것이다(Perez 및 Soete, 1988).

유럽의 연구자들이 위에서와 같이 새로운 패러다임의 도래가 주는 '추격의 기회의 창' 개념을 언급하였지만, 그들은 후발자에게는 선발자가 걸어간 경로가 어떤 의미를 주는지에 대한 천착은 볼 수 없다. 후발기업에게는 선발자의 경로에 대해 어떤 입장을 취할 것인가는 추격의 사활이 걸린 핵심적·전략적 결정 사항이다. 간단히 말해서 선발기업의 과거 경로를 그대로 따라가서는 추격에 많은 세월이 걸릴 수도 있다는 직관적 생각을 할 수 있고 실제로 그렇다(이근, 2007). 이런 의미에서 위에서 제기한 세 가지 추격유형은 매우 중요한 개념이다.

이하에서 다룬 성공적 추격 사례들을 보면 선발기업과는 다른 제품을 개발하고 이를 가지고 선발기업과는 새로운 경로를 개척하여 나가는 경로창출형 추격이 많다. 우선, 심로악기는 유럽식의 수작업 방식(마이스터 공법)과 일본 스즈끼의 프레스 방식의 대량방식을 결합한 마이스터 공법에 기반한 대량생산이라는 새로운 기술경로를 개척하였다. 쿠쿠홈시스는 기존의 전기밥솥 제조기술을 기반으로 이를 가스압력밥솥 기술과 결합하여, 전기압력밥솥이라는 새로운 기술경로를 개척하였다. 또한 HJC헬멧은 기존의 ABS와 PC소재 플라스틱을 적절히 혼합하여 견고성과 충격흡수성이 절묘한 배합을 보장하는 새로운 Alloy 합성 플라스틱을 개발하여 성공하였다. 바로 위의 사례들이 시사하는 바는 중소기업의 경로개척이란 완전히 새로운 제품기술이라기보다 기존 기술의 '새로운 조합(new combination)'이라는 성격의 혁신일 수 있음을 시사한다.[2] 사실, 슘페터 자신도 혁신을 새로운 조합이라고 정의한 바 있다.

이런 논의는 OBM으로의 이행방식에 관해서도 중요하다. 그동안 한국의 중소기업이 사용해 온 성장전략은 대기업이나 외국업체 등 주로 외부로부터 주문을 받아 생산하는 OEM(주문자 상표 생산) 방식이었다. OEM이란 해당 기업은 주로 생산공정에 전념하고 전체적인 설계나 기술 등은 외부 주문업체의 지시를 받아 납품하는 하도급의 형태를 말한다. OEM 방식에서는 바이어가 거래선, 제품설계 및 상표 등의 주요 기술을 장악하므로, OEM업체는 바이어와의 원활한 관계 설정을

---

2 이 주장은 Lee, Kwak, & Song(2014)에서 처음 제기되었다.

주요 경영 전략으로 삼게 된다. 이는 기술이 낙후되고 자본이 부족하던 80년대 이전까지 대부분의 한국기업들이 성장을 위하여 사용한 방법이었고 빠른 성장에 도움이 되었다. 그러나 이러한 방식은 한국기업들을 타성에 젖게 하여 기술능력이 축적된 현재에 와서는 오히려 성장의 걸림돌이 되고 있다. 고인건비, 지가 상승 등으로 생산기지로서의 매력을 중국, 동남아 등에 빼앗기고 있지만, 자기 디자인과 상표를 보유하지 못해 ODM, OBM 등으로는 전환하고 있지 못하기 때문이다.

OEM 함정이란 이러한 바이어와의 관계로 인하여 낮은 단가압력을 받게 되고 이에 따라 저부가가치 영역에 기술수준이 머무르게 되어 오랜 기술 노하우 축적에도 불구하고 고부가가치 상품으로의 전환을 스스로 포기하게 되는 것을 뜻한다 (이근 외, 2005). 이러한 OEM 함정을 탈출하기 위해서는 자기브랜드 확립 전략, 즉 OBM 전략이 요구된다. 그러나 이러한 자체브랜드 전략은 기존 바이어와의 관계의 단절을 의미하는 것이기 때문에 종종 기존 바이어의 견제에 부딪치게 되고, 이와 함께 초기의 낮은 브랜드 인지도로 인한 시장 위축 등으로 경영상 어려움을 겪는 경우가 많다. 그러므로 OBM 전략을 성공시키기 위해서는 먼저 기술력과 제품력이 뒷받침되어야 한다. 그런데 이런 OBM으로의 이행에도 몇 가지 유형이 보인다.

이근(2007)에서 논의되었듯이, 대만기업들은 OEM, ODM, 그리고 OBM 단계를 순서에 따라 밟은 반면에(Mathews, 2002, 2003), 한국 재벌들은 그 경로를 따르지 않고, OEM을 하다가 설계능력을 제대로 갖추지 못한 상태에서 바로 자신의 고유한 브랜드로 사업을 시작하였다. 어떤 면에서는 한국 재벌은 대부분의 핵심 자본재 및 중간재를 일본제품으로 아웃소싱하면서 최종재의 조립생산에 특화하였다는 면에서 ODM 단계를 건너뛰고 바로 OBM으로 넘어 간 것이라고 볼 수 있다. OECD(1996, p. 27)는 이에 대해서 "중대한 변화가 80년대 후반에 이루어졌다"고 표현하였다. 즉, "많은 한국 수출산업은 OEM 생산에서 탈피하여 자신의 고유한 브랜드(OBM)로 세계시장에 뛰어들었다. 이런 제품들의 대부분은 저가, 저급의 표준화된 상품이다"(전게서, p. 27)는 것이다. 한국기업들은 OBM으로 수출을 많이 해 보고 나서야, 사후적으로 제품의 차별화와 품질향상의 중요성을 인식하게 되었다.

이는 현대자동차가 80년대 중반 처음 미국시장에 수출해서 일시적으로 큰 성공을 거두지만 곧 품질에 대한 문제로 90년대 초반에 추락한 사례에서 알 수 있다 (Guillen, 2001). 따라서 90년대부터 현대자동차는 품질향상을 위한 시간을 확보하기 위해 라틴 아메리카, 동유럽, 그리고 동남아시아와 같은 신흥국가 경제로 시장을 전환해야만 했다. 이후 독자적인 엔진개발 등 설계(ODM)능력을 갖춘 90년대 중반 이후에야 비로소 미국시장에서 유의미한 모멘텀을 얻게 되었다. 이것은 확실한 설계능력 없이 자사 브랜드로 수출을 마구 시작하는 것이 얼마나 위험한 일인지를 보여준다. 그러나 딜레마는 OEM을 고수하는 일이 장기적인 해결책이 될 수 없다는 데 있다.

여기서 다루는 기업들의 경우에도 다양한 유형이 관찰된다. 같은 소비재 회사들의 경우도, 첫째, 오로라월드는 OEM에서 ODM을 거쳐 OBM에 정착하는 경로 추종형 유형이고, 한국도자기는 OEM으로 시작하여 현재는 OEM과 OBM을 함께 하고 있는 혼합형 유형이다. 락앤락은 자기 기술력을 바탕으로 OEM단계를 거치지 않고 바로 OBM으로의 '비약' 혹은 뛰어넘기에 성공하였다.

3. 성공적 추격의 기본요소: 혁신능력과 경로개척형 추격전략

1) 혁신능력과 학습

기업차원에서 추격이란 한국과 같은 후발국 기업이 선진국 기업을 한국시장에서 혹은 세계시장에서 시장점유율면에서 추격하는 것이다. 이런 추격을 가능케 하는 가장 기본적인 요건은 기술혁신 능력, 구체적으로는 독자적인 제품 개발력 혹은 생산성을 높일 수 있는 지속적 공정혁신 능력이다. 자기 스스로 선발기업보다 좋은 제품을 개발할 능력이 없으면 추격은 처음부터 불가능한 일이다.

그러면 어떻게 혁신능력(제품개발 및 공정혁신)을 확보할 것인가? 이 확보 과정은 기본적으로 학습(learning)과정이고 학습에는 좋은 선생과 교재 그리고 끊임없는 혼자만의 예습·복습이 필요하다. 좋은 선생이란 외국기업, 대학연구소 등이고, 배우는 방식은 외국기업과 OEM방식으로 제품을 납품하거나, 기술제휴, 라이선싱, 지분제휴, 공동개발 등 다양한 학습경로를 이용하여야 한다(이근, 2007). 이런 다양한 방식으로 외부 및 선진 지식에의 접근성을 확보한 전제하에서 사내 연구개발 조직을 운영하여 끊임없는 노력(예습과 복습)을 수행하여야 한다.

오로라월드가 OEM를 과감하게 떨쳐버리고 OBM으로 치고 나갈 수 있었던 것도, 자체 내의 디자인 능력의 뒷받침이 있었기에 가능하였다. 외국 바이어들이 오로라월드의 제품이 좋고 차별성이 있으니 신생 브랜드임에도 불구하고 주문을 줄 수밖에 없었던 것이다. 주성엔지니어링이나 선스타가 대기업과의 불화나 외국 업체의 특허소송으로 위기를 겪지만, 시장에서 계속 버텨 나갈 수 있었던 것도 그 제품의 우수성이다. 이것이 없으면 장기적인 추격은 불가능하다.

자기 브랜드로의 독립은 독자적인 제품개발력, 즉 디자인 능력이 없으면 시작부터가 불가능한 일이다. 차별적인 제품개발력의 확보는 경험의 축적에 따른 암묵적 지식의 확보가 관건이며, 이 과정에서 종종 외국이나 외부의 지식/기술에 대한 접근성 확보가 효과적이고 위험을 회피할 수 있는 전략임을 시사한다. 즉, 외부에서 도입된 명시적 지식에 내부의 경험에 기초한 암묵적 지식의 결합이 최상의 콤비네이션임을 시사한다.

2) 경로창출형 추격전략

이와 같은 제품개발 능력이 중요한 또 하나의 이유는 성공적 추격 사례들을 보면 하나 같이 선발기업과는 다른 제품을 개발하고 이를 가지고 선발기업과는 새로운 경로를 개척하여 나갔기 때문이다. 이를 제2장에서 설명한 추격유형으로 말하면 경로창출형 추격의 길을 걸어갔다는 것이다.

우리가 다룬 사례들을 보면, 심로악기는 수작업 방식(마이스터 공법)과 대량방식을 결합한 마이스터 공법에 기반한 대량생산이라는 새로운 기술경로를 개척하였다. 쿠쿠홈시스는 전기압력밥솥이라는 새로운 기술경로를 개척하였다. 또한 HJC 헬멧은 기존의 ABS와 PC소재 플라스틱을 적절히 혼합하여 새로운 합성 플라스틱을 개발하여 성공하였다.

이때 개발하려는 제품이나 기술의 성격이 자신에게 새로운 것일수록 외부 지식 기반에 대한 접근은 중요하다. 심로악기는 독일인 마이스터를 초빙하여 배웠고, 한국도자기의 경우는 로얄 달통 그룹 산하의 연구소로부터 본차이나기술을 배웠고, 은나노 기술을 도자기에 도입하기 위해서 이 분야 기술전문업체인 ㈜미지테크와 함께 조인트 벤처를 설립하였다. 한편, 인터넷 산업처럼 기술발전의 속도가 빠르고 다른 기술과의 통합이 자유롭게 일어나는 산업의 경우는, 지속적인 신제품 창출력을 유지하는 수단으로서, 끊임없이 신기술 기업들을 인수·합병하는 전략이 유효함을 NHN이나 구글의 사례가 시사한다. 반면에 새로 개척하는 기술분야가 자신의 과거 기술분야의 연장선에 있는 정도가 높을수록 사내에서의 시행착오를 거듭하는 가운데 발견한 암묵적 기술이 새로운 제품개발의 기반이 된다. HJC 헬멧, 락앤락, 오로라월드 등이 이에 해당한다.

4. 추격과정에서의 난관 극복 전략

1) 시장확보와 독자적 마케팅

제품을 스스로 개발하고 생산할 수 있게 되면 그 다음으로 다가오는 문제는 이 제품을 스스로의 힘으로 시장에서 파는 일이다. 즉, OEM 단계에서는 나는 생산만 하고 외국의 주문자가 마케팅을 다 하였지만, 이제 독립을 하려면 이제 내가 마케팅을 해야 한다는 것이고 이것도 대단히 어려운 일이다. 더구나 과거 OEM 주문을 주던 외국업체들이 오히려 이 업체를 견제하기 시작하기 때문에 더더욱 어렵다. 부품소재 기업의 경우는 국내의 수요 대기업들이 이들 국산제품을 외면한다는 점이다. 부품소재의 질이 최종 소비재의 질을 좌우하기 때문에 최종 소비재를 생산하는 대기업들은 부품과 기계 선정에 까다로울 수밖에 없다. 그래서 질도 더 좋으면서 가격도 더 싸지 않으면 구매 협상조차 시작되기가 어려운 경우가 많다.

우리가 다룬 사례들을 보면, 다양한 전략으로 이런 난관을 극복하였다. 선진국 시장보다 신흥시장을 먼저 공략하는 것이 효과적인 경우도 있었고, 물건을 먼저 외상으로 대주고 써보고 나중에 돈을 받는 신용판매 전략도 사용되었다. 선진국 시장 등에서 스스로 판매망을 구축하는 경우에는 선진국 유통시장의 경험이 있는 외국인 마케팅 인재의 스카우트는 필수적이다. 또한 새롭게 등장한 저렴한 마케팅 방법으로 새로운 고객에게 새로운 방식으로 접근하는 경우도 있었다. 즉, 락앤락, 미샤 등에서 보듯이 홈쇼핑이나 인터넷 등 새로운 마케팅 채널 이용으로 단기간에 관심을 끈 사례들이 있다. 이런 새로운 마케팅 방식의 활용은 기술개발에서와 비슷하게 경로창출형 마케팅 방식이라고 부를 수 있을 것이다.

2) 기존 업체의 견제

추격과정에서 부딪치게 되는 또 하나의 난관은 기존 업체들의 견제와 방해이다. OEM에서 OBM으로 이행을 선언하면 기존 오더를 주던 선진 브랜드 업체들이 주문량을 끊는 견제가 들어오고, 특허, 상표 등 지재권을 침해하였다는 소송, 후발업체를 죽이려는 저가 공세 및 덤핑이 발생한다는 점들이 지적되었다. 부품소재산업에서 한국업체들이 개발을 하면 그 때부터 일본 등 외국 업체들의 가격 덤핑이 시작되는 것은 익히 알려진 사실이다. 오로라월드, 선스타, 주성엔지니어링 모두 특허 및 지재권소송을 겪어야 했다.

이와 같이 후발 추격기업들은 시작 단계에서부터 기존 업체들의 지재권소송 등 각종 견제가 있을 것임을 미리 대비하여야 함을 시사한다. 그렇지 않으면 회사 운명 자체가 중도에 위험에 처할 수 있다. 오로라월드의 경우, 선발 업체의 제소에 대비하여 제조물 책임 보험에 가입하여, 이 제소에 대한 대비를 하였고, 그 덕에 타협 방식으로 이 제소 위기를 극복할 수 있었다. 또한 OBM으로의 이행 자체부터 매우 비밀스럽게 진행되었다. 오로라월드의 경우, 미국에 자체 판매망을 구축하기 위한 현지 법인 이름을 오로라라고 쓰지 않고 전혀 노출이 안 되게 새로운 이름으로 등록하였다. 쿠쿠의 경우도 자체 브랜드 제품개발 자체를 비밀리에 추진하였고, 신제품 개발공정 자체를 밤에 진행하였다.

5. 추격의 유지와 방어

1) 독특한 진입/경쟁장벽 구축: 지속적 혁신과 암묵적 지식의 구축

최초의 진입이 차별화된 제품개발을 통한 경로창출형 추격이었다면, 이렇게 획득한 시장을 유지·방어하는 데에도 지속적인 학습과 혁신노력이 중요함은 당연하다. 후발 중소기업의 사례에서 보면 종종 초기나 한 번의 성공이 지속되지 못하고 결국 경쟁에서 도태되는 경우가 많다. 상당수의 경우 그 원인은 지속적 혁신과 학습 메커니즘을 사내에 정착하지 못하여 새로운 제품/공정혁신을 이루지 못하는 것이 원인이다. 초기 미샤의 사례가 여기에 해당되는데, 미샤는 자체 연구개발을 통한 혁신능력 보강에 소홀히 하여, 시장에서의 경쟁성을 유지하는 데 실패하였다. 반면에 모방적 후발 진입자인 더페이스 샵은 상대적으로 많은 연구개발 성과를 내었고, 지속적으로 외부의 신지식을 흡수·연계하는 메커니즘을 구축하였다.

지속적인 혁신과 신지식에의 접근이 추격유지의 첫째 조건이라면, 보다 뚜렷한 진입장벽을 구축하는 것은 더욱 공고한 시장 방어전략이 된다. 이런 방어막은 여러 형태를 취할 수 있는데, 당연히 특허등록도 그 한 예이다. 그러나 기업 사례들을 보면 그 회사만이 획득한 암묵적 지식이 시장을 유지하게 해 주는 주요한 방어막이 되어 줌을 시사한다. 쿠쿠밥솥의 경우는 적절한 압력을 50가마니에 해당하는 밥을 지어가는 과정에 찾아냈으며, HJC 헬멧도 ABS와 PC라는 두 가지 다른 플라스틱을 어떤 비율로 합성하여 최적의 강도를 지닌 새로운 alloy 합성플라스틱이 나오는지를 반복되는 실험 속에서 찾은 것이다. 심로악기도 나무로 만든 몰드와 철로 만든 몰드의 약점을 모두 극복하는 제3의 우레탄 몰드의 개발도 반복되는 실험에서 나온 것이다. 락앤락의 경우도, 오래 열고 닫아도 끊어지지 않는 적당한 강도와 유연성을 가진 플라스틱을 사내 반복적 실험을 통해 발견한 것이다. 이런 것들은 사전에 과학적 탐구에 의해 풀려지거나 알려지는 것이고 현장실험을 통해서만 확보가 가능한 것이며 그렇기에 다른 기업들의 입장에서는 접근성이 어려운 것들이다.

즉, 지식기반의 접근성이 낮은 산업에는 높은 과학기술 수준이 필요한 산업과 지식의 암묵성이 높은 산업 크게 두 종류가 있다. 전자는 관련 지식기술을 얻기 위해 질 높은 인적자본이나 최신의 연구시설을 확보해야 하는데, 이것은 중소기업의 제한된 자본으로 얻기 어려운 것이다. 또한 과학적으로 계산되는 최적 기술의 개발은 성공시에는 큰 성과를 얻겠지만 성공하지 못할 경우에는 아무것도 얻지 못하는 위험성이 있다. 중소기업으로서는 현장지식이 중요하고 암묵성이 높은 후자의 분야에서 시행착오를 통해 지식을 획득하고 전유성을 확보하는 것이 상대적으로 실현가능하고 안전한 전략이라고 할 수 있겠다. 이런 분야에서는 중소기업도 많은 연구개발비를 들이지 않으면서 해당 분야의 오랜 노하우 축적만으로도 독특한 기업특수적 지식을 얻을 수 있기 때문이다. 그리고 이렇게 얻은 암묵적 지식은 기업의 핵심 기술인 동시에 기업의 특색을 만들어 주는 역할을 한다. 암묵적 지식을 내부적 비밀로 가지고 있을 때 그 기업의 명성과 특정 산업에서의 입지가 굳건하게 유지되는 것이다. 또한 암묵적 지식은 최적의 치수라든가 온도에 관한 지식처럼 특허를 내면 바로 노출이 되기에 특허를 내기 곤란한 성질의 것인 경우가 많이 있다. 따라서 암묵적 지식은 특허보다는 사내기밀로, 즉 자체 브랜드로써 지키는 것이 더 현명한 방법일 수 있다.

2) 브랜드, 기업이미지, 안전규격(스펙)

바로 위에서 설명한 대로 암묵적 핵심 지식을 가진 기업은 이를 특허로 출현하면 노출이 되기에 특허를 방어막으로 사용하기보다는 그런 핵심역량에 기초한 기업의 성과를 브랜드화하여 강한 브랜드 명성 구축이 방어막이 될 수 있다. 오로라월드, 한국도자기, 락앤락, 심로악기 등 모두 OEM에서 벗어나 자기 브랜드를 가진 OBM기업으로 안착하였기에 중국의 추격에도 불구하고 기업의 안정성을 확보·유지할 수 있는 것이다.

브랜드와 비슷한 역할을 하거나 관련된 개념으로서 기업이미지를 들 수 있다. 이런 방어막의 예가 화장품 산업이다. 화장품은 이미지 산업이다. 화장품의 이미지가 화장품 값을 결정하고 소비자의 마음을 움직이기도 한다. 따라서 적절한 이미지 구축이 중요한 과제라고 할 수 있겠다. 아모레 퍼시픽의 경우 한방화장품을 명품화하여, 고급 이미지 획득에 성공했고 더페이스 샵의 경우 중저가 상품임에도 불구하고, 자연주의 컨셉을 통해 순한 화장품이라는 이미지 획득에 성공했다. 그러나 가격우위에만 의존하여 진입한 미샤는 나름대로의 브랜드 이미지 개발에 소홀히 하여, 저가 시장에서 선두로 진입한 것 외에 차별성을 구축하지 못하여, 비슷한 저가 업체의 추격에 대한 방어막을 구축하지 못하였다.

또한 심로악기, 헬멧, 밥솥의 사례가 보여주는 것은 특정 제품과 관련된 안전규격이 특수한 제품성능 기준 등 명시적 특성이 이를 먼저 구축하거나 달성한 기업에게는 후발자의 진입을 견제하는 방어막이 될 수 있음을 시사한다. 즉, 교통사고를 고려한 헬멧의 안전규격(스넬 표준 등), 바이올린의 경우 스트라디바리의 치수 등 바로 그런 예이다. 이런 안전규격의 성능 기준은 그것이 달성하는 데 쉽지 않기에 한국 중소기업들의 경우 아예 기준 등이 중요한 분야를 선택 집중하는 것이 중국과 같은 후발기업들의 추격으로부터 상대적으로 안전한 사업분야가 될 수 있다.

3) 글로벌화

OBM으로의 정착에 성공한 한국의 대표적 추격 성공 기업들은 국내에서는 주로 연구개발과 마케팅을 담당하고 중국 등 해외에 생산기지를 보유하고, 전 세계에 걸쳐 유통망을 갖춘 글로벌 기업화하였다. 이런 글로벌체제의 구축은 생산비의 절감 등으로 그 자체가 자신의 경쟁우위를 공고히 하고 후발 진입자에게는 위협적인 진입장벽이 되고 있다. 오로라월드의 경우, 인도네시아와 중국이라는 두 장소에 공장을 유지한 덕에, 중국 공장의 여건이 임금상승, 현지 정책 불확실성 증대 등으로 악화하자, 다시 물량을 인도네시아 공장으로 보내는 방법으로 생산비용의 유연성을 달성하고 있다. 특히 이런 글로벌화가 중소기업임에도 불구하고 가능한 이유는 그 기업들이 특정 분야에 특화한 카테고리킬러이기 때문에 가능하다. 즉, 특정 분야 제품에서 연구개발-생산-마케팅-브랜드 관리 등 글로벌 차원에서 수행하는 기업들인 것이다.

이에 좀더 나아가서, 기업별 차이를 정리하여 보면 다음과 같다. 첫째, 중국 등 동남아를 해외 저가생산 기지 및 저가제품 시장으로 활용하는 것이 공통적으로 관찰되나 제품에 따라서는 고가품 시장 공략을 위해 아예 유럽, 미국 등 선진국에도 연구개발뿐만 아니라 고가품 생산기지를 운영하는 사례가 관찰된다. 심로악기가 악기의 본고장인 독일에 공장을 운영하고 있는 것이 예이다. 그래서 심로악기는 중국에서는 저가 브랜드인 '세인트 안토니오'를 생산·판매하고, 독일에서는 고급브랜드인 '칼 하인리히'를 생산·판매하며, 한국에서는 원래의 중간 가격 제품을 생산하는 체제를 유지하고 있다.

둘째, 후진국 시장과 선진국 시장에서의 다양하고 차별적인 마케팅 전략의 활용이다. 아모레의 경우에서와 같이, 한국 국가 브랜드가 약한 선진국에서 종종 한국기업 제품임을 철저히 숨기는 전략이 구사되는 반면, 중국 등 후진국 시장에서는 오히려 한국제품임을 앞에 내세우는 전략이 관찰된다. 락앤락의 경우는 한때 중국에서 만든 제품을 중국에서 판매하는 것이 아니고, 미국에 수출용으로 활용하였는데, 이는 미국인들이 보기에 made in China나 made in Korea를 보는 차이가 크지 않기 때문이다. 반면에 중국인들이 보기에는 made in China와 made in Korea는 엄청난 차이가 있기에, 한국 공장에서 만든 제품은 오히려 중국시장에 한국산임을 내세우면서 파는 독특한 마케팅 전략을 구사하였다. 반면에 오로라월드는 중국에 공장을 90년대부터 유지하고 있음에도 불구하고 중국시장에는 제품을 전혀 판매하지 않는 전략을 2000년대 초반까지 취하여 왔었다. 이는 지재권보호의 미약으로 워낙 모조품이 범람하고 구매력 있는 시장이 성숙되지 않았다고 판단한 때문인데, 이 전략은 최근 현지시장 공략에 나서면서 변화를 맞고 있다.

6. 산업부문별 차이와 정부정책

이상의 기업 사례들은 기업차원의 경쟁양상도 기업들이 속한 산업부문의 특성에 영향을 받는다는 점을 시사하고, 기업전략이나 정부정책 모두 이런 산업별 차이를 고려하여야 함을 시사한다. 다시 말하면, 추격의 양상이 그 기업이 속한 산업의 특성에 영향을 받는다는 바로 그 점에서 정부의 역할이 존재할 가능성이 발생한다. 또한 선발(외국)기업이 후발 추격기업을 조직적으로 방해하거나 자신들의 독과점 체제를 유지하려고 한다는 점에서도 정부개입의 가능성이 발생한다. 특히, 후발기업이나 중소기업을 육성·지원하려는 정부의 산업정책은 해당 산업 부문의 특성을, 특히 기술체제를 고려하여 부문 간 차별성을 띠어야 효과가 있을 수 있다. 가령, 본서는 지식의 암묵성이 높을수록 지식의 이전과 학습이 어렵기 때문에 후발자에 의한 선발자 추격이 어렵고, 지식과 기술의 수명주기가 짧은 분야일수록 추격이 쉬운 점을 누차 강조하였다.

여기에서 다룬 사례와 이런 이론적 시각에서 보면, 한국의 중소기업들이 나아가야 할 방향, 그리고 정부가 어떤 유형의 중소기업들을 지원해야 할지에 대한 밑그림이 가능하다. 암묵적 지식이 중요한 사업일수록 성공하기 어렵지만, 동시에 일단 안착하면 중국 같은 후발 추격으로부터 방어하기가 유리하다. 즉, 중소기업이 카테고리킬러, '혁신형 중소기업'으로 성공하고 또 오래 이를 방어하려면 암묵적인 지식을 강화하고 이를 기반으로 전유성을 높여야 한다. 그런데 암묵성 높은 기술을 획득하기 위해서는 많은 시행착오(trial and error)형 실험과 연구개발을 하여야 하는데, 이때 수반되는 실패비용과 위험을 부담할 수 있도록 하는 데 정부의 역할이 있다.

   즉, 정부는 무조건 연구개발비를 늘리기보다는, 암묵성이 높은 지식기술체제의 특성이 보이는 산업 혹은 기술분야를 중심으로 R&D 기반이 있는 중소기업들을 집중 육성할 필요가 있다. 높은 암묵성과 전유성은 해당 기업을 중국 등 다른 개발도상국들의 가격경쟁이나 선발주자들의 견제로부터 보호해 주는 역할을 한다. CEO의 리더십과 R&D 노력을 기반으로 지식과 기술을 생산하고, 이를 기반으로 제품 차별화에 성공한다면 중소기업들은 한국경제의 튼튼한 성장 동력으로 거듭날 수 있을 것이다.

제13장

한국기업의 일본기업 생산성 추격[1]

1. 들어가며

경제성장의 근원은 경제학 연구에서 항상 중요한 주제이고 이는 기업차원에서도 중요한 이슈이다. 경제성장에 대한 논쟁의 재등장은 워싱턴 컨센서스 이후 엄청난 양의 개발 원조 및 정책 개혁에도 불구하고 빈곤과 국가 간 소득격차가 여전히 존재하고 많은 중진국들이 기대에 부응하지 못한 점에 기인한다(Easterly, 2001). 경제의 소득수준과 기업의 성과(생산성)가 직접 연관된다는 점을 고려하여 이 장에서의 연구는 기업의 생산성 관점에서의 추격을 연구 주제로 한다. 더 정확히 말해서 한국과 일본기업 간에 각 산업별로 다른 정도의 생산성 추격을 야기한 결정요인을 찾는다.

이 연구는 이론적 틀로 신슘페터학파의 산업별 혁신체제의 개념(Malerba, 2002, 2004)과 그 하위 개념인 기술체제의 개념(Nelson and Winter, 1977, 1982; Breschi et al., 2000)을 사용한다. 이와 같은 이론적 틀을 사용하는 여러 연구가 있었다. 예를 들면 Lee and Lim(2001) 및 Lee, Lim, and Song(2005)의 연구는 기술체제의 개념을 사용하여 한국 여러 산업의 사례를 통해 기술비약가설(Perez and Soete, 1988)을 검증하는 연구를 수행하였다. Park and Lee(2006)는 미국특허 데이터를 이용하여 한국과 대만산업의 추격에 대한 계량분석을 시도, 짧은 기술주기를 가진 산업에서 추격이 더 쉽게 발생함을 보였다. Castellacci(2007)는 유럽 9개국에서 생산성 증가의 산업별 차이를 다섯 가지 산업별 설명 변수로 설명하였는데, 전유가능성, 기술기회 정도, 교육 및 기술의 수준, 외국과의 경쟁에 대한 개방 정도, 시장의 크기가 바로 그것이다.

---

1 본장은 저자가 교신저자로 발표한 연구인 Jung and Lee(2010)의 핵심 내용을 요약하여 정리한 것이다.

그러나 이 연구들 중에서 어느 연구도 기업 및 산업차원의 결정요인을 찾기 위해 기업별 데이터를 이용하지 않았다. 예외적으로 Alvarez and Crespi(2007)가 칠레의 제조 공장별 데이터를 이용하여 기업별 총요소생산성(Total Factor Productivity: TFP)에서의 추격을 측정했다. 그러나 이 연구는 산업 내 추격, 즉 동일 산업 내의 기업 간 생산성의 수렴에 초점을 맞추고 있다. 게다가 산업별 혁신체제의 개념이나 국가 간 추격에 초점을 맞추고 있는 것이 아니라 다국적 기업의 공장을 포함한 높은 생산성의 공장에서 낮은 생산성의 공장으로 기술확산(Spillover)의 개념에 초점을 맞추고 있다. 생산성 비교에 관한 기존의 많은 연구들은 산업 데이터를 이용하여 산업차원에서 생산성 비교를 하는 경향이 있는데, 본 연구는 기업별 데이터를 이용하고 추격을 한국기업의 생산성과 일본의 해당 산업 평균으로부터의 격차로 정의하였다는 점에서 차이가 있다. 이 연구 또한 회귀분석을 통해 생산성 추격을 결정하는 기업별 및 산업별 설명변수를 찾는다.

이 연구는 한국과 일본기업 간 생산성 추격 또는 수렴현상에 초점을 맞추고 있다. 이와 같은 비교는 한국의 경제정책이 고도 성장기 일본의 그것과 유사하다는 점에서 연구 의의가 있다(Lee and Lee, 1992). 구체적으로 삼성, 현대, 포스코와 같은 한국기업은 각각 소니, 도요타, 신일본제철과 같은 일본기업을 벤치마크로 삼았다. 기업차원에서의 추격에 대한 주목할 만한 예가 Chang(2008)이 연구한 삼성전자의 소니 따라잡기이다. 본 연구는 Jung, Lee, and Fukao(2008)에서 사용된 지수법에 기초한 TFP 추정치를 기준으로 추격을 측정한다. 이 지수방법론은 Fukao et al.(2007a)에서 구축한 일본과 한국기업의 통합 데이터베이스를 이용한다. 그들의 연구에서 개별 한국기업의 TFP 추격지수는 두 개의 구성요소의 합으로 이루어져 있다. 그 첫 번째 요소는 개별 한국기업의 TFP와 그 기업이 속한 한국산업 평균 사이의 격차이며, 두 번째 요소는 한국과 일본의 각 산업 평균 TFP 간 격차이다. 회귀분석에서 설명변수는 산업별 변수와 기업별 변수의 두 그룹으로 나누어져서 분석되었다. 산업별 설명 변수는 특정 산업분야에서 추격 발생이 더 용이하다는 가설을 검증하는 데 사용된다. 산업별 변수들로는 지식의 암묵성, 기계에 체화된 기술이전의 정도, 상위 1대 기업 시장점유율을 사용하였고, 기업별 변수는 각 기업의 혁신역량, 세계시장 규율에 대한 노출(즉, 수출지향도), 효율성 임금가설(Efficiency Wage Hypothesis)을 나타내는 상대적 임금수준, 인적자본, 기업규모를 사용하였다.

연구의 흥미로운 발견 중 하나는 기술이 더 명시적이고, 기술이 수입된 설비에 더 쉽게 체화되는 산업에서 한국기업의 대일본 생산성 추격의 성과가 좋았다는 점이다. 이 발견은 생산성 추격을 노동 생산성에서의 추격으로 정의하여 같은 실증분석을 시도해 보는 등의 몇 가지 강건성 검사에 의해서도 유지되었다. 이 발견은 왜 전자산업에서는 한국기업의 일본기업 추격 속도가 빨라서 양국 간에 TFP 수준이 거의 비슷하거나 심지어 한국이 더 높은 반면, 더 암묵적인 지식체계를 가진 자동차 산업에서는 한·일 간의 TFP 격차가 완전히 좁혀지지 않고 아직 유지되고 있는지를 이해하는 데 도움이 된다.

2절은 생산성 측정방법과 한·일 간의 생산성 추격 추세를 설명한다. 3절에서는 산업별 혁신체제의 이론적 틀에 대한 논의와 여기서 유도한 구체적인 가설을, 4절에서는 이 가설에 대한 회귀분석 검증결과를 기술한다. 마지막으로 5절에서는 연구에 대한 요약과 몇 가지 시사점을 언급한 후 본장을 마무리한다.

2. 생산성 추격지수 정의와 한·일 간의 생산성 추격 추세

생산성 추격지수의 계산방법과 계산에 이용한 데이터는 Fukao et al.(2007a; 2007b)과 Jung, Lee, and Fukao(2008)의 연구결과에 기초를 둔다. Fukao et al.(2007a; 2007b)는 Schreyer(2005)에 의해 소개된 국가 간 비교방법을 이용했는데, Schreyer의 방식은 Good et al.(1999)의 chain-linked time index number method의 확장된 버전이며, Motohashi(2006)의 구매력 평가 조정물가지수를 이용했다.

Jung, Lee, and Fukao(2008)는 TFP 격차를 TFP 추격지수로 정의하였다. 한국의 기업 f의 t년의 TFP 추격지수는 두 가지 요소로 구성된다. 첫 번째 요소는 개별 한국기업의 TFP와 그 기업이 속한 한국산업 평균 사이의 격차이다(이 요소에서 양의 부호는 기업의 TFP가 자신이 속한 산업의 TFP 평균보다 높은 것을 의미한다). 두 번째 요소는 두 나라 각 산업평균 TFP 간의 차이이다. 한국의 산업평균 TFP가 일본의 것보다 낮은 경우 이 요소는 음의 부호를 가지므로 이 요소에 1을 추가하여 이 요소가 추격 성과와 양의 상관관계를 갖게 한다. 이 두 요소의 합은 대부분의 경우 0과 1 사이가 되는데, 여기에 100을 곱하여 TFP 추격지수가 대부분의 경우 0부터 100 사이의 값을 갖게 만든다. 이렇게 했을 때 100보다 큰 추격지수는 한국기업의 TFP가 일본의 산업 평균보다 높음을 뜻하고, 이 지수가 100 미만인 경우는 한국기업의 TFP가 일본산업 평균보다 낮음을 의미한다. 따라서 추격지수는 해당 연도의 한국기업의 TFP가 자신이 속한 산업의 일본기업의 평균 TFP와 비교하여 얼마나 되는지를 나타낸다.

즉, 한국 개별 기업의 일본산업 평균 대비 추격지수는 다음과 같이 정의된다.

한국 개별 기업의 추격지수
= (한국 개별 기업의 TFP − 해당 산업 평균 TFP)
  + (1 + 한국 해당 산업 TFP − 일본 해당 산업 TFP)

TFP 추정의 자세한 방법은 Jung, Lee, and Fukao(2008)와 Fukao et al.(2007a; 2007b)에 설명되어 있다. 각 산업의 연도별 한·일 간 TFP 격차를 구하기 위해서

┃ 그림 13-1 ┃ 한국 상장제조기업의 일본기업에 대한 TFP(총요소생산성) 추격지수(전체 기업의 평균값)

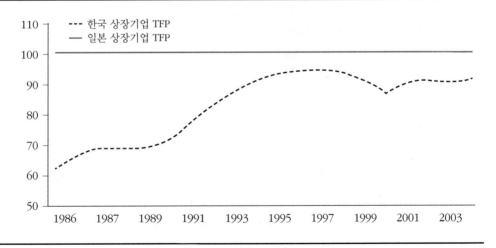

비고: 각 연도 일본산업 평균생산성을 100으로 보았다. TFP는 자연로그 값이므로 한·일간 TFP 차이는 일본 평균 대비 한국 평균의 백분율 차이를 뜻한다.
자료: Jung and Lee(2010), 그림−1.

는 1985년(시작 연도)의 해당 산업의 한·일 간 TFP 격차를 먼저 측정한 후, 나머지 연도에 대해서 한·일 각각의 해당 연도 산업 TFP가 각자의 1999년도 TFP에서 변화한 정도를 측정한다. 여기에 1999년 한·일 간 TFP 차이를 더하면 해당 연도의 한·일 간 TFP 격차를 구할 수 있다.

이렇게 구한 각 산업의 연도별 TFP 추격지수의 평균값이 **그림 13-1**에 나와 있다. 한국의 19개 산업부문 추격지수의 평균값은 1985년 61.6에서 2004년 91.2까지 증가했다. 이때 각 연도 일본의 평균은 100으로 보았다. 이 결과는 1980년대 중반 일본 산업평균의 61.6%에 불과했던 한국기업들의 TFP 평균값이 2000년대 중반에는 91.2%까지 도달하는 생산성 추격을 구현했음을 의미한다. 즉 **그림 13-1**에서 보면 1990년대 중반까지 한국 제조기업들의 빠른 추격을 통해 그 격차를 10 퍼센트 이내로 좁혔다. 그러나 그 격차는 1997년 아시아 금융위기 이후 조금 커졌고, 2004년까지 10퍼센트 정도의 격차가 지속되고 있는 것을 보여준다.

3. 산업별 혁신체제와 추격

산업별 혁신체제의 관점에서 혁신과 기술변화는 이들이 발생하는 산업의 영향을 크게 받는다(Malerba, 2002, 2004, 2005). 이에 따라 산업별 혁신체제는 네 가지 요소로 구성된다. 기술체제, 수요체제, 여러 주체들의 역할, 제도적 요인이 바로 그 구성요소이다. 기업은 산업별 체제의 주요 행위자로서 단지 혁신, 생산, 또는 제품의 판매활동만 하는 것이 아니라 새로운 기술의 창출, 도입, 사용에도 관여한다(Malerba, 2002).

Malerba(2004, 2005)는 각 산업부문들은 특정한 지식기반과 기술로 특징지어질 수 있음을 강조하였다. 이 특징짓기는 Dosi(1982)의 기술패러다임 또는 Nelson and Winter(1977, 1982)의 기술체제와 관련이 있다. 따라서 연구에 따라 주목하는 기술체제의 구성요소가 다르다. 가령 Castellacci's(2007)는 생산성의 산업별 차이를 설명하면서 다섯 가지 요소에 주목하였다. 전유가능성, 기술기회의 수준, 교육과 기술수준, 외국과의 경쟁에 대한 개방의 정도, 시장의 크기가 바로 그 요소이다. 한편, Lee and Lim(2001)은 혁신의 빈도, 기술궤적의 불확실성, 외부지식기반에 대한 접근성에 초점을 맞추었다. Park and Lee(2006)의 실증연구는 기술변화의 주기와 외부 지식기반에 대한 접근성이 특허출원 수 증가로 측정한 기술추격을 설명하는 가장 중요한 요인임을 밝혔다. 이를 바탕으로 우리는 IT 산업(생산성 수렴 또는 추격 완성형)과 자동차 산업(추격 미완성) 간 추격 성과의 차이를 이 두 산업에서 지식의 암묵성과 기술수명주기의 차이를 가지고 설명할 수 있다. 즉 IT 산업은 자동차 산업보다 지식 암묵도가 낮고 사이클이 짧기에 추격이 쉬운 것이다.

1) 지식의 명시성(explicitness) 및 암묵성(tacitness)

지식의 명시성은 기호화의 용이성에 관여한다. 지식이 더 명시적이라는 의미는 지식이 글자, 숫자, 도식, 또는 공식으로 이루어진 정보로 쉽게 전환될 수 있다는 것이다(Grant, 1996; Spender, 1996; González-Álvarez and Nieto-Antolín, 2007). 즉 지식의 명시성이 높을수록 지식을 기호화하고 전수하기가 더 쉽다. 반면, 암묵적 지식은 기호화하기 어렵고 경험을 통해서만 전수되거나 실행을 통해서만 습득이 가능하다. 따라서 사람 간, 기업 간, 국가 간 지식 이전이 느리고, 학습비용이 많이 들며, 학습의 효과도 불확실하다(Grant, 1996). 그러므로 암묵적 지식산업에서 후발국이 선발자를 추격하는 것이 더 어렵다.

지식의 산업별 특징을 이용하여 우리는 첫 번째 가설을 도출하며, 이는 다음과 같다. 산업의 지식이 더 명시적일수록 이 산업 내 기업들의 TFP 추격 성과가 클 것이다.

Kogut and Zander(2003), González-Álvarez and Nieto-Antolín(2007), Hurmelinna et al.(2007)은 명시성(또는 그 반대인 암묵성)을 측정하기 위해 서베이 자료를 이용하였는데, 우리는 R&D 지출액 대비 특허 수로 명시성을 측정한다. 이 방법은 명시적인 지식은 특허화하기 더 쉽다는, 기존 연구(González-Álvarez and Nieto-Antolín, 2007)의 결과에 근거한다. González-Álvarez and Nieto-Antolín(2007)는 명시적인 지식을 주로 이용하는 기업이 방어 방법으로써 특허시스템을 이용하는 반면, 암묵지식에 의존하는 기업의 경우 특허보다 비밀유지를 선호함을 발견하였다. 또한 Saviotti(1998)는 기호화 정도가 높아짐에 따라 지식의 전유성이 낮아질 것으로 기대하였다. 따라서 지식의 기호화 정도가 높을수록 특

| 표 13-1 | TFP 추격유형과 산업별 혁신체제

추격유형	지식의 명시성 정도(=특허등록 수/연구개발비)					
	1987	1990	1995	2000	2004	합계
추월	0.025	0.063	0.029	0.018	0.01	0.028
(관측치)	(73)	(76)	(82)	(85)	(91)	(407)
추격형 수렴	0.039	0.041	0.172	0.034	0.022	0.052
(관측치)	(88)	(130)	(179)	(318)	(412)	(1,127)
격차지속	0.058	0.061	0.054	0.02	0.019	0.039
(관측치)	(161)	(192)	(223)	(267)	(296)	(1,139)
격차확대	0.047	0.058	0.097	0.029	0.02	0.045
(관측치)	(348)	(432)	(524)	(711)	(841)	(2,856)
추격유형	체화된 지식이전 정도(=총설비 중에서 수입된 설비의 비중)					
	1985	1990	1995	2000	2003	합계
추월	0.176	0.116	0.119	0.123	0.17	0.139
(관측치)	(86)	(111)	(119)	(123)	(121)	(560)
추격형 수렴	0.489	0.436	0.417	0.483	0.478	0.464
(관측치)	(119)	(215)	(293)	(502)	(564)	(1,693)
격차지속	0.329	0.232	0.258	0.238	0.239	0.253
(관측치)	(232)	(319)	(365)	(417)	(437)	(1,770)
격차확대	0.409	0.401	0.315	0.228	0.266	0.316
(관측치)	(55)	(80)	(90)	(85)	(90)	(400)
추격유형	매출액 기준 상위 1대 기업 시장점유율					
	1985	1990	1995	2000	2004	합계
추월	0.198	0.177	0.213	0.139	0.166	0.178
(관측치)	(97)	(111)	(119)	(123)	(117)	(567)
추격형 수렴	0.395	0.347	0.419	0.382	0.448	0.406
(관측치)	(127)	(215)	(293)	(502)	(535)	(1,672)
격차지속	0.206	0.235	0.251	0.264	0.249	0.245
(관측치)	(232)	(319)	(365)	(415)	(417)	(1,748)
격차확대	0.344	0.36	0.333	0.375	0.392	0.362
(관측치)	(55)	(80)	(90)	(85)	(85)	(395)

비고: 이 표의 수치들은 각 산업별 모든 기업의 평균이다. 특허 데이터가 1987년부터 이용가능한 까닭에 지식의 암묵성 변수의 시작 연도는 1987년이다. 기계 수입 자료의 한계로 체화된 기술이전의 정도의 마지막 연도는 2003년이다.

자료: Jung and Lee(2010), 표−5.

허와 같이 지식을 보호하는 법적인 수단이 덜 효과적이다(Nieto and Pérez, 2004; Hurmelinna et al., 2007).

표 13-1은 추격유형을 선발자가 후발자를 넘어선 추월형, 후발자와 선발자의 격차가 10% 이내로 들어선 수렴형, 생산성 격차가 10% 이상 상태로 유지되고 있는 격차지속형 및 그 격차가 오히려 더 최근에 확대되고 있는 격차확대형이라는 4가지 유형으로 나눠서 보여준다. 여기서는 수렴형과 격차지속형 유형에 초점을 맞추어 서로 비교해 보자. 이 표를 보면 수렴이 발생한 산업부문이 격차지속형 유형의 산업들보다 지식의 명시성이 더 큰 것을 알 수 있다. 즉 명시성이 높은 산업 부문일수록 추격 성과가 좋다는 것을 시사한다. 다음 절에서는 다변수 회귀분석을 통해 이 관계를 검증할 것이다.

2) 체화된 기술이전 정도

체화된 기술이전 정도라는 개념은 Johansen(1959) and Berglas(1965)와 같은 생산함수분석에 대한 초기 연구에서 이용되었다. 기술이 기계 등 고정자본에 체화돼서 이전될 수 있는 정도는 발전 초기에 대체로 낮은 기술역량을 가진 개발도상국 기업의 경우 매우 중요하다. 즉, 이 기업들이 기계와 같은 자본재를 수입하면 거기에 따라 이런 자본재에 체화된 선진기술이 동시에 이전되는 것이다(Kim, 1980, 1997; Lee and Lim, 2001). 고로 수입된 기계에 체화된 기술이전의 정도가 높을수록 그렇지 않은 경우보다 TFP 추격이 더 쉬울 것이라는 명제를 도출할 수 있다. 실제로 Lee(1995)와 Mazumdar(2001)은 거시 변수를 사용한 국가 간 비교에서 수입된 설비가 개발도상국의 생산증가율을 증대시킨다는 주장을 뒷받침하는 증거를 발견하였다. 본 연구는 산업연관표의 산업별 설비 수입 자료를 이용하여 체화된 기술이전의 정도를 산업의 총설비 대비 수입설비의 비중으로 측정했다. **표 13-1**은 추격유형별 체화된 기술이전 정도를 나타낸다.[2] 이 표는 추격의 성과가 좋은 분야일수록(수렴형 추격) 체화된 기술이전의 정도가 큰 것을 보여준다. 다음 절

---

2 기업차원의 수입된 투입물에 대한 자료를 얻는 것은 거의 불가능했다. 대신 산업차원의 수입된 투입물 자료는 한국은행이 발표하는 다음 두 가지 산업연관표에서 얻을 수 있었다. 국산거래표와 수입거래표가 바로 그것이다. 그러나 한국은행이 매년 산업연관표를 작성하는 것이 아니기 때문에 우리가 연구대상으로 하는 기간에 대해서는 8개년도(1985, 1988, 1990, 1993, 1995, 1998, 2000, 2003년)의 자료만 확보·분석할 수 있었다.

에서는 회귀분석을 통해 체화된 기술이전 효과의 정도와 TFP 추격 사이에 양의 상관관계가 있다는 가설을 검증할 것이다.

3) 시장구조

수요는 산업별 혁신체제의 주요 부분으로서 개별 소비자, 기업, 공공기관으로 구성되는데 각 수요 주체는 지식, 학습 과정, 경쟁력, 목표에 따라 특징지어질 수 있으며 사회적 요소와 제도의 영향을 받는다(Malerba, 2004). 이와 관련해서 이 연구는 산업별 시장구조에 주목한다. 구체적으로는 더 경쟁적인 시장구조가 기업에 의한 생산성 추격을 촉진하는 경향이 있는지 아니면 그 반대인지를 규명한다. Schumpeter(1949)와 그의 후학들은 기업의 큰 규모와 시장 지배력이 기술진보를 통한 경제성장의 전제조건이라고 주장한 바 있다(Kamien and Schwartz, 1975). 그 결과 관련 선행연구들은 산업을 두 그룹으로, 즉 슘페터 마크 I과 마크 II(Schumpeter Mark I and II) 산업으로 분류하는 경향을 보인다. 마크 II 산업이란 기술진보가 누적적이고, 대기업의 지배력이 크고, 새로운 혁신기업의 진입을 막는 장벽이 높은 분야를 말한다(Breschi et al., 2000; Malerba, 2004).

대기업의 이점은 제품시장에서 독점이윤을 거두는 것뿐만이 아니라, 정부정책에 의한 다방면의 지원과 좋은 인력의 확보도 포함한다. Kim(1993)은 한국의 국가혁신체제를 설명하면서 한국정부는 기술이 성숙한 분야에서 규모의 경제를 실현하기 위한 수단으로서 의도적으로 대기업(재벌)을 육성하였고, 이 점이 대만과 다른 점이라고 지적하였다. Choo et al.(2009)는 한국 재벌은 20세기 후반 한국의 경제성장 과정에서 기술역량을 형성할 수 있었고, 이는 생산성 증대로 이어졌음을 확인하였다. 우리는 회귀분석을 통해 한국에서 해당 산업의 시장이 더 독점적일수록 TFP 추격이 더 잘 발생했는지를 검증한다.

이를 위해 각 산업에서 상위 1대 기업의 시장점유율을 상위 1대 기업의 매출액 비중을 이용하여 측정한 후, 상위 1대 기업의 매출 비중이 클수록 그 기업의 TFP 추격 성과가 더 클 것이라고 가설을 세운다. 표 13-1이 이 가설을 뒷받침하는데, 상위 1대 기업 시장점유율이 클수록 TFP 추격 성과가 더 좋음을 알 수 있다.

4) 기업별 변수와 산업별 혁신체제와의 상호작용

지금까지 논의한 산업별 변수 이외에 몇 가지 기업별 변수를 회귀 모델에 추가한다. 이 변수들은 선행연구에서 TFP 성장에 영향을 미치는 것이 명백하게 확인된 변수들인데, 혁신역량, 해외시장 등 외부 규율, 효율성 임금가설을 반영한 상대적인 임금수준, 인적자본, 기업규모가 바로 그 변수들이다. 많은 연구가 이 변수들을 실증분석에 포함시켰다. 예를 들면, Comanor and Scherer(1969), Scherer(1965), Griliches(1986, 1990), Crepon, Duguet, and Mairesse(1998)는 혁신역량 변수를 사용하였다. 우리도 개별 기업의 혁신역량 변수를 사용하는데, 이 변수는 기업이 보유한 특허 수로 측정한다. 외부 규율 변수로는 매출 대비 수출 비중을 이용한다(World Bank, 1991; Bernard and Jensen, 1995, 1999, 2004). 효율성 임금 변수에 관해서는 Stiglitz(1974), Sapiro and Stiglitz(1984) and Levine(1992)을 예로 들 수 있다. 효율성 임금은 기업의 임금수준을 산업평균과 비교한 상대 임금수준을 이용한다. 이것은 더 높은 임금을 지급하는 기업이 그렇지 않은 기업보다 더 좋은 노동자들을 유인하고 그 결과로 더 높은 생산성을 보일 것이라는, 효율성 임금가설의 최초의 아이디어와 일치한다. 개별 기업의 인적자원 변수로는 기업의 재무제표에서 확인가능한 직원 훈련과 교육에 대한 지출을 매출액으로 나눈 값을 이용한다. 마지막으로, 기업규모 효과는 해당연도 해당기업의 종업원 수를 이용해서 통제한다. 지금까지 언급한 이러한 기업별 변수의 대부분은 회귀분석에서 통제변수로 사용한다.

한편 우리는 한 가지 추가적인 변수를 도입하였는데, 바로 기업별 변수와 산업별 변수 간의 상호작용을 확인하는 것이다. 이를 위해 외부 규율(기업의 수출지향도)과 그 기업이 속한 산업의 시장구조 간의 곱을 회귀 모델에 추가하였다. 이 아이디어는 국내시장에서 시장지배력이 클 경우 혁신을 소홀히 하는 문제가 발생하는지 확인하기 위한 것이다. 즉 일부 선행연구는 성장을 촉진하기 위해서는 외부 규율과 독점이윤 간에 상호보완이 필요함을 지적한다. 예를 들면 Lee(1992)는 개발도상국이 경제발전을 지속하기 위해서는 외부로부터의 규율, 즉 경쟁압력에 노출되는 것이 중요하고 그래서 수출지향적·대외지향적 개발정책을 채택해야 함을 지적하였다. 일반적으로 국내시장에서 보호받고 있는 대기업은 시장경쟁이라는 외부 규율에 덜 노출되어 있다. 반면에 수출시장에서의 경쟁은 국내에서는 언

기 어려운 외부로부터의 규율을 제공해 준다. Ok(2004)는 또한 한국의 발전과정
에서, 특히 대외지향적 무역정책과 국내 투자정책 간에 '정책적 상보성'이 있었다
고 주장하였다

따라서 우리는 시장집중도가 높은 것은 연구개발에 투입될 수 있는 R&D자금
의 원천이 된다는 점에서 좋지만 수출시장에서의 규율에 노출되는 것이 동시에
필요하다는 가설을 세운다. 이 두 변수 간의 상호작용 효과를 관찰하기 위해 이
둘의 곱(상호작용항)을 회귀 모델에 추가하고 이 변수가 양의 계수를 보일 것이라
는 점, 즉 추격 성과가 좋을 것이라는 점을 확인하고자 한다. 이 가설은 기업규모
와 시장지배력이 기술진보를 통한 경제성장의 전제조건이라는 슘페터 가설은 시
장 규율성이 같이 가야 타당할 것이라는 생각을 반영하는 것이다.

4. 생산성 추격결정요인의 회귀분석

1) 회귀 모델

TFP 추격결정요인들을 찾기 위해 한국기업의 데이터를 이용하여 아래와 같은
함수관계를 상정하고 회귀분석을 실시했다. 종속변수는 앞에서 정의된 TFP 추격
지수이며, 이는 기업의 TFP가 클수록 큰 값을 가진다.

TFP 추격지수＝함수(초기 TFP 추격지수 값, 산업차원의 변수, 기업차원의 변
수, 연도 더미, 산업 더미)

위의 식에서 사용한 산업차원의 변수는 다음 3가지이다.

• 지식의 명시성
(＝해당연도 해당산업에서 등록한 특허 수 / 해당연도 해당산업의 R&D 지출액)
• 체화된 기술이전의 정도

(＝해당연도 해당산업에서 수입설비 투입량 / 해당연도 해당산업의 총설비 투입량)

• 상위 1대 기업 시장점유율

(＝해당연도 해당산업의 상위 1대 기업의 매출액 / 해당연도 해당산업의 총매출액)

위의 식에서 해당산업의 해당연도에 따라 달라지는 기업별 변수 5가지는 아래와 같다.

• 수출지향도(＝해당연도 기업의 총수출액 / 해당연도 기업의 총매출액)
• 효율성 임금(＝해당연도 기업의 평균임금 / 해당연도 산업의 평균임금)
• 혁신역량(＝해당연도 기업이 등록한 특허 수)
• 인적자원(＝해당연도 기업의 교육 지출 / 해당연도 기업의 총매출액)
• 기업규모(＝해당연도 기업의 종업원 수의 자연로그 값 – 해당연도 기업이 속한 산업의 종업원 수의 자연로그 값)

추격의 동적인 과정에 대한 초기 TFP 수준의 영향을 검증하기 위해 모든 회귀모델은 초기 연도의 추격지수를 포함한다. 연도 더미 변수와 산업 더미 변수가 사용되었지만 결과표(**표 13-2**, **표 13-3**)에는 나타내지 않았다. 각각의 추정식에 대해서 통상최소자승법, 패널임의효과모델, 패널고정효과모델 추정을 시도했으며, 하우스만 검정(Hausman test)과 F-검정(F-test)도 실시하였다. 각 모델 추정식에 대해서 통상최소자승법 결과와 패널고정/임의모델 둘 중에서 적절한 모델의 결과를 하우스만 통계량과 함께 제시한다. 추정치의 유의성 검정에는 이분산성을 고려하여 화이트 추정치를 이용하였다. 위 변수들에 대한 기술 통계량은 부록의 **표 13-A1**에 있다.

2) 분석결과

1985년부터 2004년까지의 한국 상장기업 데이터를 이용하여 회귀분석을 실시, 앞서 언급한 가설들을 검증하였다. 분석결과는 **표 13-2**에 나타나 있으며, 다음과 같은 점을 발견하였다.

첫째, '지식의 명시성 효과'를 나타내는 변수는 양의 값을 가지며 유의미하다.

이 결과는 기술의 명시성이 높은 산업일수록 해당산업의 기업들의 TFP 추격 성과가 좋았음을 보여준다. 이는 어떤 산업이 기술 명시적이면 이 기술을 배우거나 재생산하는 것이 그만큼 쉬우며, 그 결과 TFP 추격이 나타날 가능성이 매우 높아지게 됨을 암시한다. 기술의 명시성은 암묵성의 역수이라는 점을 고려하면, 이 결과는 지식이 암묵적인 분야일수록 TFP 추격이 어려움을 시사한다.

둘째, '체화된 기술이전 정도의 효과' 역시 양의 값을 나타냈다(표 13-2). 이 결과는 체화 기술이전의 정도와 TFP 추격 간에 양의 상관관계가 있음을 입증하며, Lee(1995)와 Mazumdar(2001)가 거시변수 차원에서 발견한 것과 일치한다.

셋째, '상위 1대 기업 시장점유율 효과'는 양으로 매우 유의하다. 이 결과는 독점적인 산업일수록 연구개발에 투자할 수 있는 독점적 이윤이 더 큼을 의미하며, 슘페터학파 학자들(Schumpeter, 1949; Kamien and Schwartz, 1975)의 관점과 일치한다. 이 결과는 또한 삼성전자, 포스코, 또는 현대차와 같이 소수의 대기업들이 한국경제의 TFP 추격을 이끌었음을 뜻한다.

인적자원을 제외한 기업별 변수는 모두 가설에서 예상한 방향으로 유의하게 나타났다(표 13-2 참조). 첫째, '수출지향도 효과'는 현재 값 및 과거 시차 값 변수 모델에서 모두 양의 값을 보여 1984년부터 2005년까지 한국기업의 수출지향성이 TFP 추격에 기여하였음을 입증한다. 둘째, '효율성 임금효과' 역시 현재 값 및 과거 시차 값 변수 모델에서 양으로 매우 유의하다. 이 결과는 효율성 임금효과가 한국기업의 TFP 추격에서 중요한 역할을 하였음을 의미한다. 셋째, '혁신역량 효과' 역시 현재 값 및 과거 시차 값 변수 모델에서 모두 양의 값을 보였다. 넷째, '인적자본 효과'는 현재 값 및 과거 시차 값 변수 모델에서 유의하지 않았다. 마지막으로 '기업규모 효과'는 대체로 양의 상관관계를 보였다. 이 결과는 대기업이 전반적으로 추격에 유리하다는 결과와 일치한다. 이상의 결과를 종합하면 일본기업에 대한 한국기업의 TFP 추격의 결정요인으로서 기업차원의 변수(수출지향도, 효율성 임금, 혁신역량, 인적자원, 기업규모)들이 대체적으로 유의함을 알 수 있다.

이 결과의 강건성을 확인하고 변수의 잠재적인 내생성을 부분적으로 통제하기 위해 우리는 설명변수들의 과거 시차 값을 가지고 동일한 회귀분석을 하였다(단, 기업규모 변수 제외). 변수들의 과거 시차 값으로는 해당연도의 과거 3년 값의 이동평균을 이용하였다. 단, 체화된 기술이전 정도 변수의 경우에는 산업연관표가 제공하는 데이터의 한계로 1990, 1995, 2000년에 대해 2년 이동평균을 이용하

│표 13-2│ TFP 추격의 결정요인(1985~2004년)

변수	차원	변수의 현재 값 사용결과		변수의 과거 값 사용결과	
		통상최소자승법	패널고정효과	통상최소자승법	패널고정효과
초기 추격지수	기업	(+)**		(+)**	
지식의 명시성	산업	(+)**	(+)**	(+)**	(+)**
체화된 기술이전도	산업	(+)+		(+)**	
상위 1대 기업 시장점유율	산업	(+)**	(+)**	(+)**	(+)**
수출지향도	기업	(+)**	(+)+	(+)**	(+)**
효율성 임금	기업	(+)**	(+)**	(+)**	(+)**
혁신역량	기업	(+)**	(+)*	(+)**	
인적자원	기업				(-)**
기업규모	기업		(+)**		
상수		(+)**	(+)**	(+)**	(+)**
관측치		3,180	3,180	2,272	2,272
조정된 R^2		0.6	0.3	0.5	0.2
하우스만 검정 통계량 (p-value)			-450.01		-88.45

비고: 종속변수는 앞에서 정의한 추격지수이다. 설명변수의 과거 값을 이용한 회귀분석에서는 해당 변수의 과거 3년치($t-1$, $t-2$, $t-3$기)의 평균값을 이용하였다. 추정치의 유의성 검정에는 이분산성을 고려 하여 화이트 추정치를 이용하였다. +, *, ** 기호는 각각 10%, 5%, 1%의 유의수준을 뜻한다.

자료: Jung and Lee(2010), 표-6.

였다. 이 결과는 **표 13-2**에 나와 있는데, 그 결과는 현재 값을 이용한 결과와 일치 한다.

표 13-3의 결과는 시장구조(상위 1대 기업의 시장점유율)와 수출지향도(매출 대비 수출비중) 간의 상호작용이 중요하다는 수정된 슘페터 가설을 입증한다. 독점적인 시장구조에 놓인 기업은 생산성 추격에 있어서 더 높은 성과를 거두기 위해 수출 시장으로부터의 규율이 필요함을 시사한다.

▌표 13-3 ▌ 시장구조와 수출지향도 간의 상호작용항에 대한 결과

변수	차원	변수의 현재 값 사용결과	
		통상최소자승법	고정효과모델
초기 추격지수	기업	(+)**	
지식의 명시성	산업	(+)**	(+)**
체화된 기술이전	산업		
상위 1대 기업 시장점유율	산업	(+)**	(+)**
상위 1대 기업 시장점유율 * 수출지향도	산업	(+)**	(+)**
수출지향도	기업	(+)**	(+)+
효율성 임금	기업	(+)**	(+)**
혁신역량	기업	(+)**	(+)*
인적자원	기업		
규모	기업		(+)**
상수		(+)**	(+)**
관측치		3,180	3,180
조정된R²		0.6	0.3
하우스만 검정 통계량(p-value)			-273.24

비고: '상위 1대 기업 시장점유율 * 수출지향도' 변수는 두 변수를 곱한 것이다. 추정치의 유의성 검정에는
     이분산성을 고려하여 화이트 추정치를 이용. +, *, ** 기호는 각각 10%, 5%, 1%의 유의수준을 뜻한다.
자료: Jung and Lee(2010), 표-7.

5. 소결

이 연구는 한국기업의 일본기업에 대한 생산성 추격의 결정요인을 산업차원과
기업차원 변수로 나누어 분석하였다. 추격의 정도는 각 산업에서 한국 개별 기업
의 총요소생산성(TFP)과 일본산업 평균으로부터의 격차로 측정하였다. 그리고 이
TFP 격차를 종속변수로 삼아 회귀분석을 하였다.

결정요인은 산업별 변수와 기업별 변수 두 집단으로 분류하였으며, 여기에 두 집단에 속하는 요인 간의 상호작용항을 추가했다. 산업별 변수들로는 산업별 혁신 체제에 관한 문헌(Malerba, 2002, 2004)에 근거하여 지식의 암묵성, 기계에 체화된 기술이전의 정도, 상위 1대 기업 시장점유율을 사용하였다. 기업별 변수는 각 기업의 혁신역량, 외부 규율에 대한 노출(즉 수출지향도), 효율성 임금가설을 나타내는 상대적 임금수준, 인적자본, 기업규모를 사용하였다. 주요 발견은 아래와 같다.

첫째, 한국기업의 생산성(TFP) 추격은 지식의 명시성과 체화기술의 이전 등의 산업별 변수와 양의 상관관계를 갖는다. 즉 기술이 더 명시적이고 기계와 설비에 쉽게 체화되며, 이런 기술을 외국으로부터 수입가능한 산업에서 추격이 더 쉽게 발생하였다. 이는 거꾸로 말하면 지식의 암묵성이 높은 산업에서는 추격이 어렵다는 것이다. 이 발견은 왜 자동차 산업에서는 한국기업의 TFP가 일본기업의 TFP를 어느 정도 추격했으나 완전히 따라잡는 데 실패하고 계속 격차가 유지되는 반면, 전자산업에서는 현재 한국기업의 TFP가 일본기업의 TFP와 대등한 수준으로 수렴 또는 추월했는지를 설명한다.

둘째, 상위 1대 기업 시장점유율 정도는 유의미하다. 이 결과는 시장구조가 독점적일수록 추격이 발생할 가능성이 더 큼을 암시하는데, 이는 시장구조와 혁신에 관한 슘페터의 초기 주장과 일치한다. 이와 더불어 독점적인 시장구조하의 기업은 생산성 추격에서 더 나은 성과를 거두기 위해서는 수출시장의 규율에 노출되어야 한다는 가설을 입증하였다. 이 가설은 앞서 언급한 수정된 슘페터 가설이라고 볼 수 있다.

셋째, 이 연구는 또한 외부 규율(수출지향도), 혁신역량, 더 높은 임금의 유인효과(효율성 임금가설)와 같은 기업별 변수의 중요성도 입증하였다.

많은 실증연구가 기업별 성과의 결정요인을 식별하는 데 초점을 맞추었다면, 이 연구는 기업차원 분석을 통해 산업차원의 시사점을 도출하였으며, 그 결과 여러 산업에 걸쳐 나타난 추격유형에서 몇 가지 규칙성을 발견할 수 있었다. Park and Lee(2006)의 발견과 종합하여 생각하면, 이 연구는 기업차원의 추격에 대한 산업차원의 결정요인에 대해 더 설득력 있는 설명을 제공한다. 즉 지식이 암묵적이기보다 명시적이고, 자본재에 체화될 수 있으며, 시장구조가 독점적이면서 세계시장에 더 노출되었으며, 기술주기가 짧은 산업분야에서 추격이 발생할 가능성이 더 크다는 발견이 바로 그것이다. 물론 기업차원의 노력의 중요성을 과소평가하거나 추격에 대해 결정론적인 시각을 주장하는 것은 아니다. 오히려 기업은 혁신에 노력을 더 기울이고, 수출시장에서의 경쟁을 더 추구해야 하며, 이와 같은 기업차원의 노력은 그들이 속한 산업의 속성을 충분히 고려해서 이루어져야 함을 뜻한다.

부 록

┃표 13-A1┃ 설명변수 기술 통계량

변수	차원	관측치	평균	표준편차
추격지수	산업	17,678	84.40	28.94
지식 명시성(=특허등록 수/R&D지출)	산업	10,344	0.05	0.13
체화된 기술이전 (=전체 시설 중에서 수입된 기계류 비중)	산업	6,912	0.32	0.16
매출액 기준 상위 1대 기업 시장점유율	산업	17,678	0.30	0.15
상위 1대 기업 시장점유율 * 수출지향도	산업	15,449	0.13	0.10
수출지향도(=수출액/매출액)	기업	15,491	0.32	0.32
효율성 임금(=산업평균 대비 백분율 격차)	기업	17,583	0.00	0.27
혁신역량(=특허등록 수)	기업	10,354	0.30	3.66
인적자원	기업	14,583	0.00	0.00
규모(종업원 수의 자연로그 값)	기업	17,770	5.76	1.31

비고: '산업별 변수의 관측치 개수가 기업별 변수와 비슷한데 그 이유는 기업별 관측치를 이용한 회귀분석에서 도출했기 때문이다. 즉, 같은 산업에 속한 기업들은 동일한 산업 변수 값을 갖는다.
자료: Jung and Lee(2010), 표-A1.

제 5 부
본서의 결론

제14장 요약과 정책시사

요약과 정책시사

1. 경제추격의 세 가지 역설(Paradox of Catch-up)

본서는 경제추격을 후발국이나 후발기업이 선발국가나 선발기업과의 격차를 좁히는 것이라고 정의하는 것에서 출발하였다. 경제추격에 관한 본서의 핵심적 주장은 세 가지 추격의 역설로 함축될 수 있다.

첫째 역설이란 성공적 추격은 선발자의 경로를 그대로 답습해서는 안 되고 뭔가 달리해야 한다는 것이다. 즉, 선발자와 같게 되기 위해서는 달라져야 한다는 역설이다. 둘째 역설은 성공적인 추격은 종종 우회전략이 필요하다는 것이다. 즉, 빨리 가려고 하는 자가 늦게 된다는 역설이다. 셋째 역설은 기술패러다임과 같은 기회의 창은 후발자의 비약적 추격으로 이어질 수도 있고, 그 반대로 추격을 어렵게 하는 장애요인이 될 수도 있다는 이중성의 역설이다.

첫 번째 역설이 의미하는 바는 추격은 긴 시간이 소요되는 장기적 과정으로서, 그 출발점은 선발자를 모방함으로써 배우는 것이지만 그렇게만 해서는 결국 선발자에 항상 뒤질 수밖에 없고, 어느 중간단계에서는 선발자와는 다른 뭔가를 시도하지 않고서는 영원히 선발자를 추월할 수 없다는 생각이다. 즉, 경제추격은 모방적 학습으로 시작하지만 결국 혁신을 통한 스스로의 경로창출로 이어져야 한다는 것이다.

두 번째, 즉 우회의 역설이란 선진국의 주요 산업이 기술수명이 긴 장수기술 분야에 있다고 해서 후발자도 처음부터 장수기술 분야로 특화해서는 안 되고 오히려 그 반대인 수명이 짧은 단명기술 분야로 진입하는 우회전략을 택해야 나중에 장수기술 분야로 들어갈 수 있는 가능성이 생긴다는 주장, 즉 '급할수록 돌아가야 한다'는 역설이다. 우회의 역설의 또 다른 예를 들자면, 선진국 경제가 다 개방된 경제라고 해서 후발자도 처음부터 개방을 해서는 성공할 수 없고, 처음에는 오히려 국내산업을 보호하고 역량을 키운 다음에야 개방할 수 있다는 것이다. 즉, 최종적으로 개방하기 위해서는 중간에는 문을 닫는 우회경로를 통과해야지 나중에 개방할 수 있다는 것이다.

위의 두 가지 추격의 역설에 있어서 외생적인 기회의 창의 등장과 후발국의 비약(leapfrogging)전략 및 선발자 함정 등의 개념이 핵심적 역할을 한다. 즉, 후발자가 새로운 경로를 개척하거나 우회경로로 들어가게 되는 계기는 기술패러다임이 변화하고 기술의 세대교체가 일어나는 이행기나 불황시기와 같은 경기순환 또는 정부의 산업정책 등이 기회의 창으로 작용한다는 점이다. 반면에 선발자는 기존 기술과 관련된 우위로 인해 오히려 종종 이런 기회의 창을 무시하다 보면 후발자에게 역전의 빌미를 제공하는 선발자 함정에 빠지게 된다. 즉, 외생적 기회의 창은 종종 후발자에게는 하늘로 비상하는 비약의 기회의 창이 되는 반면, 어떤 선발자의 경우에는 그 창문 너머로 추락하는 추락의 창이 되기도 한다는 것이다.

그래서 여기서 세 번째 역설, 즉 이중성의 역설이란, 외생적 기술변화가 모두 후발자에게 기회의 창이 되는 것은 아니고 그 이전 시기에 어느 정도 역량을 갖춘 후발자에게만 기회의 창이 되고 그렇지 못한 후발자에게는 오히려 추가적 장애요인이 된다는 것이다. 즉, 이것이 기회의 창이 가지는 양면성이다. 이런 기회의 창의 양면성은, 9장에서 동아시아와 남미와의 대비에서 논증되었고, 8장의 한국의 디지털 TV 사례는 바로 긍정적 기회의 창의 사례이다.

그런데 이 기회의 창이 긍정적 효과를 가져올 수 있는 경우에도, 비약전략에 수반되는 두 가지 리스크(초기시장의 확보, 올바른 기술표준의 선택)를 잘 관리·극복하지 못하면 처참한 실패를 맛볼 수도 있다는 점도 기회의 창의 양면성의 또다른 측면이다. 즉, 기회의 창을 어떻게 잘 이용할 것인가, 특히 관련되는 리스크를 어떻게 잘 관리할 것인가는 성공적 추격전략의 매우 중요한 구성요소이다.

이상의 개술에 이어서 이하에서는 국가, 산업, 기업이라는 세 차원의 분석에서의 핵심적 발견 사항을 요약하여 제시한다.

2. 국가차원의 추격

  제2부 국가차원의 분석에서는 국가차원의 추격, 추월, 추락을 다루었다. 국가
의 흥망성쇠를 결정짓는 결정적 변수는 결국 후발국의 경우나 선발국의 경우 모
두 국가차원의 혁신체제, 즉 혁신을 창출할 수 있는 능력이다. 혁신능력이 높은 국
가만이 기술경제의 패러다임이 변하는 등 외생적 기회의 창이 등장하였을 때 이
를 활용하여 기존 국가와는 다른 새로운 경로를 창출함으로써 비약적 성장을 누
릴 수 있는 것이다.

  제2차 세계대전 이후 등장한 후발국들의 경우에도 단기적으로는 선진국이 물
려준 사양산업 또는 성숙산업 분야에서 저임금에 기초한 비용우위를 가지고 성장
할 수는 있으나, 지속적인 추격을 이루기 위해서는 결국 내재적 혁신능력의 확보
가 중요함을 보였다. 후발국의 경우에는 그 나라의 통화가 세계시장에서 태환성
이 없기에 투자에 소용되는 자본재를 계속 수입하기 위해서는 수출을 통한 외환
확보가 중요한데, 이는 내재적 혁신능력이 없으면 어렵다.

  그 이유는 저임금 노동에 기초한 노동집약적 산업의 경우에는 워낙 많은 개도
국들 간의 상호경합이 치열하다는 상호경합문제(adding-up problem) 때문에 성장
의 지속이 불가능하기 때문이다. 결국 대표적으로 동아시아와 남미의 차이로 대
비되는, 성공적인 후발추격국과 그렇지 못한 국가 간의 차이는 내재적 혁신능력
을 확보했는지 아닌지였다.

  동아시아의 성공적 추격국가들에게 있어서 아날로그 기술에서 디지털 기술로
의 변화 등 기술패러다임의 변화 및 작게는 빈번한 기술의 세대교체가 기회의 창
이었다. 구체적으로 한국과 대만은 기술의 변화가 잦은 기술수명이 짧은 산업분
야를 자신들의 틈새로 확보하여, 기술수명이 긴 장수기술 분야에 치중하고 있는
선진국들과는 다른 경로를 창출하였다.

  그러나 이런 단명기술 위주의 추격은 그야말로 추격단계에만 유효한 전략으로
서 선진국으로 안착하기 위해서는 결국 한국이나 대만 등도 장수기술 분야로 진
입해야 됨을 본서는 주장하였다. 즉, 추격단계에서는 선진국이 주력하고 있지 않
은 단명기술, 단품기술, 형식지기술에 의존하여 일단계 추격을 달성하고 난 후에

야, 선진국들이 장악하고 있는 장수기술, 융복합기술, 암묵지에 기반한 기술분야에 진입해야 한다는 우회전략의 역설을 제시하였다. 이는 추격을 완성하기 위한 마지막 도전이라고 하겠다.

3. 산업차원의 추격

제3부 산업차원의 분석에서는 왜 여러 산업의 주도권이 선발국에 머무르지 않고 종종 후발국으로 이전되는가를 설명하기 위해서 추격사이클 이론을 제시하였다. 유명한 버논(Vernon)의 제품수명주기설에서는 후발국은 선발국이 물려준 성숙산업을 단순히 물려받기만 하고 산업주도권은 항상 선발국에 있음을 암묵적으로 가정하고 있으나 추격사이클론의 핵심은 산업주도권은 나라에서 나라로 이전된다는 것이다.

추격사이클 이론에서도 결국 핵심은 외생적인 기회의 창의 등장(기술패러다임 변화, 경기순환, 정부의 개입)과 이에 대한 선발자 및 후발자의 다른 대응이 추격과 추락이라는 그 운명을 가른다는 것이다. 즉, 외생적 기회가 등장했을 때 후발자는 몸이 가볍기에 새로운 기회에 적극적으로 올라타는 반면에, 선발자는 기존 패러다임에 투자한 것을 회수하기 위해서 종종 새로운 기회에 늦게 올라타거나 무시하는 선발자 함정에 빠지게 되는 경우가 많아서 산업주도권이 선발자에서 후발자로 이전되는 것이다.

제8장에서 다룬 디지털 TV 사례는 한국산업의 일본 추격 및 추월에 있어서 아날로그에서 디지털로의 기술패러다임 변화가 결정적 기회의 창이었음을 잘 보여준다. 일본 가전기업들의 경우 아날로그에 기반한 제품에 너무 오래 머무르는 선발자 함정에 빠진 것이 한국에게 추격의 기회를 제공하였다. 한편, 제9장의 실증분석 결과는, 기술의 빈번한 교체, 즉 기술수명주기가 짧다는 것의 효과가 후발자의 초기 기술수준에 따라서 상반된 결과가 나옴을 확인하였다. 즉 한국, 대만과 같은 좀더 우수한 그룹은 수명이 짧은 기술분야에서 추격을 잘 하고 있는 반면에, 그렇지 못한 기타 중진국 8개국들은 같은 분야에서 성과를 오히려 내지 못하고

있음을 발견하였다. 이런 결과는 기술패러다임의 변화가 어떤 후발자에게는 기회의 창이 되고, 다른 후발자에게는 추가적 장애요인이 된다는 패러다임이나 세대교체의 양면성의 역설을 잘 보여준다.

4. 기업차원의 추격

제4부 기업차원의 분석에서는, 우선 후발국의 추격형 기업의 대표라고 할 수 있는 한국의 대기업 집단을 다루었다. 대기업 집단 현상을 설명하는 여러 이론 간의 통합을 시도한 결과, 후발국에서 이러한 기업집단의 탄생에 대한 설명은 거래비용경제학이 적합하고, 단기적 성과 설명에는 대리인비용이론이, 그리고 장기적 성과 설명에는 자원기반론이 적절하다는 점을 설명하였다. 그러나 동시에 이 세 이론은 각각의 한계를 가지고 있기에, 이를 좀더 후발국 상황에 맞게 수정되어야 재벌기업의 행태와 성과를 제대로 설명할 수 있다고 보고 대안적 설명을 제시하였다. 특히, 거래비용경제학이나 그 연장에 선 시장실패론은 기업집단의 발생 및 존재를 설명하는 데 좋은 논리를 제공하나, 기업집단을 단순히 환경에 대한 수동적 반응으로만 인식하고 이런 조직형태가 후발자의 추격에 적합한 조직이라는 측면, 즉 추격을 위해서 이런 조직을 의도적으로 선택할 수 있다는 측면은 고려하고 있지 않다.

제1부나 제2부에서 논의되었듯이, 후발자에게 중요한 고려사항은 어떻게 선발자가 장악하고 있는 시장에 진입을 하는 것이고, 수명이 짧은 기술분야가 유리하다는 것도 바로 진입장벽을 낮추는 역할을 한다는 의미에서 후발자에게 기회의 창인 것이다. 이런 논리를 기업조직의 차원으로 가져오면 바로, 집단형 조직이 후발추격자에게 유리한 조직형태인 이유는, 초기 진입시에 부담해야 할 손실이나 비용을 계열사 간에 분담함으로써 도산의 가능성을 축소하면서 버티어 나가는 데 유리한 조직인 것이다. 물론 외부 자본시장에서 이런 신규사업에 대한 자금조달이 안 될 때 내부자본시장에서 조달할 수 있다는 이점도 이와 같은 시각이다. 나아가서, 한국의 대기업집단의 한 특징을 '총수와 전문경영인이라는 쌍두마차형 지

배구조'라고 보고, 그 본질을 '영 · 미식 외피와 동아시아식 가족경영'이 결합된 혼합형(hybrid) 기업조직이라고 규정하였다.

제4부가 던지는 핵심적 질문 중의 하나는 후발국 출신의 추격형 기업은 선진국의 성숙형 기업과 어떤 점에서 본질적으로 차이가 있는가이다. 여기서는 이 문제를 대기업 집단 및 중소기업이라는 양 측면에서 분석하였다. 여기서 나온 중요한 발견은 추격형 기업의 경우 매출의 성장, 즉 시장점유율의 확대가 가장 중요한 목적함수인 반면에, 선진국의 성숙형 기업은 이윤율 확보와 기업가치 제고가 가장 중요한 목적함수임을 보였다. 구체적으로 추격형 기업의 경우에는 부채로 자금을 조달하여 투자를 더 많이 하는 경향이 있고 이를 통해 매출액 성장을 도모하는 한편, 선발국 기업들과의 직접적 시장경쟁을 회피할 수 있는 틈새를 확보하기 위해 기술수명이 짧은, 즉 단명기술 분야에 특화하였음을 잘 보였다.

후발 중소기업의 경우, 가장 중요한 도전은 똑같은 OEM이라는 초기 전략으로부터 어떻게 하면 자기 브랜드를 가진 OBM형 선진국 기업으로 이행할 수 있는가이다. 여기서도 결국 그 관건은 내재적 혁신능력을 확보하여 선발기업과는 다른 새로운 경로를 개척해야만이 OBM으로의 도약이 가능하다는 추격의 첫 번째 역설과 일관된 결론을 발견하였다. 다만, 대기업과의 차이는 대기업의 경우 명시적 지식에 기초한 비약형 기술혁신이 경로개척형 추격을 가능케 한 핵심전략이었다면 중소기업의 경우는 암묵적 지식에 기초하여 기존 제품이나 존재하는 기술을 새롭게 결합하는(new combination) 방식의 혁신이 경로창출의 주 내용이었다.

5. 경제추격론의 재창조

본서에서 제기한 후발자의 추격형 성장이라는 문제의식은 세계사적으로 중요한 주제이기에, 거센크론, 아브라모비츠 이후 국내외에 많은 연구가 있어 왔다. 그러나 추격형 성장은 단순히 성장이 아니라 선발자보다 더 빠르게 성장하는 것이라는 점, 그리고 그것은 어렵기에 다른 새 경로나 우회로로 가지 않으면 그 격차는 좁혀지지 않는다는 운명이 시사하는 전략적 · 정책적 의미를 기존 연구들은 간

파하지 못한 느낌이 있다. 즉, 선발자와 같아지기 위해서는 우선 달라져야 하고, 직통도로가 아닌 우회로가 사실 더 빠른 지름길이고, 후발자에게 유리한 외생적인 상황변화로서의 기회의 창은 좋을 수도 있고 오히려 망하는 길일 수도 있다는 세 가지 역설은 처음 들으면 바로 이해가 안 되는 측면이 있을지 모르나 조금만 더 생각해 보면 사실 누구나 이해가 되는 직관적 호소력이 있다.

이 추격의 세 가지 역설에서 보여지듯이, 추격에 보통 상식과는 다른 역설적 전략이 필요하다는 것은, 후발자가 이미 앞서간 선발자와의 격차를 뒤늦게 줄여나간다는 의미에서의 추격을 성취하는 것이 얼마나 어려우냐 하는 것을 웅변으로 말해 준다고 하겠다. 추격이라는 자체가 상식적으로 쉽지 않은 현상이기에 보통의 방법으로는 안 되고, 비정상적인 전술과 전략이 필요한 것이다. 이런 추격의 비밀에 대한 새로운 역설적 발상을 처음으로 발견하고 제기한 것이 '추격론의 재창조'라는 제목을 내건 본서의 하나의 공헌이 아닌가 한다.

이 세 가지 역설이 추격를 위한 비밀병기라면, 세 가지 차원에서의 통합적 추격론을 제시한 본서의 집필을 완료한 최종 단계에서의 뒤늦은 깨달음이 있다면, 추격을 '시작'하는 데 있어서 어려움은 '후발자로서 기존의 국제분업체제로의 뒤늦은 진입의 어려움'이라는 것이다. 즉 진입할 입구(entry point)를 찾는 것이 어렵다는 것인데, 후발자라는 것의 의미가 이미 세계경제질서와 분업체계가 기존 선발자 간에 다 완성되고 확립된 이후에 뒤늦게 진입하려고 하니 도대체 어디서 그 입구를 찾아야 하는가 하는 어려움이다. 그래서 처음 단계에는, 독자적으로 진입하지 못하고, OEM 방식처럼 선발자가 주도하는 분업체제 속의 하나의 하청기업으로, 즉 겨우 선발자의 도움으로 가까스로 진입하는 방식으로 시작되는 경향이 발견되는 것이다.

후발 진입이라는 과제를 기업조직의 차원으로 가져오면 바로, 기업집단형 조직이 독자적인 후발추격에 있어서 꼭 필요한 형태의 기업조직인 이유는, 초기 진입 시에 부담해야 할 손실이나 비용을 계열사 간에 분담함으로써 초기 도산의 가능성을 축소하면서 버티어 나가는 데 유리한 조직이기 때문이다. 즉, 오늘날 삼성의 핵심 수익 원천인 반도체 산업이 처음 7년간 적자임에도 버티어 나간 것은 바로 이런 집단차원의 '내부자본시장' 없이는 불가능하였다 이런 특수한 행태의 기업의 필요성은 물론, 후발국의 경제의 성격 자체가 외부 자본시장이 취약한 시장실패가 큰 후진국형 경제라는 점과 연관이 있다.

그리고 그 다음으로, 어느 정도 성과를 달성하여 중진국 단계에 도달한 후발자가 되면, 기술변화가 잦아 기술수명이 짧은(단명기술) 산업분야를 선택하여야 하는 것도, 결국 이 분야가 선발자의 지식의 독점과 지배로부터 그나마 좀더 자유로울 수 있다는 의미에서의 좁은 진입의 틈새이기 때문이다. 즉, 선발자와의 격차가 좁아질수록 점점 분업상에 자기 위치를 확보하는 것은 어려워지는데, 즉 2단계 진입처를 찾기가 어려운데, 그 진입처가 바로 기술수명이 짧은 산업분야라는 점의 인식은 추격전략 수립에 있어서 매우 중요한 사항이다.

그리고 마지막으로, 선진국이 장악하고 있는 사이클이 긴 장수기술 분야로의 진입은 추격의 마지막 완성단계로서, 가장 어려운 과제인데, 이것도 역시 본서의 5, 6장에서 제시하였듯이, 직통 진입이 아니라, 기존에 우위분야인 단명기술과 대상분야인 장수기술의 융복합 분야로부터 진입하는 우회전략이 보다 안전하고 적절하다는 것이다.

앞에서 요약된 국가, 산업, 기업 차원의 분석에서 보았듯이, 추격 그 자체가 예외적 현상이어서, 종종 외생적 사건, 즉 기회의 창이 중요한 역할을 하는 경우가 많다. 즉, 추격이 성공하느냐 실패하느냐 하는 추격의 성패는 '외생적 기회의 창'과 이에 대응하는 선발자와 후발자의 반응의 차이에서 결정된다고 보는 것이 본서의 기본 생각이다. 즉, 선발자는 기존의 기술에 투자한 것이 아까워서 새 기술 채택에 시간을 지체하는 '선발자의 함정'에 종종 빠지기도 하는 반면, 후발자는 새 기술에 먼저 올라타는 비약전략을 택하는 것에서 승패가 종종 갈린다.

마지막으로, 본서에서 제기한 추격론은, 추격의 시작, 추격의 성패 및 과정, 그리고 사후적 추격전략이라는 세 가지로 요약된다.

결국, 본서에서 재창조하였다는 추격론의 핵심은 첫째, 추격의 시작은 후발자로서 기존 세계경제 및 국제분업체계로 늦게 진입하는데 어디로 진입할 것인가 하는 진입구(entry point)를 찾는 어려움에서 시작한다는 것이고, 둘째, 실패하느냐 성공하느냐 하는 추격 성과는, 외생적인 기회의 창과 이에 대한 후발자와 선발자의 다른 대응 방식의 상호작용으로 설명이 가능하며 거기에는 일정의 규칙성이 존재한다는 것이고, 셋째, 규칙성의 파악의 결과 드러나는 효과적인 추격전략은 세 가지 역설로 정리할 수 있다는 것이다.

6. 정책시사

1) 세 가지 신결합(New Combinations)

선진국형 국가혁신체제의 특징은 수명이 긴 기술, 즉 장수기술 분야(의학, 생명과학, 소재, 부품)에 특허가 많은 것이고 이런 기술적 특화는 경제성장과 유의미한 관계를 갖는다. 또한 지식생산의 토착화 정도가 높을수록, 지식생산의 집중도가 낮을수록 성장에 유리하다. 이런 발견이 현 단계 한국에 주는 시사는 선진국으로 안착하기 위해서는 장수기술 분야에 특허를 더 많이 내고, 지식생산의 주체를 보다 다양화 · 분산화하고 지식생산의 토착화 정도를 더 높일 필요가 있음을 시사한다. 그런데 이러한 전환은 기존의 소수 대기업 주도의 혁신체제로는 어렵고, 중소기업 등 다양한 경제주체의 참여가 필요하다.

일찍이 슘페터는 창조라는 것은 완전한 무에서 새로운 것을 만들어 내는 것이라기보다는 기존의 것을 새롭게 결합해 내는 신결합(new combination)임을 역설한 바 있다(Schumpeter, 1934, p. 65). 이러한 슘페터의 생각을 감안하면 우리가 완전히 새로운 것을 어디에서 찾을까 하면 어렵고 기존의 것을 새롭게 결합해 내서 새로운 시장, 새로운 성장동력을 만들어 내면 그것이 곧 창조경제를 만들어 가는 길이라고 볼 수 있다. 구체적으로 다음의 세 가지 결합을 생각해 볼 수 있다.

첫째는 앞에서 지적된 바와 같은 과다한 지식생산의 집중도를 개선하기 위해서 대기업과 중소기업을 새롭게 결합(new combination 1)하여 중소기업이 보다 많은 지식생산을 담당하게 하는 것이다. 여기에서 새로운 결합이란 기존의 성장엔진, 잘 나가는 부분인 대기업 부분을 무조건 누르려고 할 것이 아니라 중소기업과의 관계에 있어서 새로운 상생적인 관계에 놓이게 하는 의미에서의 새로운 결합을 의미한다. 둘째는 새로운 결합은 노사 간의 대타협이라는 새로운 결합(new combination 2)을 통해서 노동시간은 줄이되 생산성은 높이고 그래서 일자리를 늘리는 혁신을 만들어 내는 것이다. 이는 혁신의 원천을 단순히 고급 명시적 지식을 가진 과학자가 아니라 암묵적 지식을 가진 사내의 보다 중하급 근로자까지 확산시킴으로써 지식생산의 원천을 다양화시키고 상호 확산을 높여서 지식생산의 토착화 정도를 높이는 것이다. 셋째는 새로운 결합(new combination 3)은 여러 다양한 분야의 기술을 새롭게 결합 · 융합(fusion of technology)함으로써 새로운 기술을 만드는 것을 의미하고 이는 곧 기술적 다각화가 향상됨을 의미한다. 가령 한국의 기존의 강점인 IT와 BT(biotechnology), NT(nanotechnology) 등을 결합하여 새로운 기술영역을 개척하는 것이다.

이상과 같은 세 가지 차원의 신결합, 즉 대 · 중소기업의 새로운 결합, 노사 간의 새로운 결합, 기술 간의 새로운 결합을 통해서, 한국의 혁신체제의 세 가지 약점인 과다한 대기업 집중도, 아직 낮은 지식생산의 토착화 및 낮은 기술다각화 정도를 개선해 나가자는 것이다.

2) 장수기술, 암묵지기술, 융복합기술

한편, 과거의 한국 경제성장이 단품, 단명기술, 형식지 위주의 추격이었다면 향후에는 융복합기술, 장수기술, 암묵지기술 위주의 혁신으로 바뀔 필요가 있다. 2000년대 이후 한국의 특허출원 동향을 살펴보면, 다양한 부품소재 산업에서의 약진과 일부 바이오의약 산업의 발전이 한국의 장수기술화를 이끌고 있는 점이 드러난다. 부품소재 산업은 암묵지가 높은 산업이며, 여러 분야의 융합을 매개하는 산업이고, 기술주기가 상대적으로 길다. 더욱이 한국이 강한 IT 업계와의 연관성이 이미 큰 만큼 IT를 기반으로 한 다양한 영역의 부품소재 산업으로의 확장이 용이해 보인다. 다행히 한국산업은 2000년대 들어 이 분야에 뚜렷한 성과가 있어, 만성적자가 흑자로 돌아서고 있다. 이에 장수기술 산업의 대표인 바이오의약뿐만 아니라 다양한 부품소재의 투자를 통하여 점진적으로 탈추격형 장수기술 주도의 산업구조로 이동하는 것이 현실성 있는 전략이라는 판단을 내릴 수 있을 것이다. 즉, 기술수명이 긴 분야의 진입을 목표로 방향을 설정한다 하더라도, 이행단계에서는 현재 한국의 강점인 단명기술 분야(IT)와 그렇지 않은 장수기술 분야(BT) 또는 새로운 분야(NT)와의 융합을 추구하는 이행전략을 설정할 필요가 있다. 다른 분야와 결합함으로써 긴 분야로의 진입에 대한 부담이 분산되며, 새로운 또는 유망한 사업영역을 확보할 수 있는 기회를 얻을 수 있기 때문이다. 따라서 장수기술 분야로의 진입이라는 장기적 목표의 설정하에, IT와 새로운 기술의 융합을 추구하는 것이 한국이 중간단계에서 실행할 수 있는 현실적 전략이라고 보인다.

3) 기술혁신의 내생화와 병행자 전략

본서는 산업주도권의 국가 간 이전현상을 추격사이클 이론의 관점에서 분석하였다. 이러한 산업주도권의 연속적인 변화를 설명하기 위해 본서는 '기회의 창'이라는 개념과 추격의 3가지 유형(경로추종형, 단계생략형, 경로창출형)을 결합한 이론적 분석틀을 제시하였다. 이런 시각에서 볼 때, 한국의 산업계는 향후 등장할 새로운 기술패러다임에 적절한 타이밍으로 올라타야 한다. 즉, 기존의 에너지를 대체하는 태양광, 바이오 연료, 풍력 등 신재생 에너지 혁명이나, IT · BT · NT 등 여러 분야의 기술이 융합되는 퓨전기술혁명을 새로운 기회의 창으로 적극 수용해야지 이를 무시하는 선발자 함정에 빠지지 말아야 한다. 이런 새 산업분야의 주도권을 선점하는 기업과 국가가 21세기의 새 리더가 될 것이기 때문이다.

선도자 함정에 빠지지 않는 것과 동시에 중요한 것은, 다른 기업이 선도한 혁신에 어떻게 대응해야 할까 고민해야 하는 상황에 직면해서는 안 되고 미래의 혁신을 자신에게 유리한 방향으로 주도 및 내생화해야 한다. 즉, 혁신을 자신에게 유리한 방향으로 지속적으로 끌고 가는 것만이 산업주도권을 넘겨줘야 하는 상황을 피할 수 있는 최선의 길이다. 한편, 한국기업은 이제 신속한 추격자 전략(fast follower)을 버리고, 선점자(first mover) 전략으로 가야 한다는 소리가 많다. 경우에 따라서 최적의 전략은 빠른 추종자와 선점자 전략 사이의 적절한 균형 혹은 병행자 전략이라고 할 수 있다. 즉, 표준 및 시장형성 단계에서는 병행 추종자로서의 역할을 하다가, 표준이 정해지면 빠른 진입을 하는 선점자, 즉 'fast mover'가 되면 된다. 그리고 소비재와 중간재를 구분하면 문화 코드 등에 덜 민감하고 성능과 스펙이 중요한 중간재나 부품의 경우, 선점자 전략을 취해도 리스크는 적다. 반대로 소비재의 경우, 한국시장이 작다는 점, 비영어권이라는 점, 문화 및 코드에 있어서 선도국가가 아니라는 점 등을 고려할 때 선점자 전략에 대해 더욱 신중해야 한다.

또한, 한국기업은 기존의 제품판매라는 개념이 이제는 서비스 판매로 바뀌는 패러다임 전환과 이와 관련된 시장경쟁의 질적 변화에 대해 준비해야 한다. 전통 선진국 대기업들은 제조업 자체라기보다 제조업과 관련된 서비스 제공 기업으로 바뀌고 있고, 매출의 원천이 점점 서비스 중심이 되어가고 있다. 이는 매우 중요한 패러다임 전환이다. 비단 선진국 기업뿐이 아니라, 중국 스마트폰 시장에서 삼성을 넘어선 샤오미도 이런 예이다. 샤오미의 비즈니스 모델이 단순히 휴대폰 판매가 아니라, 부가되는 소프트웨어나 응용 앱 등 부가 서비스에서 매출을 창출하려고 한다는 점에서 다른 패러다임을 시도한다는 점이 무서운 점이다. 즉, 삼성에 진짜 위협이 되는 것은 삼성과 같은 방법으로 경쟁하려는 후발기업이 아니고 다른 패러다임을 치고 나오는 후발자가 더 무서운 법이다. 왜냐하면, 추격과 추락의 이론 차원에서 보면, 후발자가 선발자를 넘어설 정도로 되기 위해서는 단순히 모방이 아니라 이를 넘어서는 새로운 발상과 파괴적 혁신을 시도할 때 비로소 가능하기 때문이다.

4) 수요지향적 신산업정책

마지막으로, 정부의 역할에 대해 논할 때 가장 중요한 변화는 유럽과 미국 등 선진국에서의 '산업정책'의 부활이다. 유럽의 신산업정책의 가장 중요하고 새로운 점은 혁신형 공공조달정책이다. 이 정책은 공급정책인 R&D지원정책과 수요정책인 공공조달정책을 연결시킨 것으로 시장(공공기관 구매자)확보를 통해 공급업체의 혁신에 대한 동기유발을 높이고, 공급업체들이 연구개발한 결과물을 쉽게 상업화할 수 있도록 했다. 즉, R&D과정(R&D 서비스 조달, Pre-Commercial Procurement), 상업화, 조달과정(혁신제품 및 서비스 조달, Product Procurement of Innovation)까지 일련의 과정을 전부 연결시키고 있다. 이렇게 볼 때, 정부정책면에서 우리에게 필요한 것은 신성장산업 분야에 대한 신산업정책의 적용이라고 하겠다. 과거의 기술공급 지향형 산업정책에서 유럽식의 혁신조달형, 즉 수요지향형 정책으로의 이행이 필요하다. 과거에는 이미 입증된 기술의 상용화를 위해 민·관이 공동연구개발을 하는 것이 위주였다면 향후에는 시장불확실성을 해결하기 위한 유럽형 혁신조달정책이 필요하다. 이미 유럽에서는 공공기관의 조달에서 태양광과 바이오플라스틱의 사용을 의무화하여 국내 수요를 창출하고 있다. 한국에서 유럽형 혁신조달정책을 실시할 경우 상업화 이전 단계에서는 많은 자본력이 필요한 응용기술 개발을 위해 대기업, 대학, 정부출연연구소 등 모두에게 참여가 허용되는 컨소시엄 방식이 R&D서비스를 책임지도록 하고, 이 결과물을 상업화하는 PPI(Public Procurement of Innovation)단계에서는 중소기업에게 직접적 결과물에 한해 우선 실시권을 부여하는 방식이 가능하다.

한편, 한국이 미국에서 배울 것이 있다면 그것은 DARPA(국방고등연구기획국)의

PM(Project Manager) 같은 제도를 도입하는 것이다. 그래야 고위험, 고성과, 돌파형 기술(파스퇴르형) 및 가교(bridge)기술(중장기 기반) 개발이 가능하다. 한국에서 이런 식의 PM제도를 모방 시행하려고 하고 있으나 이름만 같고 실제로는 자문위원 활동 수준으로 연구기획의 전주기(예산 포함)를 통제하는 권한과 책임이 없다. 즉, 한국에서는 정부부처가 예산 및 프로젝트 주제를 선정한 후 이를 수행할 연구자를 모집하는 방식 위주이나, 그 반대로 해야 한다. 즉, 그 분야 전문가에게 예산을 먼저 주고 이것 가지고 자기가 하고 싶은 것을 추진하게 해야 한다. 단, 여기서 PM은 순수과학자가 아니라 Expert+Entrepreneur+broker+boundary spanner의 성격을 겸비한 연구자여야 한다. 현재와 같은 정부관료 주도의 선정방식으로는 항상 선진국 모방형/위험회피형 기술 쪽으로 머무를 가능성이 크다. 반면에, 현 연구재단과 같이 단순한 과학자 응모방식은 순수과학 위주로 흐를 가능성이 크고 실제로 현실이 그렇다.

참고문헌

1. 한글문헌

강영삼, 2013, "대만경제의 추격과 구조변화," 이근 외(2013) 3장.

강효석 · 송재용 · 이근, 2012, "경로개척형 추격 전략을 가능케 하는 조건에 관한 연구,"『전략경영연구』, 15(3): 95-135.

국찬표 · 박영석 · 이정진, 1997, "한국 기업집단의 투자결정과 자본비용,"『재무연구』, 13: 101-129.

배용호, 1997, "반도체 산업," 이근 외 기술과 진화의 경제학 연구회,『한국 산업의 기술능력과 경쟁』에 수록, 서울: 경문사.

우경봉, 2013, "추격 경제학의 관점에서 바라본 일본경제의 번영과 침체," 이근 외 (2013) 2장.

이광민 · 백수현 · 홍재범, 2014, "네트워크 분석을 이용한 융합기술연구개발과제의 기술파급효과에 관한 연구," 기술경영경제학회 동계학술대회.

이근 · 윤민호, 2004, "국내 및 국제적 지식확산과 기술추격: 미국특허 자료를 이용한 한국과 대만의 디램 산업 비교,"『경제발전연구』, 10(2): 115-141.

이근 외, 2005,『중진국함정과 2만불 전략』, 서울: 이투신서.

이근, 2007,『동아시아와 기술추격의 경제학』, 서울: 박영사.

이근 외, 2007,『해방 이후 한국기업의 진화1: 1976~2005년간의 통계의 구축과 기초분석』, 서울: 서울대학교출판부.

이근, 2007,『동아시아와 기술추격의 경제학: 신슘페터주의적 접근』, 서울: 박영사.

이근 외, 2008,『기업간 추격의 경제학』, 서울: 21세기북스.

이근, 2009, "경제발전론의 동향과 과제: Best Consensus," 경제발전학회 및 사회경제학회 공동학술대회, 대구.

이근, 2010,『한국인을 위한 경제학』(제2판), 서울: 박영사.

이근 외, 2013,『국가의 추격, 추월, 추락』, 서울: 서울대출판원.

이근 · 박태영 외, 2014,『산업의 추격, 추월, 추락: 산업주도권 이전과 추격사이클』, 서울: 21세기북스.

이영훈, 2014, 『한국형 시장경제체제』, 서울: 서울대출판원.

이정안, 1995, "저발전국에서의 기술발전에 관한 연구: 신슘페터주의적 접근," 서울대학교 경제학과 석사학위 논문.

정성창 · 이근, 2001, "특허 통계를 이용한 한국과 대만의 연구개발 활동 분석," 이근 외 기술과 진화의 경제학 연구회, 『지식정보 혁명과 한국의 신산업』에 수록, 서울: 이슈투데이.

조동성, 1990, 『한국재벌연구』, 서울: 매일경제신문사.

진영현 · 배용국 · 강지희 · 박정일 · 정상기, 2014, "특허분석을 통한 한국의 기술융합 현황 분석과 R&D 투자에의 시사점," 기술경영경제학회 동계학술대회.

최재영 · 조윤애 · 정성균, 2013, "특허자료를 이용한 기술융합 측정 및 확산 트렌드 분석," 산업연구원.

2. 외국문헌

Abramovitz, M., 1986, "Catching-up, Forging Ahead, and Falling Behind," *Journal of Economic History*, 46(2): 385-406.

Acemoglu, D, S Johnson and J. A. Robinson, 2001, "The Colonial Origins of Comparative Development: An Empirical Investigation," *American Economic Review*, 91(5): 1369-401.

Acemoglu, Daron, Simon Johnson, and James A. Robinson, 2002, "Reversal of Fortune: Geography and Institutions in the Making of the Modern World Income Distribution," *Quarterly Journal of Economics*, 117(4): 1231-94.

Acemoglu, Daron, and James A. Robinson, 2012, *Why Nations Fail*, New York: Crown Business.

Albert, M. 1998, *The New Innovators: global patenting trends in five sectors*, Washington, DC: U.S Department of Commerce, Office of Technology Policy.

Adner, R. and D. A. Levinthal, 2002, "The Emergence of Emerging Technologies," *California Management Review*, 45(1): 50-63.

Alice H. Amsden and Takashi Hikino, 1994, "Project Execution Capability,

Organizational Know-how and Conglomerate Corporate Growth in Late Industrialization," *Industrial and Corporate Change*, 3(1): 111-147.

Alvarez, R. and Crespi, G., 2007, "Multinational firms and Productivity catching-up: the case of Chilean manufacturing," *Int. J. Technological Learning, Innovation and Development*, 1: 136-152.

Amsden, Alice, 1989, *Asia's Next Giant: South Korea and Late Industrialization*, Oxford: Oxford University Press.

Amsden, Alice H., 2001, *The Rise of "the Rest" : Challenges to the West from Late-Industrializing Economies*, Oxford: New York: Oxford University Press.

Aoki, M., 1984, *Cooperative Game Theory of the Firm*, Oxford: Oxford University Press.

Bell, Martin, 1984, "Learning and the Accumulation of Industrial Technological Capacity in Developing Countries," in M. Fransman and K. King, eds., (1984), *Technological Capability in the Third World*, London: Macmillan.

Bell, R. M., and K. Pavitt, 1993, "Technological Accumulation and Industrial Growth: Contrasts between developed and developing countries," *Industrial and Corporate Change*, 2(2): 157-201.

Bennedsen, Morten, and Daniel Wolfenzon, 2000, "The Balance of Power in Closely Held Corporations," *Journal of Financial Economics*, 58: 113-139.

Berglas, E., 1965, "Investment and Technological Change," *The Journal of Political Economy*, 73: 173-180.

Berle, A. A., and G. C. Means, 1932, *The Modern Corporation and Private Property*, New York: Macmillan Publishing Co.

Berger, P., Ofek, E., 1995, "Diversification's effect on Firm Value," *Journal of Financial Economics*, 37: 39-65.

Bernard, A. B., and Jensen, J. B., 1995, "Exporters, Jobs and Wages in US manufacturing: 1967-87," *Brookings Papers on Economic Activity*, Microeconomics, 67-119.

Bernard, A. B., and Jensen, J. B., 1999, "Exceptional Exporter Performance: cause, effect, or both?," *Journal of International Economics*, 47: 1-25.

Bernard, A. B., and Jensen, J. B., 2004. "Why Some Firms Export," *Review of*

Economics and Statistics, 86: 561-569.

Breschi, Stefano, Franco Malerba, and Luigi Orsenigo, 2000, "Technological Regimes and Schumpeterian Patterns of Innovation," *Economic Journal*, 110: 388-410.

Callon, Michel, 1992, "The Dynamics of Techno-Economic Networks," in: R. Coombs, P. Saviotti and V. Walsh ,eds., *Technological Change and Company Strategies: Economic and Sociological Perspectives*, London: Harcourt Brace Jovanovich.

Castellacci, Fulvio 2007, "Technological Regimes and Sectoral Differences in Productivity Growth," *Industrial and Corporate Change*, 16: 1105-1145.

Carlsson, B., and R. Stankiewicz, 1991, "On the Nature, Function and Composition of Technological Systems," *Journal of evolutionary economics*, 1(2): 93-118.

Chang and Choi, 1988, "Strategy, Structure, and Performance of Korean Business Groups: A Transaction Cost Approach," *Journal of Industrial Economics*, 37: 141-159.

Chang, Ha-Joon, 1994. *The Political Economy of Industrial Policy*, New York: St. Martin's Press.

Chang, Sea-Jin, 2003, *Financial Crisis and Transformation of Korean Business Groups*, New York: Cambridge Univ. Press(역서: 외환위기와 한국기업집단의 변화: 박영사).

Chang, Se-Jin, 2008, *Sony vs. Samsung*, New Jersey: John Wiley and Sons.

Chang, S. J., and Hong, J., 2002, "How much does the Business Group Matter in Korea?," *Strategic Management Journal*, 23: 265-274.

Cheong, Kwang Soo, Kineung Choo, and Keun Lee, 2010, "Understanding the Behavior of Business Groups: A Dynamic Model and Empirical Analysis," *Journal of Economic Behavior and Organization*, 76(2): 141-152.

Choo, Kineung., Keun Lee, Keunkwan. Ryu, and Jungmo. Yoon, 2009, "Performance Change of the Business Groups in Korea Over Two decades: Investment Inefficiency and technological capabilities," *Economic Development and Cultural Change*, 57(2): 359-386.

Choung, Jae-Young and Hye-Ran Hwang, 2000, "National systems of innovation – institutional linkages and performance in the case of Korea and Taiwan," *Scientometrics*, 48(3): 413-426.

Cimoli, M., and G. Dosi, 1990, "The Characteristics of Technology and the Development Process: Some Introductory Notes," in M. Chatterji, ed., *Technology Transfer in the Developing Countries*, London: Mcmillan.

Coase, Ronald, 1937, "The nature of the Firm," *Economica*, 4: 386-405.

Cohen, W. M., and R. Levin, 1989, "Empirical Studies of Innovation and Market Structure," in Schmalensee, R., and R. D. Willing, eds., *Handbook of Industrial Organization*, Amsterdam: Elsevier Science Publishers B. V., 2: 1060-1093.

Comanor, W. S., and F. M. Scherer, 1969, "Patents Statistics as a Measure of Technology Change," *Journal of Political Economy*, 77: 392-398.

Crepon, Bruno, Emmanuel Duguet, and Jacques Mairesse, 1998, "Research, Innovation, and Productivity: An econometric analysis at the firm level," *NBER Working Paper* 6696.

Dahlman, C., L. E. Westphal, and L. Kim, 1985. "Reflections on Acquisition of Technological Capability," in Rosenberg, N. and C. Frischtak, eds., *International Technology Transfer: Concepts, Measures and Comparisions*, New York: Praeger.

Dosi, Giovanni 1982, "Technological Paradigms and Technological Trajectories," *Research Policy*, 11: 147-208.

Dosi, G., 1988, "Sources, Procedures, and Microeconomic Effects of Innovation," *Journal of Economic Literature*, 26: 1120-1171.

Dosi, G., C. Freeman, R. Nelson, G. Silverberg, and L. Soete, 1988, *Technical Change and Economic Theory*, London: Pinter Publishers.

Easterly, William, 2001, "The Lost Decade: Developing Countries' Stagnation in Spite of Policy Reform 1980-1990," *Journal of Economic Growth*. 6: 135-157.

Edquist, C., ed., 1997, *Systems of innovation: technologies, institutions, and organizations*, London: Pinter Publishers/Cassell Academic.

Electronics Industries Association(EIA) in Korea, 2003, *Export of Digital TV in*

2002, Seoul: Electronics Industries Association in Korea.

Eun, Jong-Hak , Keun Lee, and G. Wu, 2006, "Explaining the 'University-run Enterprises' in China: A Theoretical Framework for University-Industry Relationship in Developing Countries and its Application to China," *Research Policy*, 35(9): 1329-1346.

Fagerberg, Jan, and Manual Godinho, 2005, "Innovation and Catching-up," in David C. Mowery Jan Fagerberg, and Richard R.Nelson, eds., *The Oxford Handbook of Innovation*. New York: Oxford University Press.

Ferris, S. P., K. A. Kim, and P. Kitsabunnarat, 2003, "The Costs (and Benefits?) of Diversified Business Groups: The Case of Korean Chaebols," *Journal of Banking & Finance*, 27(2): 251-273.

Freeman, Christopher, 1987, *Technology, Policy, and Economic Performance: Lessons from Japan*. London, New York: Pinter Publishers.

Freeman, C. and L. Soete, 1997, 'Development and the diffusion of technology," in Freeman, C. and L. Soete, eds., *The Economics of Industrial Innovation*, London: Pinter Publishers.

Fukao, Kyoji, Keun Lee, T. Inui, D. Liu, K. Ito, H. Kwon, T. Yuan, Y. Kim, Moosup Jung, S. Kabe and F. Takeuchi, 2007a, "Database of the TFP of the firm of Japan, China and Korea," Japan: Japan Center for Economic Research.

Fukao, Kyoji, T. Inui, H. Kwon, T. Yuan, Y. Kim and Moosup Jung, 2007b, "The methodology of measuring TFP and international comparison of TFP," in Fukao et al., eds., *Database of the TFP of the firm of Japan, China and Korea*, Japan: Japan Center for Economic Research.

Gerschenkron, A. 1962, *Economic Backwardness in Historical Perspective*, Cambridge: Harvard University Press.

Geum et al., 2013, "The Convergence of Manufacturing and Service Technologies: A Patent Analysis Approach," *Information Management and Business Review*, 5(2): 99-107.

Glaeser, Edward L., Rafael La Porta, Florencio Lopez-de-Silanes, and Andrei Shleifer, 2004, "Do Institutions Cause Growth?," *Journal of Economic*

Growth, 9(3): 271-303.

González-Álvarez, N. and M. Nieto-Antolín, 2007, "Appropriability of Innovation Results: An empirical study in Spanish manufacturing firms," *Technovation*, 27 (5): 280-295.

Good D. H., Nadiri M. I. and Sickles R. C., 1999, "Index Number and Factor Demand Approaches to the Estimation of Productivity," in Pesaran, H. and Schmidt, P., eds, *Handbook of Applied Econometrics: Microeconomics*, Oxford: Blackwell Publisher.

Goto, Akira, 1982, "Business Groups In a Market Economy," *European Economic Review*, 19(1): 53-70.

Grant, R. M., 1996, "Toward a knowledge-based theory of the firm," *Strategic Management Journal*, 17: 109–122.

Griffith, R., S. Redding and J. Van Reenen, 2004, "Mapping the two Faces of R&D: Productivity Growth in a Panel of OECD Industries," *Review of Economics and Statistics*, 86(4): 883-895.

Griliches, Zvi., 1986, "Productivity, R&D and Basic Research at the Firm Level in the 1970's," *American Economic Review*, 76: 141-154.

Griliches, Zvi., 1990, "Patent Statistics as Economic Indicators: A Survey," *Journal of Economic Literature*, 28: 1661-1707.

Grimme, K., 2002, *Digital Television Standardization and Strategies*, Norwood MA: Artech House.

Guennif, Samira and Shyama V. Ramani., 2010, "Catching up in Pharmaceuticals: A Comparative Study of India and Brazil," *UNU-MERIT Working Paper Series* 2010-2019.

Guillen M., 2000, "Business Groups in Emerging Economies: A Resource-based View," *Academy of Management Journal*, 43(3): 362-380.

Guillen, Mauro, 2001, *The Limits of Convergence: Globalization and Organizational Change in Argentina, South Korea, and Spain*, Princeton: Princeton University Press.

Hall, Bronwyn H., Jaffe, Adam B., and Manuel Trajtenberg, 2001, "The NBER Patent Citations Data File: Lessons, Insights and Methodological Tools,"

National Bureau of Economic Research Working Paper 8498.

Hausman, R. D., Hwang, and D. Rodrik, 2007, "What You Export Matters," *Journal of Economic Growth*, 12(1): 1–25.

Hausmann, R., D., Rodrik, and A. Velasco 2008. "Growth diagnostics," in: Serra, N. and Stiglitz, J. E., eds, *The Washington Consensus Reconsidered Towards a New Global Governance,* New York: Oxford University Press.

Hobday, M., 2000, "East versus Southeast Asian Innovation Systems: Comparing OEM- and TNC-led Growth in Electronics," in L. Kim and R. Nelson, eds, *Technology, Learning and Innovation*, Cambridge: Cambridge Univ. Press.

Hobday, Mike, 1995, "East Asian Latecomer Firms: Learning the technology of electronics," *World Development*, 23(7): 1171-1193.

Hu, Albert G. Z., and Adam B. Jaffe, 2001, "Patent Citations and International Knowledge Flow: the Cases of Korea and Taiwan," *National Bureau of Economic Research Working Paper* 8528.

Hu, Albert G. Z., and Adam. B. Jaffe, 2003, "Patent Citations and International Knowledge Flow: the Cases of Korea and Taiwan," *International Journal of Industrial Organization*, 21(6): 849-880.

Hughes, Thomas Parke, 1987, "The Evolution of Large Technological Systems," W. E. Bijker, T. P. Hughes and T. J. Pinch, *The Social Construction of Technological Systems: New Directions in the Sociology and History of Technology*, Cambridge, Massachusetts: MIT Press.

Hurmelinna, P., Kylaheiko K., Jauhiainen T., 2007, "The Janus Face of the Appropriability Regime in the Protection of Innovations: theoretical re-appraisal and empirical analysis," *Technovation*, 27: 133-144.

Jaffe. Adam B., and Trajtenberg, Manuel, 1999, "International Knowledge Flows: Evidence from Patent Citations", *Economics of Innovation and New Technology*, 8(1-2): 105-36.

Jaffe, Adam B., and M. Trajtenberg, 2002, *Patents, Citations, and Innovations: A Window on the Knowledge Economy*, US: MIT Press.

Jaffe, Adam B., Manuel Trajtenberg and Michael S. Forgaty, 2000, "Knowledge Spillovers and Patent Citations: Evidence from A Survey of Inventors,"

American Economic Review, Papers and Proceedings: 215-218.

Jaffe, Adam B., Trajtenberg, Manuel, and Henderson, Rebecca, 1993, "Geographic Localization of Knowledge Spillovers as Evidenced by Patent Citations," *Quarterly Journal of Economics*, 108 (3): 577-598.

Jensen, J. B., and R. H. McGuckin., 1997, "Firm Performance and Evolution: Empirical Regularities in the US Microdata," *Industrial and Corporate Change*, 6(1): 25-47.

Jin, Furong, Keun Lee, and Y. Kim, 2008, "Changing Engines of Growth in China: From Exports, FDI and Marketization to innovation and Exports," *China and the World Economy*, 16(2): 31-49.

Joh, Sung Wook, 2003, "Corporate governance and firm profitability: Evidence from Korea before the economic crisis," *Journal of Financial Economics*, 68: 287-322.

Johansen Leif, 1959, "Substitution versus Fixed Production Coefficients in the Theory of Economic Growth: a synthesis," *Econometrica*, 27: 157-176.

Joo, S. H., and Keun Lee, 2009, "Samsung's catch-up with Sony: an analysis using US patent data," *Journal of the Asia Pacific Economy*, 15(3): 271–287.

Jung, M., and Keun Lee, 2010, "Sectoral Systems of Innovation and Productivity Catch-up: determinants of the productivity gap between Korean and Japanese firms," *Industrial and Corporate Change*, 19(4): 1037-1069.

Jung, Moosup, Keun Lee, and Kyoji Fukao, 2008, "Total Factor Productivity of Korean firms and Catching up with the Japanese firms," *Seoul Journal of Economics*, 21: 93-137.

Kamien, Morton I., and Nancy L. Schwartz, 1975, "Market Structure and Innovation: A Survey," *Journal of Economic Literature*, 13: 1-37.

Kennedy, Paul M., 1987, *The Rise and Fall of the Great Powers : Economic Change and Military Conflict from 1500 to 2000*, 1st Ed. New York, NY : New York: Random House ; Vintage Books.

Khanna, T., 2000, "Business Groups and Social Welfare in Emerging Markets: Existing evidence and unanswered questions," *European Economic Review*, 44: 748-761.

Khanna, T., and K. Palepu, 1997, "Why Focused Strategies may be Wrong for Emerging Markets," *Harvard Business Review*, 75(4): 41-48.

Khanna, T., and Palepu, K., 2000, "Is Group Affiliation Profitable in Emerging Markets? An Analysis of Diversified Indian Business Groups," *Journal of finance*, 55: 867-891.

Khanna, T., and Y. Yafeh. 2007. 'Business Groups in Emerging Markets: Paragons or Parasites?', *Journal of Economic Literature*, 45(2): 331-72.

Ki, Jeehoon, 2010, "Changes in Industrial Leadership and Catch-up by the Late-Comers in the World Steel Industry: Windows of Opportunity and Sectoral Systems of Innovation," Seoul: Graduate School, Seoul National University.

Kim, Chang-Wook and Keun Lee, 2003, "Innovation, Technological Regimes and Organizational Selection in Industry Evolution: A 'History Friendly Model' of the Dram Industry," *Industrial and Corporate Change*, 12(6): 1195-2221.

Kim, Linsu, 1980, "Stages of Development of Industrial Technology in a developing country: a model," *Research Policy*, 9: 254-277.

Kim, Linsu, 1993, "National System of Industrial Innovation: dynamics of capability building in Korea," in Nelson, Richard R., eds., *National Innovation Systems: A Comparative Analysis*, Oxford: Oxford Univ. Press.

Kim, Linsu, 1997, *Imitation to Innovation: The Dynamics of Korea's Technological Learning*, Boston: Harvard Business School Press.

Kim, S. J., and Y. Kim, 2000, "Growth Gains from Trade and Education," *Journal of International Economics*, 50(2): 519-545.

Kim, Yee Kyoung, Keun Lee, Walter G. Park, and Kineung Choo, 2012, "Appropriate Intellectual Property Protection and Economic Growth in Countries at Different Levels of Development," *Research Policy*, 41(2): 358-375.

Kim, Yoon-Zi and Keun Lee, 2008, "Sectoral Innovation System and a Technological Catch-Up: The Case of the Capital Goods Industry in Korea," *Global economic review*, 37(2): 135-155.

Kindleberger, Charles Poor, 1996, *World Economic Primacy, 1500 to 1990*,

New York: Oxford University Press.

Knack, Stephen and Philip Keefer, 1995, "Institutions and Economic Performance: Cross-Country Tests Using Alternative Institutional Measures," *Economics & Politics*, 7(3): 207-227.

Kock, Carl J., and Mauro F. Guillen, 2001, "Strategy and Structure in Developing Countries: Business Groups as an Evolutionary Response to Opportunities for Unrelated Diversification," *Industrial and Corporate Change*, 10: 77-113.

Kogut, Bruce, and Udo Zander, 2003, "Knowledge of the Firm and the Evolutionary Theory of the Multinational Corporation: 2003 decade award winning article," *Journal of International Business Studies*, 34: 516-529.

Lall, Sanjaya, 2000, "The Technological Structure and Performance of developing country manufactured export, 1985-1998," *Oxford Development Studies*, 28(3): 337-69.

Lang, L. H. P., Stulz, R. M., 1994, "Tobin's q, Corporate Diversification and Firm Performance," *Journal of Political Economy*, 102: 1248-1280.

Laursen, K., and V. Meliciani, 2002, "The Relative Importance of International vis-à-vis National Technological Spillovers for Market Share Dynamics," *Industrial and Corporate Change*, 11(4): 875-894.

Lazonick, W., 1993, "Learning and the Dynamics of International Competitive Advantage," in Thomson, ed., *Learning and Technological Change,* New York: St. Martin's Press.

Lee, Keun, 2005, "Making a Technological Catch-up: Barriers and Opportunities," *Asian Journal of Technology Innovation*, 13(2): 97-131.

Lee, Keun, 2006, "Business Groups as an Organizational Device for Catch-up," in J. Nakagawa, ed., *Managing Development and Transition*, Oxon: Routledge.

Lee, Keun, 2010, "30 Years of Catch-up in China: A Comparison with Korea," in Ho-Mou Wu and Yang Yao, eds., *Reform and Development in China: What can China offer the developing world*, Oxon: Routledge.

Lee Keun, 2012, "How Can Korea be a Role Model for Catch-up Development? A 'Capability-based View,'" in Augustin K. Fosu, ed., *Achieving development success*, Oxford: Oxford University Press.

Lee, Keun, 2013a, *Schumpeterian Analysis of Economic Catch-up: Knowledge, Path Creation, and the Middle-income Trap*, Cambridge: Cambridge Univ Press.

Lee, Keun, 2013b, "Capability Failure and Industrial Policy to Move Beyond the Middle-Income Trap: From Trade-based to Technology-based Specialization," in J. Stiglitz, and J Lin, eds,, *Industrial Policy Revolution I*, New York: Palgrav.

Lee, Keun, and X. He, 2005, "Vertical Integration and Capability of the Business Groups: the case of Samsung Group," Paper presented at the International Conference on the Business Groups in Asia, Singapore.

Lee, Keun and Xiyou He, 2009, "The Capability of the Samsung Group in Project Execution and Vertical Integration: Created in Korea, Replicated in China," *Asian Business & Management*, 8(3): 277-299.

Lee, Keun, M. Jee, and J. Eun, 2011, "Assessing China's Catch-up at the Firm-Level and beyond: Washington consensus, E. Asian Consensus and Bejing Model," *Industry and Innovation*, 18(5): 487-507.

Lee, Keun, and Jee-hoon Ki, 2014, "Successive Changes in Industrial Leadership and Catch-Up by Latecomers in Steel Industry: The US–Japan–Korea," Working paper.

Lee, Keun, and B-Y Kim, 2009, "Both institutions and Policies matter but differently at different income groups of countries: determinants of long run economic growth revisited," *World Development*, 37(3): 533-549.

Lee, Keun, and Y. K. Kim, 2010, "IPR and Technological Catch-Up in Korea," in Hiroyuki Odagiri, Akira Goto, Atsushi Sunami, Richard R. Nelson, eds., *Intellectual Property Rights, Development, and Catch Up: An International Comparative Study*, Oxford: Oxford University Press.

Lee, Keun, J. Y. Kim, and O. Lee, 2010, "Long-term evolution of the firm value and behavior of business groups: Korean chaebols between weak premium, strong discount, and strong premium," *Journal of the Japanese and International Economies*, 24(3): 412-440.

Lee, Keun, Byung-Yeon Kim, Young-Yoon Park, and Elias Sanidas, 2013, "Big Business and National Economic Growth: finding a binding constraint for growth by a country panel analysis," *Journal of Comparative Economics*, in Print.

Lee, Keun, Jooyoung Kwak, and Jaeyong Song, (2014) "An Exploratory Study on the Transition from OEM to OBM: Case studies of SMEs in Korea," Paper under revision for Industry and Innovation.

Lee, Keun, and Chung Lee, 1992, "Sustaining Economic Development in Korea: Lessons from Japan," *Pacific Review*, 5(1): 13-24.

Lee, Keun, and Chaisung Lim, 2001, "Technological Regimes, Catching-up and Leapfrogging : Findings from the Korean Industries," *Research Policy*, 30: 459-483.

Lee, Keun, C. Lim, and D. Park, 2003, *The Role of Industrial Property rights in Technological Development in the Republic of Korean*, Geneva: WIPO.

Lee, Keun, Chaisung Lim, and Wichin Song, 2005, "Emerging Digital Technology as a Window of Opportunity and Technological Leapfrogging: Catch-up in Digital Tv by the Korean Firms," *International Journal of Technology Management*, 29: 40-63.

Lee, Keun, and Franco Malerba, 2014, "Toward a Theory of Catch-up Cycles: Windows of opportunity in the evolution of sectoral systems," Working paper.

Lee, Keun, Sunil Mani, and Qing Mu, 2012, "Explaining Divergent Stories of Catch-up in the Telecommunication Equipment Industry in Brazil, China, India, and Korea," F. Malerba and R. Nelson, eds., *Economic Development as a Learning Process: Variation across Sectoral Systems*. Oxford: Oxford University Press.

Lee, Keun, and John A. Mathews, 2010, "From Washington Consensus to Best Consensus for World Development," *Asian-Pacific Economic Literature*, 24(1): 86-103.

Lee, Keun, and J. Mathews, 2012, "Ch 6. Firms in Korea and Taiwan: Upgrading in the same industry and entries into new industries for sustained catch-up," in John Cantwell and Ed Amann, eds., *The Innovative firms in the Emerging Market Economies*, Oxford: Oxford University Press.

Lee, Keun, Tae Young Park, and R. T Krishnan, 2014, "Catching-up or Leapfrogging in Indian It Service Sector: Windows of Opportunity, Path-Creating and Moving up the Value-Chain in Tcs, Infosys, and Wipro," *Development Policy Review*, 32(4): 495-518.

Lee, Keun, J. Park, M. Yoon, 2013. Diverse Entry and Catch-up Strategies of Firms under Different Demand Conditions: Evolutionary Economics Simulations. Paper presented at The 4th Asia-Pacific Innovation Conference, National Taiwan University, Taipei, Taiwan, Dec. 6-7, 2013.

Lee, Keun, and Tilahun Temesgen, 2005, "What Makes Firms Grow in Developing Economies: an extension of the resource-based theory of the firm growth," paper presented at the WIDER conference on the future of development economics.

Lee, Keun, and T. Temesgen, 2009, "What Makes Firms Grow in Developing Countries? An extension of the resource-based theory of firm growth and empirical analysis," *International Journal of Technological Learning, Innovation and Development*, 2(3): 139-172.

Lee, Keun, and M. Yoon, 2010, "International, Intra-national, and Inter-firm Knowledge Diffusion and Technological Catch-up: The US, Japan, Korea, and Taiwan in the Memory Chip Industry," *Technology Analysis and Strategic Management*, 22(5): 553–570.

Lee, Chung H. 1992, "The Government, Financial System, and Large Private Enterprises in the Economic Development of South Korea," *World Development*, 20: 187-197.

Lee, Jinjoo, Zong-tae Bae, and Dong-kyu Choi, 1988, "Technology Development Process: A Model for a Developing Country with a Global Perspective," *R&D Management*, 18(3): 225-250.

Lee, Jong-Wha, 1995, "Capital Goods Imports and Long-run Growth," *Journal of Development Economics*, 48: 91-110.

Leff, Nathaniel H., 1978, "Industrial Organization and Entrepreneurship in the

Developing Countries: The Economic Groups," *Economic Development and Cultural Change*, 26(4): 661-75.

Levine, David I., 1992, "Can Wage Increases Pay For Themselves? Tests with a Productive Function," *The Economic Journal*, 102: 1102-1115.

Lin, Justin Y., 2012, *New Structural Economics: A framework for Rethinking Development and Policy*, Washington, DC: The World Bank.

Lucas, Robert, 1988, "On the Mechanics of Economic Development," *Journal of Monetary Economics*, 22(1): 3-42.

Lundvall, B-A., 1988, "Innovation as an Interactive Process: from user-producer interaction to the national system of innovation," in G. Dosi, C. Freeman, R. Nelson, G. Silverberg and L. Soete, eds., *Technical Change and Economic Theory*, London: Pinter Publishers.

Lundvall, Bengt-Ake, 1992, *National System of Innovation-Toward a Theory of Innovation and Interative Learning*, London: Pinter Publishers.

Mahmood, Ishtiaq P., and Jasjit Singh, 2003, "Technological Dynamism in Asia," *Research Policy*, 32: 1031-1054.

Maksimovic, V., and G. Phillips., 2002, "Do Conglomerate Firms Allocate Resources Inefficiently Across Industries?," *Journal of Finance*, 57: 721-768.

Malerba F., 2002, "Sectoral Systems of Innovation and Production," *Research Policy*, 31(2): 247-264.

Malerba, Franco, 2004, *Sectoral Systems of Innovation: Concepts, Issues and Analyses of Six Major Sectors in Europe*, New York : Cambridge University Press.

Malerba, Franco, 2005, "Sectoral Systems of Innovation: a framework for linking innovation to the knowledge base, structure and dynamics of sectors," *Economics of Innovation and New Technology*, 14: 63-82.

Malerba, F., and L. Orsenigo, 1990, "Technological Regimes and Patterns of Innovation: A Theoretical and Empirical Investigation of the Italian Case," in Heertje, A. and M. Perlman, eds., *Evolving Technologies and Market Structure*, Ann Arbor: Michigan University Press.

Malerba, Franco, and Luigi Orsenigo., 1995, "Schumpeterian Patterns of

Innovation," *Cambridge Journal of Economics*, 19: 49-65.

Mani, Sunil, 2005, "The Dragon vs the Elephant: Comparative Analysis of Innovation Capability in the Telecom Industry of China and India," *Economic and Political Weekly*, 40(39): 4271-4283.

Mani, Sunil, 2007, "Keeping Pace with Globalisation: Innovation Capability in Korea's Telecommunications Equipment Industry," in J. C. Mahlich and W. Pascha, eds., *Innovation and Technology in Korea*, Heidelberg: Physica-Verlag.

Markusen, Ann R, 1985, *Profit Cycles, Oligopoly, and Regional Development*, Cambridge, Mass.: MIT Press.

Mathews, J. A. 2002, "Competitive Advantages of the Late-comer firms: a resources based account of industrial catch-up strategies," *Asia Pacific Journal of Management*, 19(4): 467-488.

Mathews, J. A., 2003, "Competitive Dynamics and Economic Learning: An extended resource-based view," *Industrial and Corporate Change*, 12(1): 115-145.

Mathews, John A., 2005, "Strategy and the Crystal Cycle," *California Management Review*, 47(2): 6-31.

Mathews, John A., 2008, "China, India and Brazil: Tiger technologies, dragon multinationals and the building of national systems of economic learning," *Asian Business & Management*, 8(1): 5-32.

Mathews, J. A., and Cho, D.S., 2000, *Tiger Technology: The Creation of a Semiconductor Industry in East Asia*, Cambridge: Cambridge University Press.

Mazumdar, Joy, 2001, "Imported Machinery and Growth in LDCs," *Journal of Development Economics*, 65: 209-224.

Milgrom, P., and J. Roberts, 1992, *Economics, Organization and Management*, New Jersey: Prentice Hall.

Motohashi, K, 2006, *Assessing Japan's Competitiveness by International Productivity Level Comparison with China, Korea, Taiwan and United States*, Japan: RIETI Discussion Paper.

Mowery, David C., and Richard R. Nelson, eds., 1999, *Sources of Industrial Leadership: Studies of Seven Industries*, Cambridge, UK; New York: Cambridge University Press.

Moyo, Dambisa, 2009, *Dead aid: Why aid is not working and how there is a better way for Africa*, London: Allen Lane.

Mu, Q., and Keun Lee, 2005, "Knowledge Diffusion, Market Segmentation and Technological Catch-Up: The Case of the Telecommunication Industry in China," *Research Policy*, 34: 759-83.

Narin, F., 1994, "Patent Bibliometrics," *Scientometrics*, 30(1): 147-155.

Nelson, Richard, 1982, "The Role of Knowledge in R&D Efficiency," *Quarterly Journal of Economics*, 97(3): 453-470.

Nelson, R., 1991, "Recent Evolutionary Theorizing about Economic Change," *Journal of Economic Literature*, 33(1): 48-90.

Nelson, R., 1992, "National Innovation Systems: a retrospective on a study," *Industrial and Corportate Change*, 1(2): 347-374.

Nelson, R., 1993, *National Innovation Systems: A Comparative Analysis*, New York: Oxford University Press.

Nelson, R., 2008, "Why do Firms Differ and How does it Matter? A Revisitation," *Seoul Journal of Economics*, 21(4): 607-619.

Nelson, R., and N. Rosenberg, 1993, "Technical Innovation and National Systems," in R. Nelson, ed., *National Innovation Systems: A Comparative Analysis*, New York: Oxford University Press.

Nelson, Richard, and S. Winter, 1977, "In search of useful theories of innovation," *Research Policy*, 6: 36-76.

Nelson, R., and S. Winter, 1982, *An Evolutionary Theory of Economic Change*, Cambridge, Mass: Belknap Press of Harvard University Press.

Nieto, M., and C. Pérez-Cano, 2004, "The Influence of Knowledge Attributes on Innovation Protection Mechanisms," *Knowledge and Process Management*, 11: 117–126.

Nolan, Peter, 2002, "China and the Global Business Revolution," *Cambridge Journal of Economics*, 26(1): 119-137.

Nonaka, Ikujiro, 1988, "Creating Organizational Order Out of Chaos: Self-Renewal in Japanese Firms," *California Management Review*, 15(3): 57-73.

Nonaka, Ikujiro, 1994, "A Dynamic Theory of Organizational Knowledge Creation," *Organizational Science*, 5(1): 14-37.

OECD, 1992, *Technology and Economy: the Key Relationships*, Paris: OECD.

OECD, 1996, *Reviews of National Science and Technology Policy: Republic of Korea*, Paris: OECD

Ok, Wooseok, 2004. "Policy Complementarities in Economic Development: the Case of South Korea." *The Journal of the Korean Economy*, 4: 7-41

Park, K., and Keun Lee, 2006, "Linking Technological Regimes and Technological Catch-up: Analysis of Korea and Taiwan using the US Patent Data," *Industrial and Corporate Change*, 15(4): 715–753.

Pavitt, K., 1984, "Sectoral Patterns of Technical Change: Towards a Taxanomy and a Theory," *Research Policy*, 13(6): 343-373.

Penrose, E., 1995, *Theory of the Growth of the Firm*, New York: Oxford Univ. Press.

Perez, C., 1988, "New Technologies and Development," in Freeman, C. and B. Lundvall, eds., *Small Countries Facing the Technological Revolution*, London and New York: Pinter Publishers.

Perez, Carlota, and Luc Soete, 1988, "Catching-up in Technology: Entry Barriers and Windows of Opportunity," in G. Dosi, C. Freeman, R. Nelson, G. Silverberg and L. Soete, eds., *Technical Change and Economic Theory*, London: Pinter Publishers.

Posner, M. V, 1961, "International Trade and Technical Change," Oxford *Economic Papers*, 13(3): 323-341.

Rabellotti, Roberta 2006, *Upgrading to Compete: Global Value Chains, Clusters and SMEs in Latin America*, Washington, DC: IDB.

Reinert, Erik S., 2007, *How Rich Countries Got Rich and Why Poor Countries Stay Poor*, New York: Public Affairs.

Rodrik, Dani, 1999, "Where Did All the Growth Go? External Shocks, Social Conflict, and Growth Collapses," *Journal of Economic Growth*, 4(4): 385-

412.

Rodrik, Dani, 2006, "Goodbye Washington Consensus Hello Washington Confusion? A review of the World Bank's Economic Growth in the 1990s: Learning from a decade of reform," *Journal of Economic Literature*, 44(4): 973-987.

Rodrik, Dani, 2007, *One Economics, Many Recipes: Globalization, Institutions, and Economic Growth*, Princeton: Princeton University Press.

Rodrik, Dani, Arvind Subramanian, and Francesco Trebbi, 2004, "Institutions Rule: The Primacy of Institutions Over Geography and Integration in Economic Development," *Journal of Economic Growth*, 9(2): 131-165.

Roe, M. J., 2003, *Political determinants of corporate governance: Political context, corporate impact*, New York: Oxford University Press.

Rosenberg, N., 1982, *Inside the Black Box*, Cambridge: Cambridge Univ. Press.

Rumelt, R., Schendel and D., Teece, J., 1991, "Strategic Management and Economics," *Strategic Magement Journal*, 12: 5-29.

Sapiro, C., and J. E. Stiglitz, 1984, "Equilibrium unemployment as a worker discipline device," *American Economic Review*, 74: 433-444.

Saviotti, P. P. 1998, "On the dynamics of appropriability, of tacit and of codified knowledge," *Research Policy*, 26: 843–856.

Saxenian, A., and J. Y. Hsu, 2001, "The Silicon Valley-Hsinchu Connection: Technical Communities and Industrial Upgrading," *Industrial and Corporate Change*, 10(4): 893-920.

Scharfstein, D., Stein, J., 2000, "The Dark Side of Internal Capital Markets: Divisional rent seeking and inefficient investment," *Journal of Finance*, 55: 2537-2564.

Scherer, F. M. 1965, "Firm Size, Market Structure, Opportunity, and the Output of Patented Inventions," *American Economic Review*, 55: 1097-1125.

Schreyer, P., 2005, "International Comparison of Levels of Capital Input and Productivity," OECD/Ivie/BBVA workshop on productivity measurement, Madrid, mimeo.

Schumpeter, Joseph A., 1934, *Theory of Economic Development: An Inquiry* into Profits, Capital, Credit, Interest, and the Business Cycle, New York: Oxford Univ. Press.

Schumpeter, Joseph Alois, 1939, Business Cycles: A Theoretical, Historical and Statistical Analysis of the Capitalist Process, New York: McGraw-Hill.

Schumpeter, Joseph Alois, 1942, Socialism, Capitalism and Democracy, New York: Harper and Bros.

Schumpeter, J. A., 1949, Theory of Economic Development. in Redvers, Opie(trans.), Cambridge: Harvard Univ. Press.

Servaes, H., 1996, "The Value of Diversification during the Conglomerate Merger Wave," Journal of Finance, 51: 1201-1225.

Shin, H., Park, Y. S., 1999, "Financing Constraints and Internal Capital Markets: Evidence from Korean chaebols," Journal of Corporate Finance, 5: 169-191.

Silverberg, G., G. Dosi, and L. Orgsenigo, 1988, "Innovation, Diversity and Diffusion: A Self-Organizing Model," Economic Journal, 88: 1032-1054.

Song, Jaeyong, Paul Almeida, and Geraldine Wu.,2003, "Learning-by-Hiring: When is Mobility More Likely to Facilitate Inter-firm Knowledge Transfer?," Management Science, 49(4): 351-365.

Spence, Michael, 2011, The Next Convergence: the future of economic growth in a multispeed world. New York: FSG Books.

Spender, J. C., 1996, "Making Knowledge the Basis of the Dynamic Theory of the Firm," Strategic Management Journal, 17: 45–62.

Steel, P., 1999, "The Path from Analog HDTV to DTV' in Japan," in D. Gerbarg, eds., The Economics, Technology and Content of Digital TV, Boston/London: Kluwer Academic Publishers.

Stein, Jeremy C., 1997, "Internal Capital Markets and the Competition for Corporate Resources," Journal of Finance, 53: 111-133.

Stiglitz, J. E., 1974., "Wage Determination and Unemployment in L.D.C.'s: The labor turnover model," Quarterly Journal of Economics, 88: 194-227.

Stiglitz, J., and J Lin, eds., 2013, Industrial Policy Revolution I, New York: Palgrav.

Stolpe, Michael, 2002, "Determinants of Knowledge Diffusion as Evidenced in

Patent Data: the case of liquid crystal display technology," *Research Policy*, 31(7): 1181-1198.

Tushman, Michael L., and Philip Anderson, 1986, "Technological Discontinuities and Organizational Environments," *Administrative Science Quarterly*, 31(3): 439-465.

Trajtenberg, Manuel, Rebecca Henderson, and Adam B. Jaffe, 1997, "University vs. Corporate Patents: A Window on the Basicness of Innovations," *Economics of Innovation and New Technology*, 5(1): 19-50.

Tybout, J., 2000, "Manufacturing Firms in Developing Countries: How Well do They do, and Why?," *Journal of Economic literature*, 38(1): 11-44.

Utterback, J. M., and, W. J. Abernathy, 1975, "A Dynamic Model of Process and Product Innovation," Omega 3(6): 640-56.

Vernon, Raymond, 1966, "International Investment and International Trade in the Product Cycle," *The Quarterly Journal of Economics*, 80: 190-207.

Westphal, Larry E., Linsu Kim, and Carl J. Dahlman., 1985, "Reflections on the Republic of Korea's Acquisition of Technological Capability," in *International Technology Transfer: Concepts, Measures, and Comparisons. Nathan Rosenberg and Claudio Frischtak*, eds., New York: Praeger.

Whited, T. M., 2001, "Is it Inefficient Investment that Causes the Diversification Discount?," *Journal of Finance*, 56(5): 1667-1691.

Williamson, John, 1990, "What Washington Means by Policy Reform," in J. Williamson, ed., *Latin American Adjustment: How Much Has Happened*. Washington, D.C.: Institute for International Economics.

Williamson, Oliver, 1975, *Markets and Hierarchies: Analysis and Antitrust Implications*, New York: Free press.

Winter, G, 1984, "Schumpeterian Competition in Alternative Technological Regimes," *Journal of economic behavior and organization*, 5: 287-320.

Winter, S., 2006., "Toward a Neo-Schumpeterian Theory of the Firm," *Industrial and Corporate Change*, 15(1): 125-141.

World Bank, 1991, *World Development Report: The Challenge of Development*, New York: Oxford University Press.

World Bank, 1993, *The East Asian Miracle: Economic Growth and Public Policy*, New York: Oxford University Press.

World Bank, 1996, *Development report 1996 : from plan to market*, Washington, DC: The World Bank.

World Bank, 2005, *Economic Growth in the 1990s: Learning from a Decade of Reform*, Washington, DC: The World Bank.

World Bank, 2010, *'Exploring the Middle-Income-Trap': World Bank East Asia Pacific Economic Update: Robust Recovery, Rising Risks*, Vol. II, Washington, DC: The World Bank.

World Bank, 2012, *China 2030: Building a Modern, Harmonious, and Creative High-Income Society*, Washington, DC: The World Bank.

Xie, W., and Wu, G., 2003, "Differences between Learning Processes in Small Tigers and Large Dragons: Learning processes of Two color TV (CTV) firms within China," *Research Policy*, 32(8): 1463-1479.

Zeng, Ming, and Peter Williamson, 2007, *Dragons at your Door: How Chinese Cost Innovation is Disrupting Global Competition*, Boston: Harvard Business School Press.

국문색인

[저자 소개]

이근(李根) 교수는 현재 서울대학교 경제학부 교수이자, 서울대 경제연구소장이다. 서울대학교 경제학과를 졸업하고, 미국 캘리포니아대학(버클리)에서 경제학 박사를 취득하였다. 현재 (사)경제추격연구소장, 기술경영경제학회장, 유엔본부 개발정책위원회 위원, Globelics의 이사직 등을 맡고 있으며, 주 연구분야는 경제추격론, 기업조직, 기술혁신, 산업정책, 중국 및 북한 등이다. 기술경제 분야의 대표 국제학술지인 *Research Policy*의 공동 편집장이며, 한국인 경제학자로는 최초로, 영국 캠브리지대학 출판사에서 단독저서 (Schumpeterian Analysis of Economic Catch-up: 2013. 11)를 출판하였다. 이 책으로 국제슘페터학회에서 주는 슘페터상을 비서구권 대학 소속 교수로서는 처음으로 수상하였다. 또한 동 학회의 차기 회장이다. 국내에서는 청람상, 매경이코노미스트상, 정진기언론문화상, 시장경제대상 등을 수상한 바 있다. 2014년 12월 현재, Google Scholar기준 총피인용수는 3,200회이고, H-Index는 26, 110-Index는 63이다.

경제추격론의 재창조: 기업 · 산업 · 국가 차원의 이론과 실증

초판인쇄   2014. 12. 5.
초판발행   2014. 12. 10.

지은이   이 근
발행인   황인욱
발행처   도서출판 **오래**

> 저자와
> 협의하여
> 인지첩부를
> 생략함

서울특별시 용산구 한강로 2가 156-13
전 화   02-797-8786, 8787, 070-4109-9966
팩 스   02-797-9911
이메일   orebook@naver.com
홈페이지   www.orebook.com
출판신고번호   제302-2010-000029호.(2010. 3. 17)

ISBN   978-89-94707-04-4 (93320)

정가   15,000원